■2025年度高等学校受験用

日本大学習志野高等学校

収録内容一覧

★この問題集は以下の収録内容となっています。 … 解答用紙を省略させていただいている場合もございますのでご了 …

… 印は収録、ー印は未収録)

入試問題の収録内容			解説	解答	解答用紙
2024年度	1月17日	英語・数学・国語	○	○	○
	1月18日	英語・数学・国語	○	○	○
2023年度	A・B入試	英語・数学・国語	○	○	○
2022年度	A・B入試	英語・数学・国語	○	○	○
2021年度	A・B入試	英語・数学・国語	○	○	○
2020年度	前期	英語・数学・国語	○	○	○
	後期	英語・数学・国語	ー	○	○

★当問題集のバックナンバーは在庫がございません。あらかじめご了承ください。

●凡例●

【英語】

≪解答≫

〔　〕 ①別解
②置き換え可能な語句（なお下線は置き換える箇所が2語以上の場合）
(例) I am〔I'm〕glad〔happy〕to～

(　) 省略可能な言葉

≪解説≫

1, 2… 本文の段落（ただし本文が会話文の場合は話者の1つの発言）

〔　〕 置き換え可能な語句（なお〔　〕の前の下線は置き換える箇所が 2 語以上の場合）

(　) ①省略が可能な言葉
(例)「(数が) いくつかの」
②単語・代名詞の意味
(例)「彼（＝警察官）が叫んだ」
③言い換え可能な言葉
(例)「いやなにおいがするなべにはふたをするべきだ（＝くさいものにはふたをしろ）」

// 訳文と解説の区切り

cf. 比較・参照

≒ ほぼ同じ意味

【数学】

≪解答≫

〔　〕 別解

≪解説≫

(　) 補足的指示
(例)（右図1参照）など

〔　〕 ①公式の文字部分
(例)〔長方形の面積〕＝〔縦〕×〔横〕
②面積・体積を表す場合
(例)〔立方体 ABCDEFGH〕

∴ ゆえに

≒ 約、およそ

【社会】

≪解答≫

〔　〕 別解

(　) 省略可能な語

＿＿ 使用を指示された語句

≪解説≫

〔　〕 別称・略称
(例) 政府開発援助〔ODA〕

(　) ①年号
(例) 壬申の乱が起きた（672 年）。
②意味・補足的説明
(例) 資本収支（海外への投資など）

【理科】

≪解答≫

〔　〕 別解

(　) 省略可能な語

＿＿ 使用を指示された語句

≪解説≫

〔　〕 公式の文字部分

(　) ①単位
②補足的説明
③同義・言い換え可能な言葉
(例) カエルの子（オタマジャクシ）

≒ 約、およそ

【国語】

≪解答≫

〔　〕 別解

(　) 省略してもよい言葉

＿＿ 使用を指示された語句

≪解説≫

〈　〉 課題文中の空所部分（現代語訳・通釈・書き下し文）

(　) ①引用文の指示語の内容
(例)「それ（＝過去の経験）が ～」
②選択肢の正誤を示す場合
(例)（ア，ウ…×）
③現代語訳で主語などを補った部分
(例)（女は）出てきた。

／ 漢詩の書き下し文・現代語訳の改行部分

日本大学習志野高等学校

所在地	〒274-8504 千葉県船橋市習志野台7-24-24
電　話	047-469-5555
ホームページ	https://www.nnhs.cst.nihon-u.ac.jp
交通案内	東葉高速鉄道　船橋日大前駅より徒歩５分 新京成線 北習志野駅より徒歩20分またはバス

普通科

男女共学

くわしい情報は
ホームページへ

応募状況

年度	募集数	受験数	合格数	倍率
2024	第一・特 180名	228名	190名	1.2倍
	1/17 1/18　190名	1327名 1085名	1161名	2.1倍
2023	A　180名 B　190名	254名 1665名	196名 860名	1.3倍 1.9倍
2022	A　180名 B　190名	292名 1661名	228名 872名	1.3倍 1.9倍

※2022・2023年のＡ入試はスポーツ推薦を含む。
※第一・特は第一志望・特別入試，1/17・1/18は一般入試。

試験科目　(2025年度入試〈予定〉)

国語・数学・英語
※第一志望・特別入試は面接あり

教育方針

日本大学の教育理念「自主創造」に基づき「自ら学び」「自ら考え」「自ら道をひらく」能力を身につけた人材の育成を教育目的とし，以下の目標を掲げる。

1．自主創造の精神の育成
2．高い理想と真剣な学習態度の育成
3．知育・徳育・体育の調和的育成

特色

◎新入生全員が同時にスタート(併設中学なし)
◎進路の多様化に対応したコースとカリキュラム
◎日大理工学部との高大連携教育の実践

２年次から，生徒の希望と能力・適性に応じて文系２コース・理系３コースに分かれる。３年次では各コースで徹底した進学指導が行われる。

コース編成

＜ＮＰコース＞文系・理系

国公立大学への進学を強力にサポートするためのコース。このコースに入るためには１年次に一定以上の成績を残すことが条件となる。

＜ＧＡコース＞文系・理系

日本大学・有名私立大学への進学を目指すためのコース。基礎学力の充実を図るとともに，実際の入試に必要な応用力の伸長に努めている。

＜ＣＳＴコース＞理系

日本大学理工学部各学科への進学を目指すためのコース。大学の講義や研究活動にふれるＣＳＴ ＭＵプログラムは，全学科に用意され，大学の講義で習得した単位は理工学部入学後の単位として認定される。

進路状況

日本大学への進学には推薦入学制度があり，高校３年間の学業成績と「基礎学力到達度テスト」の成績等を考慮のうえ，入学が許可される。また，国公立大学，有名私立大学にも毎年多数の合格者を輩出している。

◎2024年・主な大学合格者数(2024年４月現在)

日本大492名，東北大１名，大阪大１名，北海道大３名，千葉大17名，東京外国語大２名，東京学芸大２名，東京海洋大２名，埼玉大４名，群馬大１名，東京都立大２名，早稲田大30名，慶應義塾大10名，上智大21名，東京理科大33名，学習院大23名，明治大56名，青山学院大18名，立教大46名，中央大46名，法政大56名，同志社大１名ほか

編集部注―本書の内容は2024年5月現在のものであり，変更されている場合があります。正確な情報は，学校のホームページ等で必ずご確認ください。

出題傾向と今後への対策 英語

出題内容

	2024 17日	2024 18日	2023	2022
大問数	8	8	8	8
小問数	46	47	47	47
リスニング	×	×	×	×

◎大問7～8題，小問数45～50問程度である。出題構成が変化することはあるが，内容に大きな変化は見られない。

2024年度の出題状況

《1月17日》

Ⅰ 長文読解総合―物語
Ⅱ 長文読解総合―説明文
Ⅲ 整序結合
Ⅳ 長文読解総合―案内
Ⅴ 対話文完成―適文選択
Ⅵ 長文読解総合―チャット
Ⅶ 適語選択
Ⅷ 文法総合

《1月18日》

Ⅰ 長文読解総合―説明文
Ⅱ 長文読解総合―説明文
Ⅲ 長文読解総合―案内
Ⅳ 対話文完成―適文選択
Ⅴ 長文読解―英問英答―対話文
Ⅵ 適語選択
Ⅶ 文法総合
Ⅷ 整序結合

解答形式

《1月17日》	記 述／マーク／併 用
《1月18日》	記 述／マーク／併 用

出題傾向

大問の出題内訳は，単語の問題，文法総合問題，整序結合，図や表を読み取る短めの英文読解，長文読解などである。単語や文法総合問題は基本的な知識を問うものが多い。整序結合は日本文があるので対処しやすい。長文の課題文は読みやすいものが選ばれており，設問は文法知識や内容把握を試す総合問題である。英問英答も多い。

今後への対策

出題形式が定着しているので対策はたてやすいだろう。また中学校の学習範囲を超えていないので，教科書の文法事項を完全に理解し，基本例文を覚えて書けるようにするとよい。薄めの文法問題集と薄めの読解問題集を繰り返し何度も解くと，実践力が身につく。出てきた単語は意味だけでなく発音，スペルも確認しておこう。

◆◆◆◆◆ 英語出題分野一覧表 ◆◆◆◆◆

分野			2022	2023	2024 17日	2024 18日	2025予想※ 17日	2025予想※ 18日
音声	放送問題							
	単語の発音・アクセント							
	文の区切り・強勢・抑揚							
語彙・文法	単語の意味・綴り・関連知識			●	●		◎	△
	適語(句)選択・補充		■	■	■	■	◎	◎
	書き換え・同意文完成							
	語形変化							
	用法選択							
	正誤問題・誤文訂正		●	●	●	●	◎	◎
	その他							
作文	整序結合		●	●	●	●	◎	◎
	日本語英訳	適語(句)・適文選択						
		部分・完全記述						
	条件作文							
	テーマ作文							
会話文	適文選択		●	●	●	●	◎	◎
	適語(句)選択・補充							
	その他							
長文読解	内容把握	主題・表題			●		△	
		内容真偽	●	●	●	●	◎	◎
		内容一致・要約文完成	●	■	●	●	◎	◎
		文脈・要旨把握	●		●	●	◎	◎
		英問英答	●	■	■	■	◎	◎
	適語(句)選択・補充		★	■	■	★	◎	◎
	適文選択・補充							
	文(章)整序		●			●	△	◎
	英文・語句解釈(指示語など)		●	●	●	●	◎	◎
	その他(適所選択)		●		●		◎	△

●印：1～5問出題，■印：6～10問出題，★印：11問以上出題。
※予想欄 ◎印：出題されると思われるもの。 △印：出題されるかもしれないもの。

出題傾向と今後への対策　数学

出題内容

2024年度　《1月17日》　~~作~~ ~~証~~ ~~グ~~

1は小問集合で，さまざまな分野から6問。2は関数で放物線と直線に関するもの。図形の知識も要する。3は平面図形で円と三角形に関する計量題3問。4は空間図形で円錐を移動させたときにできる立体を利用した計量題。

《1月18日》　~~作~~ ~~証~~ ~~グ~~

1は小問集合で，さまざまな分野から6問。2は関数で放物線と直線に関するもの。図形の知識も要する。3は平面図形で半円に関する計量題3問。4は空間図形で正六面体を利用した問題。展開図に関する問題も見られた。

2023年度　~~作~~ ~~証~~ ~~グ~~

大問4題，15問の出題。1は小問集合で，6問。数と式，方程式の計算・応用問題，図形，確率からの出題。計算問題は工夫が必要。2は関数で放物線と直線，円に関するもの。比例定数や円の半径，点の座標，回転体の体積を求めるもの。図形の知識も要する。3は平面図形で台形と半円，円を組合せた図形に関する計量題。円の接線の性質や相似な図形を利用できるかがポイント。4は空間図形で直方体を利用した計量題。辺上を動く2点がつくる図形について問われた。

作…作図問題　証…証明問題　グ…グラフ作成問題

解答形式

《1月17日》　記　述／マーク／併　用

《1月18日》　記　述／マーク／併　用

出題傾向

例年，大問4題，設問15問前後の出題。1は各分野から計6問程度，2以降は，関数，平面図形，空間図形となることが多く，それぞれ2～4問の小問からなる。計算力や応用力を試す問題が含まれるが，正しく問題文を読み取り，正確に計算できれば，確実に得点できる内容。問題を一つ一つていねいに扱っていきたい。

今後への対策

計算ミスは命取りになりかねないので，まずは正確な計算力を身につけよう。これは，日々演習を積み重ねるしかない。計算に工夫できるものは工夫をし，ミスを少なくするよう努めること。あわせて，標準レベルの問題集を用い，できるだけ多く問題に接するようにして，いろいろな解法をマスターしていこう。関数，図形を中心にやるとよいだろう。

◆◆◆◆◆ 数学出題分野一覧表 ◆◆◆◆◆

分野	年度	2022	2023	2024		2025予想※	
				17日	18日	17日	18日
数と式	計算，因数分解	■	●	●	●	◎	◎
	数の性質，数の表し方	●				◎	◎
	文字式の利用，等式変形						
	方程式の解法，解の利用		●			◎	◎
	方程式の応用	●	■	●	●	◎	◎
関　数	比例・反比例，一次関数				●	△	△
	関数$y=ax^2$とその他の関数	★	★	★	★	◎	◎
	関数の利用，図形の移動と関数					△	△
図　形	(平面) 計　量	★	★	★	★	◎	◎
	(平面) 証明，作図						
	(平面) その他						
	(空間) 計　量	■	■	★	■	◎	◎
	(空間) 頂点・辺・面，展開図				●	△	△
	(空間) その他						
データの活用	場合の数，確率	●	●	●	●	◎	◎
	データの分析・活用，標本調査						
その他	不 等 式						
	特殊・新傾向問題など			●	●	△	△
	融合問題						

●印：1問出題，■印：2問出題，★印：3問以上出題。
※予想欄　◎印：出題されると思われるもの。　△印：出題されるかもしれないもの。

出題傾向と今後への対策　国語

出題内容

2024年度

《１月17日》

一 国語の知識　二 論説文　三 小説　四 古文

課題文
二村上靖彦『客観性の落とし穴』
三額賀　澪『風に恋う』
四『閑居友』

《１月18日》

一 国語の知識　二 論説文　三 小説　四 古文

課題文
二中村雄二郎・山口昌男『知の旅への誘い』
三吉屋信子『裏切り者』
四鴨長明『方丈記』

2023年度

一 国語の知識　二 論説文　三 小説　四 古文

課題文
二岡田暁生『音楽の聴き方』
三辻村深月『1992年の秋空』
四『曾我物語』

2022年度

一 国語の知識　二 論説文　三 小説　四 古文

課題文
二津野海太郎『読書と日本人』
三庄野潤三『静物』
四『十訓抄』

解答形式

《１月17日》　記　述／マーク／併　用（マークに丸）

《１月18日》　記　述／マーク／併　用（マークに丸）

出題傾向

現代文・古文・国語の知識のいずれも，設問が６～８問付され，全体として，分量の多い試験である。課題文については，現代文は，比較的新しい著名な学者・評論家や作家の作品からの出典が目立つ。古文は，中世・近世の幅広いジャンルからの出題となっている。

今後への対策

設問の多くが内容理解に関するものであるため，文章を速く正確に読みこなす力を養っておかなければならない。そのためには，市販の問題集を数多くやるのがよいだろう。問題集は，標準的なレベルのものでよい。また，国語の知識に関するものは，自分でノートに整理しておくこと。

国語出題分野一覧表

分野		年度	2022	2023	2024 17日	2024 18日	2025予想※ 17日	2025予想※ 18日
現代文	論説文 説明文	主題・要旨			●	●	△	△
		文脈・接続語・指示語・段落関係			●		△	
		文章内容	●	●	●	●	◎	◎
		表現	●	●	●	●	◎	◎
	随筆 日記 手紙	主題・要旨						
		文脈・接続語・指示語・段落関係						
		文章内容						
		表現						
		心情						
	小説	主題・要旨						
		文脈・接続語・指示語・段落関係	●				△	△
		文章内容	●	●	●	●	◎	◎
		表現	●	●	●	●	◎	◎
		心情	●	●	●	●	◎	◎
		状況・情景						
韻文	詩	内容理解						
		形式・技法						
	俳句 和歌 短歌	内容理解		●	●		◎	△
		技法	●			●	△	◎
古典	古文	古語・内容理解・現代語訳	●	●	●	●	◎	◎
		古典の知識・古典文法						
	漢文	(漢詩を含む)	●	●	●	●	◎	◎
国語の知識	漢字 語句	漢字	●	●	●	●	◎	◎
		語句・四字熟語	●	●	●		◎	◎
		慣用句・ことわざ・故事成語	●			●	△	◎
		熟語の構成・漢字の知識	●	●	●		◎	◎
	文法	品詞	●	●	●	●	◎	◎
		ことばの単位・文の組み立て						
		敬語・表現技法				●		△
	文学史		●	●	●	●	◎	◎
作文・文章の構成・資料								
その他								

※予想欄　◎印：出題されると思われるもの。　△印：出題されるかもしれないもの。

合格を勝ち取るための

本書の使い方

本書に掲載されている過去問をご覧になって，「難しそう」と感じたかもしれません。でも，大丈夫。ほとんどの受験生が同じように感じるのです。高校入試の出題範囲は中学校の定期テストに比べて広いですし，残りの中学校生活で学ぶはずの，まだ習っていない内容からも出題されているかもしれません。

ですから，初めて本書に取り組む際には，点数を気にする必要はありません。点数は本番で取れればいいのです。

過去問で重要なのは「間違えること」です。自分の弱点を知るために，過去問に取り組むのです。当然，間違った問題をそのままにしておいては意味がありません。

本書には，長年にわたって高校受験に関わってきたベテランスタッフによる詳細な解説がついています。間違えた問題は重点的に解説を読み，何度も解きなおしてください。時にはもう一度，教科書で復習するのもよいでしょう。

別冊として，抜き取って使える解答用紙を収録しました。表示してあるように拡大コピーをとれば，実際の入試と同じ条件で，何度でも過去問に取り組むことができます。特に記述問題では解答欄の大きさがヒントになる場合があります。そうした，本番で使える受験テクニックの練習ができるのも，本書の強みです。

前のページにある「出題傾向と今後への対策」もよく読んで，本校の出題傾向に慣れておきましょう。

2025年度　高校受験用

日本大学習志野高等学校　5年間スーパー過去問

をご購入の皆様へ

お詫び

本書、日本大学習志野高等学校の入試問題につきまして、誠に申し訳ございませんが、以下の問題文は著作権上の問題により掲載することができません。設問と解説、解答は掲載してございますので、よろしくお願いいたします。

記

2024年度　1月17日　英語 Ⅱ の問題文

以上

株式会社　声の教育社　編集部

2024年度　日本大学習志野高等学校（1月17日）

【英　語】（50分）〈満点：100点〉

Ⅰ　次の英文を読み，〔A〕～〔C〕の問いに答えなさい。

On a flight from Dallas to New York, a white woman of middle age found herself sitting next to a black man. She called a *1 stewardess over to complain about her seat.

"What seems to be the problem ?" asked the stewardess.

"Can't you see ?" she said, "You've sat me next to a black man. I can't possibly sit next to him. Find me [1] seat !"

"Please calm down," the stewardess replied. "This flight is very full, but I'll tell you what I'll do. I'll go and see if we have any seats [2] in business class or first class."

The woman gave a *2 mean look at the [3] black man beside her. Many of the surrounding passengers were also surprised. A few minutes later the stewardess returned with good news, which she delivered to the woman, who could not [4] but look at the people around her with a self-satisfied smile.

"I'm sorry, but as I suspected, economy is full. I spoke to the services director, and business class is also full. [5], we do have one seat in first class." Before the woman had a [6] to answer, the stewardess continued, "It is most unusual to make this kind of change, but I have special [7] from the captain. He agreed that it is not fair for someone to be forced to sit next to ①such an awful person." The stewardess then turned to the black man and said, "So if you'd like to collect your things, sir, I have your seat ready for you."

At that point, the surrounding passengers stood up and cheered while the man walked to the front of the plane.

＊1　stewardess　女性の客室乗務員　　＊2　mean　意地の悪い

〔A〕　文中 [1] ～ [7] に入れるのに最も適当なものを，①～⓪の中から1つずつ選びなさい。ただし，文頭に来る語も小文字にしてあります。また，同一の語は1回ずつしか使用できないものとします。

① chance　② therefore　③ surprised　④ permission　⑤ another
⑥ help　⑦ however　⑧ astonishing　⑨ other　⓪ available

〔B〕　下線部①が指すものとして最も適当なものを，①～⑤の中から1つ選びなさい。 [8]

① the captain　② the stewardess　③ a black man
④ a white woman　⑤ the services director

〔C〕　本文の内容と一致するものを，①～④の中から1つ選びなさい。 [9]

① A black man made his point clear to the woman who had complained.
② The stewardess received a complaint from the woman, but ignored it.
③ A black man could probably spend a good time in first class without feeling bad.
④ The woman who had complained was able to change her seat as requested.

Ⅱ　次の英文を読み，〔A〕～〔F〕の問いに答えなさい。

〔編集部注…課題文は著作権上の問題により掲載しておりません〕
原典が非公開。

＊1　graduate student　大学院生　　＊2　developmental psychology　発達心理学
＊3　demand　要求　　＊4　incident　事件　　＊5　modest　謙虚な，控えめな

〔A〕 下線部①が意味するものとして最も適当なものを，①～④の中から１つ選びなさい。 10
① 動物園の赤ちゃんゴリラに手話を教えること。
② 赤ちゃんゴリラに人とコミュニケーションをさせること。
③ 動物園に依頼して，赤ちゃんゴリラに名前をつけてもらうこと。
④ 動物園の来場者が赤ちゃんゴリラを抱っこできるようにすること。

〔B〕 下線部②を説明しているものとして最も適当なものを，①～④の中から１つ選びなさい。 11
① needing or ready for sleep
② the state of suffering and death caused by having no food
③ a feeling of being very tired, usually because of hard work or exercise
④ a strong feeling of excitement and interest in something

〔C〕 文中(③)に入れるのに最も適当なものを，①～④の中から１つ選びなさい。 12
① speak　② spoken　③ speaking　④ are speaking

〔D〕 下線部④が指すものとして最も適当なものを，①～④の中から１つ選びなさい。 13
① gorillas　② the dangers　③ humans　④ signs

〔E〕 次の文を本文中の【A】～【D】に入れるとき，最も適当な箇所を，①～④の中から１つ選びなさい。 14

It is difficult to answer those questions.　It is often difficult to know for certain that Koko is really communicating.

① 【A】　② 【B】　③ 【C】　④ 【D】

〔F〕 次の本文に関する質問の答えとして最も適当なものを，①～④の中から１つずつ選びなさい。

1．How did Penny teach sign language to Koko? 15
① Penny waited until Koko asked for food.
② Penny taught Koko as if she were a young child.
③ Penny taught Koko to connect actions with signs.
④ Penny rewarded Koko using food when she made a sign.

2．How did Koko use signs when she was three years old? 16
① To play with words.　② To call Penny's name.
③ To express her feelings.　④ To ask for food and drink.

3．Why is it difficult to know what Koko means? 17
① The signs Koko makes are actually just random gestures.
② It is easy to understand the signs that Koko makes.
③ Only Penny understands Koko, because they communicate often.
④ Her combinations of gestures can have different interpretations.

4．What is the main topic of this passage? 18
① How Penny got interested in teaching sign language to a gorilla.
② How a gorilla learned to communicate and whether she really communicates.
③ How we could figure out whether Koko is really communicating in sign language.

④ How people might have gotten the idea that Koko responded to the visitor's sign.

5．How did Koko react to the sign that a visitor made to her, meaning "You're pretty"? [19]

① She showed the sign language meaning "that's not right."
② She didn't respond to a visitor's appeal at all.
③ She pretended not to understand what a visitor was showing.
④ She got angry because she felt that a visitor did not say the truth.

Ⅲ 次の日本語と同じ意味になるように，下の語(句)を並べかえて文を完成させなさい。ただし，各語群には１つずつ不要なものが入っています。また，文頭に来るべきものも小文字になっています。解答は [20] ～ [27] に入る番号のみを答えなさい。

1．その作家がいつどこで生まれたのかご存知ですか。

[20] [　] [　] [　] [　] [21] [　] ?

① born　② whether　③ know　④ the author
⑤ was　⑥ when and where　⑦ you　⑧ do

2．社会生活には，個人と集団の適切な均衡が必要である。

Social life [　] [22] [　] [　] [23] [　] [　] the group.

① between　② and　③ a　④ the individual
⑤ among　⑥ good　⑦ balance　⑧ requires

3．コンピューターのおかげで，仕事場へ行かずに在宅勤務をすることが可能になった。

Computers have made [24] [　] [　] [　] [　] [　] [25] of going to the workplace.

① do telework　② for　③ us　④ without
⑤ to　⑥ it　⑦ instead　⑧ possible

4．ヨーロッパから送られた食料は，それを本当に必要とする人々のもとにはまだ届いていない。

The food [26] [　] [　] [　] [　] [27] [　] [　] really need it yet.

① Europe　② reached　③ sent　④ received　⑤ from
⑥ not　⑦ has　⑧ who　⑨ people

Ⅳ 次のページのイベントの案内を読み，次の問い(問１～問３)の [28] ～ [30] に入れるのに最も適当なものを，①～④の中から１つずつ選びなさい。

問１ Which of the following is true about the Narashino Garden Summer Rock Festival? [28]

① The ticket fee will be paid back if this event is cancelled.
② Tickets can be bought at Narashino City Hall or on the Internet.
③ At this festival you have to pay for any drinks even if you buy the ticket.
④ All seats are reserved seats.

問２ A family (a high school student with his parents) will buy tickets for two days on June 10. They will pay [29].

① $80　② $95　③ $160　④ $190

問３ People who want to leave the music festival and enter again must [30].

① buy a new ticket　② write their name at the entrance
③ call the festival office　④ show their voucher

Narashino Garden Summer Rock Festival

Do you like rock music? This summer you can come and enjoy the Narashino Garden Summer Rock Festival! It will be a two-day event held in Narashino City Fountain Park (15 min. drive from Narashino City Hall). Over thirty bands will come and play during the two days.

Date and Time

June 16 (Sat) & June 17 (Sun) 10 a.m. — 10 p.m.

◆ Performance starts at 11 a.m.

◆ The festival will be held even if it rains.

◆ All of the seating is *[1] first come, first served.

Headline Performances Stage Schedule

June 16	June 17
5 p.m. Five Tastes	5 p.m. Bitter Wood
8 p.m. Super Alexanders	8 p.m. Jordan's Band

◆ For more information about the other bands please go to https://www.nnhs.cst.nihon-u.ac.jp/ and check the online schedule.

Tickets will be on sale from May 15 to June 17.

Pre-sale ticket: $30 -adult / $20 - student

Same-day ticket: $35 -adult / $25 - student

You can buy tickets online or go to the Narashino City Hall festival office.

◆ One drink *[2] voucher is included in the ticket price.

◆ All tickets are *[3] single-entry only. So please be careful not to leave the music festival until the end.

If you want to re-enter the music festival, you will have to buy another ticket.

＊1　first come, first served　先着順　　＊2　voucher　引換券

＊3　single-entry　1回入場

V　次の対話文の 31 ～ 35 に入れるのに最も適当なものを，①～④の中から１つずつ選びなさい。

1．A：Shall we go for a ride ?
B： 31
A：OK, then let's go as far as Enoshima.

① I'd rather we didn't.　② I don't see why.
③ Never mind.　④ Why not ?

2．A：Excuse me.　Can I try this skirt on ?
B：Of course.　The fitting room is just behind that pillar.
(A few minutes later) How are you doing ?
A： 32
B：Unfortunately, this is the last one in this style, but we have other skirts in smaller sizes.
Would you like me to bring some over for you ?

① Do you have any sweaters to go with it ?
② Actually, the bright color doesn't suit me.
③ It's a bit too loose.　I don't think I can wear it.
④ Oh, it fits me perfectly.　I think I'll take it.

3．A：Can I take books out of this library ?
B：If you live in this city, you can.
A：I do.
B： 33

① Then you just have to fill out this card.
② In this case, I'm afraid you can't.
③ In that case, you must move here.
④ Then you can read them here any time.

4．A：Good morning, sir.　Can I help you ?
B：Yes, please.　I'm looking for a birthday present for my mother.
A： 34
B：Nothing in particular.
A：These scarves are very popular among ladies.

① What about your sister ?
② Well, what can I do for you ?
③ How did you come to know it ?
④ Do you have anything in your mind ?

5．A：Wow !　It's like an oven in here !
B： 35
A：Thank you.　That's a bit better.

① Don't worry.　Dinner will be ready soon.
② Shall I open the window for you ?
③ I'll move the furniture into the hall.
④ Would you like me to clean the room ?

VI 次のオンライン上の会話を読み，後の問いに答えなさい。

Yoshio 07:15 a.m.
Tetsuya and Minami! We need to plan our school festival for the English club!

Minami 07:17 a.m.
Yoshio! Why are you up so early? It's Saturday morning! I'm still sleepy.

Yoshio 07:18 a.m.
But we only have two weeks. We have to plan something!

Tetsuya 10:34 a.m.
Hi, guys! Don't worry about the festival! I have a special plan!!

Minami 10:45 a.m.
I hope so. I don't have any ideas, and Yoshio is getting worried.

Tetsuya 10:47 a.m.
I've rented some English movie DVDs and our teacher advised me to provide some food for the festival.

Yoshio 11:25 a.m.
Great! Which movies did you get? I don't want to see old movies.

Tetsuya 12:07 p.m.
I got five different movies. Everyone will like something.

Minami 1:38 p.m.
Don't listen to Yoshio. He is only joking! Thanks for getting the movies already.

Tetsuya 1:42 p.m.
So, could you two go and get the food from the supermarket a day before the festival?
Don't forget that you have to buy cheaper food! You have to choose food that everyone can buy.

Minami 2:02 p.m.
Sure, no problem.

Yoshio 2:14 p.m.
All right, but how about Beef Steak? Everybody likes meat.

Minami 2:16 p.m.
I really hope you are joking, Yoshio.

問1 How did Minami feel when she said, "It's Saturday morning!" 36

① She felt sorry for Yoshio.　② She felt encouraged.
③ She felt annoyed.　④ She felt calm.

問2 What does Tetsuya say Yoshio and Minami have to do? 37

① Get some food.　② Buy Beef Steak.
③ Make another plan.　④ Watch English movies.

問３　Which is true about the conversation ?　[38]

① Minami will get old movies.
② Minami will cook Beef Steak.
③ English club members will sell DVDs.
④ English club members will offer food at the festival.

Ⅶ　次の文中の [39] ～ [42] に入れるのに最も適当なものを，①～④の中から１つずつ選びなさい。

1．I made a hotel [39] .　I'm traveling with my family next month.
　① promise　② appointment　③ reservation　④ trade

2．You are going to feel cold if you go out in such a [40] jacket.
　① bright　② dark　③ thick　④ thin

3．The [41] is the person who has been elected to lead the government of a town or city.
　① mayor　② lawyer　③ president　④ voter

4．To prevent people from falling into the river, the government built a [42] along it.
　① barrier　② curve　③ dam　④ ladder

Ⅷ　次の〔Ａ〕，〔Ｂ〕の問いに答えなさい。

〔Ａ〕　次の文中の [43] ～ [46] に入れるのに最も適当なものを，①～④の中から１つずつ選びなさい。

1．John's mother wanted to go shopping, so she asked him [43] his little brother while she was out.
　① if he looked after　② he would look after
　③ looking after　④ to look after

2．Although the train was supposed to arrive by seven o'clock, it [44] by more than two hours.
　① delayed　② was delayed　③ is delaying　④ has delayed

3．"[45] do you think of Thomas going to work every day ?"
　"He works too much."
　① What　② How　③ Whose　④ Who

4．This coffee tastes a little [46] to me.
　① strongly　② so stronger　③ strong　④ strength

〔Ｂ〕　次の各文の下線部には誤りが１ヶ所ずつあります。その部分の番号を，①～④の中から１つずつ選びなさい。

1．Let's ①go to downtown ②this evening after ③you've finished your work, ④shall we ?　[47]

2．Everyone ①make mistakes in life, ②so you shouldn't ③severely criticize people who ④make mistakes.　[48]

3．①In spite of ②much traffic, I managed to ③get to the airport ④in time.　[49]

4．One of ①the most serious ②problems that ③some students have ④been a lack of motivation.　[50]

【数　学】　(50分)　〈満点：100点〉

(注意)　1．定規(三角定規・直定規)，コンパス，分度器は使用できません。

2．解答はすべてマーク方式です。1つの□には1つの数字または符号「－」が入ります。解答カードにマークしなさい。

3．答が分数のときは，約分した形で表しなさい。

4．根号の中は最も簡単な形で表しなさい。例えば，$2\sqrt{8}$ は $4\sqrt{2}$ のように表しなさい。

1　次の□をうめなさい。

(1)　$(x^2+2x-5)^2-4(x^2+2x-5)-60=(x-\boxed{ア})(x+\boxed{イ})(x+\boxed{ウ})^2$ である。

(2)　2次関数 $y=ax^2$ $(a>0)$ の x の変域が $-1\leqq x\leqq 3$，y の変域が $b\leqq y\leqq 18$ のとき，$a=\boxed{エ}$，$b=\boxed{オ}$ である。

(3)　右図のように，自然数を小さい順に上から1個，3個，5個，……のように，2個ずつ増えるように並べた。このとき，上から5段目の一番右にある自然数は $\boxed{カ}\boxed{キ}$ であり，2024は上から $\boxed{ク}\boxed{ケ}$ 段目の一番左から $\boxed{コ}\boxed{サ}$ 番目にある。

1段目	1						
2段目	2	3	4				
3段目	5	6	7	8	9		
4段目	10	…	…	…			

⋮

(4)　ある濃度の食塩水500gの入った容器から，水のみを何gか蒸発させたところ，濃度が2倍となった。次に，この容器に10%の食塩水150gを加え，よくかき混ぜると，7.5%の食塩水ができた。蒸発させる前の食塩水の濃度は $\boxed{シ}$ %である。

(5)　右図のように，ABを直径とする半円Oがある。半円Oの周上の2点C，Dについて，∠BOC＝30°，∠AOD＝60°である。このとき，$\angle x=\boxed{ス}\boxed{セ}$ 度である。

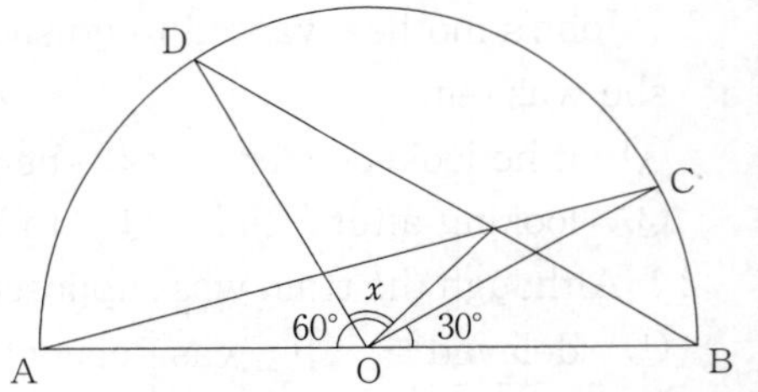

(6)　1個のさいころを2回投げて，1回目に出た目を a，2回目に出た目を b とするとき，$(a-4)(b-3)$ の値が自然数となる確率は $\dfrac{\boxed{ソ}}{\boxed{タ}}$ である。

2　右図のように，放物線 $y=\dfrac{1}{3}x^2$ ……①，直線 $y=x+6$ ……②がある。放物線①と直線②との交点をA，Bとする。

次の問いに答えなさい。

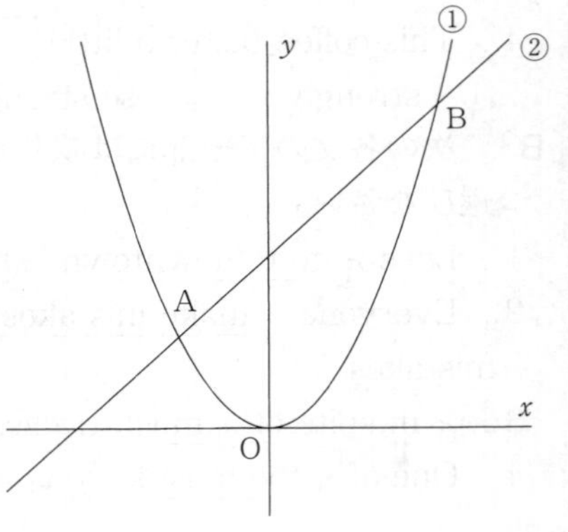

(1)　2点A，Bの座標を求めなさい。

答　A　$(\boxed{ア}\boxed{イ},\ \boxed{ウ})$

B　$(\boxed{エ},\ \boxed{オ}\boxed{カ})$

(2)　△OABの面積を求めなさい。

答　$\boxed{キ}\boxed{ク}$

(3)　放物線①上に原点と異なる点Pをとる。△PABの面積が△OABの面積と等しくなるとき，点Pの x 座標をすべて求めなさい。

答　$\boxed{ケ}$，$\dfrac{\boxed{コ}\pm\boxed{サ}\sqrt{\boxed{シ}\boxed{ス}}}{\boxed{セ}}$

3　右図のように，△ABC は BC を直径とする円Oに内接している。辺 BC 上に，BD：DC＝1：2となるような点Dをとり，直線 AD と円Oとの交点をEとする。BC＝6cm，AC＝3cm のとき，次の問いに答えなさい。

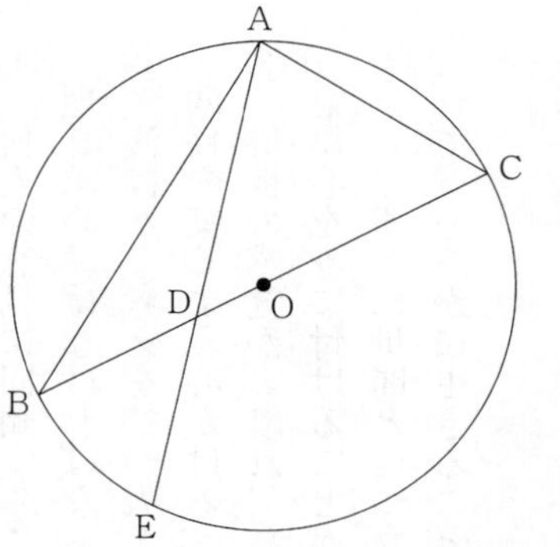

(1)　点Aから辺 BC に下ろした垂線の長さを求めなさい。

答　$\dfrac{\boxed{\text{ア}}\sqrt{\boxed{\text{イ}}}}{\boxed{\text{ウ}}}$ cm

(2)　線分 AD の長さを求めなさい。

答　$\sqrt{\boxed{\text{エ}}\boxed{\text{オ}}}$ cm

(3)　△BED，△ABC の面積をそれぞれ S_1 cm²，S_2 cm² とするとき，$\dfrac{S_1}{S_2}$ の値を求めなさい。

答　$\dfrac{S_1}{S_2}=\dfrac{\boxed{\text{カ}}}{\boxed{\text{キ}}\boxed{\text{ク}}}$

4　右図のように，底面の半径が 6 cm，高さが 8 cm の円錐Aがあり，底面は平面P上にある。円錐Aを右図のように，平面P上を 12cm 移動させる。

次の問いに答えなさい。

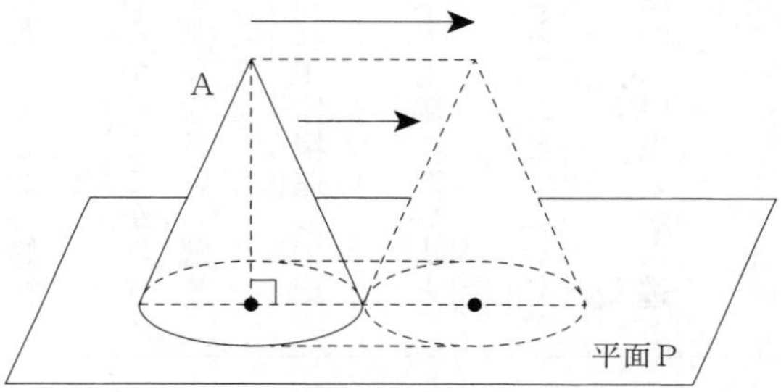

(1)　円錐Aの側面の展開図であるおうぎ形の中心角の大きさを求めなさい。

答　$\boxed{\text{ア}}\boxed{\text{イ}}\boxed{\text{ウ}}$ 度

(2)　上図のように移動させたとき，円錐Aが通過した部分の立体について，体積と表面積をそれぞれ求めなさい。

答　体積　$(\boxed{\text{エ}}\boxed{\text{オ}}\boxed{\text{カ}}+\boxed{\text{キ}}\boxed{\text{ク}}\pi)$ cm³

表面積　$(\boxed{\text{ケ}}\boxed{\text{コ}}\boxed{\text{サ}}+\boxed{\text{シ}}\boxed{\text{ス}}\pi)$ cm²

③「軒近き橋を愛せし人」　④「釈迦仏」

問六　傍線(D)「猶猶うらやましく侍り」とあるが、それはなぜか、最も適当なものを選びなさい。解答番号 30

① 余計な物事を気にせずに済むから。
② 特別な能力を持っているから。
③ 人格的な欠点が見当たらないから。
④ 心のままに好きなことをしているから。

問七　傍線(E)「唐土にまかりて侍りし」とあるが、ここでの筆者の思いを説明したものとして、最も適当なものを選びなさい。解答番号 31

① 仏の教えが浸透している国で、誰もが私欲を捨てて暮らしている姿に尊さを感じている。
② 釈迦の生まれた場所に近い国で、自分の理想にかなう僧の姿を見て感動を覚えている。
③ 極楽浄土に近いとされる国で、物がなくとも心豊かに生きる人々をうらやましく思っている。
④ 戒律が厳しく守られている国で、貧しさに苦しみながら修行を続ける僧をあわれんでいる。

問八　傍線(F)「みなかやうにのみ侍るにや」とあるが、ここからうかがえる筆者の考えとして、最も適当なものを選びなさい。解答番号 32

① 他人の意見に同調することなく、孤独を恐れずに精進し、真理を求め続けなければならない。
② 浅はかな考えを持つ人と交わらず、自分より意識の高い人と関係を築くよう心がけるべきだ。
③ 俗世の感覚から離れ、高僧たちの生活にならうことによって、自律心を身に付けることができる。
④ いたずらに世間とのつながりを求めず、煩わしい思いから逃れて、心静かに生きることが望ましい。

「いにしへ、軒近き橘《たちばな》を愛せし人、蛇となりて木の下にあり」なども、伝には見え侍り。又、「釈迦仏《しゃかぶつ》、昔、ただ人にておはしましけるに、毒蛇となりて、さきに土に埋《うづ》めりし黄金を纏《まつ》ふ」とも侍るめるは。

かかるに、(C)この人、何の持たる物にかは、つゆばかりの心もはたらき侍るべき。(D)猶猶《なほなほ》うらやましく侍り。

(E)*唐土《もろこし》にまかりて侍りしにも、さらに何もなくて、袈裟《けさ》と鉢とばかり持ちたる人、少少見え侍りき。猶、*仏の御国に境近き国なれば、あはれにもかかるよと、思ひ合はせられ侍りき。

また、人を遠ざかる事、いみじく尊く侍り。何わざにつけても、ひとり侍るばかり澄みたる事はなし。昔の高僧の跡を尋ぬれば、(F)みなかやうにのみ侍るにや。猶猶あはれに侍り。歌さへ優に侍るこそ。

（『閑居友』より）

（注）*あづまの方…東国方面。
*わが心とぞ…自分の意志で。
*火打笥…火打ち石などを入れる器。
*山送り…遺体を山中に葬ること。
*比丘…出家した男子。修行僧。
*唐土…古代中国。
*仏の御国…釈迦の誕生した国。

問一 二重傍線(ア)・(イ)の本文中の意味として、それぞれ最も適当なものを選びなさい。

(ア)「つゆちりもなし」 解答番号 24

① ほとんどない ② まったくない
③ ないのと同じだ ④ 少なくはない

(イ)「ことに」 解答番号 25

① やはり ② とりわけ
③ かえって ④ なんとなく

問二 傍線(A)「頼む人なき身と思へばいまはとててづからしつる山送りかな」とあるが、この和歌の説明として、最も適当なものを選びなさい。解答番号 26

① 死期が近いことを悟って、独りきりで自身の死に支度を整えながら、死に向かっていく自分の思いを詠んでいる。
② 世間の目から逃れて、山中で寂しく暮らすしかなかった人生を振り返りながら、迫りくる死への思いを詠んでいる。
③ 誰にも看取られずに死んでいくことを嘆き、人との交わりを避けてきたこれまでの生き方への後悔を詠んでいる。
④ たとえ山中に葬られることになっても、人を頼らず自分の力だけで人生を全うしたことへの誇らしさを詠んでいる。

問三 傍線(B)「この事」とはどのようなことか、最も適当なものを選びなさい。解答番号 27

① 今ある物で間に合わせること。
② 丁重に客人をもてなすこと。
③ 無駄な物を持たないこと。
④ 死を恐れずに受け入れること。

問四 本文中の［　］で囲まれた部分の説明として、最も適当なものを選びなさい。解答番号 28

① 理想的な僧の生き方を探っていくきっかけとして、釈迦仏の尊さを逸話とともに述べている。
② 徳の高い人も過ちを犯すという事例を取り上げ、思慮深く生きることの大切さを説いている。
③ 望ましい人のあり方を考える手掛かりとして、強い執着にとらわれた人の末路を紹介している。
④ 必要以上の富が身の破滅を招いた話を伝え、過度に物を持たない質素な暮らしをすすめている。

問五 傍線(C)「この人」とは誰か、最も適当なものを選びなさい。解答番号 29

① 「いみじく思ひ澄ましたる聖」 ② 「かの天竺の比丘」

③ 瑛太郎が自分自身の人生について迷ったり悩んだりしていることを知られたら、瑛太郎のもとで真剣に吹奏楽に取り組んでいる基が気落ちしてしまうと思ったから。

④ 瑛太郎が教員にならずに吹奏楽部のコーチになったことは、自分自身で解決すべき問題でしかないので、基を自分の問題にこれ以上巻き込むべきではないと思ったから。

問四 傍線(D)「先生は、先生だと思います」とあるが、基は瑛太郎にどのようなことを伝えたいのか、最も適当なものを選びなさい。解答番号 21

① 今はまだ教員ではなくても、瑛太郎は既に十分に吹奏楽を通して自分たちを教え導いている役割をしているということ。

② 生き方は人それぞれなので、たとえ親に理解されなくても瑛太郎がやりたいことを自信をもってやればいいということ。

③ 自分が何をやりたいかわからないと言うが、部員を励ますことのできる瑛太郎はきっと教員に向いた性格だということ。

④ 瑛太郎はとてもいい先生だと思っており、たとえ瑛太郎が吹奏楽部から離れても自分は尊敬し続けるはずだということ。

問五 傍線(E)「瑛太郎は吹き出しそうになった。不自然に瞬きが多くなる。多くなって、胸の奥から笑いが込み上げてくる」とあるが、この時の瑛太郎の心情を説明したものはどれか、最も適当なものを選びなさい。解答番号 22

① 基が懸命に自分を励まそうとしている気持ちが伝わってきて、今悩んでいることがたわいないことに感じられ、コーチとして自分の役割を果たそうと奮い立っている。

② 若くてたいした判断力もない基が、自分に対して意見を言ってきたことを滑稽に感じる一方で、できるかぎり真剣に自分と向き合ってくれたことをうれしく思っている。

③ まだ子供だと思っていた基が意外にも説得力のある話をしたので、基を軽んじていたことを申し訳なく思うとともに、基に力づけてもらったことに照れを感じている。

④ 基がまっすぐに自分にぶつけてきた素直な気持ちを受け止め、若さと未熟さゆえの熱意を痛快に感じるとともに、自分を認めてくれている基の言葉に心を打たれている。

問六 本文の表現について説明したものとして、最も適当なものを選びなさい。解答番号 23

① 短文を重ねることで、登場人物の心情が目まぐるしく変化していることがわかる、緊張感のある文章になっている。

② 登場人物の会話文が多く、また瑛太郎の心の声が地の文で述べられていることで、臨場感あふれる文章になっている。

③ 瑛太郎の視点で話が進むことで、瑛太郎の心情は細やかに描かれ、基や越谷の動作や行動は客観的に描かれている。

④ 反復表現や擬態語が多用されることで、登場人物の話し方や声の特徴が伝わる、生き生きとした文章になっている。

四

次の文章を読んで、後の問いに答えなさい。

昔、＊あづまの方に、いみじく思ひ澄ましたる聖《ひじり》ありけり。ただひとりのみありて、すべてあたりに人を寄せずぞ侍《はべ》りける。ただ＊わが心とぞ、ときどき出《い》でて、人にも見えける。また、身に持ちたる物少しもなし。仏も経もなし。ましてそのほかの物、(ア)つゆちりもなし。

隠るべき事や近づきて覚えけん、日ごろしめおきたりける山に登りて、＊火打笥《ひうちけ》に歌をぞ書きて侍りける。

(A) 頼む人なき身と思へばいまはとててづからしつる＊山送りかな

さて、はるかにほど経て、なすべき事ありて山に入れる人、これを見いだしたりけるとなん。(イ)ことにあはれにしのびがたく侍り。何も持たらぬこそ、ことにあはれに好もしく侍れ。かの天竺《てんじく》の＊比丘《びく》の、坐禅《ざぜん》の床のほかには何もなくて、客人の菩薩《ぼさつ》のおはしたるに、木の葉をかき集めて、それに居させ奉りける事を見侍りしより、(B)この事はいみじく好もしく侍り。

ら何もない人じゃないって思ったんです。吹奏楽があるから、先生は先生なんだ」

半年前まで中学生だったこの眼鏡の少年に、一体何がわかる。自分の進路も見定まっていない子供に、何が判断できる。

でも、だからこそ破壊力は抜群なんだな。(E)瑛太郎は吹き出しそうになった。不自然に瞬《まばた》きが多くなる。多くなって、胸の奥から笑いが込み上げてくる。

「ありがとうな、茶園」

彼の頭をぐりぐりと掌《てのひら》で掻《か》き回して、そのまま藤田商店まで連れて行った。

（額賀《ぬかが》　澪《みお》『風に恋う』より）

（注）＊アクアアルタ…イタリア北部で起きる、潮位が非常に高くなる現象。
＊ヴェネチア…イタリア北東部の都市で、「水の都」と呼ばれる。
＊徳村…瑛太郎の友達。瑛太郎と同じく千間学院高校の元生徒。
＊森崎さん…全日本吹奏楽コンクール出場を目指す千間学院高校吹奏楽部に密着しているカメラマン。
＊藤田商店…千間学院高校の近くにある商店。文具や食べ物が売られ、学校帰りの生徒がよく立ち寄る場所。
＊玲於奈…千間学院高校吹奏楽部に所属する先輩であり、茶園の幼《おさな》馴染《なじみ》。

問一　傍線(A)「微かに、越谷の声が揺れた。木枯らしに吹かれて震えるように、痛々しく悲しげに」とあるが、この表現を説明したものはどれか、最も適当なものを選びなさい。解答番号 18

① 越谷が弱々しく話している様子を比喩と倒置法を用いて想像しやすい形で描くことで、瑛太郎に励まされても変わらずに越谷が打ちひしがれていることを、読み手に伝わるように表現している。

② 越谷が自分の誤りに気づく様子を比喩と倒置法を用いて強調することで、自分の努力が足りないことを反省せずに基に腹を立ててしまい、自分が情けなくなっている越谷の心情を表現している。

③ 越谷が涙を懸命に堪えている様子を比喩と倒置法を用いて余韻をもたせるように描くことで、越谷が一年の頃から今までの出来事にさまざまな思いを巡らせ、やりきれない気持ちでいることを表現している。

④ 越谷の声が揺れた様子を比喩と倒置法を用いて際《きわ》立たせることで、不本意な結果に対して早くから必死に練習していたらどう変わったかを想像し、越谷の気持ちが乱れていることを印象的に表現している。

問二　傍線(B)「『すみません』とうな垂れた」とあるが、この時の基の心情を説明したものはどれか、最も適当なものを選びなさい。解答番号 19

① 話を立ち聞きしていたことを知られたくなかったのに、実際は瑛太郎が気づいていたことに驚いて困惑している。

② 部長としての役割を何も果たせず、瑛太郎と越谷の話をただ立ち聞きすることしかできなかった自分を恥じている。

③ 自分に部長としての力がないせいで瑛太郎が気づかって越谷を励ましたのだと気づいて、申し訳なくなっている。

④ 自分が立ち聞きしていることを越谷に気づかれないかと瑛太郎は気をもんでいたはずなので、心苦しく思っている。

問三　傍線(C)「お前は俺みたいになるなよ。そうこぼしそうになって飲み込む」とあるが、それはなぜか、最も適当なものを選びなさい。解答番号 20

① 瑛太郎が教師という仕事に希望がもてずに区切りをつけようとしている姿を見せたら、自分のことを慕っている基とのこれまで築いてきた関係が崩れてしまうと思ったから。

② 瑛太郎が吹奏楽部のコーチをしていることを家族が不満に思っているという話をし続ければ、家族の話を微笑ましいと話してくれた基を傷つけると思ったから。

みようとはしたんです」
　並んで階段を下りて、校舎を出た。八月もあと一週間ほどで終わりだというのに、夜の暑さは変わりがない。風はずっと生温かく、太陽が落ちても蒸し暑い。
「お姉さん、その後は大丈夫なのか？」
「会社には行ってるんですけど、前みたいに毎日終電で帰ってきて土日も働くようなことはやってないですね。かといって、毎日早く帰ってくるわけでもないんですけど」
「よかったのか、それは」
「多分、よかったんだと思います」
　そう言った基の横顔は、穏やかなものだった。ならば、そういうことなのだろう。
「そういえば」
　あっ、と声を上げながら、基がこちらを見上げてくる。
「先生は、どうして＊アクアアルタなんて知ってたんですか？」
「『汐風《しおかぜ》のマーチ』のことか」
「＊ヴェネチア、行ったことあるんですか？」
「ないよ」
　そういえば、「アクアアルタ」という単語を教えただけで、それ以外何も話していなかった。
「俺の両親の新婚旅行先」
　実家のリビングにそのときの写真が飾ってある。高潮で鏡面のようになった広場で若い父が若い母を抱き上げる、小っ恥ずかしい写真が。しかも若い父の顔が自分にそっくりで、目元は父の首に手を回して笑う母にそっくりで、見ていられなかった。
　でも、『汐風のマーチ』を初めて聴いたとき、思い浮かんだのがその写真だった。
　そんな話をつらつらと聞かせてやると、基は「なんだそれ」と軽やかに笑った。
「笑うなよ。誰にも言ったことないんだから」

そうだ。当時の吹奏楽部の仲間にも、＊徳村《とくむら》にも、三好先生にも、もちろん＊森崎《もりさき》さんにも。
「すみません。なんか微笑《ほほえ》ましかったから」
　そんな実家に近寄らなくなってから、もう随分経つ。
「両親は俺が大学を出たら教員になるものだと思ってたから、千学でコーチをしてることにご立腹なんだ」
　コンクールが終わったらけじめをつける。つけなきゃいけない。やらなきゃならない。
「まあ、悪いのは俺だ」
　(C)お前は俺みたいになるなよ。そうこぼしそうになって飲み込む。彼はきっと悲しい顔をする。流れ星がすっと闇夜に消えるような顔で、瑛太郎を見る。耐えられる気がしない。
　並木道を抜けて正門をくぐったら、何故《なぜ》か＊藤田《ふじた》商店の看板が目に飛び込んできた。テントの青色が、薄暗い中でも不思議と鮮やかで、艶《あで》やかで、視界から追い出すことができない。
「先生」
　そんな瑛太郎を引き戻したのは、やはり基の声だった。狭い歩道で立ち止まった彼は、言葉を探すように視線を宙にさまよわせ、ゆっくり口を開いた。
「(D)先生は、先生だと思います」
　何を言っているんだと口走りそうになって、瑛太郎はぎゅっと唇を引き結んだ。冗談でも軽口でもないのだと、基の表情を見ればわかった。
「先生、姉ちゃんが倒れたときに言いましたよね。自分が何をやりたいのかわからないって」
「言ったな」
「高一の僕に言われても説得力なんてないと思いますけど、先生は、凄く先生です。凄くいい先生です。僕だけじゃなくて、＊玲於奈《れおな》も越谷先輩も絶対にそう思ってます。さっき越谷先輩に『全日本で戻って来い』って言った先生を見て、この人は、吹奏楽がなくなった

③　革新的技術の登場によって社会が「客観性」を追い求めるようになったことを、自然科学の歴史とともに説明している。

④　科学の発展によって生じた社会的問題を複数取り上げることで、現代の人々が「客観性」を重んじる危険性を主張している。

三　次の文章を読んで、後の問いに答えなさい。

> 不破瑛太郎《ふわえいたろう》は吹奏楽部の顧問になるべく、一度は教師を志すも、教員採用試験に落ちてしまう。その後、瑛太郎の母校である千間《せんげん》学院高校（通称「千学」）の三好《みよし》先生からの依頼で、吹奏楽部の外部指導者となった。低迷している部を立て直すため、瑛太郎は一年生の茶園《ちゃえん》基《もとき》を部長に任命した。さらに、全日本吹奏楽コンクール西関東大会の出場メンバーを決めるサックスパートのオーディションでも、瑛太郎はパートリーダーである三年生の越谷《こしがや》ではなく、基を選んだ。次は、瑛太郎と越谷が音楽準備室で話している場面である。

「受験のせいでオーディションに落ちたとは思ってないです」

本当です。か細い声で付け足して、越谷は続ける。

「ただ、何でももっと早く必死になれなかったんだって、落ちた瞬間からずっと考えてます」

「越谷が必死に練習してたのは、俺はよく知ってるぞ」

大きく首を左右に振って、越谷は「違うんです」とこぼした。

「茶園が部長になって、焦りました。三年なのに不甲斐《ふがい》ないなって思ったし、正直、あいつに腹も立ちました。茶園、俺よりずっと上《う》手《ま》いし。練習の集中力凄《すご》いし。今までだらだら練習してきた自分に気づいて必死になっただけです。もし二年のときに気づいてたら、一年のときから今みたいに必死になれてたら――俺の三年間、全然違うものになったはずなんです」

(A)微《かす》かに、越谷の声が揺れた。木枯らしに吹かれて震えるように、痛々しく悲しげに。

「今更後悔したって、遅いですけどね」

「そうだな。今から高一に戻るなんてこと、越谷だけじゃなくて、他の誰にもできない」

俺にだってできない。そう続けそうになったのを堪《こら》えて、瑛太郎は肩を落とした。

越谷の手にしたサックスのケースを、指さす。

「楽器を持って帰るってことは、練習するつもりなんだろ？　越谷は今、必死に、次を見てる。君を蹴落としてコンクールメンバーになった仲間が、西関東を突破するって信じてる。最後の一年だから、こんなに必死になれたんだ」

鼻を啜《すす》る音がして、だいぶ時間が経《た》ってから越谷は「はい」と擦《かす》れた声で頷《うなず》いた。

「まだコンクールは終わってない。全日本で戻って来い」

夏休みが明けてクラスメイトが勉強に本腰を入れ始めたら、重苦しい焦燥感に襲われるはずだ。でも、瑛太郎は心から越谷にその言葉を贈った。

「すいません、ありがとうございました」

手の甲で目元を素早く拭った越谷は、もう一度瑛太郎に頭を下げ、帰って行った。その背中が階段に消え、足音が聞こえなくなったのを確認し、廊下の角に向かって声を張る。

「茶園、いつまでそこにいる気だ」

自分の声が廊下に響く。しばらくして、基が角から顔を出した。

「……先生、気づいてたんですか」

「ちらちらこっちを窺《うかが》ってるからだよ。越谷は、多分気づいてなかったと思うけど」

こちらにとぼとぼと歩み寄りながら、基は(B)「すみません」とうな垂れた。

「部長らしく、越谷をフォローしようとでもしたのか？」

「逆に越谷先輩に元気づけられるのがオチだったと思いますが、試

① 最新の知見を過去の研究と照らし合わせながら検討すること。

② 先進的な研究を身近な事例とともにわかりやすく説明すること。

③ 新たな研究成果の正当性を伝えて既存の権威を弱めていくこと。

④ 新たな研究成果を社会一般に通ずる真理として広めていくこと。

問二 傍線(B)「『人間の証言』を『事物の証拠』よりも優先する」とあるが、それはなぜか、最も適当なものを選びなさい。解答番号 13

① 科学者が提示する物的証拠は、純粋な実験結果ではなく修整が加えられた可能性があり、複数の権威ある専門家の視点から多角的に審議する必要があったから。

② キリスト教を中心とした古典的知識は時代錯誤であり、研究結果の真偽を判断する要素として、近代科学を先導していた貴族たちの証言が重要視されたから。

③ 当時絶対視されていた宗教的価値観に背く実験結果を証明するには、個人の経験則では信用に足りず、何らかの権威によって信憑性を担保する必要があったから。

④ 測定という概念がない一七世紀には、公的な根拠として認められる資料を残せず、教会が認める権力者の証言を裏付けとして成果を証明しなければならなかったから。

問三 傍線(C)の例を筆者が用いた理由として、最も適当なものを選びなさい。解答番号 14

① 科学的成果を発表する際に、機器により記録された資料を社会的合意に基づいて調整するようになったことを読者に示すため。

② 図や写真に編集が加えられてしまう危険性が判明し、科学者が提示する資料の社会的信用が失われたことを読み手に説くため。

③ 図や画像が研究に役立てられるようになった結果、有用な科学的成果が生み出されていったことを読み手に伝えるため。

④ 人々が科学的成果の真理を判断する際に、図や画像といった視覚的資料を重要な基準としていることを読者に印象付けるため。

問四 傍線(D)「自然の本性の定着」とあるが、ここでの「本性」とはどのようなことか、最も適当なものを選びなさい。解答番号 15

① 神の理念から離れた美しい現実のこと。

② 神の意志に基づいたあるべき姿のこと。

③ 神が愛した多様な生命の尊さのこと。

④ 神が万物に与えた本質的な役割のこと。

問五 傍線(E)「この文脈」を説明したものとして、最も適当なものを選びなさい。解答番号 16

① 西欧社会の発展に伴い、人々は神の存在に基づいた自然理解を断念し、人の意識から離れて物質と向き合うようになった。

② 西欧の宗教権力が衰えると、科学者たちは神の理念に縛られることなく、自由な発想のもとで自然を解釈できるようになった。

③ 近代化の過程において、宗教を背景とした一元的な思想が退けられ、多様な観点から自然現象を捉えようとする動きがあった。

④ 近代社会の成立によって、神の意志を理解する意義が失われたことで、人間の利益の追求が自然科学の目的になった。

問六 本文の内容の説明として、最も適当なものを選びなさい。解答番号 17

① 科学者の活躍により「客観性」という言葉が生み出されていく過程を、現在から過去に遡りながらわかりやすく述べている。

② 今日に至るまで「客観性」の内実がどのように変化していったかを、近代科学の変遷や豊富な事例とともに紹介している。

美しいデッサンを多数残した一八世紀から一九世紀前半までの自然科学は、実は目の前にあるサンプルを忠実に模写していたわけではなく、理想形を描いていたという。つまり客観性を求めたのではなく、(D)自然の本性の定着をめざしてきたのだと、先ほど取り上げた＊ダストンとギャリソンは論じている。偶然による誤差や奇形に満ちた具体的自然ではなく、神が創造した自然が表すはずの美しい真実truth、理念を描くことが求められた。現代ならば「捏造」と言われる理想的な図像こそが、真理を表現するのだ。

スウェーデンの博物学者カール・リンネが作成した植物図鑑も「客観的とはいいがたい」ものだったという。正確にサンプルを模写するのではなく、特徴を強調して草花の一般的な姿を提示するのだ。「リンネや啓蒙《けいもう》期《き》の学者たちが依拠した規範は、客観性ではなく本性(自然)への忠誠(truth to nature)だったのである」。科学者とは、神が創造した自然の理念へと直観的に一気に到達する人物のことだった。この直観を一八世紀の学者は図像化しているのだ。

神の権威が弱くなるなか、一八世紀後半の啓蒙思想やフランス革命以降の西欧社会において、学問の真理は神が保証するものではなく、自然そのものの現れにおいて確かめられる必要が出てきた。自然の理念を描くのではなく、自然そのものを客観的に描こうとするのだ。こうして客観性こそが真理であるという通念が生まれることになる。一九世紀半ばになると、「客観的な」図像をどのように作成するのかが、大きな課題になってくる。

機械による客観的な測定は(E)この文脈のなかで生まれたものである。社会学者の松村一志は測定をおおむね時代順に並べて六段階に分けて整理している。

①感覚の段階……身体感覚によって確認する
②視覚化の段階……物質変化を目視する
③数量化の段階……物質変化に目盛りを与える
④誤差理論の段階……〔複数回測定して〕測定精度を誤差理論によって分析する
⑤指示・記録計器の段階……物質変化が目盛り上の指針の動きに変換され、記録される
⑥デジタル化の段階……数量をデジタル表示する

①から③は、判定者が重要になるから、証言によって結果を保証する必要がある。しかし④以降は機械が自動的に計測することになり、測定結果は研究者の手を離れて自立していく。つまり「より客観的」になる。

ただし、機械があったから客観性が追求されたわけではなく、むしろ客観性の追求への意志が先にあったようだ。たとえば一九世紀に発展しつつあった写真という新技術は、偽造・修復可能だ。写真技術ゆえに客観性が重視されるようになったわけではなく、機械的な客観性を目指す要請のほうが先に立ち、写真はその要請のために重宝されたのだ。

客観性とは、人の目というあいまいなものに「邪魔されずに見る」ことを指すようになる。こうして機械的客観性が成立する。写真という機械を手にしたことによって「人間による判断から解放された表象を手にすることができる」と信じられたのである。自然は神からも人間からも切り離された、それ自体で成り立つリアリティとなる。自然を人間から切り離して正確に認識しようとする意志が、主観性への排除と客観性への執念を生んだのだ。

（村上靖彦『客観性の落とし穴』より）

(注) ＊アカデミー……学問や研究に関わる団体。
＊ダストンとギャリソン……科学史家。彼らの執筆した『客観性』の一節を筆者は取り上げ、客観性という言葉が一九世紀半ばに普及したことを示している。

問一 傍線(A)「実験室における個人的経験を公共的知識へと変換する」とはどういうことか、最も適当なものを選びなさい。解答番号 12

二　次の文章を読んで、後の問いに答えなさい。（出題の都合上、本文の一部を省略した）

「客観的 objective」という言葉は、昔から存在はしたが、一七世紀には「主観的」という意味をあらわしていた。例えば哲学者のデカルト（一五九六―一六五〇）は、一六四一年に出版した主著『省察』のなかで realitas objectiva という概念を用いた。現在の語感ではオブジェクトに関わるのだから「客観的実在」と訳せそうに思えるが、実際には「思い描かれた実在」のことだった。神の観念は他の観念よりも多くの realitas objectiva を含みこむ、というような言い方がされる。realitas "objectiva" は私が思惟《しい》する観念の内容物であり、"主観的な"ものなのだ。

客観的なデータこそが正しいというのは今ではあたりまえの感覚だが、歴史のなかで徐々に生まれた発想だ。当時、科学の研究成果を公共の場で保証する要請がでてきたときにモデルとなったのが裁判による評決だったという。一七世紀のロンドン王立協会では、実験に、権威のある学者が立ち会い、信憑性《しんぴょうせい》を証言することで真理を判断していた。

〔権威のある〕古典の記述に反する個人の体験は単なる逸脱と捉えられ、「真の経験」とは認められない。(A)実験室における個人的経験を公共的知識へと変換することが、ヨーロッパ各国の＊アカデミーの共通課題となったのも、そのためである。「裁判の〔証言を模した〕レトリック」は、まさにこの問題に対する解決策だったのである。

（松村一志『エビデンスの社会学――証言の消滅と真理の現在』）

近代的な意味での科学的探究が始まった一七世紀は、時間に余裕がある貴族たちが科学の中心だった。キリスト教会が強かった当時、聖書およびアリストテレスの教えが「古典」として絶対的な権威を持っていた。ところが近代の科学的探究は、（地動説を唱えたコペルニクスやガリレオの例を始めとして）教会が認定する真理とは相《あい》容《い》れない結果をもたらすことになる。このとき神の権威とは異なる権威が必要とされるようになる。一七世紀には、まず証言者の権威によって真理が保証された。「(B)『人間の証言』を『事物の証拠』よりも優先する」のだ。

しかしながら、次第に権威ある学者による証言に代わって、機器による測定によって真理が決められるようになる。ガリレオ（一五六四―一六四二）がピサの斜塔から重さの異なる大小の球体を落下させて同時に着地することを示し、「気体の体積は圧力と反比例する」というボイルの法則で知られるロバート・ボイル（一六二七―一六九一）が空気ポンプ実験を行うというように、実験による客観性が生まれた。次第に目撃者の証言からは独立して、「客観的」に真理が成立することになる。

その後、実験室が多くの大学で設置されるようになった一九世紀にいたる歴史のなかで、測定が重視されるようになる。

客観性の大事な要素であるこの測定についてもう少し歴史を振り返ってみよう。

(C)二〇一四年に、動物細胞をある種の酸に浸《つ》けることによって、あらゆる細胞へと分化しうる万能細胞になるという「発見」がなされた。しかし、それを証明した論文は画像の修整や捏造《ねつぞう》が明らかになり、論文が撤回された。このＳＴＡＰ細胞事件は図像が客観性を保証するという社会的な合意を逆手に取るものだったといえるだろう。

科学は図像を多数用いてきた。顕微鏡を用いた細菌学や、ｆＭＲＩのような大規模な機械によって臓器を撮影する医学や神経科学が顕著な例であろう。つまり現在でも図像は客観性を保証する手段となっている。同時にこの客観性は、写真を加工することや、都合のよい実験結果だけをデータとして採用することで比較的容易に結果をゆがめることができる。

二〇二四年度　日本大学習志野高等学校（1月17日）

【国語】（五〇分）〈満点：一〇〇点〉

一　次の各問いに答えなさい。

問一　次の(ア)～(オ)の傍線部と同一の漢字を用いるものはどれか、それぞれ適当なものを一つずつ選びなさい。

(ア)　当意ソクミョウな受け答え。解答番号 1

① 平安時代のソクタイ。
② ジンソクな対応。
③ トクソク状が届く。
④ ソクセキの料理。

(イ)　吉田松陰先生をシシュクする。解答番号 2

① 高圧的な態度にイシュクする。
② シュクジョのたしなみを身につける。
③ 多くの人からシュクフクされる。
④ 乱れた綱紀をシュクセイする。

(ウ)　オクビョウ風に吹かれる。解答番号 3

① オクメンなく意見を言う。
② ツイオクにふける。
③ オクマン長者を目指す。
④ ハイオクを取り壊す。

(エ)　作品のコウヒョウを述べる。解答番号 4

① 理論をコウチクする。
② ソッコウを掃除する。
③ ネンコウに報いる。
④ 寄席でコウダンをきく。

(オ)　先輩のカンユウで入部を決める。解答番号 5

① 新しいことにカカンに挑戦する。
② 温かいカンゲイを受ける。
③ 不祥事により辞職をカンコクされる。
④ 彼の考え方はイッカンしている。

問二　次の文の傍線部「だ」と同じ意味・用法のものはどれか、最も適当なものを選びなさい。解答番号 6

私はこの春から高校生だ。

① ローマの大聖堂は厳かだ。
② 生徒会から皆へのお願いだ。
③ 彼は遅れて参加するそうだ。
④ 去年の夏はたくさん泳いだ。

問三　部首が「がんだれ」の漢字はどれか、適当なものを選びなさい。解答番号 7

① 原　② 度　③ 屈　④ 痛

問四　「東奔西走」の意味として、最も適当なものを選びなさい。解答番号 8

① 深く考えずにまっすぐ突き進むこと。
② どちらも大して差がないこと。
③ すべての範囲を網羅していること。
④ あちこち忙しく駆けまわること。

問五　次の文学作品のうち、『今昔物語集』を題材にして書かれた作品はどれか、適当なものを選びなさい。解答番号 9

① 『鼻』　② 『山椒魚』　③ 『草枕』　④ 『富嶽百景』

問六　次の古典文学作品のうち、鎌倉時代に成立した作品はどれか、適当なものを選びなさい。解答番号 10

① 『大和物語』　② 『伊勢物語』
③ 『平家物語』　④ 『竹取物語』

問七　次の漢文を書き下したとき、傍線部の漢字「不」は何番目に読むか、適当なものを選びなさい。解答番号 11

親　父　不㆘　為㆓　其　子㆒　媒㆖。

① 四番目　② 五番目　③ 六番目　④ 七番目

2024年度／日本大学習志野高等学校（１月17日）

英語解答

Ⅰ〔A〕 1…⑤　2…⓪　3…③　4…⑥
　5…⑦　6…①　7…④
〔B〕 ④　〔C〕 ③

Ⅱ〔A〕 ①　〔B〕 ②　〔C〕 ②
〔D〕 ①　〔E〕 ③
〔F〕 1…③　2…④　3…④　4…②
　5…①

Ⅲ 1　20…⑧　21…⑤
2　22…③　23…①
3　24…⑥　25…⑦
4　26…③　27…②

Ⅳ 問１　②　問２　③　問３　①

Ⅴ 1　④　2　③　3　①　4　④
5　②

Ⅵ 問１　③　問２　①　問３　④

Ⅶ 1　③　2　④　3　①　4　①

Ⅷ〔A〕 1…④　2…②　3…①　4…③
〔B〕 1…①　2…①　3…②　4…④

Ⅰ〔長文読解総合―物語〕

≪全訳≫❶ダラスからニューヨークへのフライトで，中年の白人女性が黒人男性の隣の席に座った。彼女は，自分の座席のことで苦情を言うために，女性の客室乗務員を呼び寄せた。❷「どうなさいましたか？」と客室乗務員は尋ねた。❸「わからないの？」と彼女は言った。「私を黒人の男の隣に座らせたのよ。この人の隣に座るなんてできないわ。別の席を見つけてちょうだい！」❹「落ち着いてください」と客室乗務員は答えた。「このフライトは満席ですが，こうするのはいかがでしょうか。ビジネスクラスかファーストクラスに空いている座席があるかどうか確認してまいります」❺女性は隣の驚いた様子の黒人男性に意地の悪い視線をやった。周囲の乗客の多くも驚いていた。数分後，客室乗務員がよい知らせを持って戻ってきて，それを女性に伝えると，女性は自己満足したほほ笑みを浮かべて，周囲の乗客を見ないではいられなかった。❻「申し訳ございませんが，思っておりましたとおり，エコノミークラスは満席です。サービス責任者と話しましたところ，ビジネスクラスも満席でした。でも，ファーストクラスに空席が１つありました」　女性が答える機会を与えずに，客室乗務員は続けて言った。「このような変更は非常にまれですが，機長の特別許可を得ています。このようなひどい人間の隣に座らされるのは公平ではないということに，機長は賛同しています」　すると，客室乗務員は黒人男性の方を向いて，「お客様，お荷物を集めていただきましたら，お席の準備ができております」と言った。❼そのとき，周囲の乗客は立ち上がり，男性が飛行機の前方に向かう間，かっさいを送った。

〔A〕<適語選択>１．黒人男性の隣に座るのが嫌だと女性が言っている場面。「別の座席」を要求したのである。残りが３つ以上あるうちの「もう１つの，別の」は another で表す。　２．available は「空いている，利用できる」という意味の形容詞で，‘名詞＋available’という語順で使うことができる。　３．直後の文に「周囲の乗客の多くも驚いていた」とあることから，黒人男性が驚いていたことがわかる。「(人が)驚いて」は surprised で表せる。astonishing は「(人を)驚かせるような」という意味(≒surprising)。　４．cannot help but ～で「～しないではいられない」という意味。　５．「ビジネスクラスは満席」という直前の内容と「ファーストクラスに座席が１つある」という内容をつなぐことができるのは，‘逆接’の意味を持つ however。　６．have a chance to ～で「～する機会を得る」という意味。　７．have permission from ～で「～の許可を得ている」という意味。

〔B〕＜**指示語**＞この後客室乗務員は，黒人男性に向かって座席の用意ができていると伝えている。つまり，ファーストクラスの席に移動したのは，苦情を言った白人女性ではなく，黒人男性だとわかる。「このようなひどい人間」とは，人種差別に基づく不当な要求をした白人女性である。

〔C〕＜**内容真偽**＞①「黒人男性は，苦情を言った女性に対して自分の主張を明確にした」…×　そのような記述はない。　②「客室乗務員は女性から苦情を受けたが，それを無視した」…×　第4段落以降参照。客室乗務員は苦情に対応している。　③「おそらく黒人男性は気分を害されることなく，ファーストクラスで楽しいひとときを過ごせただろう」…○　座席を移動した後の黒人男性についての記述はないが，消去法により判断する。　④「苦情を言った女性は，要求どおりに座席を変更できた」…×　第6段落最終文参照。座席を変更してもらったのは，黒人男性である。

Ⅱ〔**長文読解総合―説明文**〕

≪**全訳**≫❶1971年，発達心理学の大学院生であるペニー・パターソン博士は，手話を使ってゴリラに人間とコミュニケーションを取ることを教えるという考えに興味を持った。彼女は，サンフランシスコ動物園から，動物園の赤ちゃんゴリラに手話を教える試みをする許可を得た。赤ちゃんゴリラは生後約1年だった。ゴリラの名前はハナビコだったが，ココと呼ばれていた。行動と手話を結びつけることによって，ペニーはココに手話を教え始めた。例えば，ココを抱き上げる前に「上」を手話で示した。飲み物を与える前には「飲む」を手話で示した。ペニーはココに，飲み物を飲む前に「飲む」を手話で示すように教えようとした。❷3歳のとき，ココはまだ幼い子どものようだった。ココはいくつかの手話を覚え，いくつかの単語を理解していたが，手話はあまり使わなかった。当時ココの手話のほとんどは，遊びか食べ物か飲み物を要求するものだった。実際，当時のココの言葉の記録を読んだ人は，ココは飢えに近い状態だったという印象を持つかもしれない，とペニーは言った。ココは「注いで，それ，急いで，飲み物，急いで」や「私，私，私，食べる」や「あなた，私，クッキー，私，私」のような表現を使った。6歳までには，ココはもっと多くの手話を使っていた。ペニーによれば，ココは手話を使って気持ちを表現したり，単語の新しい組み合わせをつくったりすることなどができた。❸ココが行う手話(あるいは，ひょっとするとでたらめなジェスチャー)によって，何を言いたいと思っているのかは，たとえあるにしても，知るのが難しいことが多い。例えば，来場者がココに「君はかわいいね」という手話をした出来事の話をペニーがするとする。ココは「間違い」という意味の手話をした。ココの反応は，ココが謙虚だということを表していたのだろうか？　それとも，来場者は正直ではないとココが思っていたということを表していたのだろうか？　それとも，でたらめなジェスチャーだったのだろうか？　ココは他の誰かがするのを見た反応を，意味もわからないまま，まねていたのだろうか？　Cそういった質問に答えるのは難しい。ココが本当にコミュニケーションを取っているのかをはっきりと知ることは難しいことが多いのだ。❹今日，ココは2000を超える話し言葉を理解でき，1000を超える手話ができる，とペニーは考えている。ココは人間とコミュニケーションを取るために人間の言語を使えると多くの人が思っているので，ココは世界中で有名になっている。また，ココは野生のゴリラに対する危険に注意を引きつけるためにも使われているのだが，野生ではゴリラが次々と殺されている。

〔A〕＜**単語の意味**＞permission は「許可」という意味だが，同じ文の to try 以降(to不定詞の形容詞的用法)に「許可」の具体的な内容が示されている。

〔B〕＜**単語の意味**＞直後の文では，ココが食べ物や飲み物を求める表現が挙げられている。食べ物に関係するのは，②「食べ物がないことによる苦しみや死の状態」である。　starvation「飢餓，餓死」

〔C〕＜適語(句)選択＞spoken には「話し言葉の，口語の」という意味があり，ここでは直後にある名詞 words を修飾している。

〔D〕＜指示語＞この前で「野生のゴリラに対する危険」とあること，また are killed off の主語であることから判断できる。　kill off ～「～を次々に殺す，～を絶滅させる」

〔E〕＜適所選択＞脱落文にある those questions「そういった質問」が，空所 C の前にある４つの疑問文を指している。

〔F〕＜英問英答＞１.「ペニーはどのようにしてココに手話を教えたか」―③「ペニーはココに行動と手話の結びつけ方を教えた」　第１段落第５文参照。　２.「３歳のとき，ココはどんなふうに手話を使ったか」―④「食べ物や飲み物を要求するため」　第２段落第１，３文参照。　３.「ココが言いたいことを知ることはなぜ難しいのか」―④「ココのジェスチャーの組み合わせはさまざまな解釈ができる」　第３段落参照。筆者はココの手話に対して４通りの解釈を提示している。

４.「この文章の主題は何か」―②「ゴリラがどのようにしてコミュニケーションができるようになったのかと，そのゴリラは本当の意味でコミュニケーションしているのかどうか」　第１，２段落ではペニー博士がココに手話を教えたやり方とココが手話を覚えていった過程について，第３段落ではココの意図を理解することの難しさについて述べられている。「主題」を問われているので，本文の内容に矛盾していなくても，本文のごく一部にふれているだけの選択肢は不可。　５.「来場者がココに行った，『君はかわいいね』という意味の手話に対して，ココはどのように反応したか」―①「『それは正しくない』という意味の手話をした」　第３段落第２，３文参照。

Ⅲ〔整序結合〕

１．Yes「はい」／No「いいえ」を使って返答できる文なので，疑問詞ではなく，Do で文を始める。まず，Do you know とし，この後に‘疑問詞＋主語＋動詞...’の語順の間接疑問を続ける。「生まれる」は be born で表す。不要語は whether。　Do you know when and where the author was born?

２．Social life という主語が与えられているので，これに「～を必要とする」という意味の動詞 requires を続ける。「～と…の適切な均衡」は「～と…の間の適切な均衡」ということなので，a good balance に‘between ～ and …’「～と…の間の」を続ける。このように「(２つのもの)の間で」は between で表す。不要語は among。　Social life requires a good balance between the individual and the group.

３．Computers という主語が与えられているので，「コンピューターのおかげで～することが可能になった」を「コンピューターが～することを可能にした」と読み換え，‘make＋目的語＋形容詞’「～を…(の状態)にする」の形をつくる。‘目的語’に形式目的語として it を置き，it の内容を‘for＋人＋to ～’の形で示す(‘make it＋形容詞＋for ～ to …’「～が…するのを―(の状態)にする」の形になる)。また，「仕事場へ行かずに」は「仕事場へ行く代わりに」と考え，instead of ～ing「～する代わりに，～せずに」で表す。不要語は without。　Computers have made it possible for us to do telework instead of going to the workplace.

４．主語である「ヨーロッパから送られた食料」は‘名詞＋過去分詞＋その他の語句’「～された〈名詞〉」(形容詞的用法の過去分詞)の形で The food sent from Europe とする。これに続く動詞部分の「届いていない」は has not reached で表せる。「それを必要とする人々」は，who を主格の関係代名詞として使い，people who ～ とする。不要語は received。 The food sent from Europe has not reached people who really need it yet.

Ⅳ〔長文読解総合（英問英答形式）―案内〕

習志野ガーデン・サマーロックフェスティバル

ロック音楽はお好きですか？／今夏，習志野ガーデン・サマーロックフェスティバルを楽しみにお越しになれます！／習志野市噴水公園（習志野市役所より車で15分）で行われる２日間のイベントです。／30を超えるバンドがこの２日間演奏にやってきます。

日時

６月16日（土曜日）～６月17日（日曜日）　午前10時～午後10時

◇演奏は午前11時開始です。

◇フェスティバルは雨天でも決行されます。

◇座席は全て先着順です。

メイン演奏の舞台スケジュール

６月16日	６月17日
午後５時　ファイブテイスツ	午後５時　ビター・ウッド
午後８時　スーパーアレクサンダーズ	午後８時　ジョーダンズバンド

◇他のバンドについて詳しくは，https://www.nnhs.cst.nihon-u.ac.jp/ にアクセスし，オンライン・スケジュールを確認してください。

チケットは５月15日～６月17日に販売されます。

前売券：大人30ドル／学生20ドル

当日券：大人35ドル／学生25ドル

チケットはオンラインあるいは習志野市役所フェスティバル事務局でお買い求めいただけます。

◇チケット価格には，ドリンク１杯の引換券が含まれています。

◇全てのチケットは１回の入場のみ有効です。そのため，終了まで音楽フェスティバル会場を出ないようご注意ください。音楽フェスティバル会場に再入場をご希望の場合は，チケットの再購入が必要となります。

問１＜内容真偽＞「習志野ガーデン・サマーロックフェスティバルについて正しいのは次のうちのどれか」―②「チケットは習志野市役所かインターネットで購入できる」 Tickets will be … June 17. の項の３行目参照。 online≒on the Internet ①「イベントが中止の場合，チケット代金は返金される」…× ③「このフェスティバルでは，チケットを購入していても全てのドリンクに代金を支払わないといけない」…× チケット価格にドリンク１杯の引換券が含まれている。④「座席は全て予約席である」…× 先着順である。

問２＜要旨把握＞「ある家族（高校生１人と両親）が６月10日に２日分のチケットを買うとする。支払い額は（　　）になる」―③「160ドル」 学生１人と大人２人分の前売券を２日分となるので，（20ドル×１人＋30ドル×２人）×２日分で160ドルとなる。

問３＜内容一致＞「音楽フェスティバル会場を出て，再び入場したい人は，（　　）必要がある」―①「新しいチケットを購入する」 最終行参照。

Ⅴ〔対話文完成―適文選択〕

１．Ａ：ドライブに行かない？／Ｂ：31うん，そうしよう。／Ａ：よし，それじゃあ，江ノ島まで行こう。∥最後のＡの発言から，Ｂはドライブに行くことに賛成したと判断できる。Why not? は，相手の勧誘に対して「いいとも，そうしよう」と同意する表現。 go for a ride「（車などで）出かける」

２．Ａ：すみません。このスカートを試着してもいいですか？／Ｂ：もちろんです。試着室はあの柱のすぐ後ろです。（数分後）いかがですか？／Ａ：32少し大きいです。私にははけないと思います。／Ｂ：あいにく，このデザインのものはこれが最後なんですが，他のスカートならこれより小さいサイズがあります。いくつかお持ちしましょうか？〃客と店員の会話。店員の「他のスカートならこれより小さいサイズがあります」という発言から，試着したスカートが大きすぎたのだとわかる。

3．Ａ：この図書館から本を借りることはできますか？／Ｂ：当市にお住まいなら，できますよ。／Ａ：住んでいます。／Ｂ：33それでは，このカードにご記入ください。〃直前のＡの発言 I do. はその前の If you live in this city を受けたもので I live in this city. という意味なので，Ａは本を借りる資格があることがわかる。それを聞いたＢの言葉として適切なものを選ぶ。　fill out ～「～に書き入れる」

4．Ａ：おはようございます，お客様。お手伝いいたしましょうか？／Ｂ：はい，お願いします。母への誕生日プレゼントを探しているんです。／Ａ：34何かお考えになっているものはございますか？／Ｂ：特にはありません。／Ａ：こちらのスカーフは女性にとても人気ですよ。〃店員と客の会話。客の「特にはありません」という返答と，その後店員がスカーフを勧めていることから，店員が客に対してプレゼントの候補として考えている品物があるかどうかを尋ねたのだと判断できる。

5．Ａ：うわっ！　ここはオーブンの中みたいだ！／Ｂ：35窓を開けてあげようか？／Ａ：ありがとう。ちょっとはましだね。〃Ａの「オーブンの中みたいだ」という発言は，部屋が暑すぎることを意味するものと考えられる。②以外は，暑さとは関係ない内容である。

Ⅵ〔長文読解総合（英問英答形式）―チャット〕

≪全訳≫❶ヨシオ（Ｙ）　午前７:15／テツヤ，ミナミ！　僕たちは英語部の学園祭の計画を立てなきゃいけないよ！❷ミナミ（Ｍ）　午前７:17／ヨシオ！　どうしてこんなに早く起きてるの？　土曜日の朝よ！　私はまだ眠いわ。❸Ｙ　午前７:18／でも，２週間しかないんだよ。僕たちは何か計画を立てないと！❹テツヤ（Ｔ）　午前10:34／やあ，君たち！　学園祭のことは心配いらないよ！　僕には特別な計画があるんだ！❺Ｍ　午前10:45／そうであることを願うわ。私にはアイデアがないし，ヨシオは心配してるし。❻Ｔ　午前10:47／僕は英語の映画の DVD をいくつか借りたんだ，それに先生が学園祭には食べ物を出したらどうかってアドバイスしてくれたんだ。❼Ｙ　午前11:25／いいね！　どんな映画を借りたんだい？　僕は昔の映画は見たくないな。❽Ｔ　午後12:07／違うものを５本借りたよ。誰もが気に入るものがあると思うよ。❾Ｍ　午後１:38／ヨシオの言うことは聞かなくていいわよ。冗談を言っているだけだから！　もう映画を借りてくれていてありがとう。❿Ｔ　午後１:42／それじゃあ，君たち２人は学園祭の前日にスーパーへ食べ物を買いに行ってくれる？　安い食べ物を買わなきゃいけないことを忘れないようにね！　誰もが買える食べ物を選んでよ。⓫Ｍ　午後２:02／もちろん，大丈夫よ。⓬Ｙ　午後２:14／わかった，でも，ビーフステーキはどう？　みんな肉が好きだから。⓭Ｍ　午後２:16／私は本当にあなたが冗談を言っていることを願うわ，ヨシオ。

問１＜要旨把握＞「『土曜日の朝よ！』と言ったとき，ミナミはどう感じていたか」―③「むっとしていた」　第１，２段落参照。土曜日の朝７時台という早い時間帯のやり取りであること，直後でミナミが「私はまだ眠い」と言っていることから，マイナスの感情を抱いていたと判断できる。annoyed「むっとして，いらいらして」

問２＜要旨把握＞「テツヤはヨシオとミナミは何をしなければならないと言っているか」―①「食べ物

を買う」　第10段落第１文参照。

問３＜内容真偽＞「会話について正しいのはどれか」―④「英語部のメンバーは学園祭で食べ物を提供する」　第６，10段落参照。　①「ミナミは昔の映画を入手する」…×　②「ミナミはビーフステーキを料理する」…×　ビーフステーキはヨシオの冗談である。　③「英語部のメンバーはDVD を販売する」…×

Ⅶ〔適語選択〕

１.「私はホテルの予約をした。来月家族旅行をする予定だ」　make a reservation で「(ホテルなどの)予約をする」　promise「約束」　appointment「(面会の)約束」　trade「貿易，取引」

２.「そんなに薄手の上着で出かけたら寒いよ」　thin「薄い，薄手の」⇔ thick「厚い，厚手の」

３.「町長〔市長〕とは，町あるいは市の政府を率いるべく選ばれた人のことだ」　mayor「町長，市長」　lawyer「弁護士」　president「大統領，社長」　voter「投票者，有権者」

４.「人が川に転落するのを防ぐために，政府は川沿いに柵を設置した」　barrier「柵，障害物」　curve「曲線，カーブ」　dam「ダム」　ladder「はしご」　‘prevent … from ～ing’「…が～するのを妨げる，～に…させない」

Ⅷ〔文法総合〕

〔Ａ〕＜適語(句)選択＞

１.‘ask＋人＋to ～’で「〈人〉に～するように頼む」という意味を表す。　look after ～「～の面倒をみる」　「ジョンの母は買い物に行きたかったので，出かけている間，ジョンに弟の面倒をみるように頼んだ」

２.delay は「～を遅らせる」という意味なので，‘be動詞＋過去分詞’の受け身で使うと「(遅らせられる→)遅れる」という意味になる。　「電車は７時までに到着するはずだったが，２時間以上遅れた」

３.「彼は働きすぎだよ」という返答から，「どう思うか？」と尋ねられたと判断できる。　「トーマスが毎日出勤するのをどう思う？」―「彼は働きすぎだよ」

４.‘taste＋形容詞’で「～な味がする」という意味(a little「少し」は修飾語句なので，取り除いて考える)。②は意味上不適切。①の strongly は副詞，④の strength は名詞。　「このコーヒーは私には少し濃い」

〔Ｂ〕＜誤文訂正＞

１.go downtown で「繁華街へ行く，町の中心部へ行く」という意味。この downtown は「繁華街へ，町の中心部へ」という意味の副詞なので，その前に前置詞 to は不要。　「今夜君が仕事を終えた後，繁華街へ行こうよ」

２.everyone は単数扱いのため，現在形の一般動詞には -s が必要。　「誰もが人生でミスをするのだから，ミスをする人を厳しく批判すべきではない」

３.「たくさんの」の意味で‘数えられない名詞’を修飾する much は，主語を修飾する場合や，so, as, too, how を伴う場合を除き，通例肯定文では使われないため，a lot of などにするのが正しい。　「交通量が多かったにもかかわらず，私はなんとか空港に着くのに間に合った」

４.One から have までが長い主語になっているので，述語動詞は過去分詞 been ではなく，is が正しい。　「一部の学生が抱える最も深刻な問題の１つは，やる気がないことだ」

2024年度／日本大学習志野高等学校（１月17日）

数学解答

1
(1) ア…3　イ…5　ウ…1
(2) エ…2　オ…0
(3) カ…2　キ…5　ク…4　ケ…5
　コ…8　サ…8
(4) 3　(5) ス…7　セ…5
(6) ソ…1　タ…3

2
(1) ア…−　イ…3　ウ…3　エ…6
　オ…1　カ…2
(2) キ…2　ク…7
(3) ケ…3　コ…3　サ…3　シ…1
　ス…7　セ…2

3
(1) ア…3　イ…3　ウ…2
(2) エ…1　オ…3
(3) カ…8　キ…3　ク…9

4
(1) ア…2　イ…1　ウ…6
(2) エ…5　オ…7　カ…6　キ…9
　ク…6　ケ…3　コ…8　サ…4
　シ…9　ス…6

1〔独立小問集合題〕

(1)＜式の計算―因数分解＞$x^2+2x-5=A$ とおくと，与式$=A^2-4A-60=(A-10)(A+6)$となる。A をもとに戻して，与式$=(x^2+2x-5-10)(x^2+2x-5+6)=(x^2+2x-15)(x^2+2x+1)=(x-3)(x+5)(x+1)^2$ である。

(2)＜関数―比例定数，変域＞$a>0$ より，関数$y=ax^2$ はxの絶対値が大きくなるとyの値も大きくなる。xの変域が$-1\leqq x\leqq 3$ だから，xの絶対値が最大の$x=3$のとき，yの値は最大で$y=18$となる。よって，$18=a\times 3^2$ より，$a=2$ である。また，xの絶対値が最小の$x=0$のとき，yの値は最小で$y=0$となる。よって，$b=0$ である。

(3)＜特殊・新傾向問題―規則性＞一番右にある自然数は１段目が$1=1^2$，２段目が$4=2^2$，３段目が$9=3^2$だから，上から５段目の一番右にある自然数は$5^2=25$である。また，$45^2=2025$より，45段目の一番右にある自然数は2025となる。１段目の自然数は１個で，２段目からは２個ずつ増えていくので，45段目の自然数の個数は$1+2(45-1)=89$(個)となる。よって，2025は上から45段目の一番左から89番目にあるので，2024は上から45段目の一番左から88番目にある。

(4)＜一次方程式の応用＞蒸発させる前の食塩水の濃度をx％とする。x％の食塩水500gに含まれる食塩の量は$500\times\frac{x}{100}=5x$(g)である。この食塩水から，水のみを何gか蒸発させても含まれる食塩の量は変化しないから，濃度が２倍となったということは食塩水の量が半分になったということであり，蒸発させた後の食塩水の量は$500\div 2=250$(g)である。10%の食塩水150gに含まれる食塩の量は$150\times\frac{10}{100}=15$(g)だから，これを加えると，食塩水の量は$250+150=400$(g)，含まれる食塩の量は$5x+15$gとなる。この食塩水の濃度が7.5%だから，含まれる食塩の量について，$5x+15=400\times\frac{75}{1000}$が成り立つ。これを解くと，$5x+15=30$より，$x=3$(%)となる。

(5)＜平面図形―角度＞右図で，線分ACと線分BDの交点をEとし，２点A，Dを結ぶ。線分ABは半円Oの直径だから，$\angle$ADB$=90°$である。$\angle$AOD$=60°$，OA$=$ODより，△AODは正三角形だから，AD$=$OD，$\angle$ODA$=\angle$OAD$=60°$である。これより，$\angle$ODE$=\angle$ADB$-\angle$ODA$=90°-60°=30°$となる。また，$\overset{\frown}{\mathrm{BC}}$に対する円周角と中心角の関係より，$\angle$OAC$=\frac{1}{2}\angle$BOC$=\frac{1}{2}\times 30°=15°$だから，$\angle$DAE$=\angle$OAD$-\angle$OAC$=60°-15°=45°$となる。よって，△DAEは直角二等辺三角形だから，AD$=$EDとなり，AD$=$ODより，ED$=$ODとなる。したがっ

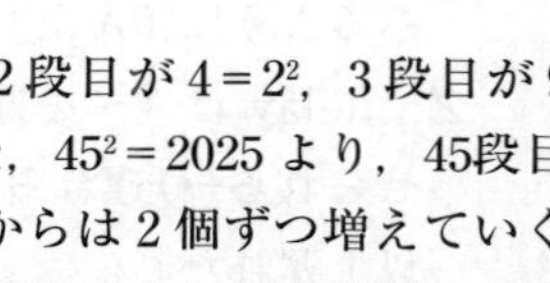

て，△DOE は二等辺三角形だから，$\angle x=(180^\circ-\angle \mathrm{ODE})\div 2=(180^\circ-30^\circ)\div 2=75^\circ$ である。

(6)＜確率―さいころ＞１個のさいころを２回投げるとき，目の出方は全部で $6\times 6=36$(通り)あるから，a，b の組も36通りある。$(a-4)(b-3)$ の値が自然数となるのは，$a-4$ と $b-3$ の値が(i)ともに正の数となる場合と，(ii)ともに負の数となる場合がある。(i)の場合，$a-4$ の値が正の数となるのは $a=5$，6 の２通り，$b-3$ の値が正の数となるのは $b=4$，5，6 の３通りあるから，$2\times 3=6$(通り)ある。(ii)の場合，$a-4$ の値が負の数となるのは $a=1$，2，3 の３通り，$b-3$ の値が負の数となるのは $b=1$，2 の２通りあるから，$3\times 2=6$(通り)ある。よって，(i)，(ii)より，$(a-4)(b-3)$ の値が自然数となる a，b の組は $6+6=12$(通り)あるから，求める確率は $\frac{12}{36}=\frac{1}{3}$ である。

2 〔関数―関数 $y=ax^2$ と一次関数のグラフ〕

≪基本方針の決定≫(3)　等積変形を利用する。

(1)＜座標＞右図で，２点Ａ，Ｂは放物線 $y=\frac{1}{3}x^2$ と直線 $y=x+6$ の交点だから，２式を連立方程式として解く。２式から y を消去して，$\frac{1}{3}x^2=x+6$ より，$x^2=3x+18$，$x^2-3x-18=0$，$(x+3)(x-6)=0$　$\therefore x=-3$，6　これらを $y=x+6$ に代入すると，$y=-3+6=3$，$y=6+6=12$ となるから，A$(-3,\ 3)$，B$(6,\ 12)$である。

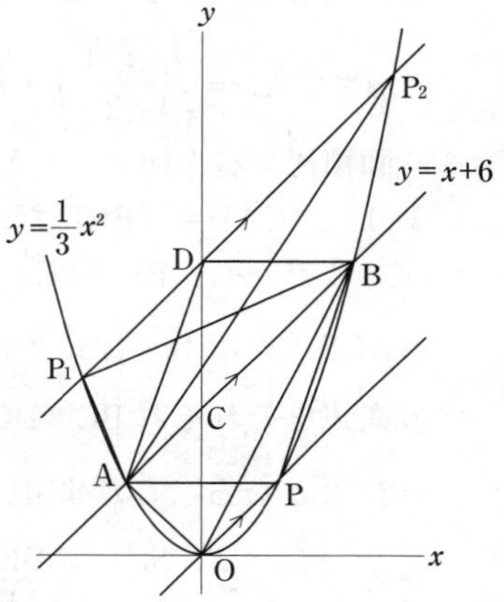

(2)＜面積＞右図で，直線 AB と y 軸の交点をＣとすると，△OAB＝△OAC＋△OBC となる。直線 AB の切片が6より，C(0, 6)だから，OC＝6である。△OAC と△OBC の底辺を OC と見ると，２点Ａ，Ｂの x 座標より，△OAC の高さは3，△OBC の高さは6となる。よって，△OAB $=\frac{1}{2}\times 6\times 3+\frac{1}{2}\times 6\times 6=27$ である。

(3)＜x 座標＞右上図で，まず，点Ｐが直線 AB に対して点Ｏと同じ側にあるときを考える。△PAB＝△OAB のとき，△PAB と△OAB の底辺を AB と見ると，高さが等しいので，AB∥OP となる。よって，点Ｐは点Ｏを通り直線 AB に平行な直線と放物線 $y=\frac{1}{3}x^2$ の交点である。直線 AB の傾きは１だから，直線 OP の傾きも１となり，その式は $y=x$ となる。放物線の式は $y=\frac{1}{3}x^2$ だから，２式から y を消去して，$\frac{1}{3}x^2=x$ より，$x^2=3x$，$x^2-3x=0$，$x(x-3)=0$　$\therefore x=0$，3　したがって，点Ｐの x 座標は３である。次に，点Ｐが直線 AB に対して点Ｏと反対側にあるときを考え，このときの点Ｐを $\mathrm{P_1}$，$\mathrm{P_2}$ とする。y 軸上の点Ｃより上側に△OAB＝△DAB となる点Ｄをとると，CD＝OC となる。(2)で，OC＝6より，CD＝OC＝6だから，OD＝OC＋CD＝6＋6＝12となり，D(0, 12)である。△DAB＝△$\mathrm{P_1}$AB＝△$\mathrm{P_2}$AB のとき，３つの三角形の底辺を AB と見ると，高さが等しいので，３点 $\mathrm{P_1}$，Ｄ，$\mathrm{P_2}$ は一直線上にあり，AB∥$\mathrm{P_1P_2}$ となる。よって，２点 $\mathrm{P_1}$，$\mathrm{P_2}$ は点Ｄを通り直線 AB に平行な直線と放物線 $y=\frac{1}{3}x^2$ の交点である。直線 AB の傾きが１より，直線 $\mathrm{P_1P_2}$ の傾きは１で，切片は12だから，その式は $y=x+12$ となる。放物線の式は $y=\frac{1}{3}x^2$ だから，２式から y を消去して，$\frac{1}{3}x^2=x+12$ より，$x^2=3x+36$，$x^2-3x-36=0$，解の公式より，$x=\frac{-(-3)\pm\sqrt{(-3)^2-4\times 1\times(-36)}}{2\times 1}=\frac{3\pm\sqrt{153}}{2}=\frac{3\pm 3\sqrt{17}}{2}$ となる。以上より，点Ｐの x 座標は3，

$\dfrac{3\pm3\sqrt{17}}{2}$ である。

3〔平面図形―円，三角形〕

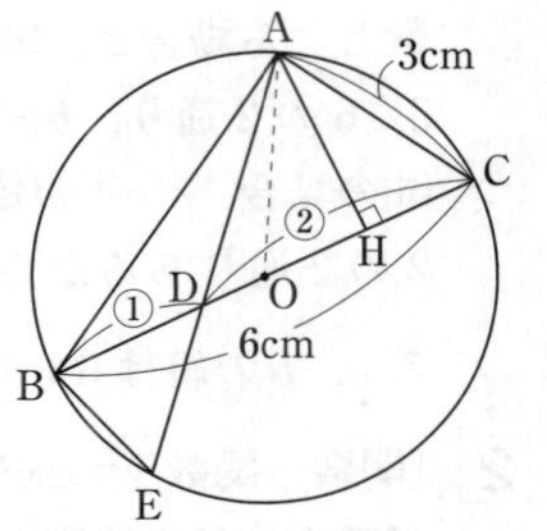

⑴＜長さ＞右図で，点Aから辺BCに引いた垂線をAHとし，2点O，Aを結ぶ。$OB=OC=\dfrac{1}{2}BC=\dfrac{1}{2}\times6=3$ より，$OA=OC=AC=3$ だから，△OCAは正三角形であり，△AHCは3辺の比が $1:2:\sqrt{3}$ の直角三角形となる。よって，$AH=\dfrac{\sqrt{3}}{2}AC=\dfrac{\sqrt{3}}{2}\times3=\dfrac{3\sqrt{3}}{2}$(cm)である。

⑵＜長さ＞右図で，$\angle AHD=90^\circ$ だから，△AHDで三平方の定理より，$AD=\sqrt{AH^2+DH^2}$ となる。⑴より，$CH=\dfrac{1}{2}AC=\dfrac{1}{2}\times3=\dfrac{3}{2}$ である。また，$BD:DC=1:2$ より，$DC=\dfrac{2}{1+2}BC=\dfrac{2}{3}\times6=4$ だから，$DH=DC-CH=4-\dfrac{3}{2}=\dfrac{5}{2}$ となる。よって，$AD=\sqrt{\left(\dfrac{3\sqrt{3}}{2}\right)^2+\left(\dfrac{5}{2}\right)^2}=\sqrt{13}$(cm)である。

⑶＜面積比＞右上図で，△ACDと△BEDにおいて，$\angle ADC=\angle BDE$ であり，$\overset{\frown}{CE}$ に対する円周角より，$\angle CAD=\angle EBD$ だから，2組の角がそれぞれ等しく，△ACD∽△BEDである。⑵より，$DC=4$ だから，$BD=BC-DC=6-4=2$ であり，相似比は $AD:BD=\sqrt{13}:2$ となる。よって，$\triangle ACD:\triangle BED=(\sqrt{13})^2:2^2=13:4$ より，$\triangle BED=\dfrac{4}{13}\triangle ACD$ である。次に，△ABCと△ACDの底辺をそれぞれBC，DCと見ると高さが等しいので，$\triangle ABC:\triangle ACD=BC:DC=(1+2):2=3:2$ となる。これより，$\triangle ACD=\dfrac{2}{3}\triangle ABC$ だから，$\triangle BED=\dfrac{4}{13}\times\dfrac{2}{3}\triangle ABC=\dfrac{8}{39}\triangle ABC$ となる。よって，$\dfrac{S_1}{S_2}=\dfrac{\triangle BED}{\triangle ABC}=\triangle BED\div\triangle ABC=\dfrac{8}{39}\triangle ABC\div\triangle ABC=\dfrac{8}{39}$ である。

4〔空間図形―円錐〕

図1

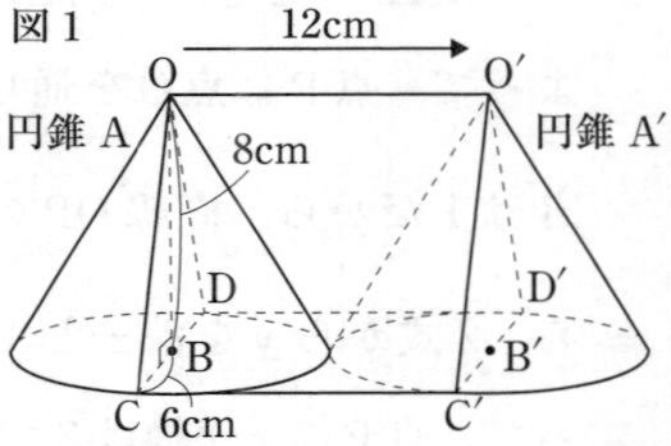

⑴＜角度＞右図1で，円錐Aの頂点をO，底面の円の中心をB，底面の円の周上の点をCとする。$\angle OBC=90^\circ$ だから，△OBCで三平方の定理より，$OC=\sqrt{OB^2+BC^2}=\sqrt{8^2+6^2}=\sqrt{100}=10$ となる。この円錐Aを展開すると右下図2のようになり，側面のおうぎ形の中心角を a とすると，おうぎ形OCC′の $\overset{\frown}{CC'}$ の長さと底面の円の周の長さは等しいから，$2\pi\times10\times\dfrac{a}{360^\circ}=2\pi\times6$ が成り立つ。これを解くと，$\dfrac{a}{360^\circ}=\dfrac{3}{5}$ より，$a=216^\circ$ となる。

図2

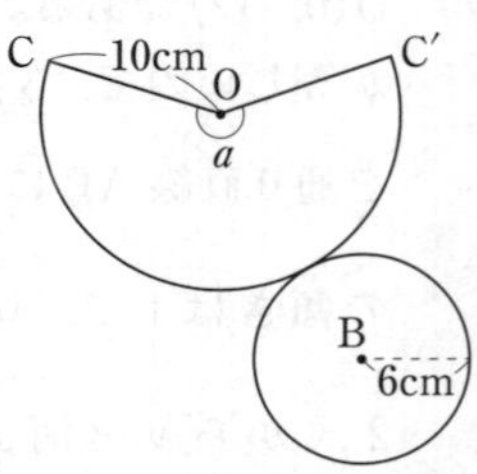

⑵＜体積，表面積＞右上図1で，円Bの周上にCDが円Bの直径となるように点Dをとる。また，図1のように，円錐AをCDに垂直な方向に12cm移動させたとき，円錐Aが移動した立体を円錐A′，4点O，B，C，Dが移動した点をO′，B′，C′，D′とする。〔面OCD〕⊥〔面CC′D′D〕，CD⊥CC′より，〔面OCD〕⊥CC′となる。よって，円錐Aが通過した部分の立体は，円錐Aを面OCDで半分にした立体と三角柱OCD-O′C′D′，円錐A′を面O′C′D′で半分にした立体を合わせた立体である。円錐Aと円錐A′は合同だから，求める立体の体積は〔三角柱OCD-O′C′D′〕+〔円錐A〕となる。$CD=2BC=2\times6=12$ であり，$CC'=12$ である。よって，〔三角柱OCD-O′C′D′〕$=\triangle OCD\times CC'=\left(\dfrac{1}{2}\times12\times8\right)\times12=576$

となる。また，〔円錐A〕$=\dfrac{1}{3}\times\pi\times6^2\times8=96\pi$ である。以上より，求める立体の体積は $576+96\pi$ cm^3 である。次に，求める立体の表面積は，三角柱OCD-O′C′D′の側面積と円錐Aの表面積を合わせたものとなる。三角柱の側面は長方形であり，(1)より，$\mathrm{OC}=\mathrm{OD}=10$ だから，側面積は $\mathrm{OC}\times\mathrm{CC'}+\mathrm{OD}\times\mathrm{DD'}+\mathrm{CD}\times\mathrm{CC'}=10\times12+10\times12+12\times12=384$ となる。また，前ページの図２で，円錐Aの側面のおうぎ形の面積は $\pi\times10^2\times\dfrac{a}{360^\circ}=\pi\times10^2\times\dfrac{3}{5}=60\pi$，底面の円の面積は $\pi\times6^2=36\pi$ だから，円錐Aの表面積は $60\pi+36\pi=96\pi$ となる。以上より，求める立体の表面積は $384+96\pi$ cm^2 である。

2024年度／日本大学習志野高等学校（１月17日）

国語解答

一　問一　(ア)…④　(イ)…②　(ウ)…①　(エ)…④
　　　　(オ)…③
　　問二　②　問三　①　問四　④
　　問五　①　問六　③　問七　④

二　問一　④　問二　③　問三　④
　　問四　②　問五　①　問六　②

三　問一　④　問二　②　問三　③
　　問四　①　問五　④　問六　②

四　問一　(ア)…②　(イ)…②　問二　①
　　問三　③　問四　③　問五　①
　　問六　①　問七　②　問八　④

一〔国語の知識〕

問一＜漢字＞(ア)「当意即妙」と書く。①は「束帯」，②は「迅速」，③は「督促」，④は「即席」。(イ)「私淑」と書く。①は「萎縮」または「畏縮」，②は「淑女」，③は「祝福」，④は「粛正」。(ウ)「臆病」と書く。①は「臆面」，②は「追憶」，③は「億万」，④は「廃屋」。　(エ)「講評」と書く。①は「構築」，②は「側溝」，③は「年功」，④は「講談」。　(オ)「勧誘」と書く。①は「果敢」，②は「歓迎」，③は「勧告」，④は「一貫」。

問二＜品詞＞「高校生だ」と「お願いだ」の「だ」は，断定の助動詞「だ」である。「厳かだ」の「だ」は，形容動詞「厳かだ」の一部。「参加するそうだ」の「だ」は，伝聞の助動詞「そうだ」の一部。「泳いだ」の「だ」は，過去の助動詞「た」が「泳ぐ」の音便「泳い」に接続し濁音化したもの。

問三＜漢字の知識＞「原」の部首は，「がんだれ(厂)」である。「度」の部首は「まだれ(广)」，「屈」の部首は「しかばね(尸)」，「痛」の部首は「やまいだれ(疒)」。

問四＜四字熟語＞「東奔西走」は，仕事や用事のため，東や西へとあちこち忙しく動き回ること。

問五＜文学史＞『鼻』は，大正５(1916)年に発表された芥川龍之介の小説。『今昔物語集』の巻二十八第二十話の「池尾禅珍内供鼻語」をもとにした作品である。『山椒魚』は，大正12(1923)年に発表された『幽閉』を改稿し，昭和４(1929)年に発表された井伏鱒二の小説。『草枕』は，明治39(1906)年に発表された夏目漱石の小説。『富嶽百景』は，昭和14(1939)年に発表された太宰治の小説。

問六＜文学史＞『平家物語』は，鎌倉時代に成立した軍記物語。『大和物語』と『伊勢物語』と『竹取物語』は，いずれも平安時代に成立した物語。

問七＜漢文の訓読＞「親父」→「其子」→「為」→「媒」→「不」の順に読む。一二点は，二字以上隔てて下から上へ返って読む返り点。上下点は，一二点のついた部分をはさんで下から上へ返って読む返り点。

二〔論説文の読解―自然科学的分野―科学〕出典：村上靖彦『客観性の落とし穴』。

≪本文の概要≫客観的なデータこそが正しいというのは，今では当たり前の感覚だが，歴史の中で徐々に生まれてきた発想である。近代の科学的探究は，教会が認定する真理とは相入れない結果をもたらした。そのため，神の権威とは異なる権威が必要とされるようになり，一七世紀にはまず証言者の権威によって，真理が保証された。しかし，しだいに，機器による測定によって，真理が決められるようになった。実験による客観性が生まれ，「客観的」に真理が成立することになる。さて，科学は図像を多く用いてきたが，一八世紀から一九世紀前半までは，目の前にあるサンプルを忠実に模写したわけではなく，理想形を描いていたという。しかし，神の権威が弱くなる中で，自然そのものを客観的に描こうとする風潮が高まり，一九世紀半ばになると，「客観的な」図像をどのように作成するのかが，大きな課題になった。機械による客観的な測定は，この流れの中で生まれたものである。客観性は，人間の目という曖昧なものに「邪魔されずに見る」ことを指すようになった。こうして，自然は，神からも人間からも切り離された，それ自体で成り立つリアリティとなったのである。

問一＜文章内容＞かつては，「古典の記述に反する個人の体験は単なる逸脱と捉えられ，『真の経験』とは認められ」なかった。そのため，個人が見出した新たな発見を，世間一般でも通用する新たな真理として認めてもらうことが，「ヨーロッパ各国のアカデミーの共通課題」となり，裁判による評決で真理が判断されたのである。

問二＜文章内容＞当時は，「聖書およびアリストテレスの教えが『古典』として絶対的な権威を持って」いた。そのため，近代の科学的探究が「教会が認定する真理とは相容れない結果」をもたらしたときには，「神の権威とは異なる権威が必要とされるように」なった。それが，「証言者の権威」である。実験結果だけでは古典の記述からの「単なる逸脱」ととらえられていたので，「権威ある学者による証言」によって，真理が保証されたのである。

問三＜表現＞「STAP細胞事件は図像が客観性を保証するという社会的な合意を逆手に取るもの」だった。「現在でも図像は客観性を保証する手段となって」おり，人々は，図像を見て，新たな科学的発見の真偽を判断している。そのことを印象づけるために，この例が用いられている。

問四＜文章内容＞一八世紀から一九世紀前半までの自然科学は，目の前にあるものを「忠実に模写」していたわけではなく，「理想形」を描いていた。つまり，当時の自然科学者は，偶然によって形がさまざまになる「具体的自然」ではなく，「神が創造した自然が表すはずの美しい真実」を「自然の本性」として描き，真理を表現していたのである。

問五＜指示語＞かつて，西欧の人々は，自然の中に「神が創造した自然の理念」を見出そうとしていたが，社会が進歩するにつれて神の権威が弱くなり，「自然そのものを客観的に」とらえようとするようになった。自然の中に神の創造を見出そうとするのをやめて，自然そのものを見ようとするようになった流れの中で，機械による「測定」が，客観性を保証するものとされるようになった。

問六＜要旨＞昔から存在した「客観的」という言葉の意味・内容が，過去から現在にかけて変化していく過程を，デカルトの『省察』での表現やガリレオの例などを挙げながら説明している（①…×，②…○）。「機械があったから客観性が追求されたわけではなく，むしろ客観性の追求への意志が先に」あり，写真技術は「機械的な客観性を目指す要請」のために重宝されたのである（③…×）。「現代の人々が『客観性』を重んじる危険性」については，特にふれられていない（④…×）。

三　〔小説の読解〕出典：額賀澪『風に恋う』。

問一＜表現＞普通とは語順が逆になる，倒置法が用いられている。また，「木枯らしに吹かれて震えるように」という比喩を用いて，越谷の揺れる声が表されている。越谷は，一年生の基が部長になったことで，自分を不甲斐なく思い，また，基に対して腹を立てた。一方で，基の才能と努力を認めており，彼に刺激を受けて必死に練習するようになった。サックスパートのオーディションにも落ちたことで，越谷はショックを受け，「何でもっと早く必死になれなかった」のかと後悔しており，その揺れ動く心情が，比喩と倒置法によって，声の様子とともに，心に残るように表現されている。

問二＜心情＞基は，「部長らしく，越谷をフォローしよう」と思って，廊下の角に潜んでいた。しかし，結局何もできずに，基は黙って，瑛太郎と越谷の話を立ち聞きしただけで終わってしまった。そのことを恥ずかしく思って，基は謝ったのである。

問三＜文章内容＞瑛太郎が教師になれずに吹奏楽部のコーチをしていることに，両親は腹を立てており，瑛太郎自身も，このままではいけないと思っていた。しかし，そのことを基に告げると，瑛太郎の指導の下で懸命に吹奏楽に取り組んでいる基は「悲しい顔」をするだろうと考え，瑛太郎は，言いかけた言葉を口にしなかったのである。

問四＜文章内容＞基は，「先生は，凄く先生です。凄くいい先生です」と言い直し，オーディションに落ちた越谷を励ます瑛太郎の対応を見て，「吹奏楽があるから，先生は先生なんだ」と思ったと伝えた。瑛太郎は教師ではないが，吹奏楽を教えることで，「先生」としての職務を果たしていると思うと，基は言いたかったのである。

問五＜心情＞基は「半年前まで中学生」で「自分の進路も見定まっていない」少年だが，それゆえに，「吹奏楽があるから，先生は先生なんだ」という基の言葉は，まっすぐで「破壊力」があり，熱意がこもっていた。瑛太郎は，自分を肯定してくれた基の言葉を聞いて，胸の内のモヤモヤが晴れるとともに，その言葉に感動したのである。

問六＜表現＞瑛太郎，越谷，基の会話文を主として物語が展開されており，「俺にだってできない」や「ならば，そういうことなのだろう」など，瑛太郎の心の声も，地の文で描かれている。読者が，その場にいるかのように感じながら，瑛太郎の視点で物語に入り込めるように工夫されている。

四〔**古文の読解―説話**〕出典：『閑居友』上六。

≪現代語訳≫昔，東国方面に，とても仏道に専念している聖がいた。ただ一人だけで生きていて，全く近くに人を寄せつけずにいました。ただ自分の意志で，ときどき現れて，人にも会った。また，身に持っている物は少しもなかった。仏像も経典もなかった。ましてその他の物は，全くない。／死ぬべきときが近づいたと思ったのだろうか，(聖は)日頃から(死を迎える場所と)決めておいた山に登って，火打笥に歌を書いてございました。／(自分は)頼りにする人がない身と思うので今はもう死ぬときということで自ら行う山送りであることよ／そして，長く時が過ぎて，するべきことがあって山に入った人が，これを見つけたのだという。とりわけ情趣深く感じることを抑えられなくございます。／何も持たないことこそ，とりわけ情趣深く好ましくございます。あの天竺の修行僧が，座禅の床の他には何もなくて，客人の菩薩がいらっしゃったとき，木の葉をかき集めて，そこに座らせ申し上げたことを(書物で)見ましたときから，このことはとても好ましくございました。／「昔，軒の近くの橘を愛した人が，(生まれ変わって)蛇になって木の下にいた」などということも，物語には見られます。また，「釈迦仏が，前世で，普通の人間でいらっしゃったが，(生まれ変わって)毒蛇になって，前世で土に埋めておいた黄金を(身に)からみつけていた」ともあるようです。／このようであるのに，この人は，どんな持ち物にも，少しばかりの心が動いたでしょうか，いや，そんなことはない。いよいようらやましくございます。／唐土に参っていましたときにも，全く何もなくて，袈裟と鉢だけを持っている人を，少しばかり見かけました。やはり，釈迦の誕生した国に近い国であるので，すばらしくもこのようであることだと，合点がいきました。／また，人を遠ざけたことは，とても尊くございます。どんなことにつけても，一人でおりますほど落ち着いていることはない。昔の高僧の(人生の)足跡を探れば，皆このように(人から遠ざかっている者)ばかりでありましたのでしょうか。いよいよ情趣深くございます。(その)歌までも優れていると思われます。

問一＜古語＞(ア)「つゆちり」は，打ち消しを伴って，少しも，全く，という意味を表す。　(イ)「ことに」は，他と比べて特に，という意味。

問二＜和歌の内容理解＞自分の死後の世話を頼む人もない我が身だと思われるので，今はもう死ぬときということで，自ら行う山送りであることよ，という意味。聖は，自分の死期が近いことを悟って山に登り，死ぬための準備を自分自身で行いながら，死と向かい合う心情を歌によんだのである。

問三＜古文の内容理解＞「何も持たらぬ」こと，つまり，余計な物を何も持たないことは，とても好ましいと感じられるのである。

問四＜古文の内容理解＞物に執着したり，欲望を抱いたりした者が，来世で「蛇」という醜い姿になってしまった例を挙げて，聖と対比させることで，作者は，好ましい生き方とはどのようなものかを示している。

問五＜古文の内容理解＞橘や黄金に執着した人とは対照的に，聖は，どんな持ち物にも心が動くことはなかったのである。

問六＜古文の内容理解＞聖は，どんな物にも心をひかれることはなかった。物にとらわれなかったために，余計なことを考えずにすんだので，作者は，うらやましいと感じたのである。

問七＜古文の内容理解＞作者は，唐土にいるとき，何も持たずに袈裟と鉢だけを持って生きている人を見かけた。やはり，釈迦が生まれた国に近いだけあって，すばらしい生き方をしている人がいることだと，作者は納得して感動したのである。

問八＜古文の内容理解＞人を遠ざけることはとても尊いことであり，昔の高僧の人生などをたどれば，おそらく，誰もが，そのように生きていたのではないかと思われるのである。世間から遠ざかり，一人静かに暮らすことこそ理想的な生き方であると，作者は考えているのである。

＝読者へのメッセージ＝

芥川龍之介の『鼻』は，『今昔物語集』にある説話を題材にした作品ですが，芥川龍之介は，『今昔物語集』をはじめ，日本の古典を題材に作品を多く書いています。例えば，『羅生門』や『芋粥』，『地獄変』なども，『今昔物語集』や『宇治拾遺物語』にある説話がもとになっています。

2024年度 日本大学習志野高等学校（1月18日）

【英　語】（50分）〈満点：100点〉

I　次の英文を読み，〔A〕～〔C〕の問いに答えなさい。

In the last few years, drone technology has gotten a lot better and can now be used for various things. For example, drones are becoming popular in Japan's countryside as they bring many [1] to the people that live there.

First, the countryside has more ＊1 commuting problems than downtown areas with well-developed ＊2 transportation networks. To get to big supermarkets or shopping malls, people had to travel to ＊3 far-off city centers. And it is difficult to get the necessary items for their everyday lives. Now, [2], shopping by using drone services can deliver these items to remote areas in a short amount of time.

Second, drones are being used for delivering ＊4 agricultural products. Crops and agricultural products need to be transported to stores, but they have been short of workers. By using drones, agricultural products can be delivered quickly with fewer people. So, <u>this problem</u> can be solved. It cannot only keep fruits and vegetables fresh, but also create the local ＊5 economic growth and the transportation process more effective.

Third, drones are [3] tools during disasters. In Japan, natural disasters have been happening almost every year. After a disaster, drones can be used to ＊6 determine how bad things are, and they provide ＊7 rescuers with information about the damage effectively. Drones can help rescuers [4] for the people who are alive.

Finally, drones are being used to promote ＊8 tourism in the countryside. There are many areas famous for their beautiful nature and important historical [5]. Photos and videos taken from above by drones are really important for attracting visitors. Drones are a great way to show these beautiful places, and [6], using drones for tourism tours and events is becoming popular and helps the tourism business and local economy.

Drones can help in many ways to improve life in the countryside. They can be used for various [7] such as shopping, agriculture, providing support during disasters, and promoting tourism. Drones will be necessary tools for improving ＊9 rural living standards and [8] sustainable development.

＊1　commuting problem　通勤に関する問題　　＊2　transportation　交通機関
＊3　far-off　遠く離れた　　＊4　agricultural　農業の
＊5　economic　経済的な　　＊6　determine ～　～を測定する
＊7　rescuer　救助者　　＊8　tourism　観光事業　　＊9　rural　田舎の

〔A〕　文中の [1] ～ [8] に入れるのに最も適当なものを，①～⓪の中から１つずつ選びなさい。ただし，同一の語は１回ずつしか使用できないものとします。

①　search　　②　unfortunately　　③　earning
④　purposes　　⑤　sites　　⑥　achieving
⑦　moreover　　⑧　valuable　　⑨　however
⓪　benefits

〔B〕 下線部が表す内容として最も適当なものを，①～④の中から１つ選びなさい。 9

① It is not easy for people to get the necessary items for their everyday lives.
② People can't keep agricultural products such as fruits and vegetables fresh.
③ The number of the people delivering agricultural products is not enough.
④ There are not many supermarkets or shopping malls in the countryside.

〔C〕 本文の内容と**一致しない**ものを，①～④の中から１つ選びなさい。 10

① In recent years, drone technology has greatly advanced, and it enables people to do many things in various fields.
② The countryside faces more problems than downtown areas with well-developed transportation networks.
③ People gave up making the local economic growth and the transportation process more effective because it's almost impossible.
④ Tourists are able to enjoy seeing beautiful photos or watching videos of the countryside taken from above by drones.

Ⅱ 次の英文を読み，〔A〕～〔H〕の問いに答えなさい。

Canned food is delicious, and it doesn't go bad easily (①) it is not opened. It's quite convenient. 【 ② 】 Have you ever thought of the history of canned food ?

The origin of canned food can be found during the time of Napoleon, the French leader in the early nineteenth century. He *1 conquered various places like Italy, Austria, and Egypt. During this time, he realized the importance of providing fresh and delicious meals for his soldiers. In those days, food *2 preservation method was usually salting, smoking, and *3 pickling. Food that soldiers took with them into the battle went bad easily because of hot and humid weather.

In 1804, when Napoleon Bonaparte became an *4 emperor, Nicolas Appert, a French inventor, provided a solution to ③this problem by inventing a new method of food preservation using bottles. The process starts with packing cooked food into bottles with wide mouths. Then, the bottles were covered with cork stoppers, placed in boiling water and heated for around 60 minutes. After removing air from inside the bottles, they were *5 sealed with the cork caps.

Two years later, he *6 conducted an experiment by *7 transporting them across the *8 equator by ship. This meant that those bottles were (④) very hot and humid conditions. The experiment was a great success. After this experiment, old food preservation methods were used less and less, and Appert's technique became popular.

However, using bottles had a (⑤): they were easily broken, as the bottles were made of glass. To *9 overcome this, Peter Durand, an Englishman, invented a method using cans made of *10 tin in 1810. This method was similar to Appert's preservation method, but the difference was that he used cans instead of glass bottles as containers. It was the first example of the use of a container known as a "can" in history.

Later, in the 1820s, canned food became popular in the United States, too. Like in Napoleon's time, it began as food for soldiers. It is said that one thing that enabled the *11 Union Army to win the American Civil War was that the army had a lot of canned food.

(⑥) By doing so, you will enjoy eating it more !

*1 conquer ～ ～を征服する *2 preservation 保存

＊3　pickling　酢漬け　＊4　emperor　皇帝　＊5　seal ～　～を密閉する
＊6　conduct ～　～を行う　＊7　transport ～　～を輸送する
＊8　equator　赤道　＊9　overcome ～　～を克服する
＊10　tin　ブリキ缶　＊11　Union Army　(南北戦争中の)北軍

〔A〕 文中(①)に入れるのに最も適当なものを，①～④の中から1つ選びなさい。 11

① even if　② even though
③ as possible as　④ as long as

〔B〕 文中【②】に入る英文を，文脈に合うように下の語を並べかえて完成させなさい。ただし，解答は 12 と 13 に入る番号のみを答えなさい。

It's often【　　 12 　　 13 　　　　　　　】.

① of　② like
③ times　④ emergency
⑤ earthquakes　⑥ used
⑦ in

〔C〕 下線部③が表すものとして最も適当なものを，①～④の中から1つ選びなさい。 14

① There were not any methods of preservation such as salting, smoking, and pickling.
② Soldiers were hungry because they didn't take any food with them to the battle.
③ The food for soldiers couldn't keep fresh because of the hot and humid weather.
④ Taking food to the battle wasn't easy for soldiers because there wasn't enough food.

〔D〕 文中(④)に入れるのに最も適当なものを，①～④の中から1つ選びなさい。 15

① at　② for
③ like　④ under

〔E〕 文中(⑤)に入れるのに最も適当なものを，①～④の中から1つ選びなさい。 16

① task　② balance
③ disadvantage　④ wish

〔F〕 文中(⑥)に，前後と意味がつながる内容となるように，次の(i)～(iii)の英文を適切な順序に並べかえて入れるとき，英文の順序として最も適しているものを①～⑥の中から1つ選びなさい。 17

(i) Its development is closely related to the events we study in world history.
(ii) The next time you eat it, why don't you think about this fascinating history?
(iii) Canned food plays a very important role in modern food culture.

① (i)→(ii)→(iii)　② (i)→(iii)→(ii)
③ (ii)→(i)→(iii)　④ (ii)→(iii)→(i)
⑤ (iii)→(i)→(ii)　⑥ (iii)→(ii)→(i)

〔G〕 次の英語の質問の答えとして最も適当なものを，①～④の中から1つ選びなさい。

1. According to the text, which sentence is <u>not correct</u> about the early nineteenth century? 18

① Austria was one of the countries conquered by the French Army Napoleon led.
② New-style food preservation methods became more popular than old-style food preservation methods.
③ Napoleon thought he needed to serve his soldiers fresh food that tasted good.
④ America was the first country that used canned food for soldiers and spread it to the world.

2. Which process is <u>not</u> included in the new food preservation method? 19

① Heating the cooked food in the bottle for around an hour.

② Smoking food after pickling it into the bottle with wide mouths.

③ Using cork caps to seal the bottle with food inside.

④ Removing air from inside the bottle that holds cooked food.

〔H〕 加工食品の歴史について，[20]～[23]に入れるのに最も適当なものを，①～⑨の中から１つずつ選びなさい。ただし，同一の語は１回ずつしか使用できないものとします。

Time	Person	What the person did
In 1804	Appert	Made a new method of preserving food using glass.
In [20]	[21]	Conducted an experiment by shipping glass bottles across the equator.
In [22]	Durand	[23] canned food.

① Improved　② Bonaparte　③ Appert

④ Durand　⑤ Created　⑥ Exported

⑦ 1806　⑧ 1810　⑨ 1820

Ⅲ 次のページの水族館の案内を読み，次の問い（問１～問３）の[24]～[26]に入れるのに最も適当なものを，①～④の中から１つずつ選びなさい。

問１ According to the information, [24].

① people can stay at the aquarium from ten in the morning to eight in the evening on Tuesday if the previous day is a National Holiday

② if a sixty-six-year-old woman is going to visit the aquarium twice a year, it would be better for her to buy a one-year pass ticket because it's more reasonable for her

③ people can use three sizes of coin lockers at the aquarium, and the fee for a small one is one quarter the price of a large one

④ if a woman parks her regular car at the aquarium's parking area on Sunday, she has to pay 3,500 yen

問２ Judging from the information, [25].

① dolphin shows are held more often than sea lion performances a week

② it costs less to touch otters' fingers than to give penguin food

③ the events that require an additional fee are all held in the morning

④ the people who have one-year passes can hunt for goldfish for 180 yen

問３ The people below visited the aquarium on September 9. Who paid the least ? [26]

① A twenty-year-old man who bought a one-day ticket for himself and his ten-year-old brother on August 24 during that same year.

② A forty-five-year-old man who bought a one-day ticket for himself and his fifty-year-old wife ten days before their visit.

③ A forty-year-old man who bought a one-day ticket for himself and his five-year-old son on that day.

④ A seventy-year-old woman who bought a one-year pass for herself on September 5 during the same year.

MIDORIGAOKA AQUARIUM

Let's become friends with sea animals!

BUSINESS HOURS

・From Tuesday to Sunday (Open 10 a.m. - Close 8 p.m.)

・We are closed on Mondays. (However, if the Monday happens to be a National Holiday, we are open, and closed the following Tuesday instead of the *1 previous day.)

TICKET FEE

One-day ticket		One-year pass (valid for 12 months)
Adults (from 16 to 64 years)	¥1,500	¥4,700
Seniors (65 years and older)	¥1,000	¥3,200
Children (from 3 to 15 years)	¥800	¥2,500
Babies (2 years and under)	Free	Free

Notes：If you buy a one-day ticket at least ten days before your visit, you will receive a 10% discount.

EVENT LIST

<table>
<tr><th></th><th>MON</th><th>TUE</th><th>WED</th><th>THU</th><th>FRI</th><th>SAT</th><th>SUN</th></tr>
<tr><td>AM</td><td rowspan="2">CLOSED</td><td>Dolphin Show</td><td>*2 Sea Lion Performance</td><td>*4 Earless Seal Feeding Experience</td><td>Penguin Feeding</td><td colspan="2">Goldfish Hunting</td></tr>
<tr><td>PM</td><td>Earless Seal Feeding Experience</td><td>Let's Touch *3 Otters' Fingers</td><td>Turtle Watching</td><td>Sea Lion Performance</td><td colspan="2">Dolphin Show</td></tr>
</table>

Note：・There is an additional charge for Penguin Feeding (¥200), Goldfish Hunting (¥300), and Let's Touch Otters' Fingers (¥300).

・The people with a one-year pass receive a 40% discount. Please show the staff your one-year pass.

FACILITY

Coin Lockers

Small	¥200
Middle	¥400
Large	¥800

Parking Area

	On weekdays	On weekends and holidays
Regular car	¥3,500	¥4,000
Large car	¥4,500	¥5,000
*5 Motorcycle	¥500	

＊1　previous day　前日　　＊2　sea lion　アシカ　　＊3　otter　カワウソ

＊4　earless seal　アザラシ　　＊5　motorcycle　オートバイ

IV　次の対話文中の 27 ～ 30 に入れるのに最も適当なものを，①～④の中から１つずつ選びなさい。

1．A：Hello.　This is Mark.　May I speak to Alex ?
B：Hello.　This is his mother.　He is out now.　Shall I take a message ?
A： 27 　Could you tell me what time he will come back ?
B：Sure.　He will come back around 3:00 p.m.
① My pleasure.　You always help me a lot.
② No, thanks.　I will call him back later.
③ Sure.　I'll bring something to write with.
④ That's kind of you.　I'll take a message.

2．A：Why are you looking out of the window ?　You can only see rain, right ?
B：Right.　Well, I'm nervous about tomorrow's weather.　I'm going to visit ABC Zoo with Kate.　Will it be sunny tomorrow ?
A： 28
B：I see.　I'll call her and decide what to do.
① No problem.　You don't have to change your plans.
② Yes, so you should take your umbrella with you.
③ I'm sorry, but it's going to be even worse.
④ Don't worry.　It will be sunny all day.

3．A：Oh no !　I broke Mom's favorite plate !　If she finds out, she will be so sad !　I don't want to hurt her, so don't tell her about this, please.
B： 29
A：Well, if you were me, could you do that ?
B：I'm not sure, but if I were you, I couldn't talk with her as usual without telling her the truth.
① All right.　I know telling the truth is not always good.
② Do you really think it is right ?　You shouldn't show this plate to her.
③ I can understand your feelings, but you should tell her.
④ Don't you remember that Mom got it from her best friend ?

4．A：Shall we have lunch at that new restaurant in front of the station next Sunday ?
B：Thank you for invitation, but I'm not sure it's a good idea.　 30
A：What do you mean ?
B：There is always a long line in front of that restaurant.　We will have to wait for about an hour at least.
① You want to go to the restaurant that you have never visited, don't you ?
② The prices of the restaurant are very high, aren't they ?
③ The food of that restaurant is not delicious, is it ?
④ Both of us become annoyed when we're hungry, don't we ?

V　次の Takumi と Cathy の会話を読み，後の問いに答えなさい。

Takumi：We'll join the volunteer program at a farm in Chiba.　Let's go to the same farm, Cathy !
Cathy　：Sure.　I've just started reading the leaflet.　According to it, there're four farms.　Have you decided which farm you want to join ?

Takumi : Not yet. However, I'm interested in taking care of cows. So, I want to go to Kita Farm. Why don't we work there together ?

Cathy : I'm sorry, but I have to practice the piano on that day because I'll have a piano concert the following day. How about Minami Farm ? We can also take care of cows there.

Takumi : That farm is too far from my house. Nishi farm also looks exciting. How would you like to go to Nishi Farm ?

Cathy : I want to take part in the other farm. My grandparents work on a farm in my country, Canada. They grow pumpkins there, and I have helped them with the *1 harvest, so I want to try to harvest other vegetables.

Takumi : That's a good idea. I can join that program at noon.

Cathy : Really ? I'm glad to hear that.

Takumi : Let's enjoy that program !

Cathy : OK.

*1 harvest 収穫

Volunteer Program at Farms in Chiba

	Kita Farm	Higashi Farm	Minami Farm	Nishi Farm
Date	September 14	September 21	September 7	September 21
Time	9 a.m. / 12 p.m.	10 a.m. / 12 p.m.	10 a.m. / 12 p.m.	8 a.m. / 10 a.m.
Place	Narita	Narashino	Ichihara	Shisui
To do	・Taking care of cows ・Harvesting pumpkins	・Harvesting tomatoes ・Harvesting peaches	・Taking care of cows ・Cleaning the field	・Harvesting pumpkins ・Cleaning the field
Gifts of thanks	A bottle of milk	Some tomatoes and peaches	Some yogurt	Sweets made with pumpkin

問1 When will Cathy have a piano concert ? 31

① On September 7. ② On September 8.

③ On September 14. ④ On September 15.

問2 Where will the program Takumi suggested second be held ? 32

① In Narita. ② In Narashino.

③ In Ichihara. ④ In Shisui.

問3 What gifts will Takumi and Cathy receive as thanks for taking part in the program ? 33

① A bottle of milk. ② Some tomatoes and peaches.

③ Some yogurt. ④ Sweets made with pumpkin.

VI 次の文中の 34 ～ 37 に入れるのに最も適当なものを，①～④の中から１つずつ選びなさい。

1．I don't have any sisters, but Eri is like my 34 sister.

① right ② correct ③ real ④ usual

2．Why don't you 35 the butterfly into the wild ? It also has a life like us.

① catch ② grow ③ add ④ release

3．We usually take 36 to get better when we feel sick.

① bus ② medicine ③ age ④ mouth

4．The library has a quiet [37], so I like to study there.

① speech　② problem　③ solution　④ atmosphere

Ⅶ　次の〔A〕，〔B〕の問いに答えなさい。

〔A〕　次の文中の [38] ～ [41] に入れるのに最も適当なものを，①～④の中から1つずつ選びなさい。

1．[38] castle it is !

① What nice　② What a nice　③ How nice　④ How a nice

2．"What do you think of this shirt ?"

"You look nice [39] pink."

① by　② with　③ on　④ in

3．I want to have a dog, but my parents don't [40] me have any.

① want　② excuse　③ allow　④ let

4．You had better [41] for Mike's advice.

① ask　② asked　③ asking　④ to ask

〔B〕　次の各文の下線部には誤りが1ヶ所ずつあります。その部分の番号を，①～④の中から1つずつ選びなさい。

1．I ①said my sister to be careful when she was cutting a ②piece of paper ③with ④scissors. [42]

2．My uncle ①has been ②died ③for five years, and I often ④remember his kind words. [43]

3．If you ①would like ②to be a chef, ③what about practicing ④to cook every day ? [44]

4．I was ①sorry for the elderly woman because I didn't make ②a room for her ③on ④the train. [45]

Ⅷ　次の日本文と同じ意味になるように，下の語(句)を並べかえて文を完成させなさい。ただし，各語群には1つずつ不要なものが入っています。解答は [46] ～ [51] に入る番号のみを答えなさい。

1．会議がどのくらい続くのか想像できますか。

Can you [　] [46] [　] [　] [　] [47] ?

① last　② guess　③ will　④ long

⑤ the meeting　⑥ carry　⑦ how

2．彼が時間ぴったりに来ることはないでしょう。

It is not [48] [　] [　] [　] [49] [　].

① he'll　② time　③ in　④ that

⑤ likely　⑥ on　⑦ come

3．ジュディーは私に一人にしてほしいと頼みました。

Judy [　] [　] [　] [50] [　] [51].

① me　② alone　③ her　④ to

⑤ leave　⑥ take　⑦ asked

【数　学】（50分）〈満点：100点〉

（注意）　1．定規（三角定規・直定規），コンパス，分度器は使用できません。

2．解答はすべてマーク方式です。1つの□には1つの数字または符号「－」が入ります。解答カードにマークしなさい。

3．答が分数のときは，約分した形で表しなさい。

4．根号の中は最も簡単な形で表しなさい。例えば，$2\sqrt{8}$ は $4\sqrt{2}$ のように表しなさい。

1　次の□をうめなさい。

(1)　$2024^2-22\times2024-48$ を計算した7けたの値は $\boxed{\text{ア}}0\boxed{\text{イ}}\boxed{\text{ウ}}000$ である。

(2)　右図のように，関数 $y=\dfrac{a}{x}$ $(a>0)$ のグラフの一部と △OAB がある。△OAB の面積が12のとき，比例定数 a の値は $\boxed{\text{エ}}\boxed{\text{オ}}$ である。

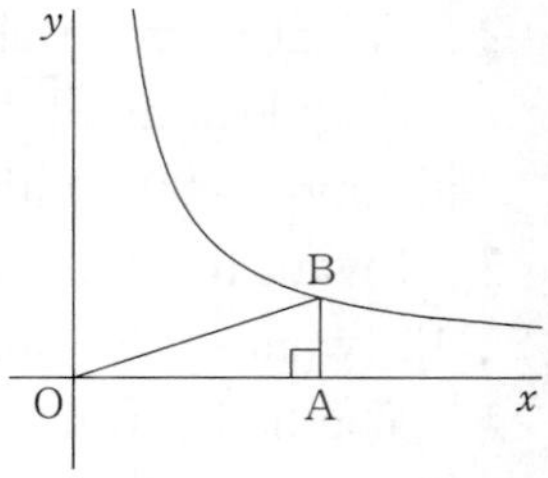

(3)　x を超えない最大の整数を $[x]$ で表す。例えば $[1.5]=1$，$\left[\dfrac{1}{3}\right]=0$ である。このとき，$[\sqrt{3}]=\boxed{\text{カ}}$，$[\sqrt{59}]=\boxed{\text{キ}}$，$[\sqrt{59}+1.8]=\boxed{\text{ク}}$ である。

(4)　ある兄弟が同時に家を出発し，公園を目指した。兄は分速 160m で走り，弟は分速 80m で歩いた。兄が先に公園に到着し，何分か休憩をとった後，同じ道を来たときと同じ速さで走って戻り，公園を出発して4分後に公園に向かう弟とすれ違った。さらに，弟が公園に到着したとき，兄は公園から家までの道のりの $\dfrac{2}{3}$ の地点にいた。このとき，兄が公園で休憩していた時間は $\boxed{\text{ケ}}$ 分である。

(5)　右図のように，AB＝3cm，AC＝2cm の △ABC がある。∠A の二等分線と辺 BC の交点を D，二等分線上の点を E とする。∠AEB＝90° のとき，AD：DE を最も簡単な整数の比で表すと，$\boxed{\text{コ}}:\boxed{\text{サ}}$ である。

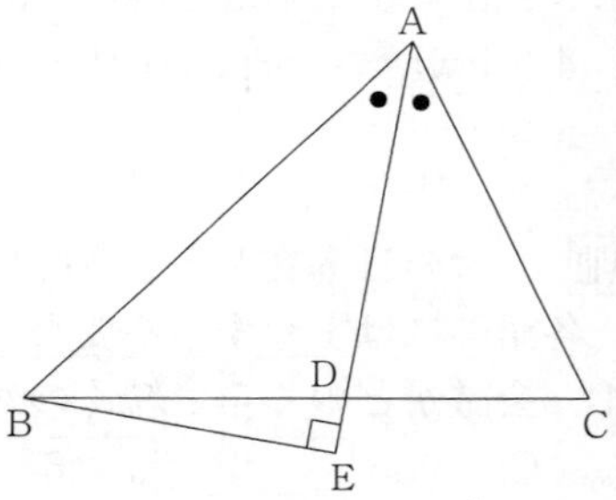

(6)　箱の中に5，9の数が1つずつ書かれた2枚のカードが入っている。袋の中に3，4，6，7の数が1つずつ書かれた4枚のカードが入っている。箱と袋の中から，カードをそれぞれ1枚ずつ同時に取り出して入れ替えたとき，箱の中の2枚のカードに書かれた数の積が，袋の中の4枚のカードに書かれた数の和より小さくなる確率は $\dfrac{\boxed{\text{シ}}}{\boxed{\text{ス}}}$ である。

2　右図のように，放物線 $y=ax^2$ $(a>0)$ ……①，直線 $y=-x+4$ ……②がある。放物線①と直線②との交点を A，B とする。点 A の x 座標が -4 であるとき，次の問いに答えなさい。

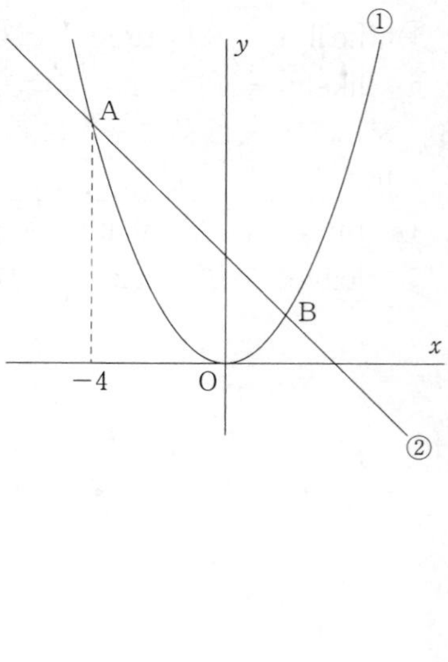

(1)　a の値を求めなさい。

答　$a=\dfrac{\boxed{\text{ア}}}{\boxed{\text{イ}}}$

(2)　線分 OB，AB の長さをそれぞれ求めなさい。

答　$\text{OB}=\boxed{\text{ウ}}\sqrt{\boxed{\text{エ}}}$

$\text{AB}=\boxed{\text{オ}}\sqrt{\boxed{\text{カ}}}$

(3)　3点O，A，Bを通る円が1つだけ存在する。この円の面積を求めなさい。

答　[キ][ク]π

(4)　x軸上に点P$(t,\ 0)$をとると，△ABPの面積が△OABの面積の$\dfrac{5}{4}$倍になった。このとき，tの値を求めなさい。ただし，$t<4$とする。

答　$t=$[ケ][コ]

3　右図のように，ABを直径とする半円Oがある。半円Oの弧に∠AOC＝60°となる点C，$\widehat{AD}=\widehat{DC}$となる点Dがある。線分BDと線分OCとの交点をEとする。AB＝12cmのとき，次の問いに答えなさい。

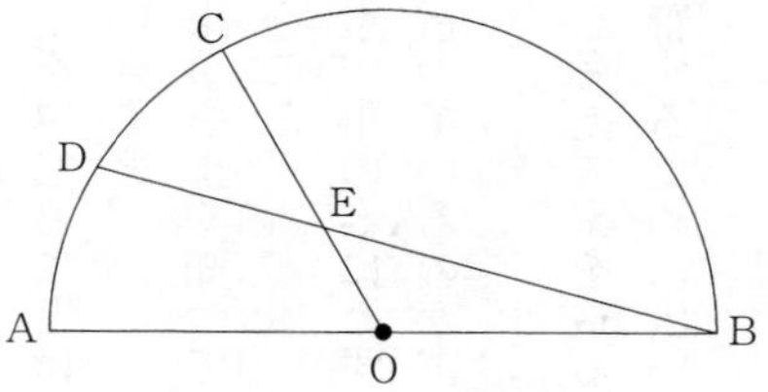

(1)　∠OEBの大きさを求めなさい。

答　[ア][イ]度

(2)　線分OEの長さを求めなさい。

答　([ウ]$\sqrt{[エ]}$－[オ])cm

(3)　線分CDの長さを求めなさい。

答　([カ]$\sqrt{[キ]}$－[ク]$\sqrt{[ケ]}$)cm

4　図1のように，すべての面が1辺の長さ2cmの正三角形からなる六面体がある。図2は，この六面体の展開図であり，点Aから点Hはこの六面体のいずれかの頂点となる。

下の問いに答えなさい。

図1

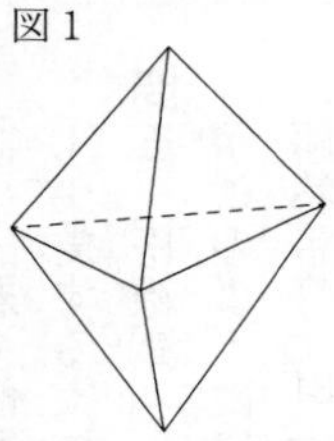

図2

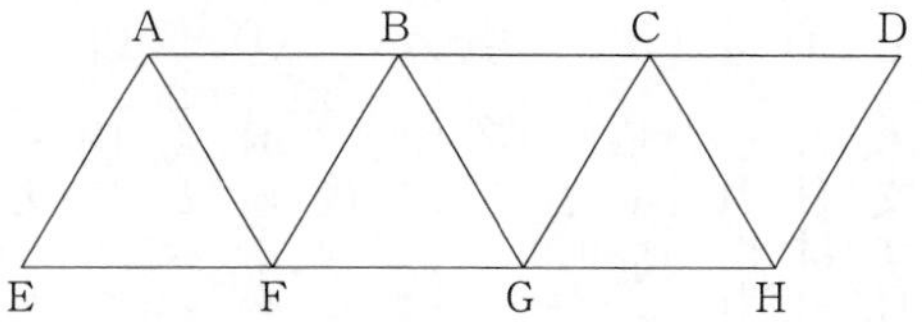

(1)　図1の六面体の表面積，体積をそれぞれ求めなさい。

答　表面積　[ア]$\sqrt{[イ]}$cm²

体積　$\dfrac{[ウ]\sqrt{[エ]}}{[オ]}$cm³

(2)　図1の六面体のすべての面に接する球の半径を求めなさい。

答　$\dfrac{[カ]\sqrt{[キ]}}{[ク]}$cm

(3)　図2の展開図から図1の六面体を作るとき，点Dと重なる点を次の①～⑦の中から1つ選びなさい。

①　A　　②　B　　③　C　　④　E　　⑤　F　　⑥　G　　⑦　H

答　[ケ]

③ 突然である　④ 明確である

(イ)「おのづから」　解答番号 26

① ときどき　② 自分の意志で

③ しばらくして　④ 偶然に

(ウ)「隠れ給へる」　解答番号 27

① 行方知れずになられた　② ご隠居なさった

③ お亡《な》くなりになった　④ 出家された

問二　傍線(A)「いくそばくぞ」とはどういうことか、最も適当なものを選びなさい。解答番号 28

① どれほど多くあったのだろうか

② どれほどのことができただろうか

③ どれほどの人が住んだのだろうか

④ どれほど困っているのだろうか

問三　傍線(B)「われまた、かくのごとし」とあるが、これは具体的にどのようなことを言っているのか、最も適当なものを選びなさい。解答番号 29

① 人一人が寝起きすることしかできないほど、狭い場所でも暮らせるということ。

② 自然環境の面では極めて厳しくても、人と会わずにすむ場所で暮らしていきたいということ。

③ 危険なことや不安を感じることは何かを知った上で、暮らし方を決めているということ。

④ 世の中の悪い出来事をよく知っていて、逃げやすい仮の家で暮らしているということ。

問四　傍線(C)「必ずしも、事の為にせず」とあるが、これは具体的にどのようなことを言っているのか、最も適当なものを選びなさい。解答番号 30

① 自分のことだけを考えて家を造るとはかぎらないということ。

② 財産や家畜を保管するために広い家を造るとはかぎらないということ。

③ 主君や師匠に認められて家を造るとはかぎらないということ。

④ 愛する家族を守るために家を造るとはかぎらないということ。

問五　傍線(D)「糸竹・花月を友とせんにはしかじ」とあるが、筆者がこのように述べる理由として、最も適当なものを選びなさい。解答番号 31

① 情けがあり実直な友人達は、自分に愛想を尽かしていなくなってしまったから。

② 打算的な考えで友人関係を築く世の中について、不満を感じているから。

③ 山に入って暮らしてからは、人と関わり親しくなることはほとんどないから。

④ 財産があり自分をおだててくれる人だけを友人に選んだことを、後悔しているから。

問六　『方丈記』の冒頭として、適当なものを選びなさい。解答番号 32

① ゆく河の流れは絶えずして、しかも、もとの水にあらず。

② 祇園精舎《ぎをんしやうじや》の鐘の声、諸行無常の響《ひびき》あり。

③ つれづれなるままに、日ぐらし、硯《すずり》に向《むか》ひて、……

④ 月日は百代《はくたい》の過客にして、行きかふ年もまた旅人なり。

問七　本文から読み取れる筆者の心情として、最も適当なものを選びなさい。解答番号 33

① 庵で暮らすうちに不自由な生活に慣れ、何事も変わり続けるという世の真理を実感して前向きな気持ちになっている。

② 住まいを庵に移したことで質素な生活をしなければならなくなったが、煩悩がなくなり穏やかな気持ちになっている。

③ 都の様子を耳にしてこの世のはかなさを感じる一方で、自分の身にふさわしい庵での平穏な生活に満足している。

④ 庵での簡素な生活に心地よさを感じつつも、都での華々しい生活がなつかしく思われて一抹の寂しさを感じている。

号 23

① 見下すような態度をとることで、章子の行動によって傷つけられた自尊心を取り戻そうとしている。

② 事件の前よりも丁寧な態度で接することで、まだ章子への好意をなくしていないことをほのめかしている。

③ あえて礼儀正しい態度で接することで、自分の体面を傷つけた章子に反省をうながそうとしている。

④ よそよそしい態度をとることで、章子の予期せぬ行動がもたらした心の痛みを知られないようにしている。

問七 傍線(G)「章子はとぼとぼと歩いてゆくのだった」とあるが、ここからうかがえる章子の心情はどのようなものか、最も適当なものを選びなさい。解答番号 24

① 他人の望みをかなえる選択や行動を心がけてきたが、一連の事件に関わる自身の決断が、自分と満智子の心を傷つける結果をもたらしたため、やるせない思いを感じている。

② 周囲からの評価や自分の立場が悪くならないよう注意してきたが、友人たちを裏切ったことで、学校での居場所を失うことになってしまったため、人間関係に不安を感じている。

③ 大人の女性のように冷静な言動を意識してきたが、非常時に動揺してしまい、満智子のように超然とした態度でいることができないと思い知ったため、恥ずかしさを覚えている。

④ 家族のことを何よりも優先してきたが、満智子の関心が他人へと向けられて、すでに忘れ去られたかのような扱いを受けたため、大切にすべきものを見誤ったと後悔している。

四

次の文章を読んで、後の問いに答えなさい。

おほかた、この所に住みはじめし時は、(ア)あからさまと思ひしかども、今すでに、五年を経たり。仮の庵《いほり》も、やや故郷《ふるさと》となりて、軒に朽葉《くちば》深く、土居《つちゐ》に苔《こけ》むせり。(イ)おのづから、ことの便りに都を聞けば、この山に籠《こも》り居て後、やんごとなき人の(ウ)隠れ給《たま》へるも、あまた聞こゆ。まして、その数ならぬ類《たぐひ》、尽してこれを知るべからず。たびたびの炎上にほろびたる家、また、(A)いくそばくぞ。ただ、仮の庵のみのどけくして、おそれなし。ほど狭しといへども、夜臥《ふ》す床あり、昼居る座あり。一身を宿すに、不足なし。*寄居《がうな》は小さき貝を好む。これ、事知れるによりてなり。*鶚《みさご》は荒磯《あらいそ》に居る。すなはち、人を恐るるがゆゑなり。(B)われまた、かくのごとし。事を知り、世を知れれば、願はず、*走《わし》らず。ただ、静かなるを望みとし、愁《うれ》へ無きを楽しみとす。

すべて、世の人の栖《すみか》を造るならひ、(C)必ずしも、事の為《ため》にせず。或《あるい》は妻子・*眷属《けんぞく》の為に造り、或は*親昵《しんぢつ》・朋友《ほういう》の為に造る。或は主君・師匠および財宝・牛馬の為にさへ、これを造る。われ今、身の為に結べり。人の為に造らず。故《ゆゑ》いかんとなれば、今の世の習ひ、この身のありさま、ともなふべき人もなく、頼むべき奴《やっこ》もなし。たとひ広く造れりとも、誰を宿し、誰をか据ゑん。

それ、人の友とあるものは、富めるを尊《たふと》み、懇《ねんごろ》なるを先とす。必ずしも、情《なさけ》あると、すなほなるとをば愛せず。ただ、(D)*糸竹《しちく》・*花月を友とせんには*しかじ。

（鴨《かもの》 長明《ちょうめい》『方丈記』より）

（注）
*寄居…ヤドカリ。
*鶚…タカの仲間である大型の鳥。
*走らず…あくせくしない。
*眷属…親族。
*親昵…親しい人。
*糸竹…楽器。
*花月…自然の風物。
*しかじ…まさるものはあるまい。

問一 二重傍線(ア)〜(ウ)の本文中の意味として、それぞれ最も適当なものを選びなさい。

(ア)「あからさま」 解答番号 25

① 不服である　② 一時的である

問一　傍線(A)「こんなに気を入れて、今度の生徒同盟の音頭を取っているのに呆れたのである」とあるが、ここからうかがえる章子の心情はどのようなものか、最も適当なものを選びなさい。解答番号 18

① 他人への関心をほとんど示さなかった満智子が、先生のために行動する姿を見て、彼女の興味が自分以外の人間へ向けられることに嫉妬している。

② 自分と二人きりで学校生活を送ってきた満智子に、自分以外の友達ができたことを知って、彼女との関係が変化していくことに不安を感じている。

③ 自分以外の生徒と関わろうとしなかった満智子が、集団の中心で行動する様子を見て、意外に思うとともに彼女の変化を受け止めきれずにいる。

④ 学校では模範的なふるまいをしていた満智子が、級友たちに学校への反抗を呼びかける姿を見て、違和感を覚えるとともにその様子に困惑している。

問二　傍線(B)「華やかな色彩を帯びたもの」とはどういうものか、最も適当なものを選びなさい。解答番号 19

① 地方生活のなかに都会の雰囲気をもたらすもの。

② 洗練されていて知的な刺激を呼び起こすもの。

③ 失いかけていた他人への興味をかき立てるもの。

④ 淡々と過ぎるばかりの日常に変化を与えるもの。

問三　傍線(C)「大人の女のひとのように、満智子はした」とはどういうことか、最も適当なものを選びなさい。解答番号 20

① 自分の特性に利用価値があることを自覚したうえで、思いどおりに人や物事を動かすために使っているということ。

② 自分の欲求や願望を素直に認めたうえで、他人の言葉や評価を気にすることなく目的に向かっていくということ。

③ 自分に向けられている他人の感情を理解したうえで、周囲からの期待に応えられるよう行動していくということ。

④ 自分の容姿で人の心を動かせると知ったうえで、その魅力を他者の利益のために惜しみなく活用しようとすること。

問四　傍線(D)「章子は泪ぐんでいた」とあるが、それはなぜか、最も適当なものを選びなさい。解答番号 21

① 同盟休校に参加し満智子と他の生徒たちと行動すると決めたが、自分の選択が正しいか分からなくなり不安を感じているから。

② 両親の思いを考えると同盟休校には加われないと理解する一方で、満智子の期待に応えられないことを心残りに思っているから。

③ 姉のせいで目をつけられている自分が同盟に参加すれば迷惑をかけ、満智子の負担になることが申し訳ないと思っているから。

④ 満智子の身勝手さには付き合いきれず同盟への不参加を決めたが、両親の思惑どおりになってしまうことを不愉快に感じているから。

問五　傍線(E)「身をひたと車にこびりつかせてしまった」とあるが、ここからうかがえる章子の心情はどのようなものか、最も適当なものを選びなさい。解答番号 22

① 久しぶりに満智子の姿を見て、あらためてその美しさに感動している。

② 疎遠になっていた満智子を目の前にして、後ろめたさを感じている。

③ あからさまな敵意を向けてくる満智子に対して、恐怖を覚えている。

④ 自分の貧相さが目立つので、着飾った満智子と並びたくないと思っている。

問六　傍線(F)「貴夫人がサロンで振舞うようなもの腰、声を出して満智子はさっさと行ったのだ」とあるが、この行動を章子はどのように受け止めているか、最も適当なものを選びなさい。解答番

××神社の裏手に女学生の参集して同盟休校ののろしをあげた事は、たいへんな一大珍事として地方新聞が＊二号活字のみだしで報じた。主謀者の姓名も四五人出た。その中に満智子の名が真先《まっさき》にしるしてあった。小さい田舎街はその噂で持ち切りのように感じられた。小さい頃父の蔵書の中の明治維新史や征南奇聞などを読み、＊江藤新平の乱の一部に心ひかれて、反抗の持つ悲壮さとロマンテックな憧憬を覚えたことのある章子には思うがままに同盟休校の音頭のとれる人たちが羨《うら》やましかった。そして美しい満智子を戴《いただ》いて、皆必死となって学校の主権者へ反抗して行った昂奮《こうふん》の若々しい健気《けなげ》さを思うだけでも章子は我身《わがみ》が寂しく哀れだった。

父と母が、我が子の健全性を感じ、その時此の学校騒動に何等《なんら》かかわりなき立派な生徒だったことを思って、得意になり切り、誇っている様子を見ても気持が沈んだ。

《中略》

秋も末に近い頃の日曜日、章子は母の使いで着物をよそゆきに着《き》更《か》えて出かけた。官舎の入口に瓦《かわら》を山のように積んだ＊大八車が一台置きすててあった。その為路《ためみち》は半ば塞がり狭《せば》まれていた。そこを通り抜けて出ようとする時、向うから反対に入って来る満智子に出会った。彼女は麗しい盛装をしていた。そしていつもの様に厚い草履をはいて、しゃっしゃっとした風で、＊小女《こおんな》を供にして歩いて来る。

章子は、はっとして胸がどきどきした、あの事件以来、初めてめんと顔を向い合せるのである。

章子はじりじりと車の方に身を引き、車輪の＊心棒の油が着物や＊袂《たもと》にふれると思うほど、(E)身をひたと車にこびりつかせてしまった。その前をつんと取り澄《すま》して満智子が通り過ぎる。章子の方は見ないで正面をみたまま、しかもやや叮嚀《ていねい》に、いかにも礼儀厚く小腰をかがめて、

『失礼、ごめん遊ばせ』

こう言って彼女はさっさっと通り過ぎ去った。

──(F)貴夫人《きふじん》が＊サロンで振舞うようなもの腰、声を出して満智子はさっさと行ったのだ──

やっと車を離れて立った章子は、小春日和の名残の陽ざしの中に遠ざかりゆく満智子の後姿を見送って暫《しばらく》佇《たたず》んでいた。

──満智子のその時の態度のこまちゃくれた小さい貴夫人ぶり以外に章子の心持に反射したのは、対者に向って自信を持ち切っていた者が、思いがけなく裏切られてその誇りを傷つけられた者の、負けぬ気でつんとその思いがけなくうろたえた心持の動きを押しかくす努力──それであったし、そんな風な気持をどうしても感じてしまったのだった。

──そして章子は又心寂しくなった……それは身辺の唯一の憧れをさえ今又見失ったと思い──官舎前の道路を(G)章子はとぼとぼと歩いてゆくのだった。

（吉屋信子『裏切り者』より）

（注）＊情誼…人付き合いのうえでの人情や誠意。
＊美文…古文や漢文書き下しの文体にならいつつ、技巧をこらして書かれた文章。
＊官舎…国や自治体などが建てた、公務員の住宅。
＊コケット…女性の色っぽい姿や物腰。
＊いでゆ…温泉。
＊二号活字…字の高さと幅がおよそ8ミリメートルの大きな活字。
＊江藤新平の乱…佐賀の乱（明治7年）のこと。明治政府に対する士族反乱の一つ。
＊大八車…木製の人力荷車。
＊小女…若い女性の奉公人。
＊心棒…車軸。
＊袂…和服の袖付けから下の、袋のように垂れた部分。
＊サロン…社交・交流の場。

ら或《あるい》はそれに対する＊情誼《じょうぎ》の故でもあろうけれども――それよりも、もっと強く彼女に働《はた》らきかけているものは、彼女の興味的な感じからであろう、都を去ってから退屈きわまる無刺戟《むしげき》な、此《こ》の街の女学校生活、その中にいま起りかけた此の一つの出来事は彼女にとって珍しく(B)華やかな色彩を帯びたものに思われたのではあるまいか、章子にはそう思われた。

　理科教室の階段式の机に皆がつくと、室の扉を皆閉めてしまった。中はまっくらになってしまう。

――明日登校しないこと。

――××神社の裏山に集まること。

――××先生の留任運動の決議文をかいて、校長に送ること。

――××や××を排斥すること……。

　こんな事が二三人の向《むこ》うの教壇前に立った人の口から言い渡された、一種の宣誓式のように、皆はこの約束を守るように問いただされた。

――決議文は瀧川さんがかくのよ、あなた、＊美文がうまいから――

　満智子がその中で言った。

　章子はおどおどした。

――瀧川さん明日、朝十時までに、かいて来てね、裏山へ――

　ほかの幹事役みたいなひともこう言って、章子への一つの役目を向うできめてしまった。

　章子は慌てふためいた気持――いつものように連れ立って帰る途中、＊官舎の中で別れる時、

『いいこと、しっかりうまく書くのよ、いい子だから』

　と満智子は章子の方に身をすりよせて、その顔を見やって微笑み視線を送った――＊コケットなひとが、自分の美貌を信じ切り、又相手をひいているのを知り抜いた上で、一つの願いを事を向うへやって振る舞う――そうした(C)大人の女のひとのように、満智子はした。

　章子は下をうつむいた。

　章子は家へ帰り、そわそわ自分の小部屋に引きこもって、考えて考えぬかねばならない。

――姉の康子《やすこ》が、丁度今の章子と同じ時頃卒業間ぎわに或《あ》るそそっかしい恋愛をして、学校を退学せねばならなくなった、――父と母は一寸生命《ちょっといのち》を縮められるという字義通りの恥と悲しみを感じたのである。あの当時の家《いえ》うち――父母の様子――思い出すのさえ章子は寂しすぎた。――そして章子は今まで絶えず自分としては出来るだけの注意と努力とで、いっぺん傷つけられた父と母への心づかいをして、どうにかせめて学校への父母のはずかしさだけでも章子によって、少しは取り償ってあげたつもりなのである――それがいくらかずつ重荷になりながらも、とうとう今日まで持ちこたえて来た自分である。それを今むざむざと今度の同盟休校から、元も子もないようにしてしまわねばならないのである。それはもう今日の理科教室を出る時から頭にのぼったことである。けれどもこれが満智子の加わって音頭を取る出来事である、章子は美しい女王の仰せ畏《かしこ》みて忠勤を尽す騎士の役に廻《まわ》り度《た》いのは山々である――此の夏、あの山の中の＊いでゆの湯殿の人造の石畳の上で、膝まずいて月光を浴び満智子の真白い脚をタオルでぬぐったのさえ夢見心地の喜びだった。章子には、今度も崇《あが》めの女王の手下に使われて役立つのは、こよなき喜びでなければならなかった。

　けれども、章子はやっぱり小役人の娘らしく、心の根本に小胆な伝統観念が有ったのであろう。今までの父母への心づくしが泡のように消えゆく儚《はか》なさへの、センチメンタルとあの母へ姉と同じような傷を又与えねばならぬのが、堪《た》えられなかった。

　夜まで考え通して、(D)章子は泪《なみだ》ぐんでいた。

　その翌朝、章子はいつものように学校へ行った。少数の寄宿生と一緒に半ばがらんとした教室で彼女は一日を送った。

って部分的でとりかえ可能なものだと考えられがちであるという問題。

問五　本文の内容に合うものとして、最も適当なものを選びなさい。解答番号 16

①　味覚は他人と共有しながら愉しむものではなく、個人が知恵を深めていくために必要な感覚である。

②　知恵の基礎は味わうことにあるので、味覚は他のどの感覚よりも高次であり、人間の役に立っている。

③　味覚は味わうという働きにおいて趣味と通ずるが、その価値が正当に考えられてこなかった点でも共通している。

④　味覚と趣味は、互いに影響を与えるものであり、ともに私たち一人一人の自己同一性を支えるものでもある。

問六　本文の展開を説明したものとして、最も適当なものを選びなさい。解答番号 17

①　まず味覚に対する一般的な見解の誤りを指摘した上で、対照的に味覚の価値を指摘した引用を並べて一般的な見解を否定する結論を示し、さらに趣味について取り上げて、味覚と趣味を比較している。

②　まず味覚について問題を提起して、味覚の仕組みや特徴を説明した上で味覚の価値を指摘した引用を並べて説明し、さらに趣味について考察して、味わうということの意義について結論をまとめている。

③　まず味覚の特徴について引用をもとに説明した上で、味覚の意義について多面的に検証して結論を示し、さらに味覚から話題を転換して、趣味についても同様の検証を試みて結論をまとめている。

④　まず味覚について筆者の見解を述べた上で、引用をもとに説明しながら味覚の価値がわかる結論を示し、さらに味覚から趣味についての話へと論を発展させて、味わうことについて考えを深めている。

三　次の文章を読んで、後の問いに答えなさい。

　女学校四年（現在の高校一年に相当）の瀧川章子《たきがわあきこ》のクラスに、東京から佐々木満智子《ささきまちこ》という転校生がやってきた。さまざまな噂《うわさ》が流れるが、卒業直前である四年での転校は珍しく、満智子はまったく気にしていなかった。その態度から、同級生には興味がないように見えたが、ある日、授業で発表された章子の作文を満智子は気に入ったらしく「あなた、明日から迎えに来てもいいわよ」と章子に声をかける。章子はこれに応じて、満智子のたった一人の友達となり、夏休みには温泉で一緒に遊んで関係を深めた。

　そうして迎えた二学期のはじめ、生徒に人望のある音楽の若い女の先生が不本意に転任させられたという話が生徒の間に広まった。

——転任を止めてしまう、生徒は転任に反対する、あくまでも——こうした意志がおたがいに相談されかたまっていった。四年級の二組全部、そのために同盟することになった。然《しか》し初めから寄宿舎のひとは、直接行動の中に入れないことにした。いつかもそんな風の生徒の団結的行為で職員室に当って行こうとした時、寄宿舎のひとの不自由さから、ひびが入って、とうとう実現出来ないことが有ったからである。

　お昼のお弁当の時間の時『今日放課後、理科室へ集まって下さい』と誰か総代らしく言った。するとその後から、

『鐘を鳴らすわけにはゆかないけれど、すぐと理科教室へ入って頂戴』

と——満智子が言うのである。

　それを聞き、章子は吃驚《びっくり》した。あのふだんクラスの者をものの相手にもしなかった、そのひとが(A)こんなに気を入れて、今度の生徒同盟の音頭を取っているのに呆《あき》れたのである。——あの音楽の先生は、一週間に一二度満智子の許《もと》へピアノを教えに通っていた人だか

＊最後の〈晩餐〉〈ユダの接吻〉〈ユダの裏切り〉の話…新約聖書の、イエスの弟子であるユダがイエスを裏切るまでを描いた一連の話。

＊ニコラウス・クサヌス…十五世紀ドイツの哲学者。

＊コペルニクス的な転換…物事の見方や考え方が正反対に変わること。

＊ウィリアム・モリス…十九世紀イギリスのアーティスト、作家。

問一 傍線(A)「味覚と美味についての一群の味読すべき『アフォリズム』を載せている」とあるが、これらの「アフォリズム」のいずれかで述べられている内容に**合わないもの**を一つ選びなさい。解答番号 12

① 会食をする際、人々は目の前の料理の味のみならず、他人とともに食事をするその場の雰囲気や空気をも味わっている。

② 他人との会食という共同性や集団性をともなう形で美味なるものを味わうことは、人類に幸福をもたらす。

③ 低次な感覚とされてきた味覚という内なる感覚の重要性に目を向けることで、人は美味しい料理をつくり出せるようになる。

④ 人が何を美味しいと思うかは、その人の人となりを形成している多様な物事とのかかわり方までも明らかにしうる。

問二 傍線(B)「同じような考え方」とあるが、どのような点が同じなのか、最も適当なものを選びなさい。解答番号 13

① ものを味わうという感覚において、味覚と嗅覚は相互に関連しあって機能していると考えている点。

② においと味を同時に捉える感覚が味覚と嗅覚のほかにあり、それが人間の精神と結びついていると考えている点。

③ 味覚と嗅覚は触れるものや気体を味わうという別の役割をしつつも、奥でつながって働いていると考えている点。

④ 味覚は独立した一つの感覚ではなく嗅覚とともに働いて機能する感覚で、味と精神を結びつけていると考えている点。

問三 傍線(C)「人と人との触れ合いを根本から支えている」とあるが、これはどのようなことか、最も適当なものを選びなさい。解答番号 14

① 味覚と嗅覚は、人間が他人と共有して食事を楽しめるようにするものであり、さらに他の感覚をともなって他人と親密な関係を築くことも可能にしているということ。

② 味覚と嗅覚は、さまざまな次元において自分たちと世界との間に親密な関係をつくる働きをし、同じ世界に属する他人と共有して楽しみうるものだということ。

③ 味覚と嗅覚は、同じ世界に属する他人と共有できるものであり、人間は他人と親密な関係を築くことのできる共同的な存在だと私たちに自覚させているものだということ。

④ 味覚と嗅覚を他人と共有できるかどうかが、その人とよい関係を結んだり、自分たちと世界との間に親密な関係をつくったりできるかの判断基準となるということ。

問四 傍線(D)「問題点」とあるが、この内容として、最も適当なものを選びなさい。解答番号 15

① 制度化されておらず一人一人が自分の思想によって行っている趣味こそ、真剣に時間をかけて行うべきなのに、専門や本職とは対照的に趣味を気楽に片手間で行っている人間が多いという問題。

② 趣味とは、物事をさまざまな角度から総合的に味わい分けるという味覚を中心とした五感の働きによるものなのに、思想という真の知性の働きによるものだと考えられがちであるという問題。

③ 知性とともに鋭い五感を働かせることで行っている趣味にこそ、その人の個性がよくあらわれているはずなのに、人間の個性は好みや好き嫌いにあらわれていると考えられがちであるという問題。

④ 趣味とは人間の感覚を総合的に働かせて、物事を全体に照らして味わい評価するという知のあり方なのに、人間の生活にと

ものに着目し、その異常が精神病者のうちに多くあらわれることから、精神疾患との関係で〈味と雰囲気〉の問題を考察している。すなわち、嗅覚と味覚とは、なによりもわれわれ人間を世界のうちに溶解させ、われわれと世界との間に親密な関係をつくる感覚である。しかもその親密さは自然的な次元にも精神的な次元にもとどまらない。それはさらに宗教的な次元にまで及んでいる。そのことはたとえば、イエスにかかわる＊最後の〈晩餐《ばんさん》〉〈ユダの接吻《せっぷん》〉〈ユダの裏切り〉の話によく示されている。つまりこの場合には、まず晩餐と接吻によって本源的に親密な関係がうち立てられた上で、それからの離反、つまり信頼への裏切りがなされたわけである。

その〈晩餐〉にもかかわることであるが、テレンバッハは述べている。食事は自分一人の味覚で愉《たの》しむものではない。われわれは自分で味わいつつ、同じ世界に属する他人の味覚を共有しながら、食事を愉しむのである。だからこそ、互いに味覚を共有しえない場合には、折角の食事もおいしくなくなる。しかも味わうことは、このように共同的なものであると同時に、また、人間的な能力としての〈知恵〉と浅からぬ関係がある。知恵の基礎は味わうことにあるとさえいえるのだ。そしてその範囲は永遠の知恵にまで及んでいる。すなわち、「永遠の知恵は、味わいうるすべてのもののなかで味わわれる。それはあらゆる喜ばしいものにおける喜びである」「それが味わわれえないなどということが、どうしてあろうか」（＊ニコラウス・クサヌス）。

このように述べてテレンバッハは、味覚や嗅覚が通常考えられているように不確かで、劣った、表面的な感覚などではなくて、(C)人と人との触れ合いを根本から支えている感覚にほかならぬことを明らかにしている。味覚についてのこのような＊コペルニクス的な転換は、同じ働きの他のあらわれにほかならぬ〈趣味〉（taste, goût）についても同じような価値の転換をもたらす。

さて〈趣味〉といえば、これも一般の通念では、専門とか本職とかに対立するもの、反対のものと見なされ、したがって本気でも本格的でもなくて、気楽に片手間でやる道楽と思われている。つまり私たち一人一人の生活にとって部分的なもの、とりかえ可能なものだと思われている。けれども、趣味についてのこのような認識は、実は味覚を不確かで表面的な感覚と見なしたことと、まさに対応している。趣味とはむしろ、私たち一人一人の、世界との深いかかわりの在り様として、すぐれて全体的なものなのではなかろうか。それは、私たち人間一人一人の自己同一性（アイデンティティ）を支える知のあり方だといってもいいのではなかろうか。

さきに私たちは、〈知恵〉の基礎が〈味わう〉ことにあるのを見た。それと結びつけていえば、〈趣味〉とは、単なる好みとか好き嫌いとかではなくて、物事をいろいろな角度から総合的に味わい分けること、味分けることなのである。諸感覚を十分に働かせ、個別的なものを全体に照らして評価することなのである。味覚を中心にした〈共通感覚〉の働きだといってもいい。

＊ウィリアム・モリスにふれて小野二郎氏（『装飾芸術』青土社）も、〈趣味〉を単なる好き嫌いから区別した上で、〈趣味〉こそが本来の思想だとして、次のように述べている。「好きとか嫌いとか、人々は個性の証《あか》しとばかり口々にいうが、私からいわせれば、〔それらは〕ことごとくイデオロギー〔制度化された観念〕である。五感の一番感度の鈍いところに焦点を合わせたイデオロギーである。逆に知性の働きと見える思想なるものは趣味である。」少々飛躍があってわかりにくいけれど、(D)問題点をよく摑《つか》んだことばだと思う。つまりここでは、実感的に安易にいわれる好き嫌いが実は制度化された観念であるのに対して、真の知性の働きである思想はもっとも鋭い五感の総合的な働きとしての趣味＝味分けにほかならないことが言われているわけである。

（中村雄二郎・山口昌男 共著『知の旅への誘い』より）

（注）＊ブリア・サヴァラン…政治家、法律家であるとともに、美食家として批評も行った。

＊アフォリズム…物事の真実を簡潔に鋭く表した言葉。

二千里外故人ノ心

渚宮ノ東面ハ煙波冷ヤヤカニ

浴殿ノ西頭ハ鐘漏深シ

猶ホ恐ル清光不ルヲ二同ジクハ見一

江陵ハ卑湿ニシテ足ル二秋陰一

① 七言絶句であり、二・三句目が対句になっている。

② 七言絶句であり、一・二・四・六・八句末で押韻している。

③ 七言律詩であり、三・四・七・八句末で押韻している。

④ 七言律詩であり、三・四句目、五・六句目が対句になっている。

二

次の文章を読んで、後の問いに答えなさい。

ものを味わうという人間の能力、知覚としての味覚については、永い間正当に考えられることがほとんどなかった。人間のいわゆる五感のなかでも、視覚や聴覚が高次の精神的な感覚とされたのに対して、味覚は低次の身体的な感覚として貶《おとし》められてきた。他方で料理や酒が世界中の多くの文化のなかでほとんど芸術に近いものと見なされてきたことと考え合わせると、それは奇妙なことである。

私たち人間の生活や文化のなかで味覚がもつ並々ならぬ意味を、逸早《いちはや》く真向から主張したのは、十八、九世紀のフランスに生きた＊ブリア・サヴァランであった。彼は、その『美味礼讃《らいさん》』(関根秀雄他訳、岩波文庫。原題はもっと散文的で『味覚の生理学』)のはじめに、(A)味覚と美味についての一群の味読すべき「＊アフォリズム」を載せている。そのなかで、こんなふうにいっている。

どんなものを食べているか言ってみたまえ。君がどんな人であるかを言いあててみせよう。

新しい御馳走《ごちそう》の発見は、人類の幸福にとって天体の発見以上のものである。

だれかを食事に招くということは、その人が自分の家にいる間じゅうその幸福を引き受けるということである。

これらのアフォリズムは、いずれも、食べもの、美味、会食の、人間の生活と文化のなかでもつ並々ならぬ意味を、簡潔な表現のうちに巧みに捉えている。すなわち第一のアフォリズムでは、人間のもつ識別能力としての味覚が決して部分的なものではなくて全体的なものであることが示されている。ここから、全体的な識別能力としての味覚＝趣味(taste, goût)を重視する視点も開かれるだろう。次に第二のものは、美味《おい》しい料理を新しくつくり出すことは新しい天体の発見以上に人間的な意味をもっていることを示している。天体という大宇宙と対比されて、外部に向かった人間の眼《め》が、料理によって自己に立ち戻ることにもなるだろう。最後に第三のものは、味覚や美味というものが、個人的な享受にかかわるだけでなく、共同性、集団性をもった場所(トポス)にも大きくかかわることを示している。ここから、味覚や美味が雰囲気や空気と決して無関係でないことが示されるだろう。

さて、右に述べたところでは、便宜上味覚を独立させて、それだけで扱ってきたが、誰しも経験からわかるように、実際には味覚は嗅覚と結びついて働いている。その点についてサヴァランは書いている。自分はただ単に、嗅覚の参加なしには完全にものを味わうことができないと確信しているだけではなく、その上さらに、嗅覚と味覚とは互いに結びついて一つの感覚を形づくっており、口は実験室で鼻はその煙突をなしているものと信じたい。もっと正確にいえば、一方は触れうるものを味わい、もう一方は気体を味わう働きをしているのである、と。

あたかも(B)同じような考え方が、近年H・テレンバッハ(『味と雰囲気』宮本忠雄他訳、みすず書房)によって推しすすめられている。彼は、においと味との統合的な感覚器官として〈口腔《こうくう》感覚〉という

二〇二四年度　日本大学習志野高等学校（1月18日）

【国語】（五〇分）〈満点：一〇〇点〉

一　次の各問いに答えなさい。

問一　次の(ア)～(オ)の傍線部と同一の漢字を用いるものはどれか、それぞれ適当なものを一つずつ選びなさい。

(ア)　先生に姉をショウカイする。解答番号 1

①　台風へのケイカイを強める。
②　今年度より規則をカイテイする。
③　体調の悪い友達をカイホウする。
④　キカイ体操部に入部する。

(イ)　金額のタカにこだわらない。解答番号 2

①　問題のカチュウにある人物。
②　カヘイが流通する。
③　カコクな環境に耐える。
④　実にカモクな人だ。

(ウ)　本文からバッスイする。解答番号 3

①　任務のスイコウを命じられる。
②　ジュンスイな気持ちで取り組む。
③　毎日ジスイをして節約する。
④　彼の歌声にシンスイする。

(エ)　トウトツに話を切り出す。解答番号 4

①　ケントウシについて調べる。
②　ザットウの中に紛れこむ。
③　貴重品のトウナンにあう。
④　貯金の半分をトウシにあてる。

(オ)　ホンイするよう説得する。解答番号 5

①　ムホンの罪に問われる。
②　資金集めにホンソウする。
③　外国小説をホンヤクする。
④　美しくセイホンする。

問二　次の傍線部の動詞のうち、下一段活用のものはどれか、最も適当なものを選びなさい。解答番号 6

①　翼がなければ空を飛ぶことはできない。
②　誕生日会に仲の良い友人を集める。
③　自家製のピッツァを窯で焼いた。
④　成長期に入って身長が伸びた。

問三　「雨だれ石をうがつ」と同様の意味をもつ語句はどれか、最も適当なものを選びなさい。解答番号 7

①　他山の石以《もっ》て玉を攻《おさ》むべし　②　石橋を叩いて渡る
③　石の上にも三年　④　石に漱《くちすす》ぎ流れに枕す

問四　五月の時候の挨拶として、適当なものを一つ選びなさい。解答番号 8

①　薫風の候　②　処暑の候
③　雨水の候　④　野分の候

問五　芥川龍之介の作品として、適当なものを一つ選びなさい。解答番号 9

①　『高瀬舟』　②　『河童』　③　『明暗』　④　『春琴抄』

問六　次の二首の和歌に共通して用いられている技法は何か、最も適当なものを選びなさい。解答番号 10

立ちわかれいなばの山の峰に生《お》ふるまつとし聞かば今帰り来む
大江山いく野の道の遠ければまだふみも見ず天の橋立

①　掛詞　②　枕詞　③　体言止め　④　倒置法

問七　次の漢詩の説明として、最も適当なものを選びなさい。解答番号 11

銀台金闕夕《ベ》沈沈
独《リ》宿《シ》相思《ヒテ》在《リ》二翰林《ニ》一
三五夜中新月《ノ》色

2024年度／日本大学習志野高等学校（１月18日）

英語解答

Ⅰ　〔A〕　1…⓪　2…⑨　3…⑧　4…①
　　　　5…⑤　6…⑦　7…④　8…⑥
　〔B〕　③　〔C〕　③

Ⅱ　〔A〕　④　〔B〕　12…⑦　13…①
　〔C〕　③　〔D〕　④　〔E〕　③
　〔F〕　⑤　〔G〕　1…④　2…②
　〔H〕　20…⑦　21…③　22…⑧　23…⑤

Ⅲ　問１　③　問２　④　問３　①

Ⅳ　1　②　2　③　3　③　4　④

Ⅴ　問１　④　問２　④　問３　②

Ⅵ　1　③　2　④　3　②　4　④

Ⅶ　〔A〕　1…②　2…④　3…④　4…①
　〔B〕　1…①　2…②　3…④　4…②

Ⅷ　1　46…⑦　47…①
　2　48…⑤　49…⑥
　3　50…⑤　51…②

Ⅰ　〔長文読解総合―説明文〕

≪全訳≫❶この数年で，ドローンの技術は大幅に改良され，現在ではさまざまな用途で利用できる。例えば，ドローンは日本の田舎で人気になりつつあるが，それはドローンがそこに住む人々に多くの恩恵をもたらすからである。❷第一に，十分に発達した交通網のある市街地よりも，田舎には通勤に関する問題が多くある。大型スーパーやショッピングモールに行くには，人々は遠く離れた市の中心部まで行かなければならなかった。そして日常生活で使う必需品を入手するのは困難だ。だが現在では，ドローンのサービスを利用して買い物をすることで，そういった品物を短時間で遠隔地まで配達することができる。❸第二に，ドローンは農産物を配送するために利用されている。作物や農産物は店まで輸送しなければならないが，店では労働者が不足している。ドローンを使うことで，農産物を少ない人手ですばやく配達することができる。その結果，この問題は解決できるのだ。果物や野菜を新鮮に保てるだけでなく，地元の経済成長や輸送プロセスをより効果的にすることも可能である。❹第三に，ドローンは災害時には貴重な道具である。日本ではほぼ毎年，自然災害が発生している。災害発生後，ドローンは状況がどれくらいひどいのかを測定するのに利用でき，救助を行う人たちに被害に関する情報を効果的に提供することができる。ドローンは救助する人々が生存者を捜索するのに役立つのだ。❺最後に，ドローンは田舎の観光事業を促進するために利用されている。美しい自然や重要な史跡で有名な地域が数多く存在する。ドローンによって上空から撮影された写真や動画は，観光客を呼び込むのに大変重要である。ドローンはこれらの美しい場所を紹介するためのすばらしい方法であり，さらには，観光ツアーや観光イベントのためにドローンを利用することが人気を博しつつあり，観光ビジネスや地元の経済に役立っている。❻ドローンはさまざまな方法で田舎の生活を改善するのに役立つ可能性がある。ドローンは，買い物や農業，災害時における支援の提供，観光業の促進など，さまざまな目的のために利用できる。ドローンは田舎の生活水準を向上させ，持続可能な開発を達成するために必要な道具となるだろう。

〔A〕＜適語選択＞１．この後に，ドローンの有効な使用法の例が挙げられており，それらは田舎に暮らす人にとっての benefit(s)「恩恵，利益」といえる。　２．空所の前後が対立する内容になっている。however「しかしながら」は‘逆接’のはたらきを持つ副詞。　３．この段落では，災害時にドローンが重要な役割を果たすことが説明されている。つまり，ドローンは災害時における valuable「貴重な，価値ある」道具なのである。　４．search for ～で「～を捜索する」という意味。空所を含む部分は‘help＋目的語（＋to）＋動詞の原形’「～が…するのを助ける，手伝う」の形である。　５．historical site(s)で「史跡」という意味。　６．ドローンが「美しい場所を紹介するためのすばらしい方法」だという文前半の内容に加えて，後半では，それにより観光ビジネスで経済効果があるというさらなる利点を挙げている。moreover は「さらに，そのうえ」という意味の副詞で，前の内容に対して別の情報を加えるときに使われる。　**7**．直後の such as 以下はドローンの具体的な purpose(s)「目的，用途」である。　**8**．「ドローンは田舎の生活水準を向上させ，持続可能な開発を(　　)ために必要な道具となる」という部分。achieve sustainable development で「持続可能な開発を達成する」という意味。直前の and は improving ～と achieving ～という動名詞句をつないでいる。　achieve「～を達成する，～を成し遂げる」

〔**B**〕＜**指示語**＞ドローンを使えば農産物を少ない人手ですばやく配達できることで，この問題を解決できるのだから，this problem「この問題」とは，２文前で述べられている，人手不足の問題だとわかる。この内容を表しているのは，③「農産物を配達する人の数が十分でない」。　be short of ～「～が不足する」

〔**C**〕＜**内容真偽**＞①「近年，ドローンの技術は大いに進歩し，そのおかげで人々はさまざまな分野で多くのことを行うことができる」…○　第１段落第１文に一致する。　②「田舎は，十分に発達した交通網を持つ市街地よりも多くの問題に直面している」…○　第２段落第１文に一致する。③「人々は地元の経済成長と輸送プロセスをより効果的にするのを諦めたが，それはそうすることがほとんど不可能だからだ」…×　第３段落最終文参照。諦めてはいないし，不可能でもない。④「観光客はドローンによって上空から撮影された田舎の写真や動画を見て楽しむことができる」…○　第５段落第３文に一致する。

Ⅱ〔**長文読解総合―説明文**〕

≪**全訳**≫❶缶詰食品はおいしくて，開封しないかぎり簡単に腐ることはない。缶詰は非常に便利である。②缶詰は地震などの非常事態の際によく利用される。皆さんは缶詰食品の歴史について考えたことはあるだろうか。❷缶詰食品の起源は，19世紀初頭のフランスの指導者，ナポレオンの時代に見出される。彼はイタリア，オーストリア，エジプトなど，さまざまな地域を征服した。この時期に，彼は自軍の兵士たちに新鮮でおいしい食事を供給することの重要性に気がついた。当時，食品の保存方法としては塩漬け，くん製，酢漬けにするのが一般的だった。兵士たちが戦場に携帯していく食糧は，蒸し暑い気候のせいで腐りやすかった。❸1804年に，ナポレオン・ボナパルトが皇帝になったとき，フランスの発明家，ニコラ・アペールが瓶を使った食料保存の新たな方法を発明することにより，この問題への解決法をもたらした。この方法は，まず調理済みの食品を広口瓶に詰めることから始まる。それから，瓶をコルクのストッパーで覆い，沸騰した水の中に入れて60分ほど加熱する。瓶の内部の空気を除去した後，コルクのふたで密閉する。❹２年後，彼はその瓶を船で赤道をまたいで輸送することにより，ある実験を行った。これはつまり，それらの瓶がきわめて高温多湿の状況下に置かれるということだった。この実験は大成功だった。この実験の後，旧式の食料保存法は廃れていき，アペールの技術が普及していった。❺しかしながら，瓶を使うことには欠点があった。瓶はガラス製なので，割れやすかったのである。これを克服するために，ピーター・デュランドというイギリス人が，1810年にブリキ製の缶を使う方法を発明した。この方法はアペールの保存法と似ていたが，違いは容器としてガラス瓶の代わりに缶を使うという点であった。これが「缶」として知られる容器を使用した史上初の例であった。❻後に，1820年代には，缶詰食品はアメリカ合衆国でも人気となった。ナポレオン時代と同様に，それは兵士用の食糧として始まった。北軍がアメリカの南北戦争に勝利できた１つの要因は，北軍には缶詰の食糧が豊富にあったためだと言われている。❼→(iii)缶詰食品は現代の食文化において大変重要な役割を果たしている。／→(i)その発展は，我々が世界史の中で学ぶ出来事と密接な関係がある。／→(ii)次に缶詰を食べるときは，この興味深い歴史について考えてみてはいかがだろうか。／そうすることによって，缶詰を食べるのがもっと楽しくなることだろう。

〔A〕<適語句選択>as long as ～で「～するかぎりは」という意味。　even if ～「たとえ～でも」 even though「たとえ～でも，～ではあるが」

〔B〕<整序結合>主語の It は，前文と同じく canned food「缶詰食品」を指すと考えられる。語群より，「缶詰食品は地震などの緊急時によく利用される」という内容だと推測できる。まず，It's often used という受け身の形をつくる。残りは in times of emergency とまとめれば「緊急時には」という意味をつくれ，最後に like を「～のような」の意味の前置詞として用いて like earthquakes「地震のような」を置く。　It's often used in times of emergency like earthquakes.

〔C〕<指示語>直前の第2段落最終文に「兵士が戦いに持っていく食糧が，高温多湿の気候のせいで腐りやすかった」という問題が述べられている。go bad は「腐る，傷む」の意味。この内容を表しているのは，③「兵士のための食糧は，高温多湿の気候のせいで，新鮮に保つことができなかった」。

〔D〕<適語選択>under ～ conditions で「～な条件のもとで」という意味。

〔E〕<適語選択>直後のコロン(:)に続く，ガラス製なので割れやすいという内容は，瓶の disadvantage「欠点，短所」である。コロンは「つまり，すなわち」の意味で，直前の内容を言い換えたり，具体的に説明したりする場合に用いられる。

〔F〕<文整序>まず(i)の Its development「その発展」に注目すると，この Its が指すのは(iii)の Canned food「缶詰食品」だと考えられるので，(iii)→(i)とする。また，(ii)に含まれる this fascinating history「この魅力的な歴史」は，(i)で述べられた缶詰の発展の歴史を指すと考えられるので，(i)の後に(ii)を続ける。空所直後の By doing so「そうすることによって」は，(ii)の「缶詰の歴史について考える」という内容を受けている。

〔G〕<英問英答>1.「本文によると，19世紀初期に関して正しくない文はどれか」―④「アメリカは，缶詰食品を兵士のために用い，それを世界に広めた最初の国である」　第2段落第1文および第6段落第1文参照。アメリカではなくフランスである。　2.「新しい食品の保存方法に含まれないのはどのプロセスか」―②「食品を広口瓶に入れて酢漬けにした後，それをくん製にする」　第3段落参照。酢漬けやくん製にはしない。

〔H〕<内容一致―表を見て答える問題>

時代	人物	その人物が行ったこと
1804年	アペール	ガラス瓶を用いて食料を保存する新しい方法をつくった
$_{20}$1806年	$_{21}$アペール	ガラス瓶を，赤道をまたいで輸送することにより実験を行った
$_{22}$1810年	デュランド	缶詰食品$_{23}$をつくった

<解説>20．第3段落第1文および第4段落第1文参照。この実験が行われたのは，1804年の2年後である。　21．第3段落第1文および第4段落第1文参照。第4段落第1文の主語 he は Nicolas Appert を指す。　22・23．第5段落第2文参照。1810年にデュランドが缶詰を発明した。

Ⅲ〔長文読解総合―案内〕

ミドリガオカ水族館

海の動物たちと友達になろう！

営業時間

・火曜日から日曜日(午前10時開館～午後8時閉館)
・月曜日は休業となります(ただし，月曜日が祝日の場合には営業し，前日の振替休日として翌日の火曜日に休業いたします)。

チケット料金

1日券		年間パス（12か月間有効）
大人（16～64歳）	1500円	4700円
シニア（65歳以上）	1000円	3200円
子ども（3～15歳）	800円	2500円
幼児（2歳以下）	無料	無料

注意：ご来館より最低10日前に1日券を購入すると，10パーセントの割引を受けられます。

イベントリスト

	月曜日	火曜日	水曜日	木曜日	金曜日	土曜日	日曜日
午前	閉館日	イルカショー	アシカのパフォーマンス	アザラシのエサやり体験	ペンギンのエサやり	金魚釣り	
午後		アザラシのエサやり体験	カワウソの指に触ってみよう	カメの観察	アシカのパフォーマンス	イルカショー	

注意：・ペンギンのエサやり（200円），金魚釣り（300円），カワウソの指に触ってみよう（300円）には追加料金がかかります。

・年間パスをお持ちの方は40パーセントの割引が受けられます。スタッフにご自分の年間パスをご提示ください。

施設

コインロッカー

小型	200円
中型	400円
大型	800円

駐車場

	平日	週末と祝日
普通車	3500円	4000円
大型車	4500円	5000円
オートバイ	500円	

問1＜要旨把握＞「この情報によると，（　　）」―③「この水族館では3種類の大きさのコインロッカーを使うことができ，小型ロッカーの料金は大型ロッカーの料金の4分の1である」　「コインロッカー」の表参照。

問2＜要旨把握＞「この情報から判断すると，（　　）」―④「年間パスを持っている人は180円で金魚釣りができる」　EVENT LIST の下にある Note の内容から，年間パス保持者は，通常300円の金魚釣りを40パーセント引きでできる。300×0.6＝180である。

問3＜英問英答＞「以下の人々が9月9日にこの水族館を訪れた。最も少ない金額を支払ったのは誰か」―①「同じ年の8月24日に，本人と10歳の弟のために1日券を買った20歳の男性」　大人用1日券1500円と子ども用1日券800円の合計は2300円。当日より10日以上前なので10パーセントの割引を受けられるので，2300×0.9で2070円。　②「来館の10日前に，本人と50歳の妻の1日券を買った45歳の男性」は1500×2×0.9で2700円。　③「当日に，本人と5歳の息子の1日券を買った40歳の男性」は1500＋800で2300円。　④「同じ年の9月5日に，本人用の年間パスを買った70歳の女性」は3200円。

Ⅳ〔対話文完成―適文選択〕

1．A：もしもし。マークです。アレックス君とお話しできますか？／B：もしもし。アレックスの母です。あの子は今，出かけているの。伝言をお預かりしましょうか？／A：いいえ，大丈夫です。また後でかけ直します。アレックス君が何時に帰ってくるか教えていただけますか？／B：もちろんよ。午後3時頃に帰ってくるわよ。∥この後，アレックスの帰宅予定時刻を尋ねているので，伝言は残さずに自分からかけ直すと考えられる。

2．A：どうして窓の外を眺めてるの？　見えるのは雨だけでしょ？／B：そうだよ。実はね，明日の天気が心配なんだよ。ケイトと一緒に ABC 動物園に行く予定なんだ。明日は晴れるかな？／A：気の毒だけど，さらに悪化するみたいだよ。／B：そうなんだ。ケイトに電話して，どうするか決めることにするよ。∥この後ケイトに電話をしてどうするか決めると言っていることから，動物園に行く予定を考え直すことがわかる。予定を考え直すのは天気が悪くなると考えられるからである。

3．A：あっ，やだ！　ママの気に入ってるお皿を割っちゃった！　ママが知ったら，きっとすごく悲しむわ！　ママを傷つけたくないから，このことはママに言わないでね。／B：あなたの気持ちはわかるけど，ママに話した方がいいわよ。／A：うーん，あなたが私なら，そんなことできる？／B：わかんないけど，でももし私があなたなら，本当のことを言わずにいつもどおりママと話すなんてできないな。∥Bの最後の発言から，Bは本当のことを正直に話すべきだと考えていることがわかる。

4．A：次の日曜日に駅前の新しいレストランでお昼を食べない？／B：誘ってくれてありがとう，でもそれが名案かどうかわからないな。僕たち2人とも，おなかがすくといらいらしちゃうじゃない？／A：どういう意味？／B：あのレストランの前にはいつも長い行列ができてるんだ。最低でも1時間は待たなきゃならないよ。∥Bの最後の発言から，おなかがすくといらいらする2人にとって，入るまでに長時間待たなくてはならないお店に行くことは良い考えではないといえる。

Ⅴ〔長文読解―英問英答―対話文〕

≪全訳≫❶タクミ(T)：僕たちは千葉にある農場のボランティアプログラムに参加するんだよね。同じ農場に行こうよ，キャシー！❷キャシー(C)：いいわよ。ちょうどそのパンフレットを読み始めたところなの。これによると，4つの農場があるんだって。どの農場に行きたいか，あなたはもう決めた？❸T：いや，まだだよ。でも，僕は牛の世話に興味があるんだ。だからキタ農場に行きたいな。そこで一緒に働くのはどう？❹C：申し訳ないけど，次の日にピアノのコンサートがあるから，その日はピアノの練習をしないといけないの。ミナミ農場はどう？　そこでも牛のお世話ができるよ。❺T：その農場は僕の家からだと遠すぎるな。ニシ農場もおもしろそうだよ。ニシ農場に行くのはどう？❻C：私はもう1つの農場に参加したいな。私のおじいちゃんとおばあちゃんは私の母国のカナダにある農場で働いてるの。2人はそこでカボチャを育てていて，その収穫を手伝ったことがあるから，別の野菜の収穫に挑戦してみたいんだ。❼T：それはいい考えだね。僕は正午のプログラムに参加できるよ。❽C：ほんと？　そう言ってくれてうれしいな。❾T：そのプログラムを楽しもう！❿C：うん。

千葉の農場でのボランティアプログラム

	キタ農場	ヒガシ農場	ミナミ農場	ニシ農場
日付	9月14日	9月21日	9月7日	9月21日
時間	午前9時／午後12時	午前10時／午後12時	午前10時／午後12時	午前8時／午前10時
場所	成田	習志野	市原	酒々井
すること	・牛の世話 ・カボチャの収穫	・トマトの収穫 ・モモの収穫	・牛の世話 ・牧草地の清掃	・カボチャの収穫 ・畑の清掃
お礼のプレゼント	牛乳1瓶	トマトとモモ	ヨーグルト	カボチャを使ったお菓子

＜解説＞問1．「キャシーはいつピアノのコンサートがあるか」―④「9月15日」　第3，4段落および表参照。キタ農場のプログラムの翌日がコンサートである。　**問2**．「タクミが2番目に提案したプログラムはどこで行われるか」―④「酒々井」　タクミはまずキタ農場を提案し(第3段落)，キャシーに断られた後，ニシ農場を提案している(第5段落)。表より，ニシ農場の所在地は酒々井である。　**問3**．「そのプログラムに参加することに対するお礼として，タクミとキャシーはどんなプレゼントをもらえるか」―②「トマトとモモ」　第3～7段落より，2人はヒガシ農場に行くとわかる。表より，ヒガシ農場でお礼としてもらえるプレゼントはトマトとモモである。

Ⅵ〔適語選択〕

1．前にある like は「～のような」の意味の前置詞。「本当の姉[妹]のようだ」とする。　correct「正確な」　usual「普通の」　「私には姉妹はいないが，エリは私の本当の姉〔妹〕のようだ」

2．2文目の「チョウにも命がある」という内容から，捕まえたチョウを解放するように勧めていると考えられる。　release「～を解放する」　add「～を加える」　「そのチョウを野生に帰してあげたらどう？　チョウにだって私たちと同じように命があるんだよ」

3．病気から回復するために飲むのは medicine「薬」である。　「具合が悪いとき，回復するために私たちはたいてい薬を飲む」

4．atmosphere は「雰囲気」という意味。　solution「解決策」　「その図書館には静かな雰囲気があるので，私はそこで勉強するのが好きだ」

Ⅶ〔文法総合〕

〔A〕＜適語(句)選択＞

1．‘What (a/an)＋形容詞＋名詞＋主語＋動詞…!’ の感嘆文にする。castle が単数なので，a を含む②を選ぶ。　「それはなんとすばらしい城だろう」

2．‘in＋色’ で，「～色の服を着て」の意味を表せる。　「このシャツ，どう思う？」―「君はピンク色が似合うね」

3．‘let＋目的語＋動詞の原形’「～に…させる〔…することを許す〕」の形。want と allow は目的語の後に to不定詞がくるので不可。　「私は犬を飼いたいが，両親が私に飼わせてくれない」

4．‘had better＋動詞の原形’ で「～した方がよい」。　「あなたはマイクにアドバイスを求めた方がいい」

〔B〕＜誤文訂正＞

1．say は後ろに ‘人＋to ～’ の形をとらない。said を told に代えて ‘tell＋人＋to ～’「〈人〉に～するように言う」の形にするのが正しい。　「私は妹に，はさみで紙を切っているときは気をつけるように言った」

2．‘have/has been dead for＋期間’ で「死んでから〈期間〉がたつ」という意味になる。die(d) は「死ぬ」の意味の自動詞なので，受け身にはならない。　「私のおじが亡《な》くなって5年になるが，私は彼の優しい言葉をよく思い出す」

3．practice「～を練習する」は，「～すること」の意味の目的語として to不定詞ではなく動名詞(～ing)をとるので，to cook ではなく cooking とするのが正しい。　「シェフになりたいのなら，毎日料理を練習したらどうですか」

4．make room で「場所を空ける」という意味。この room は「空間，場所」の意味で ‘数えられない名詞’ なので，a は不要。　「電車の中で高齢の女性のために場所を空けなかったので，その女性に対して申し訳ないと思った」

Ⅷ〔整序結合〕

1．「想像できますか」は guess「～を推測する」を使って Can you guess とする。この後，「会議がどのくらい続くのか」は，‘疑問詞＋主語＋(助)動詞…’ の間接疑問にまとめる。‘疑問詞’ は how long「どのくらいの間」。不要語は carry。　Can you guess how long the meeting will last?

2．「～することはないでしょう」は，It is not likely that ～の形で表せる(‘It is ～ that …’「…することは～だ」の形式主語構文)。「時間ぴったりに」は on time「時間どおりに」とする。不要語は in。　It is not likely that he'll come on time.

3．「～してほしいと頼みました」は，‘ask＋人＋to ～’「〈人〉に～するように頼む」の形で表せる。Judy asked me to とした後，「1人にする」は，‘leave＋目的語＋形容詞’「…を～(の状態)のままにしておく」の形で leave her alone と続ける。不要語は take。　Judy asked me to leave her alone.

数学解答

1 (1) ア…4　イ…5　ウ…2
(2) エ…2　オ…4
(3) カ…1　キ…7　ク…9　(4) 6
(5) コ…4　サ…1
(6) シ…1　ス…4

2 (1) ア…1　イ…2
(2) ウ…2　エ…2　オ…6　カ…2
(3) キ…2　ク…0
(4) ケ…－　コ…1

3 (1) ア…4　イ…5
(2) ウ…3　エ…3　オ…3
(3) カ…3　キ…6　ク…3　ケ…2

4 (1) ア…6　イ…3　ウ…4　エ…2
オ…3
(2) カ…2　キ…6　ク…9　(3) ②

1〔独立小問集合題〕

(1)＜数の計算＞$2024=A$ とおくと，与式$=A^2-22A-48=(A+2)(A-24)$となる。Aをもとに戻して，与式$=(2024+2)(2024-24)=2026\times2000=4052000$である。

(2)＜関数―比例定数＞右図１で，点Bは関数$y=\frac{a}{x}$のグラフ上にあるので，$\mathrm{B}(m,n)$とすると，$\mathrm{OA}=m$，$\mathrm{AB}=n$となり，$n=\frac{a}{m}$より，$mn=a$となる。△OAB$=12$のとき，$\frac{1}{2}\times m\times n=12$より，$mn=24$である。よって，$a=24$となる。

図１

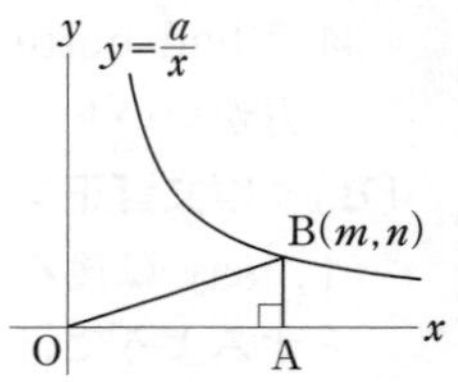

(3)＜数の性質＞$1^2=1$，$2^2=4$であり，$1<3<4$だから，$\sqrt{1^2}<\sqrt{3}<\sqrt{2^2}$，$1<\sqrt{3}<2$となる。よって，$[\sqrt{3}]=1$である。同様に，$7^2=49$，$8^2=64$より，$7<\sqrt{59}<8$だから，$[\sqrt{59}]=7$である。また，$7.2^2=51.84$より，$7.2<\sqrt{59}<8$だから，$7.2+1.8<\sqrt{59}+1.8<8+1.8$，$9<\sqrt{59}+1.8<9.8$であり，$[\sqrt{59}+1.8]=9$となる。

(4)＜一次方程式の応用＞家から公園までの道のりをxmとする。兄は分速160mで走り，弟は分速80mで歩くから，兄が公園を出発して４分後に弟とすれ違ったのは，$160\times4=640$より，公園から640mの地点である。弟がこの地点から公園に着くまでにかかる時間は，$640\div80=8$より，８分となる。さらに，弟が公園に着くまでに，兄は弟とすれ違った地点から$160\times8=1280$(m)進み，公園から$\frac{2}{3}x$mの地点にいたから，$\frac{2}{3}x=640+1280$が成り立ち，$x=2880$(m)となる。よって，$2880\div160=18$，$2880\div80=36$より，家から公園まで兄は18分，弟は36分かかり，２人がすれ違ったのは，$36-8=28$より，２人が同時に家を出発してから28分後である。このとき，兄は$18+4=22$(分)走っているから，公園で休憩していた時間は，$28-22=6$より，６分である。

(5)＜平面図形―長さの比＞右図２のように，点Cから線分AEに垂線CFを引く。△ABEと△ACFにおいて，∠BAE＝∠CAF，∠AEB＝∠AFC＝90°より，２組の角がそれぞれ等しいので，△ABE∽△ACFである。よって，AE：AF＝AB：AC＝3：2だから，AE：FE＝3：(3－2)＝3：1となり，FE$=\frac{1}{3}$AEである。また，BE：CF＝AB：AC＝3：2であり，BE⊥AE，CF⊥AEより，BE∥FCだから，DE：DF＝BE：CF＝3：2となる。したがって，DE$=\frac{3}{3+2}$FE$=\frac{3}{5}\times\frac{1}{3}AE=\frac{1}{5}$AEとなるから，AD＝AE－DE＝AE$-\frac{1}{5}AE=\frac{4}{5}$AEであり，AD：DE$=\frac{4}{5}$AE：$\frac{1}{5}$AE＝4：1となる。

図２

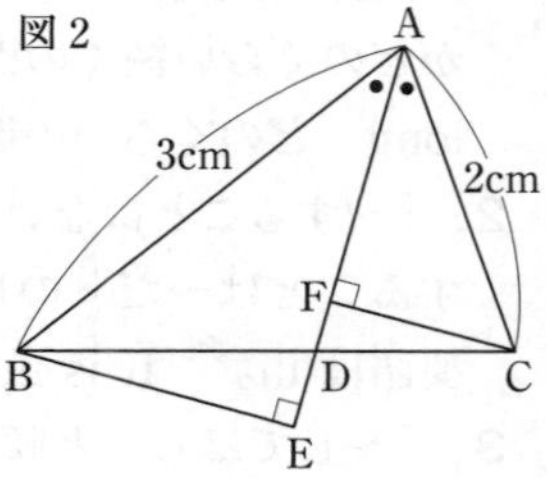

(6)<確率―カード>箱と袋から取り出して入れ替えるカードの数をそれぞれa，bとすると，(a，b)の組は右表に示した8通りある。それぞれの場合でカードを入れ替えた後の箱の中のカードの数の積と袋の中のカードの数の和は，表のようになる。よって，条件を満たす(a，b)は，(9，3)，(9，4)の2通りあるから，求める確率は$\frac{2}{8}=\frac{1}{4}$となる。

(a，b)	箱	袋
(5，3)	$3\times9=27$	$4+5+6+7=22$
(5，4)	$4\times9=36$	$3+5+6+7=21$
(5，6)	$6\times9=54$	$3+4+5+7=19$
(5，7)	$7\times9=63$	$3+4+5+6=18$
(9，3)	$3\times5=15$	$4+6+7+9=26$
(9，4)	$4\times5=20$	$3+6+7+9=25$
(9，6)	$5\times6=30$	$3+4+7+9=23$
(9，7)	$5\times7=35$	$3+4+6+9=22$

2 〔関数―関数$y=ax^2$と一次関数のグラフ〕

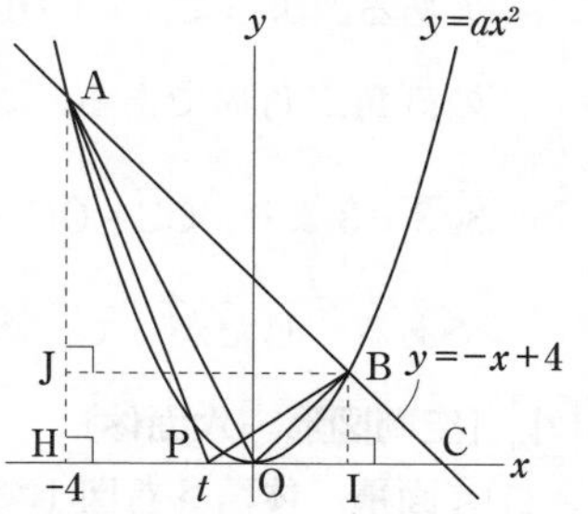

(1)<比例定数>右図で，点Aは直線$y=-x+4$上にあり，x座標が-4だから，$y=-(-4)+4=8$より，A$(-4,\ 8)$である。点Aは放物線$y=ax^2$上にもあるので，$8=a\times(-4)^2$より，$a=\frac{1}{2}$となる。

(2)<長さ>点Bは放物線$y=\frac{1}{2}x^2$と直線$y=-x+4$の交点だから，2式からyを消去して，$\frac{1}{2}x^2=-x+4$より，$x^2=-2x+8$，$x^2+2x-8=0$，$(x+4)(x-2)=0$　$\therefore x=-4,\ 2$　よって，点Bのx座標は2であり，$y=-2+4=2$だから，B(2，2)である。右上図で，2点A，Bからx軸に垂線AH，BIを引き，点Bから線分AHに垂線BJを引く。B(2，2)より，OI＝BI＝2だから，△OBIは直角二等辺三角形であり，OB$=\sqrt{2}$OI$=\sqrt{2}\times2=2\sqrt{2}$である。また，2点A，Bの$y$座標の差より，AJ$=8-2=6$，$x$座標の差より，BJ$=2-(-4)=6$だから，△ABJは直角二等辺三角形であり，AB$=\sqrt{2}AJ=\sqrt{2}\times6=6\sqrt{2}$となる。

(3)<面積>右上図で，(2)より，△OBIは直角二等辺三角形だから，∠OBI＝45°である。また，直線ABとx軸の交点をCとすると，直線$y=-x+4$の傾き-1より，IC＝BIとなり，△CBIも直角二等辺三角形だから，∠CBI＝45°である。よって，∠OBC＝∠OBI＋∠CBI＝45°＋45°＝90°となり，∠ABO＝90°である。これより，3点O，A，Bを通る円の直径は線分OAであり，△AOHで三平方の定理より，OA$=\sqrt{\mathrm{OH}^2+\mathrm{AH}^2}=\sqrt{4^2+8^2}=\sqrt{80}=4\sqrt{5}$だから，円の半径は$4\sqrt{5}\div2=2\sqrt{5}$である。したがって，求める円の面積は$\pi\times(2\sqrt{5})^2=20\pi$となる。

(4)<x座標>(2)，(3)より，△OAB$=\frac{1}{2}\times$OB$\times$AB$=\frac{1}{2}\times2\sqrt{2}\times6\sqrt{2}=12$である。これより，△ABP$=\frac{5}{4}$△OAB$=\frac{5}{4}\times12=15$となる。右上図で，点Cの$x$座標は，$0=-x+4$，$x=4$より，C(4，0)である。よって，$t<4$のとき，点Pは点Cの左側にあるので，PC$=4-t$と表せる。△ABP＝△APC－△BPCと考えると，△APCと△BPCの底辺をPCと見たときの高さはそれぞれ点A，Bのy座標より，8，2である。したがって，△APC$=\frac{1}{2}\times(4-t)\times8=16-4t$，△BPC$=\frac{1}{2}\times(4-t)\times2=4-t$より，△ABP$=(16-4t)-(4-t)=12-3t$となるから，$12-3t=15$が成り立ち，$t=-1$となる。

3 〔平面図形―半円〕

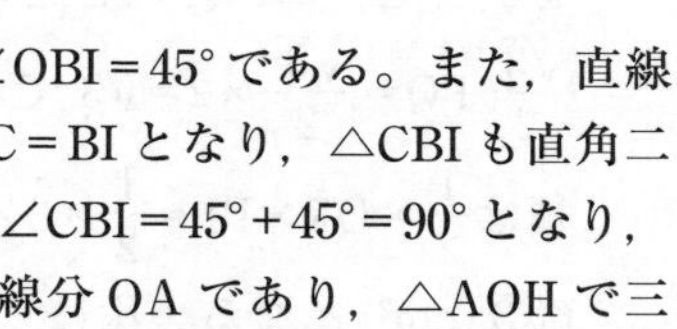

(1)<角度>右図のように，2点O，Dを結ぶ。$\overset{\frown}{\mathrm{AD}}=\overset{\frown}{\mathrm{DC}}$より，∠AOD＝∠COD$=\frac{1}{2}$∠AOC$=\frac{1}{2}\times60°=30°$であり，$\overset{\frown}{\mathrm{AD}}$に対する円周角と中心角の関係より，∠OBE$=\frac{1}{2}$∠AOD$=\frac{1}{2}\times30°=$

$15°$となる。よって，△OBEで内角と外角の関係から，∠OEB＝∠AOC－∠OBE＝$60°-15°=45°$となる。

(2)＜**長さ**＞前ページの図のように，点Dから半径OCに垂線DHを引くと，(1)より，∠DOC＝$30°$だから，△ODHは3辺の比が$1:2:\sqrt{3}$の直角三角形となり，DH＝$\frac{1}{2}$OD＝$\frac{1}{2}\times 6=3$，OH＝$\sqrt{3}$DH＝$\sqrt{3}\times 3=3\sqrt{3}$となる。また，対頂角より，∠DEH＝∠OEB＝$45°$だから，△DEHは直角二等辺三角形であり，EH＝DH＝3である。よって，OE＝OH－EH＝$3\sqrt{3}-3$(cm)となる。

(3)＜**長さ**＞前ページの図のように，2点C，Dを結び，点Cから線分BDに垂線CIを引く。△OCDはOC＝ODの二等辺三角形で，(1)より∠COD＝$30°$だから，∠OCD＝($180°$－∠COD)÷2＝$(180°-30°)\div 2=75°$となる。また，△CEIは，∠CEI＝$45°$だから，直角二等辺三角形で，∠ICE＝$45°$である。よって，△CDIは，∠ICD＝∠OCD－∠ICE＝$75°-45°=30°$となり，3辺の比が$1:2:\sqrt{3}$の直角三角形である。ここで，△CEIが直角二等辺三角形より，CI＝$\frac{1}{\sqrt{2}}$CEであり，(2)でOE＝$3\sqrt{3}-3$より，CE＝OC－OE＝$6-(3\sqrt{3}-3)=9-3\sqrt{3}$となるから，CI＝$\frac{1}{\sqrt{2}}(9-3\sqrt{3})=\frac{9\sqrt{2}-3\sqrt{6}}{2}$である。したがって，△CDIで，CD＝$\frac{2}{\sqrt{3}}$CI＝$\frac{2}{\sqrt{3}}\times\frac{9\sqrt{2}-3\sqrt{6}}{2}=3\sqrt{6}-3\sqrt{2}$(cm)となる。

4 〔**空間図形—六面体**〕

(1)＜**面積，体積**＞右図1で，六面体PQRSTは全ての面が正三角形からなるので，正六面体である。このとき，△QRSも3辺が等しいので，正三角形となり，この正六面体は合同な正四面体を2個合わせた立体である。まず，六面体の表面積を求める。六面体の表面積は1辺2cmの正三角形6個分の面積となる。△PQRで，頂点Pから辺QRに垂線PIを引くと，△PQIは3辺の比が$1:2:\sqrt{3}$の直角三角形となり，PI＝$\frac{\sqrt{3}}{2}$PQ＝$\frac{\sqrt{3}}{2}\times 2=\sqrt{3}$である。よって，1辺2cmの正三角形1個の面積は$\frac{1}{2}\times$QR$\times$PI＝$\frac{1}{2}\times 2\times\sqrt{3}=\sqrt{3}$だから，六面体の表面積は$\sqrt{3}\times 6=6\sqrt{3}$(cm^2)となる。次に，六面体は1辺2cmの正四面体を2個合わせた立体であり，正四面体PQRSの頂点Pから△QRSに垂線PJを引くと，図形の対称性より，△JQR，△JRS，△JSQは合同な二等辺三角形であり，∠JQR＝∠JQS＝$\frac{1}{2}$∠SQR＝$\frac{1}{2}\times 60°=30°$となる。これより，△JQRで点Jから辺QRに垂線を引くと，その垂線はJIとなり，△JQIは3辺の比が$1:2:\sqrt{3}$の直角三角形となる。点Iは辺QRの中点で，QI＝$\frac{1}{2}$QR＝$\frac{1}{2}\times 2=1$となるから，QJ＝$\frac{2}{\sqrt{3}}$QI＝$\frac{2}{\sqrt{3}}\times 1=\frac{2\sqrt{3}}{3}$である。したがって，△PQJで三平方の定理より，PJ＝$\sqrt{\mathrm{PQ}^2-\mathrm{QJ}^2}=\sqrt{2^2-\left(\frac{2\sqrt{3}}{3}\right)^2}=\sqrt{\frac{24}{9}}=\frac{2\sqrt{6}}{3}$となる。△QRSは1辺が2cmの正三角形で，その面積は$\sqrt{3}$cm^{2}だから，〔正四面体PQRS〕＝$\frac{1}{3}\times$△QRS$\times$PJ＝$\frac{1}{3}\times\sqrt{3}\times\frac{2\sqrt{6}}{3}=\frac{2\sqrt{2}}{3}$より，六面体の体積は$\frac{2\sqrt{2}}{3}\times 2=\frac{4\sqrt{2}}{3}$(cm^3)である。

図1

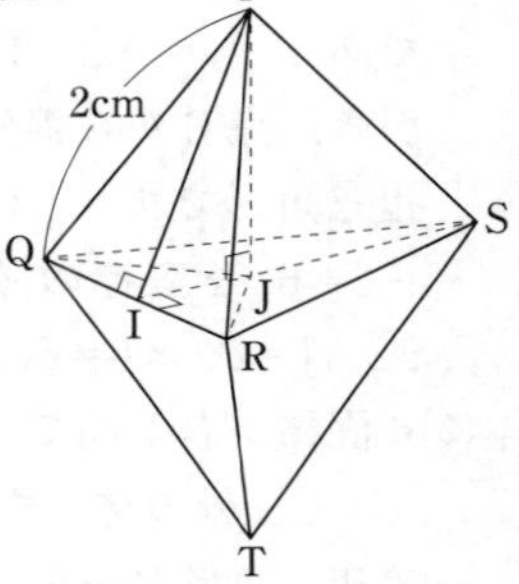

(2)＜**長さ**＞六面体の全ての面に接する球の中心は，全ての面からの距離が等しい点であり，上図1の点Jと一致する。よって，球の半径は点Jから△PQRに引いた垂線の長さとなり，三角錐PQRJの底面を△PQRと見たときの高さとなるから，球の半径をrとすると，〔三角錐PQRJ〕＝$\frac{1}{3}\times$

$\triangle \mathrm{PQR}\times r$ である。ここで，三角錐 PQRJ と正四面体 PQRS は，底面をそれぞれ$\triangle \mathrm{JQR}$，$\triangle \mathrm{QRS}$ と見たときの高さが等しいので，体積の比は，$\triangle \mathrm{JQR} : \triangle \mathrm{QRS}$ と等しくなり，$\triangle \mathrm{JQR} \equiv \triangle \mathrm{JRS} \equiv \triangle \mathrm{JSQ}$ より，$\triangle \mathrm{JQR} = \frac{1}{3}\triangle \mathrm{QRS}$ だから，〔三角錐 PQRJ〕$=\frac{1}{3}$〔正四面体 PQRS〕$=\frac{1}{3}\times\frac{2\sqrt{2}}{3}=\frac{2\sqrt{2}}{9}$ である。したがって，(1)より$\triangle \mathrm{PQR}=\sqrt{3}$ だから，$\frac{1}{3}\times\sqrt{3}\times r=\frac{2\sqrt{2}}{9}$ が成り立ち，これを解くと，$r=\frac{2\sqrt{6}}{9}$(cm)となる。

(3)**＜重なる点＞**問題の図２の面 BCG，CGH，CDH を組み立てると，右図２のように，辺 BC と辺 DC が重なる。よって，点Dと重なる点はBである。

図２

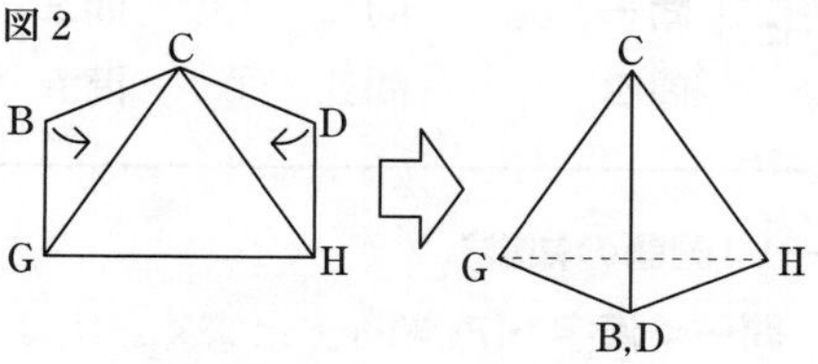

2024年度／日本大学習志野高等学校（１月18日）

国語解答

一　問一　(ア)…③　(イ)…④　(ウ)…②　(エ)…①
　　　　(オ)…③
　　問二　②　問三　③　問四　①
　　問五　②　問六　①　問七　④

二　問一　③　問二　①　問三　②
　　問四　④　問五　③　問六　④

三　問一　③　問二　④　問三　①
　　問四　②　問五　②　問六　④
　　問七　①

四　問一　(ア)…②　(イ)…④　(ウ)…③
　　問二　①　問三　③　問四　①
　　問五　②　問六　①　問七　③

一〔国語の知識〕

問一＜漢字＞(ア)「紹介」と書く。①は「警戒」，②は「改定」，③は「介抱」，④は「器械」。　(イ)「多寡」と書く。①は「渦中」，②は「貨幣」，③は「過酷」，④は「寡黙」。　(ウ)「抜粋」と書く。①は「遂行」，②は「純粋」，③は「自炊」，④は「心酔」。　(エ)「唐突」と書く。①は「遣唐使」，②は「雑踏」，③は「盗難」，④は「投資」。　(オ)「翻意」と書く。①は「謀反」，②は「奔走」，③は「翻訳」，④は「製本」。

問二＜品詞＞「集める」は，マ行下一段活用の動詞。「飛ぶ」は，バ行五段活用の動詞。「焼く」は，カ行五段活用の動詞。「伸びる」は，バ行上一段活用の動詞。

問三＜ことわざ・故事成語＞「雨だれ石をうがつ」と「石の上にも三年」は，どんなにつらくても根気よく続けていればいつかは大きな成果が得られる，という意味。「他山の石以て玉を攻むべし」は，他の人の誤った言動も自分の修養の助けとなる，という意味。「石橋を叩《たた》いて渡る」は，どんなに安全に思えることでも十分に確認してから行動する，という意味。「石に漱ぎ流れに枕す」は，負け惜しみが強くて自分が間違えても正しくない理屈をつけて言い逃れる，という意味。

問四＜表現技法＞「薫風の候」は，若葉の香りが感じられる５月の時候の挨拶。「処暑の候」は，暑さが和らぐ８月下旬の時候の挨拶。「雨水の候」は，雪解けが始まる２月下旬～３月初め頃の時候の挨拶。「野分の候」は，台風の到来が予想される９月の時候の挨拶。

問五＜文学史＞『河童』は，昭和２(1927)年に発表された芥川龍之介の小説。『高瀬舟』は，大正５(1916)年に発表された森鷗外の小説。『明暗』は，大正５(1916)年に発表された夏目漱石の小説。『春琴抄』は，昭和８(1933)年に発表された谷崎潤一郎の小説。

問六＜和歌の技法＞「立ちわかれ～」の歌は，私はあなたと別れて今から出発します，行き先の因幡の山の峰に生えている松ではないですが，(あなたが私のことを)待つと聞いたならば，すぐに帰ってきます，という意味。「大江山～」の歌は，大江山を越えて生野を通っていく道が遠いので，まだ天の橋立は踏んでもいませんし，(母からの)文もまだ見ていません，という意味。「立ちわかれ～」の歌では，「往なば」と地名の「因幡」，「松」と「待つ」が掛詞になっている。「大江山～」の歌では，「行く」と地名の「生野」，「踏み」と「文」が掛詞になっている。

問七＜漢詩の形式＞漢詩の形式は，一句中の文字数と句の数によって決まる。一句が五文字からなる場合は五言，七文字からなる場合は七言で，句の数が四つの場合は絶句，八つの場合は律詩となる。さらに，五言句の場合は偶数句末，七言句の場合は第一句末と偶数句末に韻を踏むという原則がある。また，漢詩では，ある二つの句が，同じ文章構造だったり，対照的な内容だったりする対句をとることがある。この七言律詩では，「沈」「林」「心」「深」「陰」で韻を踏んでいる。また，三句目と四句目，五句目と六句目は，同じ構造であり，加えて五句目の「渚宮東面」と六句目の「浴殿西頭」が対照的な内容になっていて，対句になっている。

二〔**論説文の読解―哲学的分野―哲学**〕出典：中村雄二郎・山口昌男『知の旅への誘い』「知の旅へ」(中村雄二郎)。

≪本文の概要≫人間の五感の中でも，味覚は，低次の身体的な感覚ととらえられ，ものを味わうという知覚としての味覚は，長い間正当に考えられることがほとんどなかった。人間の生活や文化の中で味覚が持つ並々ならぬ意味をいち早く主張したのは，十八世紀から十九世紀のフランスに生きたサヴァランであった。サヴァランは，美味や会食などの持つ重要な意味を自著の中でアフォリズムとして述べており，さらに味覚が嗅覚と結びついて一つの感覚を形づくっていると述べている。また，近年テレンバッハもサヴァランと同様に，においと味との総合的な感覚器官として口腔感覚というものに着目し，味覚や嗅覚は，我々と世界との間に親密な関係をつくる感覚であるとした。味覚についての逆転的な発想は，趣味についても同じような価値の転換をもたらす。趣味は，気楽に片手間でやるものと思われているが，実は人間一人ひとりの自己同一性を支える知のあり方だといえるのではないだろうか。趣味とは，単なる好みとか好き嫌いなどではなく，物事をいろいろな角度から総合的に味わい分けることなのである。

問一＜文章内容＞第一のアフォリズムでは，「人間のもつ識別能力としての味覚」は「部分的なものではなく」，その人が「どんな人であるか」を示す「全体的なものであること」が表されている(④…○)。第二のアフォリズムは，「美味しい料理を新しくつくり出すこと」は「人類の幸福」にとって「新しい天体の発見以上」であり，「人間的な意味をもっていること」を表している(③…×)。第三のアフォリズムでは，「味覚や美味というもの」は，「個人的な享受にかかわるだけでなく，共同性，集団性をもった場所(トポス)にも大きくかかわる」のであり(②…○)，「雰囲気や空気と決して無関係でないこと」が表されている(①…○)。

問二＜文章内容＞サヴァランは，「嗅覚の参加なしには完全にものを味わうことができない」だけでなく，「嗅覚と味覚とは互いに結びついて一つの感覚を形づくって」いると説いた。同様に，テレンバッハも，「においと味との統合的な感覚器官」としての「口腔感覚」に着目し，「嗅覚と味覚」は，人間と世界との間に「親密な関係をつくる感覚である」とした。

問三＜文章内容＞「食事は自分一人の味覚で愉しむもの」ではなく，「同じ世界に属する他人の味覚を共有しながら，食事を愉しむ」とテレンバッハは述べている。「嗅覚と味覚」は，人間と世界との間に「親密な関係をつくる感覚」であり，その感覚によって，人間は，他人と味覚を共有しつつ，食事を味わうのである。

問四＜文章内容＞趣味とは，「物事をいろいろな角度から総合的に味わい分けること」であり，一人ひとりの自己同一性を支える「知のあり方」といえるものであるのに，一般には「気楽に片手間でやる道楽」と思われている。趣味が，人間の「一人一人の生活にとって部分的なもの」でしかなく，「とりかえ可能なもの」と思われている点が，問題なのである。

問五＜要旨＞味覚は，「ものを味わう」という人間の能力で，知恵と浅からぬ関係があり，「知恵の基礎」は「味わうこと」にあるといえる。趣味もまた，「物事をいろいろな角度から総合的に味わい分けること」であり，「味覚を中心にした〈共通感覚〉の働き」だともいえる。「知覚としての味覚」は，長い間にわたり「低次の身体的な感覚」として軽視されてきたという経緯があり，「趣味」も，一般には「気楽に片手間でやる道楽」などと思われている。

問六＜表現＞最初に，味覚が「低次の身体的な感覚」として長い間軽視されてきたことが述べられたうえで，サヴァランやテレンバッハの意見を引用し，味覚の持つ価値について説明されている。それに続いて，味覚と趣味に共通していることについて述べられており，「味わい分ける」という行為は「真の知性の働き」であることが説明されている。

三〔**小説の読解**〕出典：吉屋信子『裏切り者』（『返らぬ日』所収）。

問一＜心情＞「ふだんクラスの者をものの相手にもしなかった」満智子が，みんなの先頭に立って声をかけていたので，章子は，その変化に「吃驚した」のである。

問二＜表現＞東京から離れて久しく，「退屈きわまる無刺戟な」女学校生活を送っていた満智子にとって，人望のある若い女の先生が不本意に転任させられるのを阻止するという行動は，日々の生活に変化を与えるものだったと考えられる。

問三＜文章内容＞満智子は，「自分の美貌」に自信を持ち，それが相手にとって十分な魅力になることを知ったうえで，自分の思いどおりに章子を動かそうと，「章子の方に身をすりよせて，その顔を見やって微笑《ほほえ》み視線を送った」のである。

問四＜文章内容＞姉の康子が退学になったことに傷ついた両親のことを思うと，自分が「同盟休校」によって，再び両親の心を傷つけるわけにはいかないと，章子は思った。しかしその一方で，章子は，満智子の役に立つことは「喜び」だったので，満智子の期待に応えられないことを思うとつらくて涙ぐんだ。

問五＜心情＞章子は，当日になって「同盟休校」への参加を取りやめ，満智子を裏切った。「あの事件以来」初めて満智子と顔を向かい合わせることになって，章子は緊張し，裏切った後ろめたさから，自分の身をぎりぎりまで後ろにある車に寄せ，歩いてくる満智子との距離を取ろうと思ったのである。

問六＜文章内容＞章子は，自分に裏切られたことで「誇りを傷つけられた」満智子は「心持の動きを押しかくす努力」として「いかにも礼儀厚く」貴婦人のような態度を取ったのだと思った。

問七＜心情＞章子は，満智子の態度から，自分が「同盟休校」に加わらなかったことで，満智子が「誇りを傷つけられた」ことを知った。そして，章子は，よそよそしく振る舞う満智子に対し，自分も「心寂しく」感じて，やり場のない気持ちを抱えている。

四〔**古文の読解─随筆**〕出典：鴨長明『方丈記』。

≪現代語訳≫おおよそ，この場所に住み始めたときは，一時的なことだと思っていたが，今すでに，五年をへた。仮の庵も，しだいに慣れた場所となり，軒には朽ち葉が深く（積もり），土台に苔も生えた。／偶然に，事のついでに都のことを聞くと，この山に（私が）隠れ住んだ後，身分の高い人でお亡くなりになった人も，たくさんいるということだ。まして，取るに足らない身分の人たちの数は，全てを知ることなどできない。たびたびの炎上に滅んだ家は，また，どれほど多くあったのだろうか。ただ，（私の）仮の庵のみが安らかで，心配がない。狭いとはいうものの，夜に寝る床もあるし，昼に座る場所もある。我が身だけが住むのに，不足はない。ヤドカリは小さな貝を好む。これは，(そうすべき)理由を知っているからである。ミサゴは荒波(の打ち寄せる海岸)にいる。(それは)すなわち，人を恐れるからである。私もまた，これと同じである。(この庵に住む)理由を知り，世間を知っているので，(何も)願わず，あくせくしない。ただ，静かであることを望みとし，不安がないことを楽しみとする。／全て，世間の人が家をつくる習わしは，必ずしも，自分のためにするのではない。ある人は妻子や親族のためにつくり，ある人は親しい人や友達のためにつくる。(また)ある人は主君や師匠および財宝や牛馬のためにまでも，家をつくる。私は今，自分のために(この庵を)結んだ。人のためにつくったのではない。理由はなぜかといえば，現在の世間の習わし，自分の身の状況，連れ添う人もなく，頼りにできる使用人もいない(からである)。たとえ(家を)広くつくったとしても，誰を宿泊させ，誰を住まわせようか(そういう人は誰もいない)。／そもそも，人が(誰かを)友とするときは，裕福である人を大切にし，(愛想のよい)親密な人を第一とする。必ずしも，情のある人と，正直な人を愛するというわけではない。(だから)ただ，楽器や自然の風物を友とするのに勝るものはあるまい。

問一㈠**＜古語＞**「あからさま」には，ほんの少し，かりそめに，一時的だ，などの意味がある。
㈡**＜古語＞**「おのづから」には，自然に，偶然に，などの意味がある。　㈢**＜現代語訳＞**「隠れる」は，亡くなる，という意味。「給ふ」は，尊敬の意味を表す補助動詞。「る」は，完了の意味を表す助動詞「り」の連体形で，～た，などと訳す。

問二＜現代語訳＞「いくそばく」は，どれくらい数多く，という意味。

問三＜古文の内容理解＞「われ」は，小さな貝を好む「寄居」や荒波の打ち寄せる海岸にいる「鶚」と同じように，自分の命の大事を知り，世間を知っているので，それに合った暮らし方をしている。

問四＜古文の内容理解＞世間の人は，必ずしも自分のために家をつくっているというわけではなく，家族や友人や主君や財宝などのために家をつくることを習わしとしている。

問五＜古文の内容理解＞「われ」は，世間の人が必ずしも情のある人や正直な人と友人関係を築くわけではなく，裕福な人や親密な人を第一としようとしているので，それならば「糸竹・花月」を友とした方がましだと思うのである。

問六＜文学史＞『方丈記』は，鎌倉時代に成立した随筆で，作者は鴨長明。「祇園精舎の鐘の声，諸行無常の響あり」で始まる『平家物語』は，鎌倉時代に成立した軍記物語で，作者は未詳。「つれづれなるままに，日ぐらし，硯に向ひて」で始まる『徒然草』は，鎌倉時代に成立した随筆で，作者は兼好法師。「月日は百代の過客にして，行きかふ年もまた旅人なり」で始まる『おくのほそ道』は，江戸時代に成立した俳諧紀行文で，作者は松尾芭蕉。

問七＜古文の内容理解＞「われ」は，事のついでに都のことを聞き，自分が山に隠れ住んだ後，亡くなった人が多くいて，火事で家が滅んだ数もどれほどかと思うと，どんなものも永遠に続くわけではないというはかなさを感じている。その一方で，自分の身のほどに合った庵での暮らしには，心配も不足もなく，満ち足りた気持ちを感じている。

2023年度 日本大学習志野高等学校（A・B入試）

【英　語】（50分）〈満点：100点〉

Ⅰ　次の英文を読み，〔A〕～〔D〕の問いに答えなさい。

A professor stood in front of his students, behind a table covered with several boxes of rocks and sand, as [1] as a very large, empty ＊1 jar. When the class began, without talking, he began to fill the jar with ping-pong ball sized rocks.

He then asked the students if the jar was full. They agreed that it was.

So the professor then picked up a box of smaller rocks and poured them into the jar. He shook the jar lightly. The smaller rocks, of course, [2] down to the spaces between the larger rocks.

He then asked the students again if the jar was full. They agreed that it was.

The professor picked up a box of sand and poured it into the jar. Of course, the sand filled up the [3] spaces in the jar.

He then asked once more if the jar was full. Every student said "①Yes."

"Now," said the professor, "I want you to recognize that this jar ＊2 represents your life. The rocks are the important things－your family, your partner, your health, your children－things that if everything else was lost and only they remained, your life would still be full. The smaller rocks are other things that may [4]－like your job, your house, your car. The sand is everything else, the small ＊3 stuff."

"If you put the sand into the jar first," he continued, "there is no ②room for the smaller rocks or the larger rocks. The same goes for your life. If you spend all your time and energy on the small stuff, you will never have room for the things that are important to you. Pay [5] to the things that are important to your happiness. Play with your children. Go out together with your partner. Take [6] of yourself. There will always be time to go to work, clean the house, give a dinner party, or fix the kitchen sink."

"Take [6] of the rocks first－the things that really matter. Rank things that are important to you. The [7] is just sand."

＊1 jar　広口びん　＊2 represent　表す　＊3 stuff　要素

〔A〕 文中の [1] ～ [7] に入れるのに最も適当なものを，①～⑨の中から1つずつ選びなさい。ただし，同一の語は1回ずつしか使用できないものとします。

① rest
② well
③ dropping
④ care
⑤ important
⑥ matter
⑦ fell
⑧ remaining
⑨ attention

〔B〕 下線部①が表す内容として最も適当なものを，①～④の中から1つ選びなさい。 [8]

① The jar is full of several rocks and sand.
② What the professor said to students is always right.
③ The jar with rocks and sand is a safe guide in the future.
④ Smaller rocks and sand are more important for you to live the rest of your life.

〔C〕 下線部②の意味として最も適当なものを，①～④の中から１つ選びなさい。 9

① the general character or feeling of a place
② large objects such as chairs, tables, beds, and cupboards
③ space somewhere for a particular thing, person, or activity
④ a part of the inside of a building that has its own walls, floor, and ceiling

〔D〕 本文の内容と一致するものを，①～④の中から１つ選びなさい。 10

① We need to decide the order for our valuable things.
② First, the professor put small rocks in the jar and filled it little by little.
③ Although work is a necessary part of life, we don't have to think about it first as the professor showed it using big rocks.
④ In his class, the professor showed the sand was common with everything and that we must take it into consideration first.

II 次の英文を読み，〔A〕～〔G〕の問いに答えなさい。

In the dictionary, a restaurant is defined as an eating place. Therefore, according to this *1 definition, the restaurant is as old as *2 civilization. (①), there is evidence of eating places in ancient Roman *3 ruins.

Most ancient eating places were inns, which served simple meals and drinks to travelers. Then, by the middle of the 17th century, a new kind of eating place appeared in many parts of Europe. These were cafés. At first, they served only coffee, but later they began to serve food too. Cafés became popular meeting places for writers and their friends.

The restaurant appeared at the end of the 18th century, in Paris. It was very different from the inn or the café, in that it gave customers a ②choice. Restaurants had menus, so for the first time customers could decide what to eat and how much to eat. Also for the first time, customers knew how much the food cost before they ate it. The menu at a typical *4 Parisian restaurant in the 18th century might have 12 different kinds of soup, 65 meat dishes, and 50 desserts.

Before restaurants *5 emerged, there were different kinds of cooks in France. For example, there were *6 roasters, *7 bakers, and dessert makers. A roaster could not bake anything and a baker could not make a dessert. ③This was the law. Also at this time, the word 'restaurant' had a special meaning. It was a French word for a kind of soup. This soup was restorative, meaning that it made people feel better when they were tired or sick. Eating places served the restorative soup to customers.

In 1765, a man named Boulanger owned one of these soup shops. One day, he broke the law by cooking some meat and putting a sauce on it. This made the sauce makers angry, and they took him to court. Boulanger won, however, and the modern restaurant was born. By 1786, a restaurant was a place to cook and serve all types of food and drinks : soups, meats, salads, desserts, and wines.

Today, the word 'restaurant' can mean many things—a diner, a cafeteria, or a place to eat fast food. There are even restaurants that show movies, restaurants where people eat in the dark, and underwater restaurants. ④Who knows what will happen in the restaurant world of the future?

＊1　definition　定義　＊2　civilization　文明　＊3　ruin　遺跡　＊4　Parisian　パリの
＊5　emerge　現れる　＊6　roaster　肉を焼く人　＊7　baker　パンを焼く人

〔A〕 文中(①)に入れるのに最も適当なものを，①～④の中から1つ選びなさい。 11

① In addition
② As a result
③ By the way
④ For example

〔B〕 下線部②の意味に最も近いものを，①～④の中から1つ選びなさい。 12

① difference
② dish
③ option
④ place

〔C〕 下線部③の表す内容として最も適当なものを，①～④の中から1つ選びなさい。 13

① 飲食店では必ずスープを提供しなければならないと法律で定められていた。
② 料理人は自分の専門以外の料理は作ってはならないと法律で定められていた。
③ 料理人はあらゆる種類の料理に精通していなければならないと法律で定められていた。
④ 飲食店では疲れがたまった人や病気の人を介護しなければならないと法律で定められていた。

〔D〕 下線部④とほぼ同じ内容の意味を表す文を，①～④の中から1つ選びなさい。 14

① Not a few people know about the future of the restaurant world.
② A few people know what will happen in the restaurant world of the future.
③ No one knows what the future of the restaurant world will be like.
④ Everyone knows what will happen in the future of the restaurant world.

〔E〕 次の英語の質問の答えとして最も適当なものを，①～④の中から1つずつ選びなさい。

1. According to the text, what is the meaning of a restaurant in the dictionary? 15
① It means a place to eat.
② It means a place to drink coffee.
③ It means a soup that is good for your body.
④ It means a place to meet with writers and their friends.

2. What kind of shop did Boulanger own before he opened a new style of restaurant? 16
① He owned a shop which served some desserts.
② He owned a shop which showed movies in the dark.
③ He owned a shop which served expensive food to customers.
④ He owned a shop which served restorative soups to customers.

〔F〕 各時代における食事の場について， 17 ～ 20 に入れるのに最も適当なものを，①～⑧の中から1つずつ選びなさい。ただし，同一の語は1回ずつしか使用できないものとします。

Place	What they served	Who visited
17	18	travelers
cafés	coffee and food	19
soup shops	restorative soup	20
modern restaurants	all types of food and drinks	

① Roman ruins
② courts
③ inns
④ writers and their friends
⑤ cooks
⑥ people who are tired or sick
⑦ simple meals and drinks
⑧ menus

〔G〕 本文の内容と一致するものを，①〜⑥の中から2つ選びなさい。 21 22

① In the 17th century, cafés started to serve food ordered by customers.
② The origin of restaurants goes back as far as that of civilization.
③ Before restaurants appeared, French cooks were allowed to serve various meals.
④ At the end of the 18th century, in a restaurant in Paris, customers could not order what they wanted to eat.
⑤ Because Boulanger lost in court, the modern restaurant was born.
⑥ We can now find restaurants that provide not only food but also entertainment.

Ⅲ 次のページのレストランのメニューを読み，次の問い（問１〜問３）の 23 〜 25 に入れるのに最も適当なものを，①〜④の中から１つずつ選びなさい。

問１ According to the menu, it is not possible to 23 .
① drink a bottle of Mule Light Beer at lunchtime
② get three Narashino Set Meals for the price of two
③ have a burger, French fries and salad for $4.99
④ have two Narashino Set Meals delivered to your house in Narashino postal district

問２ Which of the options below is the cheapest ? 24
① A Hawaiian Burger with a bowl of tomato soup.
② A Popeye Burger Narashino Set Meal.
③ A large Tropical Salad with French dressing and a regular tea.
④ A glass of Mule Light Beer and a large tuna salad.

問３ Judging from the menu, it is not likely to happen that 25 .
① meals will be delivered to your house in 45 minutes
② a person will order Narashino Set Meals and a Popeye Burger at the same time
③ a group of high school students will order Family Meals
④ they will serve fresh fruit juice after 7:00 p.m.

NARASHINO BURGERS

Delicious hand-made burgers! We only use 100% organic *1 ingredients!

BURGERS All burgers are served with hand-cut French fries and a small side salad

Popeye Burger	$5.99
Hawaiian Burger	$6.50
Classic Burger	$4.99
Double Burger	$6.00
Deluxe Burger	$7.50

SALADS Salad Dressings: French / Blue Cheese / Low-Calorie

	Medium	Large
Mixed Salad	$3.50	$5.00
Chicken Salad	$5.00	$7.00
Tuna Salad	$5.00	$7.00
Tropical Salad	$6.00	$8.50

SOUPS

	Cup	Bowl
Vegetable Soup	$2.50	$3.50
Creamy Corn Soup	$2.50	$3.50
Spicy Tomato Soup	$2.50	$3.50

DRINKS Our choice of fruit juices varies depending on which fruits are in season — please ask!

Herbal Tea	$2.50	
Regular Tea	$2.00	
Decaffeinated Coffee	$2.50	
Regular Coffee	$2.00	
Fresh Fruit Juice	$3.50	
Mule Light Beer	$4.00 (bottle)	$3.50 (glass)
Belgian Monk Beer	$6.50 (bottle)	

～ Note ～
alcoholic drinks are not served
before 7:00 p.m.

NARASHINO SET MEALS

Any burger + any soup (cup) + any hot drink **$9.50**

FAMILY MEALS

Order two Narashino Set Meals and your child gets one for free!

(Offer applies to children under 10 years old only).

We can deliver to any address in Narashino *2 postal district. Minimum purchase (including additional charge) $20.00. Please give us at least 45 minutes to get to you. And there is a 10% additional charge on delivered items.

＊1　ingredient　材料　　＊2　postal district　郵便配達区域

Ⅳ　次の各対話文の 26 ～ 29 に入れるのに最も適当なものを，①～④の中から１つずつ選びなさい。

1．A： Do you have time later today to check the draft of my speech？
B： No, I'm afraid I don't have time today. I have several appointments this afternoon.
A： I see. Well . . . 26
B： Yes. And please send it to me by email so I can read it before you come.
① Are you sure you can skip the appointments？
② Could I come to your office after school tomorrow？
③ Shall I make an appointment with you for today？
④ Would you kindly give me the draft to look at？

2．A： Waiter, I think you've made a mistake with my bill.
B： Really？
A： Look, 27 .
B： You're right. I'll make a new bill for the correct amount.
① you should spend your money　② I always try to save money
③ I'll pay the bill later　④ you've charged me too much

3．A： How goes it in your office since your new boss arrived？
B： 28
A： How come？
B： He always speaks ill of us behind our backs.
① Oh, his work is excellent, and he is loved by everyone.
② It's terrible！ Everyone hates him.
③ Only so so. He is paid so much attention to.
④ Splendid！ He has the ability to do the job, and is nice to everyone.

4．A： Excuse me, but would you tell me the way to the city hall？
B： Certainly. Take a left at the bank and keep going down four blocks. You can find it on your right.
A： 29
B： You can manage if you hurry.
① Are you sure I can find the building easily？
② How long do you think it'll take to walk there？
③ Do you think I can get there in ten minutes？
④ What if I should miss it？

Ⅴ　次の Tetsuya と Minami の会話を読み，後の問いに答えなさい。

Tetsuya： We haven't seen a movie in a while. There are some great films this week at the NN Theater.
Minami： Let's see this one！ The movie shows a beautiful snow-covered part of Denmark. There's an afternoon showing, too.
Tetsuya： I've seen it twice already！ You should watch it, though.
Minami： I will. What about this movie？ It's another foreign film, and it sounds like a nice family story.

Tetsuya : Great, let's meet for dinner and see the later show.
Minami : Perfect. Do you want to see this movie, too ? It's a love story, but it's also really funny. My friend Atsuko saw it.
Tetsuya : It looks great, but I shouldn't. I'm seeing this movie the next night. My friend Greg and I are going to the last show ! Do you want to join us ?
Minami : I love movies about outer space, but that's too late.
Tetsuya : That's OK. I understand.
Minami : But I'm looking forward to Thursday.
Tetsuya : Me, too !

NN Theater Schedule, May 4-7

	Thursday	Friday	Saturday	Sunday
Movies	The Kite	Happy Heart	Planet ZZ7	Ice Poem
Series	Iranian Films	Romantic Comedies	Sci-Fi Movies	Danish Films
Stories	A little girl builds a kite with her grandfather.	Two friends fall in love.	Astronauts find a strange planet.	Winter falls on a small town.
Showings	7 p.m. / 9 p.m.	7 p.m. / 9 p.m.	7 p.m. / 9 p.m.	2 p.m. / 7 p.m.
Special gifts	Free sodas	Free popcorn	Free movie posters	20% discount on movie postcards

問1 What is the subject of the movie Minami will see by herself ? 30
① A little girl builds a kite. ② Astronauts find a planet.
③ Friends fall in love. ④ Winter falls on a town.

問2 Which movie showing will they see together ? 31
① Happy Heart at 7 p.m. ② Happy Heart at 9 p.m.
③ The Kite at 7 p.m. ④ The Kite at 9 p.m.

問3 What will be available when Tetsuya sees a movie with Greg ? 32
① A discounted item ② A free item
③ Free drinks ④ Free food

VI 次の文中の 33 ～ 36 に入れるのに最も適当なものを，①～④の中から１つずつ選びなさい。

1 . Can you give me 33 for a ten-dollar bill ?
① change ② cash ③ money ④ coin

2 . The meaning of 34 is used to describe someone who is paid to work for a person or company ; usually when they work for wages or a salary.
① customer ② foreigner ③ employee ④ student

3 . Janet is a 35 . She works for a newspaper. She often visits other countries and writes stories about them.
① journalist ② designer ③ guard ④ coach

4 . If you are a 36 , you are traveling in a train, plane, boat etc., but are not driving it or working

on it.

① captain　② conductor　③ pilot　④ passenger

Ⅶ

次の〔A〕，〔B〕の問いに答えなさい。

〔A〕 次の文中の [37] ～ [40] に入れるのに最も適当なものを，①～④の中から1つずつ選びなさい。

1．In summer, meat [37] bad soon.

① makes　② comes　③ goes　④ has

2．Would you like [38] that work ?

① me to do　② to do to me　③ to me do　④ to me to do

3．"Most people can't speak English." means almost the same as "[39] people can speak English."

① No　② Much　③ Neither　④ Few

4．I spent several years in America, [40] I can't speak English well.

① so　② despite　③ yet　④ also

〔B〕 次の各文の下線部には誤りが1ヶ所ずつあります。その部分の番号を，①～④の中から1つずつ選びなさい。

1．You ①shouldn't trust ②a person ③who past you know ④nothing about. [41]

2．Why ①don't you write ②down his phone number before you ③don't ④forget it ? [42]

3．Father ①told me that ②you ③had to clean ④up my own room. [43]

4．Tokyo is ①larger ②in population than any ③another ④city in Japan. [44]

Ⅷ

次の日本文の意味になるように，下の語(句)を並べかえて文を完成させなさい。ただし，各語群には1つずつ不要なものが入っています。また，文頭に来る語も小文字にしてあります。解答は [45] ～ [50] に入る番号のみを答えなさい。

1．間違いを恐れずに英語を話せるようにしたらよい。

I advise you to speak [ ] [45] [ ] [ ] [ ] [46] [ ].

① afraid　② without　③ being　④ English

⑤ making　⑥ of　⑦ mistakes　⑧ to make

2．彼らの5分の1は，まだそのスタジアムに行ったことがないそうです。

They say [ ] [47] [ ] [ ] [ ] [48] [ ] [ ] the stadium.

① one　② been　③ five　④ to　⑤ them

⑥ have　⑦ never　⑧ of　⑨ fifth

3．その花は夏の間どれくらいの頻度で水をあげればいいですか。

[ ] [49] [ ] [ ] [50] [ ] the summer ?

① gave　② often　③ watered　④ the flowers

⑤ during　⑥ how　⑦ are

【数　学】（50分）〈満点：100点〉

（注意）　1．定規(三角定規・直定規)，コンパス，分度器は使用できません。

2．解答はすべてマーク方式です。1つの$\boxed{}$には1つの数字または符号「－」が入ります。解答カードにマークしなさい。

3．答が分数のときは，約分した形で表しなさい。

4．根号の中は最も簡単な形で表しなさい。例えば，$2\sqrt{8}$ は$4\sqrt{2}$ のように表しなさい。

1　次の$\boxed{}$をうめなさい。

(1)　$(1+\sqrt{2})(1+\sqrt{8})\left(1-\dfrac{1}{\sqrt{2}}\right)\left(1-\dfrac{1}{\sqrt{8}}\right)=\dfrac{\boxed{ア}}{\boxed{イ}}$ である。

(2)　2次方程式 $x^2-6\times17x-2023=0$ の解は，$x=\boxed{ウ}\boxed{エ}\boxed{オ}$，$x=\boxed{カ}\boxed{キ}\boxed{ク}$ である。
ただし，$\boxed{ウ}\boxed{エ}\boxed{オ}<\boxed{カ}\boxed{キ}\boxed{ク}$ とする。

(3)　3つの自然数 x，y，$z\,(x<y<z)$ があり，$x+y+z=20$，$xyz=60$ を満たす。このとき，$x=\boxed{ケ}$，$y=\boxed{コ}$，$z=\boxed{サ}\boxed{シ}$ である。

(4)　右の表は，ある動物園の料金表である。オプション料金とは，入園料の他にかかる料金のことである。

この動物園に370人の団体が入園した。370人のうち，企画展に参加した人が300人，企画展にもふれあい体験にも参加しなかった人が32人であった。この団体が支払った金額が55600円のとき，ふれあい体験に参加した人は$\boxed{ス}\boxed{セ}$人である。

【料金表】

入園料　80円

［オプション料金］

企画展	ふれあい体験
50円	200円
企画展＆ふれあい体験 220円	

(5)　下図のように，△ABC，△BCD，△BCE がある。∠ABE は∠EBD の2倍の大きさで，∠ACE は∠ECD の2倍の大きさである。∠BAC＝23°，∠BDC＝38° のとき，$\angle x=\boxed{ソ}\boxed{タ}$ 度である。

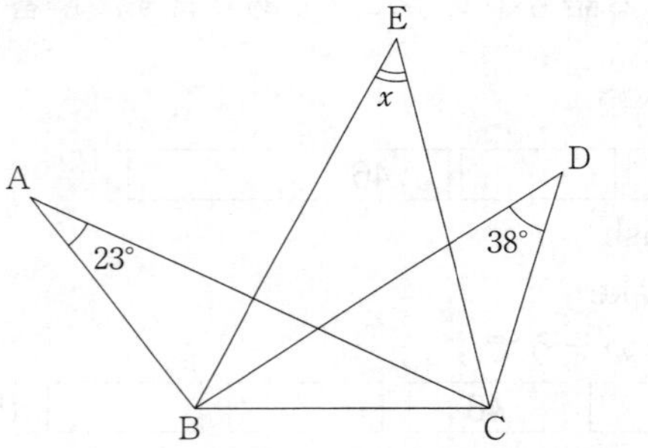

(6)　1，2，3，4，5の数字を1つずつ書いた5枚のカードがある。この5枚のカードから同時に3枚のカードを取り出すとき，取り出した3枚のカードに書いてある数の積の一の位が0になる確率は $\dfrac{\boxed{チ}}{\boxed{ツ}}$ である。

ただし，どのカードが取り出されることも同様に確からしいものとする。

2　右図のように，放物線 $y=ax^2$ $(a>0)$ と，y 軸上の点Cを中心として原点Oを通る円がある。放物線と円は点 $\mathrm{A}(2\sqrt{3},\ 6)$ で交わっており，直線ACと円の点A以外の交点をBとする。

次の問いに答えなさい。

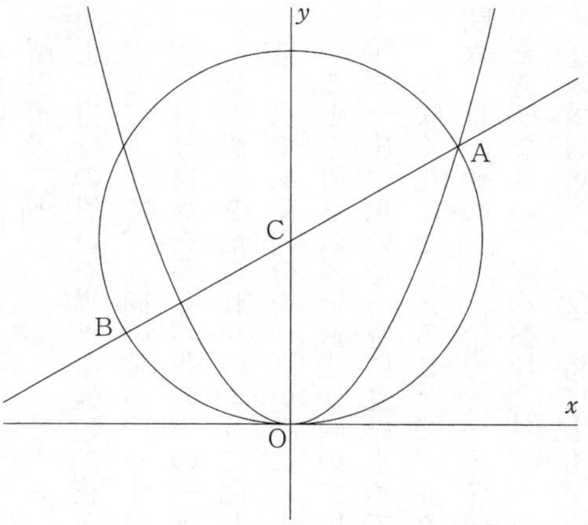

(1)　a の値を求めなさい。

答　$\dfrac{\boxed{\text{ア}}}{\boxed{\text{イ}}}$

(2)　円の半径を求めなさい。

答　$\boxed{\text{ウ}}$

(3)　点Bの座標を求めなさい。

答　$(\boxed{\text{エ}}\boxed{\text{オ}}\sqrt{\boxed{\text{カ}}},\ \boxed{\text{キ}})$

(4)　△OABを直線ACのまわりに1回転してできる立体の体積を求めなさい。

答　$\boxed{\text{ク}}\boxed{\text{ケ}}\pi$

3　右図のように，$\mathrm{AD}=\dfrac{9}{4}\mathrm{cm}$，$\mathrm{BC}=4\mathrm{cm}$，$\angle\mathrm{A}=\angle\mathrm{B}=90^\circ$ の台形ABCDがある。辺ABを直径とする半円Oは，辺CDと点Eで接している。円Pは辺BC，辺CDと半円Oの弧に接している。

次の問いに答えなさい。

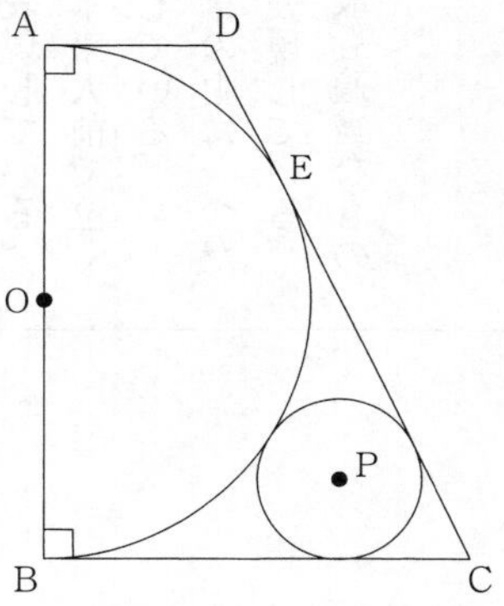

(1)　辺CDの長さを求めなさい。

答　$\dfrac{\boxed{\text{ア}}\boxed{\text{イ}}}{\boxed{\text{ウ}}}\mathrm{cm}$

(2)　半円Oの面積を求めなさい。

答　$\dfrac{\boxed{\text{エ}}}{\boxed{\text{オ}}}\pi\mathrm{cm}^2$

(3)　円Pの半径を求めなさい。

答　$\dfrac{\boxed{\text{カ}}}{\boxed{\text{キ}}}\mathrm{cm}$

4　右図のように，$\mathrm{AB}=\mathrm{AD}=18\mathrm{cm}$，$\mathrm{AE}=6\mathrm{cm}$ の直方体ABCD-EFGHがある。2点P，Qは同時に点Aを出発し，点Pは，辺AB上を毎秒2cmの速さで，点Qは，辺AD上を毎秒4cmの速さで往復する。このとき，次の問いに答えなさい。

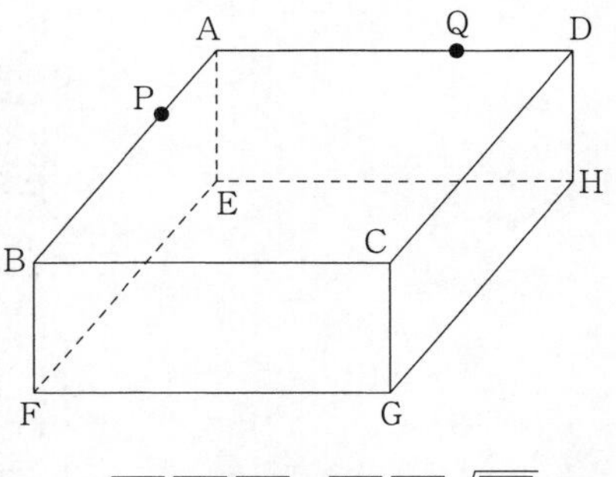

(1)　出発して初めて $\mathrm{AP}=\mathrm{AQ}$ となるのは何秒後か求めなさい。

答　$\boxed{\text{ア}}$ 秒後

(2)　(1)のとき，立体APQ-EFHの表面積と体積を求めなさい。

答　表面積　$(\boxed{\text{イ}}\boxed{\text{ウ}}\boxed{\text{エ}}+\boxed{\text{オ}}\boxed{\text{カ}}\sqrt{\boxed{\text{キ}}})\mathrm{cm}^2$

体積　$\boxed{\text{ク}}\boxed{\text{ケ}}\boxed{\text{コ}}\mathrm{cm}^3$

びなさい。解答番号 31

① 自分を虐げた継母をずっと恨み続けてきてしまったこと。
② 家族の中で自分だけ生き延びてしまったこと。
③ 夫と子を殺した者の死を知って喜んでしまったこと。
④ 死によって苦しみから解放されようと願ってしまったこと。

問四 傍線(B)「鎌倉中にて御物笑ひの種ともなし給へ」とあるが、なぜこのように言うのか、最も適当なものを選びなさい。解答番号 32

① 貧しい田舎の暮らしはあまりに悲惨であるため、鎌倉に帰っても冗談めかした話として扱ってほしくないから。
② 田舎者の世話になったと鎌倉の人たちに知られては笑われてしまうので、用心してほしいと思ったから。
③ 寂れた宿であるために大したもてなしもできないが、悪い夢を見たとあきらめて笑って許してほしいから。
④ むなしい恨みにとらわれるかわりに、この宿で過ごしたことを楽しい思い出として語ってほしいから。

問五 Ⅰの歌の傍線(C)「千草の花に身をなして」とあるが、この表現の内容を説明したものとして、最も適当なものを選びなさい。解答番号 33

① 自分の思いを様々な種類の花が咲いている様子にたとえることによって、人間の移ろいやすい感情を表現している。
② 自分自身を多くの花の中の一本にたとえることによって、本当の思いを悟られないように隠してきた様子を表現している。
③ 男である自分をか弱い花にたとえることで、本来人前で泣くことが許されない武士が嘆いている様子を表現している。
④ 一族の思いを一身に受け止めていく自分を千草の中に一つだけ咲く花にたとえることで、並々ならぬ覚悟を表現している。

問六 Ⅲの歌の［　］に当てはまる語句はどれか、最も適当なものを選びなさい。解答番号 34

① 背けど　② 待てども　③ 咲けども　④ 忍べど

問七 Ⅳの歌の傍線(D)「袖ぞ露けき」とはどのような様子か、最も適当なものを選びなさい。解答番号 35

① 袖で花の露を払い湿ってしまった様子。
② 緊張からくる汗が袖にしみている様子。
③ 自分の流した涙で袖がぬれている様子。
④ 酒をこぼして袖がぬれてしまった様子。

問八 本文の内容を説明したものとして、最も適当なものを選びなさい。解答番号 36

① 人生経験の豊富な女房が自分の身の上話を交えつつ、兄弟のいずれかが娘と結婚して共に鎌倉で暮らすよう言葉巧みに説得する様子が描かれている。
② 皆が同じように泣く様子が描かれるが、それぞれ異なる悲嘆を胸に行動していたことが、和歌のやりとりから明らかになるように構成されている。
③ 女房が曾我兄弟に肉親の死を語るのは、多くの人に伝えることで死者の魂を鎮めるためであり、当時の仏教的死生観が色濃く反映されている。
④ 登場人物が「花」という同一の題材を意識しながら歌を詠んでいくことによって、互いの感情に寄り添い、深く共感していく様子が描かれている。

四 次の文章を読んで、後の問いに答えなさい。（なお、本文中の和歌の一部には注釈を施してある）

> 『曾我《そが》物語』は、幼いころ父を殺された曾我十郎、五郎兄弟が、父親の敵討ちを成し遂げようとする物語である。本文は、曾我兄弟が敵討ちの相手を追って行った先で宿を借りた際、宿の女房と若い娘と共に酒宴を開き、語り合う場面である。

その後、酌をば娘に渡し、座席に居直りて語りけるは、「世の中に物思ふ者多く侍《はべ》れども、妾《わらは》に過ぎたる者よもあらじ。その故をいかにと申すに、幼少の時は、継母《ままはは》に憎まれ、＊なさぬ仲の悲しみ絶えざりき。盛りなる時は、夫の命《めい》に背《そむ》かじと朝夕営み侍りし中に、男子一人、女子一人、儲《まう》けし。妾が年三十七の時、夜討のために夫と子を失はれ、その嘆きいまだ止《や》まざりしに、去々年《をとどし》、不慮に敵の首を目前に見ることあり。その時の喜び、天へも上るばかりにこそ侍れ。(A)それも今思へば罪業ぞかし。由《よし》なき事を思ひけり。今はただ念仏の一遍なりとも申して、亡き人どもの為《ため》にと存じてこそ過ぎ行き侍《さぶら》へ。かたがたの御有様を見参らするに、(ア)いとほしき御事《おんこと》にこそ侍へ。『＊唐の陽亭、父に別れて泣きし涙、時雨の森に留《とど》まりし』と承る。《中略》＊我が朝にては、＊柴田の玉若が父に別れし悲しみ、＊山鹿《やまが》の姫が母に(イ)後《おく》れし嘆きも、皆これ、夢幻の恨みにて、さてこそ過ぎ侍ひし。それよりただ御酒うち召して、御心を取り延べさせ給《たま》ひて、御帰り候ひて後、田舎の＊山賤《やまがつ》が住居、＊益荒《ますらを》が旧床の有様も、(B)鎌倉中にて御物笑ひの種ともなし給へ」と言ひながら、(X)袖を顔に当てければ、兄弟も共に涙ぐみてぞ見えける。

十郎、

Ⅰ 嘆きこそ(C)千草《ちくさ》の花に身をなして忍べど色は顕《あらは》れにけり

五郎も＊直垂《ひたたれ》の袖を顔に当てけるが、(Y)さらぬ体《てい》にもてなして、

Ⅱ 紅《くれなゐ》の末摘花《すゑつむはな》の色見えて物や思ふと人の問ふかな

紅花の色がそれとはっきり分かるように私の嘆きも顔色に表れて、何を思いに沈んでいるのだと人に問われることよ

女房これを聞きて、「さればこそ、物思ひ給ふ人々にておはしけり」とて、

Ⅲ 野辺《のべ》に立つ千草の花の色なれば［　　］終《つひ》に顕れにけり

娘も、持ちたる＊提《ひさげ》を膝より下にさし置きて、

Ⅳ もとよりも嘆きの花の色を見て我もろともに(D)袖ぞ露けき

早くから嘆きという木の花の色を拝見していましたから、私もいっしょに

各々、語り慰みて、旅の思ひ出にぞなしにける。

（『曾我物語』より）

（注）＊なさぬ仲…義理の親子の間柄をいう。
＊唐の陽亭…中国王朝の皇帝のことか。
＊我が朝…日本のこと。
＊柴田の玉若…柴田という土地にいた若い男。
＊山鹿の姫…山鹿という土地にいた女性。
＊山賤…身分の低いもの。
＊益荒が旧床…身分の低い男性の古びた寝床。
＊直垂…男性の着物。
＊提…酒を注ぐための器。

問一 二重傍線(ア)・(イ)の本文中の意味として、それぞれ最も適当なものを選びなさい。

(ア)「いとほしき」 解答番号 27

① 気の毒な　② 立派な
③ 情けない　④ 無駄な

(イ)「後れし」 解答番号 28

① 劣っていた　② 嫌われた
③ 先立たれた　④ 後悔させた

問二 波線(X)「袖を顔に当てければ」・(Y)「さらぬ体にもてなして」は誰の動作か、それぞれ最も適当なものを選びなさい。(X)は解答番号 29 ・(Y)は解答番号 30

① 十郎　② 五郎　③ 女房　④ 娘

問三 傍線(A)「それ」が指示する内容として、最も適当なものを選

うのはなぜか、最も適当なものを選びなさい。解答番号 23

① はるかは妹であるうみかのことを普段から気遣っているのに、うみかは姉であるはるかの言うことをまったく聞かずに、自分勝手に振る舞っているから。

② はるかは人付き合いを大切にしているのに、うみかは周囲との関係に対して無頓着に見え、その影響ではるかまで不本意な評価を受けていると考えるから。

③ はるかは大人数で行動することを好んでいるのに、うみかが一人で行動することを好んでいるために、はるかまで仲間外れにされることがあるから。

④ はるかの社交的な性格のおかげで、うみかは自分から人間関係を構築する努力をしなくても居心地よく生活しており、その境遇を羨ましく思っているから。

問五 傍線(E)「ピアニカの側面に書かれた平仮名のうみかの名前が、私たちの間で間抜けに浮き上がって見えた」とあるが、ここではどのようなことを表現しているか、最も適当なものを選びなさい。解答番号 24

① 互いに良かれと思って取った行動がそれぞれの意図と違う結果になったことを明らかにするとともに、人との関わり方においても自分なりの考えを持つうみかの性格を表現している。

② はるかにうそをついてまで姉の立場を守ろうとしたうみかの行動を見て、これまで思い描いていた姉妹のあり方が独りよがりなものであったとはるかが気づいたことを表現している。

③ はるかの過失によって二人の関係が取り返しのつかないほど悪化してしまった事実を浮き彫りにするとともに、その事実を突きつけられてぼう然とするはるかの心情を表現している。

④ 言葉や行動が素直すぎるあまり周囲から冷ややかな目で見られているうみかの状況をはっきり示すことで、互いに相手のことを思いやる余裕を持てない二人の未熟さを表現している。

問六 傍線(F)「一緒に練習しよう」とあるが、はるかがこのように言ったのはなぜか、最も適当なものを選びなさい。解答番号 25

① 逆上がりの問題へ話題を変えることで後ろめたさから目をそらし、頼もしい姉としての振る舞いを見せて、自分のプライドを保とうと考えたから。

② 自分の都合でうみかを振り回したことに罪悪感を抱き、うみかに償いをしたい思いが抑えきれず、言葉だけでなく行動で示して謝ろうと考えたから。

③ うみかの融通が利かない性格を痛ましく感じるとともに、うみかの成長を支えることができるのは自分しかいないという使命感を抱いたから。

④ ピアニカをめぐるうみかの行動をきっかけに、周囲との関係の中で孤立することがないように、うみかのそばで手助けしてあげたいと思ったから。

問七 本文の内容と表現上の特徴を説明したものとして、最も適当なものを選びなさい。解答番号 26

① 海岸沿いの場面では、「空」の色の変化を丹念に描写することで、親密だった姉妹の関係性が変化していき、次第に互いの心が離れていく未来を暗示している。

② 「貝殻」や「ピアニカ」といった具体的な事物を通して、姉妹それぞれの考え方を鮮明にすることで、はるかの視点から見た世界をより実感的に読者に伝えている。

③ 教室の場面では、「唇を引き結ぶ」や「目を瞬く」など、表情を繊細に描写することで、言葉にしなくても思いを通わせることのできる姉妹の間柄を印象づけている。

④ 第三者の視点で姉妹それぞれの様子を描きつつ、過去と現在の場面を交錯させて描くことで、物語が進むにつれて姉妹がきずなを深めていく過程を重層的に表現している。

「そう」
「言ってくれればよかったのに」
「だって」
短く答えるうみかの口調に怒っている様子はなかったけど、それがよりいっそう私にはこたえた。ピアニカを忘れてみんなの間に黙って座る妹を想像する。六年の教室からも、きっと私たちのピアニカの音が聞こえてきたはずだ。その音を聞きながら、下の階で座り続ける気持ちはどんなものだっただろう。
唇を引き結ぶと同時に、胸の奥がきゅっと痛んだ。素直に言葉で謝ることができないほど、気まずかった。
「逆上がりの練習、してる？」
尋ねていた。うみかがぱちくりと目を瞬《しばたた》く。
私は逆上がり、得意だった。
「(F)一緒に練習しよう」
罪滅ぼし、という意識はそれほどなかった。ただ、一人きりみんなのピアニカ練習を見つめる妹を想像したら、それが逆上がりの居残りをさせられる姿と重なって、私の胸を締めつけた。
うみかをバカになんかさせない、と強く感じたのだ。

（辻村深月《つじむらみづき》『1992年の秋空』より）

（注）＊『科学』…かつて学研教育出版から刊行されていた小学生向けの学習雑誌。理科と算数を中心とする『科学』と、国語と社会を中心とする『学習』の二種類が刊行されていた。

問一 傍線(A)「私は、うみかの名前が羨ましかった」とあるが、はるかがそのように思うのはなぜか、最も適当なものを選びなさい。解答番号 20

① うみかは物事や人間関係に対する想像力に秀でており、名前の優しい響きからもその人柄を感じられるから。
② 遮るもののない壮大な海のイメージを持った名前の方が、姉の名前としてふさわしいように感じられるから。
③ うみかの論理的な思考を得意とする冷静さが、名前に含まれる冷たいイメージからくるように感じているから。
④ はるかにはうかがい知れない部分のあるうみかの性質が、名前の印象と一致していて魅力的に感じているから。

問二 傍線(B)「我ながら恥ずかしいセリフだったから、私は言い直さずに下を向いた」とあるが、ここからうかがえるはるかの性格はどのようなものか、最も適当なものを選びなさい。解答番号 21

① 繊細な感性を持ち、自らが感じたことを詩的に表現できる一方で、自分の姿が相手にどのように映るかを気にする性格。
② 情緒豊かなあまり、その時々の気分に流された行動を取りがちで、意識せず周囲に自分の思いを押しつけてしまう性格。
③ 周囲の共感が得られずに自分が傷つくことを恐れるあまり、発言を避けて他者との関わりを持とうとしない消極的な性格。
④ うみかと比較され自信をなくしている姿を見せまいとして、身近な人と接するときは本心を隠そうと取りつくろう性格。

問三 傍線(C)「頭の奥で真っ白い光が弾けた」とあるが、この時のはるかの心情を説明したものはどれか、最も適当なものを選びなさい。解答番号 22

① 普段から感じていた自分の精神的な幼さをうみかから指摘されて、妹の方が優秀である事実からくる劣等感に耐えられなくなっている。
② 自分の怒りを察してもらえず、会話が成り立たないことへのいら立ちから、鈍感なうみかに対して不満をあらわにしている。
③ 砂浜での感傷的な気分を共有したいと思っていたのに、科学的な視点から淡々とうみかに反論されて、怒りを抑えきれずにいる。
④ うみかから高圧的に旅の感動を否定されたことで、うみかの生意気な態度を受け止めきれなくなり、とまどいを隠せずにいる。

問四 傍線(D)「不公平だと思う」とあるが、はるかがこのように思た私を、うみかがびっくりしたように追いかけてくる。
「待ってよ。どうしたの、お姉ちゃん」
「知らない！」
実際、どう言えばいいのかわからなかった。
「あ、貝殻……」
うみかから「返すね、はい」と渡されても、受け取る気がしなかった。
うみかはいっつもそうだ。こういうところが生意気だ。私が何か言うと必ず言い返してくるし、そのことで私が怒っても、自分の何が悪いのかわかってない。他の子の妹はみんな、お姉ちゃんの言うことは素直に聞いてるみたいなのに。
学校で、うみかに特定の仲良しがいるふうじゃないことを、私が気にしてることだって、きっと気づいてない。
あの子の学年の子は、誰もうみかを悪く言ってる様子はない。むしろ「うみかちゃん、おもしろい」って受け入れてる。だけど、教室移動も、トイレに行く時も、姿を見かける時、うみかはいつも一人だ。うちの学校は小さくて、どの学年もだいたい一クラスか、多くて二クラス。全校生徒がなんとなく互いの顔をわかり合ってる環境の中で、兄弟や姉妹が他の学年にいることの意味は大きい。人気がある子のお姉ちゃんはそれだけで妹の学年から慕われるし、地味な子のお姉ちゃんは、きっと自分の学年でも妹と同じで冴《さ》えないんだろうなって目で見られる。
私は、六年の自分のクラスでは目立つ方だし、スポーツ少年団でバレーやってるせいか友達も多い。誰とでも話せる方だと思うけど、うみかのいる五年の子たちからはなんとなく人気がないらしいことを、肌でひしひし感じてる。それってたぶん、「うみかのお姉ちゃん」だからだ。うみかはひょっとしたら、自分のクラスでも私にするように言い返したり、素直じゃないのかもしれない。
(D)不公平だと思う。
一つしか年の差がないせいで、よく体育の授業が一緒になるけど、学年で組んでやるバスケのパス練習でも、私とやりたがる子は五年にはほとんどいない。だからといって、姉妹で組んで練習することぐらい気まずいことはないから、私は、そういう時にはなるべくうみかと視線を合わせないようにしてる。
外されたり、嫌われたりしてるわけじゃない。
だけど、うちの妹は、たぶん激しく浮いている。

《中略》

うみかは捉えどころがない。
ピアニカを忘れた、その日もそうだった。五年の教室を訪ねて貸してくれるように頼むと、うみかが少しだけ不思議そうな表情を浮かべた。きょとんとしたような、息を呑《の》むような。
だけどすぐに「わかった」と頷《うなず》いて、水色のピアニカケースを持ってきてくれる。
ひょっとして、ピアニカのホースで間接キスになるのが嫌なのかもしれない。だけど、別にいいじゃないか、姉妹《きょうだい》なんだから。他の学年にどれだけ仲がいい友達がいたって、さすがにピアニカは借りられないだろうけど、姉妹だったらそれができる。私は得した気分だった。
びっくりしたのは、授業の後、借りたピアニカを返しに行った時だった。うみかの近くにいた五年生が「あれ、うみかちゃん、ピアニカあったの？」と私たちに声をかけてきた。
「忘れたんだと思ってた。お姉ちゃんが持ってきてくれたのに、間に合わなかったの？」
「うん」
頷くうみかは落ち着いていた。(E)ピアニカの側面に書かれた平仮名のうみかの名前が、私たちの間で間抜けに浮き上がって見えた。
私は自分のミスを悟る。あの不思議そうな表情の意味はこれか。
「――同じ時間、だったの？」

三　次の文章を読んで、後の問いに答えなさい。

去年の夏、家族で海に行った。

海岸沿いのホテルに泊まって、両親と私たち、家族四人で夜の浜辺を散歩した。夕日のオレンジ色がだんだんと藍色に押され、空が夜になっていく。遮るもののない視界いっぱいの海と空を見上げていると、いつの間にか、うみかが横に来ていた。

実を言うと、(A)私は、うみかの名前が羨ましかった。

はるかとうみか。似てる名前だけど、一つだけで見た時に、はるかは普通の名前で、うみかの方が個性的でかわいい感じがした。うみかの名前の中には「海」がある。暗い夜の海とうみかは、よく似合ってる。

普段から＊『科学』派で、宇宙に関する本だっていっぱい読んでる妹は、私より、今もずっとたくさんのことを考えて、感動しながら星空を眺めているかもしれない。そう考えたら、迂闊《うかつ》に声をかけてはいけない気がした。少し迷ってから、ようやく「いいね」と話しかけた。

「きれいだね。私、絵を描く時、月を黄色く塗ってたけど、本当は白に近い金色なんだって、今、気づいた」

遠い場所に来たことで、ビー玉を散らしたようにきれいな夜空は、自分の家から見る空と違って『宇宙』なのだとはっきり思えた。波の音がしていた。

「空っていうと普通、昼間の水色の空を想像するけど、それって実は薄い膜みたいなもので、こっちの夜の色の空が地球を包んでる本当の空なんだって思えるね。不思議。暗いけど、怖くない。暖かい感じがする」

旅の興奮と、日中海で泳ぎ疲れたことと、何より家族と一緒にいるという気のゆるみが、いつになく暗闇を身近に感じさせてくれた。

うみかが「え？」と短く声を上げ、私を見た。聞き取れなかったのかもしれない。(B)我ながら恥ずかしいセリフだったから、私は言い直さずに下を向いた。

砂浜には、作り物みたいにきれいな形をした貝殻がたくさん落ちていた。ザリガニのハサミのように表面がごつごつした巻き貝を手に取る。耳に当て、そして「うわぁ」と声を上げた。

「海の音がするよ、うみか」

ピンク色につやつや光った貝の内側から、水の底で聞くような遠い音が流れ込んできた。自分がとても贅沢《ぜいたく》なことをしている気分になる。だって、貝が沈んでいた海底では、こんなにはっきりと星は見えなかったはずだ。

「この貝、どのぐらい深いとこに沈んでたのかな。なんで、海の音がするんだろう。貝が記憶して一緒に持ってくるのかな。だとしたら、テープレコーダーみたい」

うみかにも聞かせたくて、貝を手渡す。貝を耳に当てたうみかは、私と同じようにしばらく音を聞いた後で「お姉ちゃん」と呼びかけてきた。

「何？」

「貝の中から聞こえる音は、海の音じゃなくて、自分の耳の音なんだよ」

うみかはにこりともしていなかった。

「よく、貝殻から海の音が聞こえるっていうけど、それを出してるのはお姉ちゃん自身。保健室で、耳の断面図の写真見たことない？　耳って、かたつむりの殻みたいな蝸牛《かぎゅう》って器官があるんだ。あの中、聞いた音を鼓膜から脳に伝える役割をする体液が入ってるんだけど、それ、波みたいに揺れて動くんだって。お姉ちゃんが聞いたのは、その、蝸牛の体液が動いて認識した音だよ。普段は小さくて聞こえないんだけど、貝殻にぶつかると耳に跳ね返って聞こえる。――だからこの音は海の音じゃないし、貝殻の記憶でもないよ」

浮かべていた笑みが強張《こわば》って、表情が固まる。うみかが私を見て「その音は――」と続けようとしたところで、(C)頭の奥で真っ白い光が弾《はじ》けた。

猛烈に腹が立った。無言でホテルの方に歩き出す。急に引き返し

問三　傍線(B)「『場』」とあるが、この表現の説明として、最も適当なものを選びなさい。解答番号 16

①　音楽が特定の文化によって生まれるその瞬間を意味した言葉であり、作り出された現場を離れてしまうと本来持っていた臨場感が損なわれるということを読者に印象付けている。

②　同じ時代の人々の間でしか理解されない音楽の状況を表した言葉であり、引用で述べられている長い時間をかけて共有されてきた状況とは異なるものとして、否定的な見方を明示している。

③　音楽が生まれるために必要な歴史や文化など様々な要素を指す言葉であり、何を重要とするかは人それぞれ異なるため、意味が限定されないように抽象度の高い表現に言い換えている。

④　ある音楽が生み出されるためには、その土地の人々や環境と結びついていなければならないという筆者の主張を含意した言葉であり、特別な意味を込めていることを示している。

問四　傍線(C)「音楽だけを真空状態で聴くことは出来ない」のはなぜか、最も適当なものを選びなさい。解答番号 17

①　たとえ本来の文化から離れて、別の空間で聴かれることになっても、その音楽が作られた時の文化的な意味は失われることなく、影響を及ぼすから。

②　たとえ歴史や文化から完全に切り離されたとしても、音楽は個人の美意識によって様々な解釈が可能であり、その価値が損なわれることはないから。

③　たとえその音楽が生まれた文化とは別の時空で聴かれたとしても、聞き手を取り巻く文化や思考を元にして、様々な形態で受容されることになるから。

④　たとえ本来の意図とは異なる演奏や聴き方をされても、普遍性を持つ音楽作品であれば、時空を超えて共感を呼び起こすものであるはずだから。

問五　傍線(D)「現代の音楽状況をひどく複雑なものにしている、特殊な事情」とあるが、「特殊な事情」の説明として、最も適当なものを選びなさい。解答番号 18

①　聴衆の価値観が一つにまとまっていた頃とは違い、それぞれがどのような基準を重視するかに応じて作られた集団の中で、音楽を楽しむことが可能になったということ。

②　インターネットなど通信技術の発達によって、様々な文化が一つの方向性にまとまるようになり、音楽は空間を超えたコミュニケーションが可能になったということ。

③　現代の音楽は様々な文化的背景が混在しており、異なる技法や制度を知らないまま、無自覚に自分たちの好みだけで音楽を聴くことが不可能になったということ。

④　多様な音楽文化が生まれたことで、それぞれの土地に根差した音楽という考え方が希薄になり、元々背景にあった固有の文化をとらえることが不可能になったということ。

問六　傍線(E)「未知なる他者を知ろうとする営み」とはどういう「営み」か、その説明として最も適当なものを選びなさい。解答番号 19

①　自分の好みと合わない音楽文化に遭遇したとしても、いつかは理解できると耐えることで、自らの文化との共通点を見出し、互いの特長を取り入れた多様な音楽性を獲得できるような営み。

②　自分とは異なる立場に身を置くことで、ある音楽が他者集団の中でどのような経緯で生まれ、何を伝えたかったかを知ることができ、それにより自らの視野が広がっていくような営み。

③　これまで知らなかった土地の文化に触れ、その土地の人々を理解していくにしたがって、最初は聞きなれないと思った音楽に創意工夫を感じることができ、自らの音楽表現を高めていく営み。

④　これまでの価値観ではとらえきれない不快な音楽は、自分の属する歴史や文化にこだわっていては理解できないので、過去の考え方を捨て去って別の文化に同化する覚悟が必要な営み。

＊アドルノ…ドイツの哲学者・社会学者・音楽評論家・作曲家。

＊シェーンベルクの無調音楽…シェーンベルクはオーストリアの作曲家・指揮者・教育者。音階の中心となる音の存在しない無調音楽を試みた。

＊一縷…ごくわずかであること。

＊小沼純一…日本の音楽・文化批評家。

＊「上を向いて歩こう」…坂本九のヒット曲。「SUKIYAKI」というタイトルでイギリスやアメリカでも大ヒットした。

＊バブル…バブル景気のこと。一九八六年頃から一九九一年頃までに日本で起こった好景気のこと。

＊サントリーホール…東京都港区赤坂にある、クラシック音楽専用に設計されたコンサートホール。

＊マーラー…オーストリアの作曲家・指揮者。

＊コラージュ…絵画の技法の一つ。印刷物、布、針金など様々なものを作品に貼り付けて構成する。

＊ポリーニ…イタリアのピアニスト。

＊ショパン…ポーランド出身の作曲家・ピアニスト。

＊涵養…ゆっくりと養い育てること。

＊アーカイヴ…重要な記録や文書を保管すること、また保管する場所のこと。

＊バイヤール…フランスの精神分析家・文芸評論家。

＊第一章で触れたセロニアス・モンクの演奏…セロニアス・モンクはアメリカのジャズ・ピアニスト。第一章ではモンクの即興性を重視した演奏にクラシック・ピアノの教育者が批判的な印象を抱いたことが述べられている。

＊バベルの塔…旧約聖書に登場する巨大な塔。天まで到達する塔を建造しようとした人間に怒った神は、人間の言葉をばらばらにし、意思疎通ができないようにしてしまった。

問一 二重傍線(ア)~(ウ)の本文中の意味として、それぞれ最も適当なものを選びなさい。

(ア)「前衛」 解答番号 12

① これまでの伝統を守ろうとする古典的な手法
② それぞれの時代の流行を取り入れた大衆向けの営み
③ 時代を越えて評価される普遍性を目指す取り組み
④ 既存の形式にとらわれない思想や技法による試み

(イ)「妙味がある」 解答番号 13

① 説明できない奇抜さが生まれる
② 本当の面白さが感じられる
③ 本来の性質があらわれる
④ 様々な感慨が入り混じる

(ウ)「恣意的」 解答番号 14

① 自分勝手な考えで物事を進めていくさま
② 相手に対して悪意を持って行動するさま
③ 自由な考えで特定の立場にとらわれないさま
④ 秩序や道徳から著しく逸脱しているさま

問二 傍線(A)「実はそんなに難しい話ではない」とあるが、なぜ「難しい話ではない」のか、最も適当なものを選びなさい。解答番号 15

① 音楽に対する詳しい知識がなくても、身近な歴史や文化に照らし合わせて分かりやすいものに変換していく能力を持っているから。
② 普段音楽を聴くときに、自然と湧いてくるどこの誰が作ったかという素朴な疑問は歴史的文化的な理解の端緒ともいえるから。
③ 歴史的文化的背景についてまったく知らないことで、先入観を持たずに、未知の音楽の本質に興味を向けることができるから。
④ どこでどんな音楽を聴いても、人は音楽に潜む歴史・文化文脈を探し出し、既知の情報を塗り替えたいという欲求に駆られるから。

事情というものもある。それは今日、ある音楽（音楽作品／演奏／ジャンル等々）が時空横断的に、複数の文化文脈に属しているという事実である。例えば＊ポリーニの＊ショパン演奏にしても、長い受容史の中で形成されてきた楽譜の背後の意味を重視する人もいれば、意味を切り捨てた機能主義的な演奏に熱狂する人もいるし、(ア)前衛音楽かコンピューター・グラフィックのようにショパンが弾かれるのを聴きたいと思う人もいよう。それぞれが時代上の異なった地点で＊涵養《かんよう》された、異なる名作／名演の記憶の＊アーカイヴを持ち、違った作法や制度や技法を信奉する、目に見えない共同体を形成している。＊バイヤールの言う「内なる図書館」を持っているのだ。＊第一章で触れたセロニアス・モンクの演奏に対する、ジャズ・ファンとクラシック・ファンの正反対の反応と同じことが、いたるところで＊バベルの塔のような意思疎通の不能を惹《ひ》き起こしているわけである。こんなことはおそらく、もっと音楽文化の共同体が小さく、同じ音楽を後の時代に演奏するなどということもなく、聴衆の趣味／様式感も統一されていただろう前近代には、ありえなかった事態だろう。

　であればこそ、今の時代にあって何より大切なのは、自分が一体どの歴史／文化の文脈に接続しながら聴いているのかをはっきり自覚すること、そして絶えずそれとは別の文脈で聴く可能性を意識してみることだと、私は考えている。言い換えるなら、「無自覚なままに自分だけの文脈の中で聴かない」ということになるだろう。自分が快適ならば、面白ければそれでいいという聴き方は、やはりつまらない。こうしたことをしている限り、極めて限定された音楽（＝自分とたまたま波長が合った音楽）しか楽しむことは出来ない。時空を超えたコミュニケーションとしての音楽の楽しみがなくなってしまう。むしろ音楽を、「最初はそれが分からなくて当然」という前提から聴き始めてみる。それは未知の世界からのメッセージだ。すぐには分からなくて当然ではないか。快適な気分にしてもらうことではなく、「これは何を言いたいんだろう？」と問うことの中に意味を見出す、そういう聴き方を考えてみる。「音楽を聴く」とは、初めのうち分からなかったものが、徐々に身近になってくるところに(イ)妙味があると、考えてみるのだ。こうしてみても初めのうちは退屈かもしれない。音楽など自分と波長の合うものだけをピックアップして、それだけを聴いていればいい――それも一つの考え方だろう。だが「徐々に分かってくる」という楽しみを知れば、自分と波長が合うものだけを聴いていることに、そのうち物足りなくなってくるはずである。これはつまり自分がそれまで知らなかった音楽文化を知り、それに参入するということにほかならない。

　確かに忍耐の要る作業ではあろう。「異文化に参入する」とは「文化の作法を知る」ということである。たいして根拠もない煩雑な拘束ばかりあるように感じられて、最初のうちは煩わしくて仕方ないかもしれない。例えば日本の家屋に土足で入ってはならないし、和食をフォークで食べてはならず、刺身にソースをかけてもいけない。同様のことが音楽においても絶えず起きるはずである。ある集団はポリーニが弾くショパンの作品二五―二の「タラ、ララ、ララ」に激昂《げっこう》し、別の集団は熱狂する。ある集団はモンクのドタ足のタッチを賞賛し、別の集団は眉をしかめる。これらはすべて(ウ)恣意的な約束事（場合によっては部外者を排除するただの意地悪）に思えて、なぜそんなものに従わなければならないのか、バカにされたような気になることもなろう。「どちらでも別にいいじゃないか」――それはそうだ。だが初めは理解出来ずとも、まずはそれに従ってみることによって、徐々にさまざまな陰影が見えてくることもある。それらの背後には何らかの歴史的経緯や人々の大切な記憶がある。このことへのリスペクトを忘れたくはない。「こういうものを育てた文化＝人々とは一体どのようなものなのだろう？」と謙虚に問う聴き方があってもいい。歴史と文化の遠近法の中で音楽を聴くとは、(E)未知なる他者を知ろうとする営みである。

（岡田暁生《あけお》『音楽の聴き方』より）

（注）＊ダナ・アーノルド……イギリスの美術史家。

二　次の文章を読んで、後の問いに答えなさい。(出題の都合上、本文の一部を省略した)

歴史的文化的に音楽を聴くというのは、(A)実はそんなに難しい話ではない。詳しい知識はなくとも、音楽を聴くとき私たちは常に、何らかの歴史/文化文脈の中で聴いている。逆に言えば、背景についてまったく知らない音楽は、よく分からないことの方が多い。例えば多くの人にとってポピュラー音楽が「分かりやすい」のは、その文脈が人々にとって身近なものだからだろうし、逆にクラシック音楽や雅楽が「難しい」のは、歴史や文化の背景がかなり遠いところにあるからだろう。私たちは美術館で絵を前にして、反射的に作者の名前を見ようとする。人によっては必ずまず作者の名を確認してから作品を見る。*ダナ・アーノルドが言うように、美術館に入るや否や私たちは、「美術と同様、歴史も探そうとする」。またコンサートで作曲家の名前も作品タイトルも確認しないなどという人は、まずいないだろう。そしてラジオで気になる音楽が流れていたら、最後のアナウンスまで聴いて、誰がそれを歌っていたか知ろうとするはずだ。

*アドルノは*シェーンベルクの無調音楽を、いつの日かひょっとしたら誰かがそれを読んでくれるかもしれないという*一縷《いちる》の希望とともに、ガラス瓶に入れて大海原に流されたメッセージに喩《たと》えた。無調作品だけではない。おそらく私たちにとって多くの音楽は「未知の世界からのメッセージ」であり、それを聴くことは「ガラス瓶の中の手紙を開封すること」なのだ。「どこから来たのだろう?/誰が書いたのだろう?」——「歴史的文化的な文脈の中で音楽を聴く」とは、この問いの延長線上にある行為にほかならない。

実際のところ音楽は、たとえどれだけポータブル化されようとも、それが生まれた歴史/文化の文脈から決して完全に切り離すことは出来ない。このあたりの事情を*小沼純一は、次のように説明している。

「ひとつの音楽が生まれ、何年も何年もかかって育ってゆく、その土地、その場所、その環境、というのがあるわけです。そこから切り離してしまったら多くのもの、大きなものが失われてしまう。それは、音楽が生まれ育つ共同体、共同体をつくっている成員、気候や風土、その他文化的なファクターが何重にもなっている。楽器だって、その土地でとれた植物や動物、あるいは石、土などを用いるし、乾燥させ方なども気温や湿気などと関わってきます。日本の尺八や琵琶《びわ》をアメリカやヨーロッパに持っていったときの苦労、あるいはヴァイオリンやピアノを日本や東南アジアでメンテナンスすることの大変さは、しばしば耳にはいってくることでもあります」。

音楽とは特定の文化の中で時間をかけて形成されてきたもの、そこでしか生まれえないものであり、つまり常に「どこから来た音楽」なのだ。

もちろん(B)「場」を完全な形で保存することは不可能だし、そんなことを試みるのは無意味でもある。時代が変われば、そして別の文化へ輸送されれば、歴史/文化の文脈は否応《いやおう》なしに変化する。にもかかわらず、たとえ本来の文脈から切断されて別の時空に移動されたとしても(例えば渋谷のホールで演奏されるオペラといった具合に)、またしても音楽はそこで新たな別の文化文脈に嵌《は》め込まれる。例えば*「上を向いて歩こう」がアメリカでは「スキヤキ・ソング」として受容されるとか、*バブル絶頂期に*サントリーホールで*マーラーを聴くことが東京の若者の間で流行したとかいった例は、ある音楽が異郷において*コラージュのように別文脈にはまって開花した例だ。いずれにせよ私たちは、(C)音楽だけを真空状態で聴くことは出来ない。パソコンでシミュレートされ転送される音楽だって、それこそインターネット空間という一つの「場」の中にあると言えるだろう。音楽は必ず文脈の中で鳴り響き、私たちは文脈の中でそれを聴く。歴史/文化とは音楽作品を包み込み、その中で音楽が振動するところの、空気のようなものなのである。

確かに(D)現代の音楽状況をひどく複雑なものにしている、特殊な

二〇二三年度 日本大学習志野高等学校（A・B入試）

【国語】（五〇分）〈満点：一〇〇点〉

一 次の各問いに答えなさい。

問一 次の(ア)～(オ)の傍線部と同一の漢字を用いるものはどれか、それぞれ適当なものを一つずつ選びなさい。

(ア) シショウから芸を受け継ぐ。 解答番号 1

① ショウグンの地位につく。
② ショウニンとして裁判に出る。
③ 功労者としてケンショウされる。
④ 映画界のキョショウと呼ばれる。

(イ) フンショク決算が発覚した。 解答番号 2

① 友人の態度にフンガイした。
② フンマツの薬を処方される。
③ 明るいフンイキの公園。
④ 議論がフンキュウする。

(ウ) 知識は豊富だがユーモアやキチに欠ける。 解答番号 3

① 悲しくてもキジョウに振る舞う。
② 箸の扱いがキヨウな人。
③ 人の心のキビに触れる。
④ 交通キソクを守る。

(エ) あらゆるハクガイ行為を許さない。 解答番号 4

① ハクシンの演技に胸を打たれる。
② 物価の上昇にハクシャがかかる。
③ 彼女はハクシキで知られる人物だ。
④ ハクネツした試合展開になる。

(オ) 流行性のカンボウにかかる。 解答番号 5

① 体のボウエイ本能が働く。
② ボウケンの旅に出発する。
③ ビタミンがケツボウする。
④ オウボウな態度をとる。

問二 次の傍線部の語のうち、自動詞として使われているものはどれか、最も適当なものを選びなさい。 解答番号 6

① 中学生として最後の行事を大きな問題もなく終えた。
② 友人が飛ばすドローンをぼんやりと眺めていた。
③ 遠くの山々は目が覚めるような美しさで輝いていた。
④ 旅行に出る家族を車で空港まで送るつもりだ。

問三 次の熟語のうち、「湯《ゆ》桶《とう》読み」するものはどれか、最も適当なものを選びなさい。 解答番号 7

① 庭園　② 手紙　③ 本棚　④ 雨具

問四 「外見や表面と内容が食い違うこと」という意味の四字熟語はどれか、最も適当なものを選びなさい。 解答番号 8

① 羊頭狗肉　② 換骨奪胎
③ 本末転倒　④ 八方美人

問五 宮沢賢治は「イーハトーブ」という架空世界を創造し、そこで起きる出来事を様々な作品として書き記した。その世界に影響を与えたとされる宮沢賢治の生まれ故郷はどこか、適当なものを選びなさい。 解答番号 9

① 北海道　② 岩手県
③ 石川県　④ 山梨県

問六 次の古典文学作品のうち、成立年代が最も古い作品はどれか、適当なものを選びなさい。 解答番号 10

① 『源氏物語』　② 『宇治拾遺物語』
③ 『竹取物語』　④ 『堤中納言物語』

問七 次の漢文を書き下したとき、傍線部の漢字「足」は何番目に読むか、適当なものを選びなさい。 解答番号 11

不ㇾ足㆘為㆓外人㆒道㆖也。

① 三番目　② 四番目　③ 五番目　④ 六番目

2023年度／日本大学習志野高等学校（A・B入試）

英語解答

Ⅰ〔A〕 1…② 2…⑦ 3…⑧ 4…⑥
5…⑨ 6…④ 7…①
〔B〕 ① 〔C〕 ③ 〔D〕 ①

Ⅱ〔A〕 ④ 〔B〕 ③ 〔C〕 ②
〔D〕 ③ 〔E〕 1…① 2…④
〔F〕 17…③ 18…⑦ 19…④ 20…⑥
〔G〕 ②，⑥

Ⅲ 問1 ① 問2 ② 問3 ③

Ⅳ 1 ② 2 ④ 3 ② 4 ③

Ⅴ 問1 ④ 問2 ④ 問3 ②

Ⅵ 1 ① 2 ③ 3 ① 4 ④

Ⅶ〔A〕 1…③ 2…① 3…④ 4…③
〔B〕 1…③ 2…③ 3…② 4…③

Ⅷ 1 45…② 46…⑤
2 47…⑨ 48…⑦
3 49…② 50…③

Ⅰ〔長文読解総合―物語〕

≪全訳≫❶石と砂の入った数個の箱，それにとても大きな空っぽの広口瓶がところ狭しと置かれているテーブルの向こうに，教授は学生を前にして立っていた。講義が始まると，教授は何も言わずに，広口瓶にピンポン玉くらいの大きさの石を入れ始めた。❷それから教授は，広口瓶がいっぱいであるかどうか学生たちに尋ねた。彼らはいっぱいだと答えた。❸すると教授は小石の入った箱を手に取って，その中身を広口瓶に入れた。教授は広口瓶を軽く振った。もちろん小石は，大きな石と石の間の隙間に落ちた。❹それから教授は，広口瓶がいっぱいであるかどうかもう一度学生たちに尋ねた。彼らはいっぱいだと答えた。❺教授は砂の入った箱を手に取ると，その中身を広口瓶に入れた。もちろん砂は広口瓶の残っている隙間を埋めた。❻それから教授は，広口瓶がいっぱいであるかどうかもう一度尋ねた。どの学生も「そうだ」と答えた。❼「さて」と教授は言った。「この広口瓶が君たちの人生を表していると考えてほしいんです。石は大切なもの，つまり，家族やパートナーや健康や子どもであり，他の全てが失われてそれだけが残ったとしても，それでもなお人生は充実しているというものです。小石は，大切であるかもしれない他のもの，例えば，仕事や家や車です。砂はその他全てのもの，ささいな要素なのです」❽「もし砂を最初に広口瓶に入れれば」と教授は続けて言った。「小石や大きな石を入れるスペースがありません。同じことが人生にも当てはまるのです。もし全ての時間とエネルギーをささいな要素に費やせば，自分にとって大切なことのためのスペースがなくなってしまうでしょう。自分の幸せにとって大切なことに注意を払いなさい。我が子と遊びなさい。パートナーと一緒に出掛けなさい。体を大切にしなさい。仕事に行ったり，家の掃除をしたり，夕食会を開いたり，台所の流しを直したりする時間はいつだってあるでしょう」❾「まず石を，つまり，本当に大切なことを大事にしなさい。自分にとって大切なものに優先順位をつけなさい。残りは砂にすぎないのです」

〔A〕＜適語選択＞1．‘*A* as well as *B*’で「*B*だけでなく*A*も」の意味。　2．大きな石がいくつも入った瓶に小石を入れて振ったらどうなるか考える。　fall－fell－fallen　3．空所の前にthe，後ろに名詞spacesがあるので，形容詞が入る。fill up ～は「～を満たす，いっぱいにする」という意味。砂が満たしたのは「残りのスペース」。　remaining「残っている，残りの」　4．直後で具体例が挙げられている。仕事や家や車は「重要かもしれないもの」である。直前に助動詞mayがあるので，動詞の原形が入る。matterには動詞で「重要である」という意味がある。

第9段落に同じ用法がある。　**5**．pay attention to ～「～に注意を払う」　**6**．take care of ～「～を大切にする，～の世話をする」　**7**．直前の2文で，石は大切なものという記述があるので，砂は the rest「残り」とする。

〔**B**〕＜**語句解釈**＞下線部は，広口瓶に石と砂を入れた後，瓶がいっぱいであるかどうかを尋ねた教授に対する学生の返答である。よって，この返答の内容は，①「広口瓶はいくつかの石と砂でいっぱいだ」。

〔**C**〕＜**語句解釈**＞砂を最初に入れれば石が入る「スペース」はなくなる。room には「スペース，空間」の意味がある。この意味を表すのは③「ある特定のもの，人，あるいは活動のためのどこかにあるスペース」。なお，この意味の room は‘数えられない名詞’になる。

〔**D**〕＜**内容真偽**＞①「私たちは大切なものの順番を決める必要がある」…○　第9段落第2文に一致する。ここでの rank は動詞で「～に等級〔順位〕をつける」という意味。　②「まず教授は小石を広口瓶に入れ，少しずつ瓶をいっぱいにしていった」…×　第1～3段落参照。教授は，小石の前にピンポン玉くらいの大きさの石を入れている。　③「仕事は人生に欠かせない要素だが，教授が大きな石を使って示したように，仕事のことを第一に考えなくてもよい」…×　第7段落最後から2文目参照。仕事のことを述べる際に，教授は小石を使っている。　④「教授は講義で，砂はあらゆることに共通していて，私たちはまず砂を考慮に入れなければならないということを示した」…×　第7段落最終文参照。「砂はささいな要素」である。

Ⅱ 〔**長文読解総合―説明文**〕

≪**全訳**≫❶辞書では，レストランは食事をする場所と定義されている。したがって，この定義によれば，レストランは文明と同じくらいの歴史があることになる。例えば，古代ローマの遺跡には食事をする場所があったということを示す証拠がある。❷古代の食事をする場所のほとんどは宿屋で，そこでは簡単な食事や飲み物が旅人に出された。その後，17世紀の中頃までに，ヨーロッパの多くの地域に新しい種類の食事をする場所が現れた。これが喫茶店だった。最初は，コーヒーを出すだけだったが，その後，食事も出すようになった。喫茶店は，作家やその友人が集まるのに人気の場所になった。❸18世紀末にパリでレストランが現れた。レストランは，客に選択の機会を与えるという点で，宿屋や喫茶店とは大きく違っていた。レストランにはメニューがあったので，初めて客は何を食べるのか，どのくらいの量を食べるのかを決めることができた。また，客は初めて，食事をする前に食事の値段がわかった。18世紀のパリの典型的なレストランのメニューには，12種類のスープ，65の肉料理，50のデザートがあった。❹レストランが現れる前には，さまざまな種類の料理人がフランスにいた。例えば，肉を焼く人，パンを焼く人，デザートをつくる人がいた。肉を焼く人はどんなパンも焼くことができず，パンを焼く人はデザートをつくることができなかった。これは法律だった。また，この頃，「レストラン」という言葉には特別な意味があった。それは，一種のスープを表すフランス語だった。このスープは元気を回復させるもので，疲れているときや病気のときに，元気になったと人々に感じさせるという意味だった。食事をする場所は，元気を回復させるスープを客に出していたのだ。❺1765年，ブーランジェという名の男がこういったスープを出す店を1つ所有していた。ある日，彼は肉を料理しその上にソースをかけることで，法律を破った。これがソースをつくる人たちを怒らせ，彼らは彼を訴えた。しかし，ブーランジェは勝訴し，現代のレストランが誕生した。1786年までには，レストランは料理をし，全ての種類の食べ物と飲み物，つまり，スープ，肉料理，サラダ，デザート，そして，ワインを出す場となっていた。❻今日，「レストラン」という言葉は，簡易食堂，カフェテリア，あるいはファストフードを食べる場所といった多くの意味を表しうる。映画を上映するレストランや暗闇の中で食事をするレストラン，そして，水中にあるレストランさえある。未来のレストラン界で何が起こるのかは誰にもわからない。

〔**A**〕**＜適語句選択＞**「古代ローマの遺跡の食事をする場所」は，直前の文の具体例になっている。 in addition「また，そのうえ」 as a result「結果として」 by the way「ところで」

〔**B**〕**＜語句解釈＞**choice は「選択(の機会)」の意味。直後の文の，客が食事内容と食事量を決めることができた，という内容が，選択の具体的な説明になっている。 option「選択の自由」

〔**C**〕**＜英文解釈＞**主語 This に当てはめて意味が通る内容を探すと前文の内容が該当する。前文の内容が含まれているものを選ぶ。このように，this は直前の文またはその一部の内容を指すことが多い。

〔**D**〕**＜英文解釈＞**Who knows ～?「誰が～を知っているのか」は，「誰も～を知らない」ということを示す反語表現。この意味を表すのは③「レストランの将来がどのようなものになるのか知っている人はいない」。①の Not a few people は「かなり多くの人々」という意味。 not a few ～「かなり多くの～」

〔**E**〕**＜英問英答＞1**．「本文によると，辞書におけるレストランはどのような意味か」―①「それは食事をするための場所を意味する」 第１段落第１文参照。 **2**．「新しい形のレストランを開く前に，ブーランジェはどのような種類の店を所有していたか」―④「元気を回復させるスープを客に出す店を所有していた」 第４段落最終文～第５段落第１文参照。

〔**F**〕**＜内容一致＞17・18.** 第２段落第１文参照。 **19.** 第２段落第３～５文参照。 **20.** 第４段落最後から２文目参照。

〔**G**〕**＜内容真偽＞**①「17世紀に喫茶店は，客が注文した食事を出し始めた」…× 第２段落第２文～第３段落第３文参照。客が注文できるようになったのは，18世紀のレストランでのこと。 ②「レストランの起源は，文明の起源にまでさかのぼる」…○ 第１段落第２文に一致する。 ③「レストランが現れる前，フランスの料理人はさまざまな食事を出すことを許されていた」…× 第４段落第１～４文参照。料理人は自分の専門とするものしかつくれなかった。 ④「18世紀末，パリのレストランでは客は食べたいものを注文することができなかった」…× 第３段落第１～３文参照。当時のパリのレストランにはメニューがあり，客は何を食べるのか決められた。 ⑤「ブーランジェが裁判に負けたので，現代のレストランが誕生した」…× 第５段落第４文参照。ブーランジェは勝訴した。 ⑥「現在，食事だけでなく娯楽も提供するレストランを見つけ出すことができる」…○ 第６段落第２文に一致する。

Ⅲ〔**長文読解総合―メニューを見て答える問題**〕

≪全訳≫習志野バーガーズ／おいしい手づくりハンバーガー！ 当店では100％自然素材のみを使用しています！／バーガー 全てのバーガーには手切りのフライドポテトとサラダ(小)がつきます／ポパイバーガー5.99ドル／ハワイアンバーガー6.50ドル／クラシックバーガー4.99ドル／ダブルバーガー6.00ドル／デラックスバーガー7.50ドル／サラダ サラダドレッシング：フレンチ，ブルーチーズ，低カロリー／ミックスサラダ(中)3.50ドル，(大)5.00ドル／チキンサラダ(中)5.00ドル(大)7.00ドル／ツナサラダ(中)5.00ドル(大)7.00ドル／トロピカルサラダ(中)6.00ドル(大)8.50ドル／スープ／野菜スープ(カップ)2.50ドル(ボウル)3.50ドル／クリーミーコーンスープ(カップ)2.50ドル(ボウル)3.50ドル／スパイシートマトスープ(カップ)2.50ドル(ボウル)3.50ドル／飲み物　当店のフルーツジュースはフルーツの旬によって変わります——お尋ねください！／ハーブティー2.50ドル／紅茶2.00ドル／カフェインレスコーヒー2.50ドル／コーヒー2.00ドル／フレッシュフルーツジュース3.50ドル／ミュールライトビール(ビン)4.00ドル(グラス)3.50ドル／ベルギーモンクビール(ビン)6.50ドル／〜注意〜　アルコール飲料は午後7時以前にはご提供できません／習志野セット，全てのバーガーより1つ＋全てのスープ(カップ)より1つ＋全ての温かい飲み物より1つ　9.50ドル／ファミリーミール／習志野セットを2つ注文するとお子様は1つ無料となります！（10歳未満のお子様限定）／習志野の郵便配達区域であればどこへでも配達いたします。20ドル(追加料金を含みます)以上ご注文ください。配達には最低45分かかります。宅配商品に10%の追加料金が加算されます。

問1＜内容一致＞「メニューによると，(　　)のは不可能だ」―①「ランチタイムにミュールライトビールを1本飲む」　Note「注意」参照。午後7時以前にはアルコール飲料は提供できない。

問2＜英問英答＞「次のうちどれが最も安いか」―②「ポパイバーガーの習志野セット」　9.50ドルで一番安い。①は10ドル，③と④は10.50ドルになる。

問3＜内容一致＞「メニューから判断すると，(　　)ことはなさそうだ」―③「高校生のグループがファミリーミールを注文する」　FAMILY MEALSの項参照。無料になるのは10歳未満限定であるため，高校生のグループが注文しても特にはならない。

Ⅳ〔対話文完成―適文選択〕

1．A：今日後ほど，私のスピーチ原稿をチェックしていただく時間はありますか？／B：いや，申し訳ないけど，今日は時間がないんだ。今日の午後，何件か面会の約束があってね。／A：わかりました。それでは…26明日の放課後，研究室にお伺いしてもよろしいですか？／B：いいよ。君が来る前に読んでおけるように，原稿をメールで送っておいて。//この後BがYesと答え，最後にbefore you come「君が来る前に」と言っている。

2．A：すみません，伝票が間違っていると思うのですが。／B：本当ですか？／A：ほら，27金額が高すぎますよ。／B：おっしゃるとおりですね。正しい金額の新しい伝票をおつくりします。//billは「請求書，勘定書」という意味。伝票の請求額が間違っていることを示す内容が入る。chargeは「(代金)を請求する」の意味。

3．A：新しい上司が来てから，オフィスはどんな様子だい？／B：28ひどいんだ！　みんな彼を嫌ってるよ。／A：どうして？／B：いつも陰で僕たちの悪口を言うんだ。//最後のBの発言から，空所には上司に対する否定的な内容が入ると判断できる。speak ill of 〜で「〜の悪口を言う」。How goes it?は「変わりはないかい？」といった意味。　How come?「どうして」

4．A：すみませんが，市役所へはどう行けばいいのか教えていただけませんか？／B：いいですよ。銀行のところで左に曲がって，4ブロック進んでください。市役所は右手に見えますよ。／A：29 10分で着けると思いますか？／B：急げばなんとかなりますよ。//最後のBの発言にあるmanageは「なんとかできる」という意味。急げばなんとかできる内容を含むものを選ぶ。

V〔長文読解—英問英答—対話文〕

≪全訳≫❶テツヤ(T)：しばらく映画を見ていないね。今週NN劇場ではいい映画がやってるよ。❷ミナミ(M)：これを見ようよ！　デンマークの雪に覆われた美しい地方が描かれているわ。午後の上映もあるし。❸T：僕はそれをもう２回見たんだ！　でも，君は見るべきだよ。❹M：そうするわ。この映画はどう？　これも洋画で，家族のすてきな物語みたい。❺T：いいね。夕食前に待ち合わせて，遅い方の上映を見よう。❻M：完璧ね。この映画も見たい？　ラブストーリーだけど，とてもおもしろいわよ。友達のアツコが見たの。❼T：よさそうだけど，僕はやめておくよ。その次の日の夜にこっちの映画を見ることになっているんだ。友達のグレッグと僕とで，最終上映を見に行くんだよ！　君も一緒に来る？❽M：宇宙を扱った映画は大好きなんだけど，遅すぎるわ。❾T：いいよ。わかった。❿M：でも，木曜日が楽しみだわ。⓫T：僕もだよ！

NN 劇場の上映予定（5/4～7）				
	木曜日	金曜日	土曜日	日曜日
映画	The Kite	Happy Heart	Planet ZZ 7	Ice Poem
ジャンル	イラン映画	ロマンティックコメディ	SF映画	デンマーク映画
ストーリー	少女が祖父とたこをつくる	２人の友人が恋に落ちる	宇宙飛行士が不思議な惑星を見つける	冬が小さい町にやってくる
上映時間	午後７時・午後９時	午後７時・午後９時	午後７時・午後９時	午後２時・午後７時
特典	無料の炭酸飲料	無料ポップコーン	無料の映画ポスター	映画ハガキの20%割引

問１．「ミナミが１人で見る映画のテーマは何か」—④「冬が町にやってくる」　第２～４段落参照。Danish は形容詞の場合，「デンマークの」という意味を表す。

問２．「２人はどの映画の上映を一緒に見るか」—④「午後９時の The Kite」　第４，５段落参照。「洋画」，「家族の物語」という条件を満たすのは，The Kite。the later show とあるので上映時間の遅い方を選ぶ。Iranian は形容詞の場合，「イランの」という意味を表す。

問３．「テツヤがグレッグと一緒に映画を見るとき，何が手に入るか」—②「無料の品物」　第６～８段落参照。outer space「宇宙(空間)」という発言から，２人が見る映画は Planet ZZ 7 である。この映画では「無料の映画ポスター」がもらえる。　sci-fi「SFの」　astronaut「宇宙飛行士」

VI〔適語選択〕

1．「10ドル紙幣を両替してくれませんか」　change には「小銭，くずした金」の意味がある。

2．「従業員という意味は，個人あるいは企業のために働いて対価を得る人を表すために使われる。通常は賃金または給料の支払いを受けて働く場合である」　employee「従業員」　customer「(店の)客」

3．「ジャネットは記者だ。彼女は新聞社で働いている。彼女はよく外国を訪れ，その国について記事を書く」　journalist「記者，ジャーナリスト」　designer「デザイナー」　guard「警備員，ガードマン」　coach「コーチ」

4．「もしあなたが乗客なら，列車や飛行機や船などで移動しているが，それを運転していたり動かしたりしているのではない」　passenger「乗客」　captain「船長」　conductor「車掌」　pilot「パイロット」

VII〔文法総合〕

〔A〕＜適語(句)選択＞

1．go bad で「(食べ物が)腐る」の意味。　「夏には肉はすぐに腐る」

2．‘would like＋人＋to＋動詞の原形’で「〈人〉に～してほしい」の意味。‘would like to＋動詞の原形’「～したい」との違いに注意。　「私にその仕事をしてほしいですか」

3．‘few＋数えられる名詞’で「～がほとんどいない」という意味。much は‘much＋数えられない名詞’という形で使う。neither は二者について使い，「どちらの…も～ない」の意味。「『ほとんどの人は英語を話せない』は，『英語を話せる人はほとんどいない』とほぼ同じ意味である」

4．空所の前後がどちらも‘文’の形なので，接続詞が入る。前後の内容は‘逆接’の関係である。yet には「しかし」の意味がある。　「私はアメリカで数年過ごしたが，英語をうまく話せない」

〔B〕＜誤文訂正＞

1．「(その人の)過去について何も知らない人」という意味になれば文として成立するので，③は所有格の関係代名詞 whose にするのが正しい。この past は名詞で「過去」という意味。「過去について何も知らない人を信用すべきではない」

2．before があるため，「忘れない前に」ではなく「忘れる前に」としなければならない。don't は不要。　「忘れる前に彼の電話番号を書きとめてはどうですか」　write down「書きとめる」

3．me, my own room とあるため，掃除するのは「私」である。②は I が正しい。　「父は私に，自分の部屋を掃除するように言った」

4．‘any other＋単数名詞’で「他のどの～」の意味。なお，population「人口」の「多い」「少ない」は，large，small で表す。　「東京は日本の他のどの都市よりも人口が多い」

Ⅷ〔整序結合〕

1．「間違いを恐れずに」は「間違いをすることを恐れることなく」であると考える。「間違いをする」は make mistakes,「～するのを恐れる」は be afraid of ～ing,「～することなく」は without ～ing で表せる。不要語句は to make。　I advise you to speak English without being afraid of making mistakes.

2．英語で分数は，分子を先に基数で表し，分母を後に序数で表す。なお，分子が2以上のときは，two thirds のように分母の序数の後に複数形の s がつく。「～に行ったことがない」は have never been to ～で表せる。不要語は five。　They say one fifth of them have never been to the stadium.

3．「どのくらいの頻度で」は how often。疑問詞なので文頭に置く。語群から，「水をあげればいいですか」は受け身の疑問文である‘be動詞＋主語＋過去分詞’の形にまとめる。ここでの water は「～に水をやる」という意味。不要語は gave。　How often are the flowers watered during the summer?

2023年度／日本大学習志野高等学校（Ａ・Ｂ入試）

数学解答

1 (1) ア…7　イ…4
(2) ウ…−　エ…1　オ…7　カ…1
キ…1　ク…9
(3) ケ…1　コ…4　サ…1　シ…5
(4) ス…5　セ…8
(5) ソ…3　タ…3
(6) チ…1　ツ…2

2 (1) ア…1　イ…2　(2) 4
(3) エ…−　オ…2　カ…3　キ…2
(4) ク…3　ケ…2

3 (1) ア…2　イ…5　ウ…4
(2) エ…9　オ…2
(3) カ…3　キ…4

4 (1) 6
(2) イ…4　ウ…1　エ…4　オ…9
カ…0　キ…3　ク…6　ケ…8
コ…4

1〔独立小問集合題〕

(1)＜数の計算＞$1-\frac{1}{\sqrt{2}}=\frac{\sqrt{2}}{\sqrt{2}}-\frac{1}{\sqrt{2}}=\frac{\sqrt{2}-1}{\sqrt{2}}$，$1-\frac{1}{\sqrt{8}}=\frac{\sqrt{8}-1}{\sqrt{8}}$ だから，与式$=(1+\sqrt{2})\times\frac{\sqrt{2}-1}{\sqrt{2}}\times(1+\sqrt{8})\times\frac{\sqrt{8}-1}{\sqrt{8}}=\{(\sqrt{2}+1)(\sqrt{2}-1)\}\{(\sqrt{8}+1)(\sqrt{8}-1)\}\times\frac{1}{\sqrt{2}}\times\frac{1}{\sqrt{8}}=(2-1)(8-1)\times\frac{1}{\sqrt{16}}=1\times7\times\frac{1}{4}=\frac{7}{4}$ である。

(2)＜二次方程式＞$2023=7\times17^2$ だから，$x^2+(17-7\times17)x+17\times(-7\times17)=0$，$(x+17)(x-7\times17)=0$ より，$x=-17$，7×17，$x=-17$，119である。

(3)＜連立方程式の応用＞3つの自然数 x，y，z が，$x<y<z$ であり，$xyz=60$ を満たす場合，$x=3$，$y=4$，$z=5$ とすると，$xyz=3\times4\times5=60$ となり，x が4以上の整数になることはないので，x は3以下の自然数である。$x=1$ のとき，$1+y+z=20$ より，$y+z=19$……①，$1\times y\times z=60$ より，$yz=60$……②となる。①より，$z=19-y$ となり，これを②に代入して，$y(19-y)=60$，$y^2-19y+60=0$，$(y-4)(y-15)=0$　$\therefore y=4$，15　$y=4$ のとき，$z=19-4$，$z=15$ であり，$y=15$ のとき，$z=19-15$，$z=4$ となり，$y<z$ より，$y=4$，$z=15$ である。$x=2$ のとき，$y+z=18$……③，$yz=30$……④となる。③，④より，$y^2-18y+30=0$ となるが，y は自然数にならないので適さない。$x=3$ のときも同様に適さない。よって，$x=1$，$y=4$，$z=15$ である。

(4)＜一次方程式の応用＞370人の団体のうち，ふれあい体験だけに参加した人は $370-32-300=38$(人)である。ふれあい体験に参加した人数を x 人とすると，企画展だけに参加した人は $370-32-x=338-x$(人)，両方に参加した人は $x-38$ 人と表せる。また，370人分の入園料は $80\times370=29600$(円)より，オプションの参加費は $55600-29600=26000$(円)である。よって，オプション料金について，$50(338-x)+200\times38+220(x-38)=26000$ が成り立つ。これを解くと，$5(338-x)+20\times38+22(x-38)=2600$，$1690-5x+760+22x-836=2600$，$17x=986$　$\therefore x=58$　よって，ふれあい体験に参加した人は58人である。

(5)＜平面図形―角度＞右図のように，2点F，Gを定める。$\angle \mathrm{EBD}=a$，$\angle \mathrm{ECD}=b$ とすると，$\angle \mathrm{ABE}=2a$，$\angle \mathrm{ACE}=2b$ となる。$\triangle \mathrm{ABF}$ の外角と内角の関係から，$\angle \mathrm{BFC}=\angle \mathrm{BAF}+\angle \mathrm{ABF}=23^\circ+(2a+a)=23^\circ+3a$ となる。$\triangle \mathrm{DCF}$ で同様に，$\angle \mathrm{BFC}=\angle \mathrm{CDF}+\angle \mathrm{DCF}=38^\circ+(b+2b)=38^\circ+3b$ である。よって，$23^\circ+3a=38^\circ+3b$ が成り

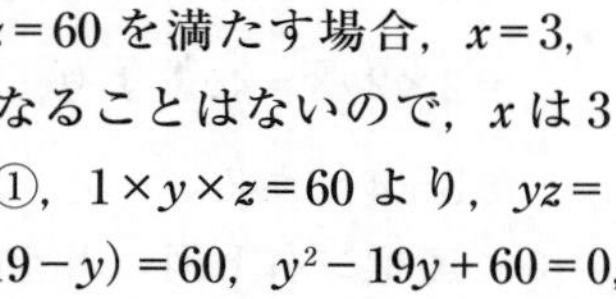

立ち，$a-b=5°$となる。また，△CEGで，∠BGC＝∠CEG＋∠ECG＝∠$x+2b$，△ABGで，∠BGC＝∠BAG＋∠ABG＝$23°+2a$だから，∠$x+2b=23°+2a$が成り立ち，∠$x=23°+2a-2b=23°+2(a-b)$となるから，∠$x=23°+2\times5°=33°$である。

(6)＜確率―カード＞1，2，3，4，5の数字が書かれた5枚のカードから，3枚のカードを取り出すとき，書かれている数字の組は，(1，2，3)，(1，2，4)，(1，2，5)，(1，3，4)，(1，3，5)，(1，4，5)，(2，3，4)，(2，3，5)，(2，4，5)，(3，4，5)の10通りある。このうち，積の1の位が0になるのは，積が10の倍数になるときで，5と偶数が書かれたカードが含まれる組だから，下線を引いた5通りある。よって，求める確率は$\frac{5}{10}=\frac{1}{2}$である。

2〔関数―関数と図形〕

≪基本方針の決定≫(2)　△OABが，円の直径ABを斜辺とする直角三角形になることに気づきたい。

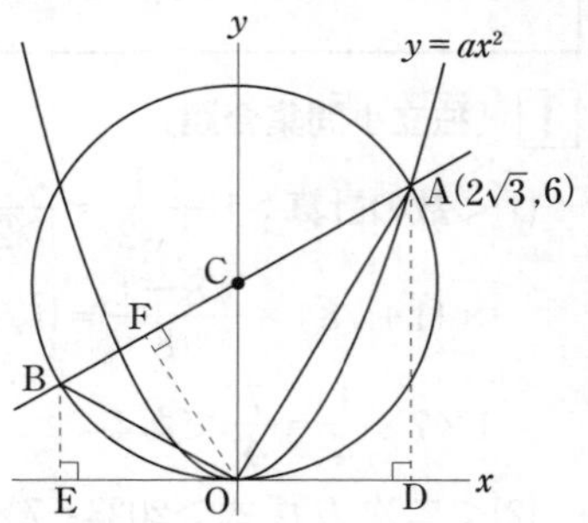

(1)＜比例定数＞右図で，A$(2\sqrt{3}，6)$は放物線$y=ax^2$上にあるので，$6=a\times(2\sqrt{3})^2$より，$12a=6$，$a=\frac{1}{2}$となる。

(2)＜長さ＞右図のように，点Oと点A，Bをそれぞれ結び，点Aからx軸に垂線ADを引く。点Aの座標より，OD：AD＝$2\sqrt{3}$：6＝1：$\sqrt{3}$だから，△DAOは3辺の比が1：2：$\sqrt{3}$の直角三角形で，∠AOD＝60°となる。これより，∠AOC＝90°－60°＝30°であり，CO＝CAより△COAは二等辺三角形なので，∠OAC＝∠AOC＝30°となる。よって，線分ABが円Cの直径より，∠AOB＝90°だから，△OABは3辺の比が1：2：$\sqrt{3}$の直角三角形である。したがって，△DAOでOA＝2OD＝$2\times2\sqrt{3}=4\sqrt{3}$より，AB＝$\frac{2}{\sqrt{3}}$OA＝$\frac{2}{\sqrt{3}}\times4\sqrt{3}=8$となるから，円の半径は，CA＝$\frac{1}{2}$AB＝$\frac{1}{2}\times8=4$である。

(3)＜座標＞右上図のように，点Bからx軸に垂線BEを引くと，∠BOE＝180°－∠AOD－∠AOB＝180°－60°－90°＝30°となるから，△BOEは3辺の比が1：2：$\sqrt{3}$の直角三角形である。よって，(2)よりOB＝$\frac{1}{2}$AB＝$\frac{1}{2}\times8=4$だから，BE＝$\frac{1}{2}$OB＝$\frac{1}{2}\times4=2$，OE＝$\sqrt{3}$BE＝$\sqrt{3}\times2=2\sqrt{3}$となる。したがって，点Bの$x$座標は，OE＝$2\sqrt{3}$より$x=-2\sqrt{3}$，$y$座標は，BE＝2より$y=2$となるから，B$(-2\sqrt{3}，2)$である。

(4)＜体積＞右上図のように，原点Oから直線ACに垂線OFを引く。△OABを直線ACの周りに1回転したときにできる立体は，点Fを中心とする半径FOの円を底面とする高さがそれぞれAF，BFの円錐を合わせた立体となる。△AOFは，(2)より∠OAF＝30°だから，3辺の比が1：2：$\sqrt{3}$の直角三角形で，FO＝$\frac{1}{2}$OA＝$\frac{1}{2}\times4\sqrt{3}=2\sqrt{3}$となる。よって，求める立体の体積は，$\frac{1}{3}\times\pi\times$FO$^2\times$AF＋$\frac{1}{3}\times\pi\times$FO$^2\times$BF＝$\frac{1}{3}\times\pi\times$FO$^2\times$(AF＋BF)＝$\frac{1}{3}\times\pi\times$FO$^2\times$ABとなり，(2)よりAB＝8だから，$\frac{1}{3}\times\pi\times(2\sqrt{3})^2\times8=32\pi$である。

3〔平面図形―円，四角形〕

≪基本方針の決定≫(2)　点Dから辺BCに垂線を引いて，三平方の定理を利用する。　(3)　円Pの中心と，半円Oと円Pの接点が，線分OC上にあることに気づきたい。

(1)＜長さ＞次ページの図のように，半円の中心Oと3点C，D，Eをそれぞれ結ぶ。接点を通る半径は，接線と垂直に交わるから，$OE\perp CD$ である。よって，$\triangle OAD$ と $\triangle OED$ において，$OD=OD$，$OA=OE$，$\angle OAD=\angle OED=90^\circ$ より，直角三角形の斜辺と他の１辺がそれぞれ等しいので，$\triangle OAD\equiv\triangle OED$ である。同様にして，$\triangle OEC\equiv\triangle OBC$ となるから，$DE=AD=\frac{9}{4}$，$EC=BC=4$ となる。したがって，$CD=DE+EC=\frac{9}{4}+4=\frac{25}{4}$(cm)である。

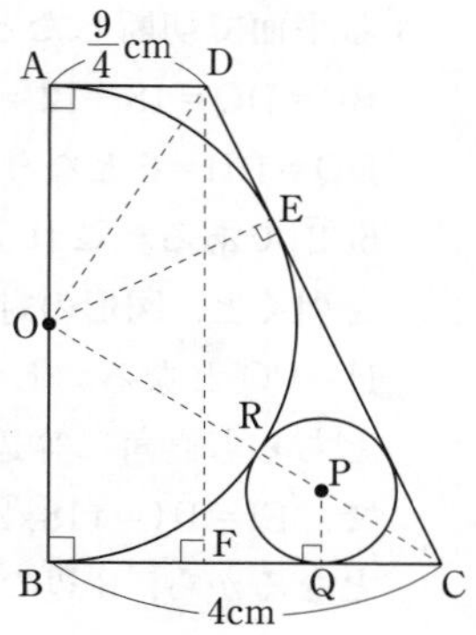

(2)＜面積＞右図のように，点Ｄから辺BCに垂線DFを引く。(1)より，$CD=\frac{25}{4}$ であり，四角形ABFDは長方形になり，$BF=AD=\frac{9}{4}$ だから，$CF=BC-BF=4-\frac{9}{4}=\frac{7}{4}$ となる。これより，$\triangle CDF$ で三平方の定理を用いると，$DF=\sqrt{CD^2-CF^2}=\sqrt{\left(\frac{25}{4}\right)^2-\left(\frac{7}{4}\right)^2}=\sqrt{\frac{576}{16}}=\sqrt{36}=6$ となる。よって，$AB=DF=6$ より，$OA=\frac{1}{2}AB=\frac{1}{2}\times6=3$ だから，半円Ｏの面積は $\pi\times3^2\times\frac{1}{2}=\frac{9}{2}\pi$ (cm²)である。

(3)＜長さ＞右上図で，円Ｐの中心Ｐから辺BCに垂線PQを引くと，点Ｑは円Ｐと辺BCの接点に一致する。このとき，$OB /\!/ PQ$ より，$\triangle OBC\backsim\triangle PQC$ である。$\triangle OBC$ で，(2)より $OB=3$ だから，三平方の定理より，$OC=\sqrt{OB^2+BC^2}=\sqrt{3^2+4^2}=\sqrt{25}=5$ となる。よって，円Ｐの半径を x cm とすると，$PQ=x$ であり，$OC:PC=OB:PQ$ より，$5:PC=3:x$，$3PC=5x$，$PC=\frac{5}{3}x$ となる。円Ｏと円Ｐが接する点をＲとすると，点Ｒは線分OC上の点で，$OC=OR+PR+PC=3+x+\frac{5}{3}x$ だから，$3+x+\frac{5}{3}x=5$ が成り立ち，$\frac{8}{3}x=2$ より，$x=\frac{3}{4}$(cm)となる。

4 〔空間図形―直方体〕

(1)＜時間＞２点Ｐ，Ｑが点Ａを出発してからの時間を x 秒とする。右図１で，$18\div2=9$ より，$0\leqq x\leqq9$ のとき，点Ｐは辺AB上を点Ａから点Ｂに向かって移動する。また，$18\div4=\frac{9}{2}$，$18\times2\div4=9$ より，点Ｑは，$0\leqq x\leqq\frac{9}{2}$ のとき，辺AD上を点Ａから点Ｄへ，$\frac{9}{2}\leqq x\leqq9$ のとき，点Ｄから点Ａに向かって移動する。点Ｑの方が速く動くので，初めて $AP=AQ$ となるのは，点Ｑが初めに点Ｄに着いた後，点Ａに向かって移動しているときである。このとき，$\frac{9}{2}\leqq x\leqq9$ であり，$AP=2x$，$AQ=(AD+DA)-(AD+DQ)=18\times2-4x=36-4x$ だから，$2x=36-4x$ が成り立ち，$x=6$ となる。よって，出発して初めて $AP=AQ$ となるのは６秒後である。

図１

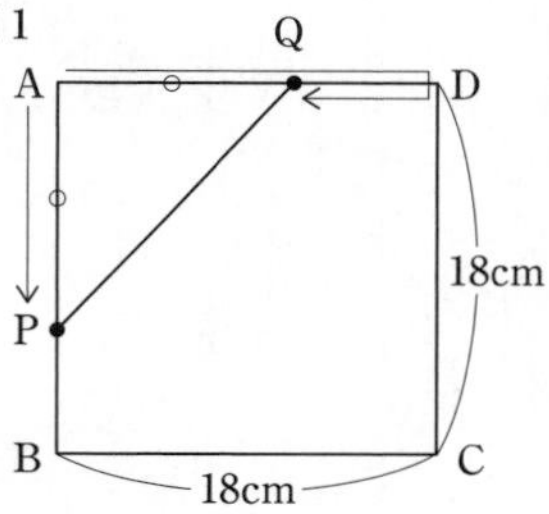

(2)＜面積，体積＞(1)のとき，立体APQ-EFHは，右図２のようになり，この立体の面は，$\triangle APQ$，$\triangle EFH$，台形APFE，台形AQHE，四角形PFHQの５つである。(1)より，$AP=AQ=2\times6=12$ である。よって，$\triangle APQ=\frac{1}{2}\times12\times12=72$ となり，$\triangle EFH=\frac{1}{2}\times18\times18=162$，〔台形APFE〕＝〔台形AQHE〕$=\frac{1}{2}\times(12+18)\times6=90$ となる。四角形PFHQは，直方体ABCD-EFGHを４点Ｐ，Ｆ，Ｈ，Ｑを通

図２

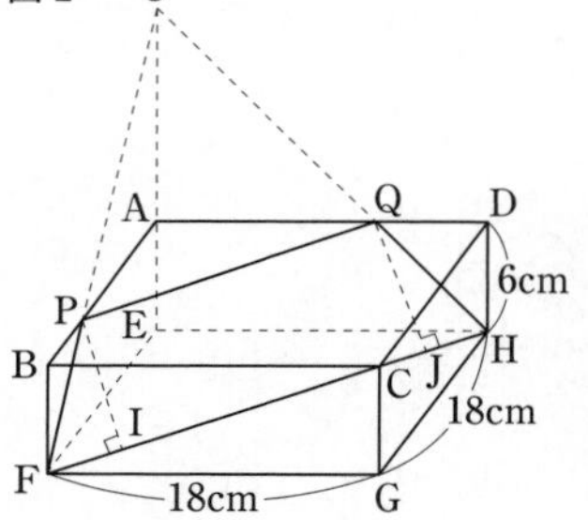

る平面で切断したときの切断面なので，$PQ /\!/ FH$ より，台形である。さらに，$AP = AQ = 12$ より，$BP = DQ = 18 - 12 = 6$ となるから，$\triangle BPF$ は $\angle PBF = 90°$，$BP = BF = 6$，$\triangle DQH$ は $\angle QDH = 90°$，$DQ = DH = 6$ となり，$\triangle BPF$ と $\triangle DQH$ は合同な直角二等辺三角形で，$PF = QH = \sqrt{2}PB = \sqrt{2} \times 6 = 6\sqrt{2}$ である。これより，前ページの図2のように，2点P，Qから辺FHにそれぞれ垂線PI，QJを引くと，図形の対称性より，$\triangle PFI \equiv \triangle QHJ$ となり $FI = HJ$ であり，四角形PIJQは長方形だから，$IJ = PQ$ となる。したがって，$FI = HJ = (FH - IJ) \div 2 = (FH - PQ) \div 2$ であり，$\triangle APQ$，$\triangle EFH$ はどちらも直角二等辺三角形より，$PQ = \sqrt{2}AP = \sqrt{2} \times 12 = 12\sqrt{2}$，$FH = \sqrt{2}EF = \sqrt{2} \times 18 = 18\sqrt{2}$ なので，$FI = HJ = (18\sqrt{2} - 12\sqrt{2}) \div 2 = 3\sqrt{2}$ となる。このとき，$\triangle PFI$ は，$FI : PF = 3\sqrt{2} : 6\sqrt{2} = 1 : 2$ となるから，3辺の比が $1 : 2 : \sqrt{3}$ の直角三角形で，$PI = \sqrt{3}FI = \sqrt{3} \times 3\sqrt{2} = 3\sqrt{6}$ である。以上より，〔四角形PFHQ〕$= \dfrac{1}{2} \times (PQ + FH) \times PI = \dfrac{1}{2} \times (12\sqrt{2} + 18\sqrt{2}) \times 3\sqrt{6} = 90\sqrt{3}$ となり，求める表面積は，$72 + 162 + 90 \times 2 + 90\sqrt{3} = 414 + 90\sqrt{3}$ (cm^2) である。次に，立体APQ-EFHの体積を求める。図2のように，EA，FP，HQをそれぞれ延長すると1点で交わり，その交点をOとすると，〔立体APQ-EFH〕=〔三角錐O-EFH〕−〔三角錐O-APQ〕となる。このとき，$BF /\!/ OA$ なので，$\triangle BPF \backsim \triangle APO$ となり，$\triangle APO$ は $\triangle BPF$ と同様に直角二等辺三角形だから，$AO = AP = 12$ である。よって，$OE = OA + AE = 12 + 6 = 18$ となる。したがって，〔立体APQ-EFH〕$= \dfrac{1}{3} \times \triangle EFH \times OE - \dfrac{1}{3} \times \triangle APQ \times OA = \dfrac{1}{3} \times 162 \times 18 - \dfrac{1}{3} \times 72 \times 12 = 972 - 288 = 684$ (cm^3) である。

2023年度／日本大学習志野高等学校（Ａ・Ｂ入試）

国語解答

一　問一　(ア)…④　(イ)…②　(ウ)…③　(エ)…①
(オ)…②
問二　③　問三　④　問四　①
問五　②　問六　③　問七　③

二　問一　(ア)…④　(イ)…②　(ウ)…①
問二　②　問三　④　問四　③
問五　①　問六　②

三　問一　④　問二　①　問三　③
問四　②　問五　①　問六　④
問七　②

四　問一　(ア)…①　(イ)…③
問二　(X)…③　(Y)…②　問三　③
問四　④　問五　②　問六　④
問七　③　問八　④

一〔国語の知識〕

問一＜漢字＞(ア)「師匠」と書く。①は「将軍」，②は「証人」，③は「顕彰」，④は「巨匠」。(イ)「粉飾」と書く。①は「憤慨」，②は「粉末」，③は「雰囲気」，④は「紛糾」。(ウ)「機知」と書く。①は「気丈」，②は「器用」，③は「機微」，④は「規則」。(エ)「迫害」と書く。①は「迫真」，②は「拍車」，③は「博識」，④は「白熱」。(オ)「感冒」と書く。①は「防衛」，②は「冒険」，③は「欠乏」，④は「横暴」。

問二＜品詞＞「覚める」は，目的語をとらないので，自動詞。「終え」は，「行事を」という目的語があるので，他動詞。「飛ばす」は，ここでは「ドローンを」を修飾している形で，目的語をとる語なので，他動詞。「送る」は，「家族を」という目的語があるので，他動詞。

問三＜漢字の知識＞「雨具」は，「あま」が訓読み，「グ」が音読みの湯桶読み。「庭園」は，「テイ」も「エン」も音読み。「手紙」は，「て」も「がみ」も訓読み。「本棚」は，「ホン」が音読み，「だな」が訓読みの重箱読み。

問四＜四字熟語＞「羊頭狗肉」は，見かけだけ立派で，中身が伴っていないこと。「換骨奪胎」は，先人の作品の発想や表現を取り入れて新しい作品を創作すること。「本末転倒」は，主要な事柄と，つまらない事柄を取り違えてしまうこと。「八方美人」は，誰に対してもよい顔をしてうまくつき合う人のこと。

問五＜文学史＞宮沢賢治は，明治29(1896)年，岩手県花巻市に生まれた。

問六＜文学史＞『竹取物語』は，平安時代初期に成立した伝奇物語。『源氏物語』は，平安時代中期に紫式部によって著された長編物語。『堤中納言物語』は，平安時代後期に成立した短編物語集。『宇治拾遺物語』は，鎌倉時代前期に成立した説話集。

問七＜漢文の訓読＞「外」→「人」→「為」→「道」→「足」→「不」→「也」の順に読む。まず返り点のついていない「外」から読み，一・二点に従って，「人」から「為」に返る。次に上下点に従って，「道」から「足」に返り，さらにレ点に従って「不」に返って，最後に文末の「也」を読む。

二〔論説文の読解─芸術・文学・言語学的分野─芸術〕出典；岡田暁生『音楽の聴き方』。

≪本文の概要≫音楽を聴くとき，私たちは常に，何らかの歴史／文化文脈の中で聴いている。音楽は，特定の文化の中で時間をかけて形成されてきたもので，その歴史／文化の文脈から完全に切り離すことはできない。時代が変わり，本来の文脈から切断されて，別の時空に移動されても，音楽は，新たな別の文化文脈にはめ込まれる。現代においては，ある音楽が時空横断的に，複数の文化文脈に属しているという事実が，音楽状況を複雑にしている。今の時代にあって大切なのは，自分がどの歴史／文化の文脈に接続しながら聴いているのかを自覚し，別の文脈で聴く可能性を意識することである。自分が快適で，おもしろければそれでいいという聴き方では，限定された音楽しか楽しむことができない。むしろ音楽を「最初はそれが分からなくて当然」という前提から聴き始め，「これは何を言いたいんだろう？」と問うことの中に意味を見出すという聴き方を考えてみる。それによって，はじめは理解できずとも，その音楽の中に徐々にさまざまな陰影が見えてくることもある。その背後にある歴史的経緯や人々の大切な記憶へのリスペクトも，忘れたくない。歴史と文化の遠近法の中で音楽を聴くとは，未知なる他者を知ろうとする営みである。

問一＜語句＞(ア)「前衛」は，古い手法や概念を批判して，新しい表現や考え方に挑戦すること。(イ)「妙味」は，何ともいえない，優れた趣のこと。　(ウ)「恣意的」は，自分だけの考えで，勝手気ままに振る舞うさま。

問二＜文章内容＞私たちは音楽を聴くとき，自然に「作曲家の名前」や「作品タイトル」を知ろうとする。作曲家や作品タイトルは，音楽を形成する歴史的要素の基本であり，それを知ることは，音楽の持つ歴史的文化的な背景を理解する出発点といえる。

問三＜表現＞ここでの「場」は，一般的な意味での場所を表現しているのではなく，「音楽が生まれ育つ共同体，共同体をつくっている成員，気候や風土，その他文化的なファクター」を指しており，「　」をつけることで特別な意味を持つことを示している。

問四＜文章内容＞時代が変わり，ある音楽が，もとの「歴史／文化の文脈」から切断されて「別の時空に移動」しても，その音楽は，聞き手を取り巻く「新たな別の文化文脈」にはめ込まれ，その文化のあり方に基づく形で受容される。私たちは，必ず「文脈の中」で音楽を聴くのである。

問五＜文章内容＞「音楽文化の共同体」の規模が小さく，「聴衆の趣味／様式感も統一されていた」前近代とは異なり，現代の音楽は，さまざまな時代で生まれた「名作／名演の記憶のアーカイヴ」や「作法や制度や技法」を持ち，「複数の文化文脈」に属している。そのため，同じ音楽でも異なる「文化文脈」を基準にした演奏が複数存在しており，それぞれの人が，その中からどの文化文脈に接続した演奏を楽しむか，選択することが可能になったのである。

問六＜文章内容＞自分と波長の合う音楽ばかりでなく，未知の文脈の音楽を聴き，「これは何を言いたいんだろう？」と考えることが，その音楽が生まれ育った「歴史的経緯や人々の大切な記憶」を知り，その音楽が伝えようとしていることを理解していくことにつながる。それによって，「自分がそれまで知らなかった音楽文化」を知り，音楽に対する視野を広げることができるのである。

三〔小説の読解〕出典；辻村深月『1992年の秋空』（『家族シアター』所収）。

問一＜文章内容＞うみかの名前の中に「海」があり，「暗い夜の海」の印象と「捉えどころがない」うみかの性格とが重なって，うみかによく似合う魅力的な名前だと「私」には感じられたのである。

問二＜文章内容＞「私」は，「本当は白に近い金色」「こっちの夜の色の空が地球を包んでる本当の空なんだって思えるね」などと，豊かな感性によって月や夜の色彩をとらえ，美しく表現している。その一方で，自分の言葉を「我ながら恥ずかしい」と感じ，うみかがその言葉をどのように受けとめるかを気にしている。

問三＜心情＞「私」は，貝の中から聞こえる音を「海の音」と情緒的にとらえ，その想像をうみかと共有しようとした。だが，「海の音」に対して，うみかは「にこりとも」せずに，淡々と貝の中の音は「蝸牛の体液が動いて認識した音」だと科学的な説明をし，「この音は海の音じゃないし，貝殻の記憶でもない」と「私」の想像を否定したため，「私」は，怒りを抑えられなくなったのである。

問四＜文章内容＞「私」は，自分は「自分のクラスでは目立つ方」で，人づき合いも重視していて「友達も多い」のに，うみかのいる五年生たちからは「人気がない」らしい。「私」はそれを，うみかがあまり人づき合いを重視せず，五年生の中で「激しく浮いて」おり，姉も「妹と同じで冴えないんだろう」と勘違いされているせいだと考えて，不本意に感じている。

問五＜表現＞「私」は，ピアニカを忘れても姉妹で貸し借りできることで「得した気分」になっていた。うみかは，自分も同じ時間にピアニカを使うにもかかわらず，黙って姉にピアニカを貸し，同級生にピアニカを忘れたと思われても，訂正せずに「落ち着いて」いた。「うみかの名前が，私たちの間で間抜けに浮き上がって見えた」という表現は，「私」がピアニカの貸し借りについてのお互いの意図のずれを実感していることや，同級生や姉に対するうみかの関わり方が独特であることを印象づけている。

問六＜文章内容＞「私」にピアニカを貸した結果，うみかが，同級生からピアニカを「忘れた」と勘違いされたことをきっかけに，「私」は，うみかが「一人きりみんなのピアニカ練習を見つめる」姿と「逆上がりの居残りをさせられる姿」を重ねて想像して，「うみかをバカになんかさせない」と決意した。うみかが周囲から浮き，「一人きり」になって「バカに」されないように助けたいと，「私」は思ったのである。

問七＜表現＞「私」の視点を通して，「貝殻」や「ピアニカ」を巡る出来事が描かれている。「貝殻」と「ピアニカ」という具体的な事物を通して，「私」とうみかの物事のとらえ方の差異や，「私」の妹への思いを印象づけ，「私」の体験に臨場感を持たせている。

四〔**古文の読解―物語**〕出典；『曾我物語』。

≪現代語訳≫その後，酌を娘に任せて，(女房が)座席に座り直して語ったことには，「世の中に物思いに沈む者は大勢おりますが，私以上の者は決していないでしょう。その理由は何かと申すと，幼少のときには，継母に憎まれ，義理の親子の間柄の悲しみが絶えなかったのです。若い盛りのときには，夫の命令に背くまいと朝夕家事に励んでおりました中で，息子を一人，娘を一人，もうけました。私が三十七歳のとき，夜討ちのために夫と息子を亡《な》き者にされ，その嘆きがまだ消えないうちに，一昨年，思いがけず(夫と息子の)敵の首を眼前に見ることがありました。そのときの喜びは，天にも昇るばかりでございました。それも今思うと罪となる悪業です。意味のないことを考えたのです。今はただ念仏の一遍なりとも申し上げて，亡き人たちのためにと思いながら過ごしているのです。あなた方のご様子を拝見しますと，お気の毒なことでございます。『唐の陽亭が，父に死に別れて泣いた涙は，時雨の降る森にとどまった』と伺っています。(中略)我が国では，柴田の若い男が父に死に別れた悲しみ，山鹿の女人が母に先立たれた嘆きも，皆これは，夢幻のようにはかない恨みであって，そのようにして(恨みがある中でも)過ごしていたのです。それよりはただお酒を召し上がって，お気持ちをお晴らしになって，お帰りになりましてから，田舎の身分の低い者の住まいや，身分の低い男の古びた寝床の様子も，鎌倉中で物笑いの種にでもなさいませ」と言いながら，袖を顔に当てたので，兄弟もともに涙ぐんでいるように見えた。／十郎は，／さまざまな草の花に身を紛れさせて嘆きを我慢して隠していたけれども，顔色に表れてしまったことだ。／五郎も直垂の袖を顔に当てたが，何げない様子に振る舞って，／紅花の色がそれとはっきりわかるように，私の嘆きも顔色に表れて，何を思いに沈んでいるのだと人に問われることよ。／女房はこれを聞いて，「やはり，思い悩んでおられる人々でいらしたのだ」と思って，／野辺に咲くさまざまな草の花の色(と同じようなもの)なので，〈我慢して隠しても〉結局(嘆きは)外に表れてしまうものですよ。／娘も，持っていたひさげを膝から下に置いて，／早くから嘆きという木の花の色を拝見していましたから，私も一緒に袖が涙で濡れております。／それぞれ，語り合って心を慰め，旅の思い出にしたのだった。

問一＜古語＞㋐「いとほし」は，かわいそうであるさま。　㋑「後る」は，相手に先立たれて後に残される，という意味。

問二＜古文の内容理解＞(X)女房が，兄弟に「御帰り候ひて後」に，宿の様子を「鎌倉中にて御物笑ひの種ともなし給へ」と言いながら，「袖を顔に」当てた。　(Y)十郎の歌を聞いた五郎が，涙を拭うために袖を顔に当てながらも，「さらぬ体」に振る舞った。

問三＜古文の内容理解＞女房は，夫と息子を殺した敵の首を見て，「天へも上るばかりに」喜んだ。恨みにとらわれて敵の死を喜んだことを，女房は，後から振り返って「罪業」だと思ったのである。

問四＜古文の内容理解＞女房は，兄弟が「夢幻の恨み」にとらわれずにこの宿で心を晴らしたうえで，帰った後でその体験を楽しい「旅の思ひ出」として笑って語ってくれることを願ったのである。

問五＜和歌の内容理解＞「千草」は，数多くある草のこと。十郎は，自分自身をたくさんある植物に紛れた一本の花にたとえて，「嘆き」を人に気づかれないように我慢して隠していたけれども，顔色に表れてしまったと歌によんだ。

問六＜和歌の内容理解＞女房は，兄弟がやはり「物思ひ給ふ人々」だったと思って，内心の「嘆き」を顔に出さないように我慢しても，顔色に表れてしまうものだという歌をよんだ。「忍ぶ」は，本心が表面に出ないように我慢する，という意味。

問七＜現代語訳＞「露けし」は，露を含んで湿っているさま。あるいは，涙がちであるさま。「袖ぞ露けき」は，拭った涙で袖が濡れているさま。

問八＜古文の内容理解＞女房が，夫と息子を殺されたことを恨み，敵の死を喜んだという自分の経験を語ったのは，兄弟を「物思ひ給ふ人々」だと感じ，兄弟が「夢幻の恨み」にとらわれずに心を晴らしてくれることを願ったためである(①・③…×)。兄弟は父を殺された恨みと嘆きを抱いており，女房も夫と息子を殺されて，兄弟と同じ思いを抱えたことが語られている。また，娘も母や兄弟に共感して「我もろともに袖ぞ露けき」と歌によんでおり，全員が同じ嘆きを共有していることが読み取れる(②…×)。「千草の花」「紅の末摘花」「嘆きの花」と，登場人物がそれぞれ「花」を題材に歌をよんでいる。花の色に託した兄弟の隠しきれない「嘆き」を女房が思いやり，娘も「我もろともに袖ぞ露けき」と共感して，お互いに心を慰め合っている様子が読み取れる(④…○)。

2022年度 日本大学習志野高等学校（A・B入試）

【英　語】（50分）〈満点：100点〉

Ⅰ　次の英文を読み，〔A〕～〔D〕の問いに答えなさい。

People have always wanted to fly. For hundreds of years they watched birds in the sky. They had a [1] of flying like birds. It is very easy [2] birds to fly. Birds can fly through the air [3] using their wings.

People knew [4] to make kites hundreds of years ago. Kites could stay in the air for many hours. Some people thought, "If birds and kites can stay up in the air, maybe (あ)we can!"

At first, they made wings like birds'. Then, they jumped from high places and tried to fly. Many people did this but they all fell straight to the ground. Some were [5] and some were hurt. After many times people knew flying with wings was impossible, so they [6] trying to do so.

Two Frenchmen, the Montgolfier brothers, tried another way. Can you guess [7] way? They tried balloons. "Hot air goes up because it is lighter than cold air," they said. "If we fill a balloon with hot air, it will go up." They built a large balloon of cloth and paper in 1783. They made a fire under the balloon. The balloon began to go up into the air! It went up 1,800 meters. Then, the air inside the balloon became cool. It finally came down slowly until it [8] the ground.

A few months later, the brothers sent up another balloon. This time there was a basket under the balloon. There were three animals in the basket. The balloon traveled through the air to a place two and a half kilometers away. It didn't go up as high as the first one.

Now, it was time for people to fly! In October 1783, the brothers tried another balloon. This time a man went in a basket. The balloon did not rise very far. It went up only twenty-five meters and stopped. It was tied to the ground by a rope, so it could not fly away.

The first free balloon flight was in December 1783. Two other Frenchmen went up in a balloon full of hot air. This time there was no rope! The balloon went up 900 meters and flew for 25 minutes. It traveled about nine kilometers. It was the first time for people to travel through the air.

〔A〕　文中の [1] ～ [8] に入れるのに最も適当なものを，①～⓪の中から１つずつ選びなさい。ただし，同一の語は１回ずつしか使用できないものとします。

① by　② for　③ airplane　④ arrived　⑤ killed
⑥ which　⑦ how　⑧ dream　⑨ stopped　⓪ reached

〔B〕　下線部(あ)の指すものとして最も適当なものを，①～④の中から１つ選びなさい。 [9]

① 私たちにも凧を作ることができる。
② 私たちも空に浮かんでいることができる。
③ 私たちは鳥よりも上手に空を飛ぶことができる。
④ 私たちもいつか飛行機を作ることができる。

〔C〕　ア～オの英文の出来事が本文中に述べられている順に並べかえるとき，最も適当なものを，①～⓪の中から１つ選びなさい。 [10]

ア　A balloon which was not tied to the ground went up with two men.
イ　A balloon was sent up with three animals in a basket.
ウ　A balloon made of cloth and paper flew.

エ People tried to fly with wings like birds.

オ A man traveled in a basket under the balloon which was tied to the ground.

① オ→ア→ウ→イ→エ
② オ→イ→ウ→ア→エ
③ イ→ウ→エ→ア→オ
④ イ→エ→ウ→オ→ア
⑤ ウ→エ→イ→ア→オ
⑥ ウ→エ→ア→オ→イ
⑦ ウ→エ→オ→イ→ア
⑧ エ→ウ→イ→オ→ア
⑨ エ→ウ→イ→ア→オ
⓪ エ→ウ→オ→イ→ア

〔D〕 本文の内容と一致するものを，①～⑥の中から2つ選びなさい。 11 12

① People didn't know the way of flying until the nineteenth century.
② Cold air is lighter than hot air.
③ A balloon will rise if the air inside gets hotter.
④ The first balloon with a man in a basket went up 1,800 meters.
⑤ Of all the four balloons that flew in 1783, the first one went up the highest.
⑥ The Montgolfier brothers were the first people to travel through the air.

Ⅱ 次の英文を読み，〔A〕～〔J〕の問いに答えなさい。

The 'peace sign,' the two-fingered gesture that many Japanese children make when they are being photographed, (①) to have been invented by the British Prime Minister, Winston Churchill. Churchill used it to mean 'V for Victory' during World War Ⅱ. After the time of the Vietnam War, President Nixon also used the gesture to mean victory. But people *1 protesting against the Vietnam War started to use the gesture to mean 'peace.' 【 A 】

During a visit to Australia in the 1990s, the first President Bush tried to give the peace sign to the crowd of Australians welcoming him at the airport. (②), he held his hand the wrong way round. In the United States that doesn't matter very much. But in England and Australia, if the back of your hand faces the audience, the gesture becomes very ③offensive and is used to insult people. 【 B 】 The Australians were very shocked!

Photographs of President Bush's mistake were widely *2 distributed, but few people know that Churchill also used the gesture the wrong way round in the early days of World War Ⅱ. However, people quickly (④) out his mistake, so Churchill reversed it, inventing the gesture that came to be known as the peace sign.

Another common gesture in the West, the 'thumbs-up' sign, can also be misunderstood. In England and the United States, it means that 'everything is O.K.' or 'job well done.' But you should avoid 'giving the thumbs-up' in Latin America, West Africa, Greece, Russia, and southern Italy, where it is a very offensive gesture. 【 C 】 In particular, you shouldn't use it at all in Arab countries (⑤) you may be challenged to a fight!

One other gesture can cause trouble. To call someone over to you in Japan and the Philippines you extend your hand with the palm facing downwards and wave your hand up and down. 【 D 】

The Japanese aren't upset by this gesture. But in the Philippines, calling someone over with one finger held up is very offensive. It is a gesture that is only used for dogs. In the old days, ⑥children using it to call adults sometimes had their fingers broken as a punishment.

＊1 protest 反対する ＊2 distribute 配信する

〔A〕 文中(①)に入れるのに最も適当なものを，①～④の中から１つ選びなさい。 13

① says ② said ③ saying ④ is said

〔B〕 文中(②)に入れるのに最も適当なものを，①～④の中から１つ選びなさい。 14

① Probably
② Unfortunately
③ Successfully
④ Finally

〔C〕 下線部③の意味として最も適当なものを，①～④の中から１つ選びなさい。 15

① 侮辱的な
② 本能的な
③ 悲観的な
④ 宗教的な

〔D〕 文中(④)に入れるのに最も適当なものを，①～④の中から１つ選びなさい。 16

① kept ② got ③ paid ④ pointed

〔E〕 文中(⑤)に入れるのに最も適当なものを，①～④の中から１つ選びなさい。 17

① so ② but ③ because ④ although

〔F〕 下線部⑥の意味として最も適当なものを，①～④の中から１つ選びなさい。 18

① 子どもたちを呼ぶのにそれを使った大人たちは，罰としてときどき指を折られた。
② 子どもたちにそれを使って呼ばれた大人たちは，不幸にもときどき指を骨折した。
③ 指を骨折したことがある子どもたちは，大人を呼ぶのにときどきそれを使った。
④ 大人を呼ぶためにそれを使っていた子どもたちは，ときどき罰として指を折られた。

〔G〕 次の英語の質問の答えとして最も適当なものを，①～④の中から１つ選びなさい。

1．Who started to use the two-fingered gesture as the 'peace' sign? 19

① President Nixon
② Winston Churchill
③ The crowd of Australians
④ People who were against the Vietnam War

2．What is true in England below? 20

① People use the thumbs-up sign to show 'Good job.'
② Using the thumbs-up sign can cause trouble.
③ It is polite for people to held up their first finger when they call someone.
④ It is a good habit that the back of the hand faces the audience when people make the peace sign.

〔H〕 本文の内容と一致するものを，①～⑥の中から2つ選びなさい。 21 22

① The peace sign originally means 'peace.'
② Many Japanese children make the peace sign to mean victory.
③ The thumbs-up sign can be trouble in Arab countries.
④ It is said that the first President Bush invented the peace sign.

⑤ In Philippines, the thumbs-up sign is sometimes used to call someone.

⑥ The same gesture has different meanings from country to country.

〔I〕 次の中から本文中で述べられていない gesture を，①～④の中から１つ選びなさい。 23

①

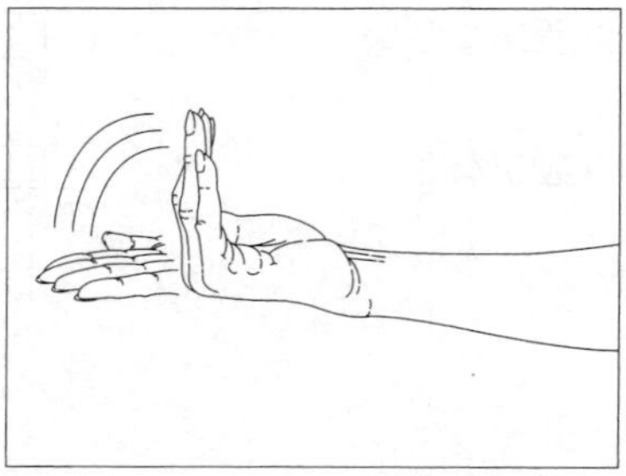

②

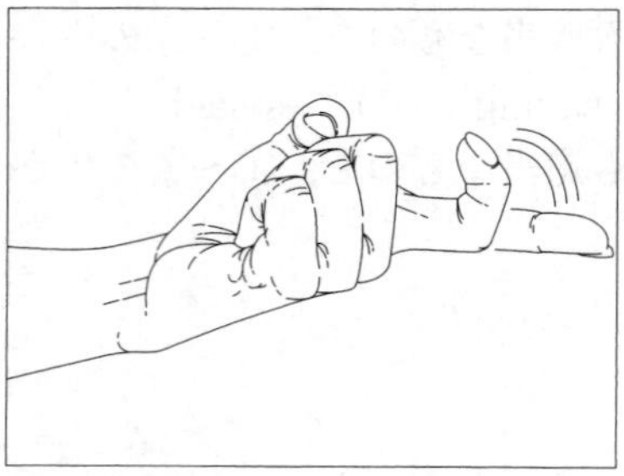

③

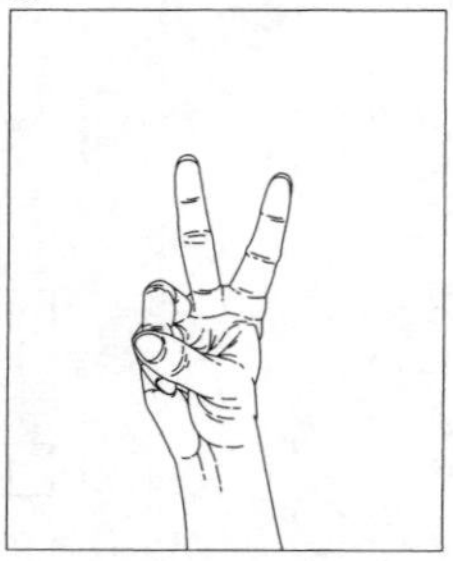

④

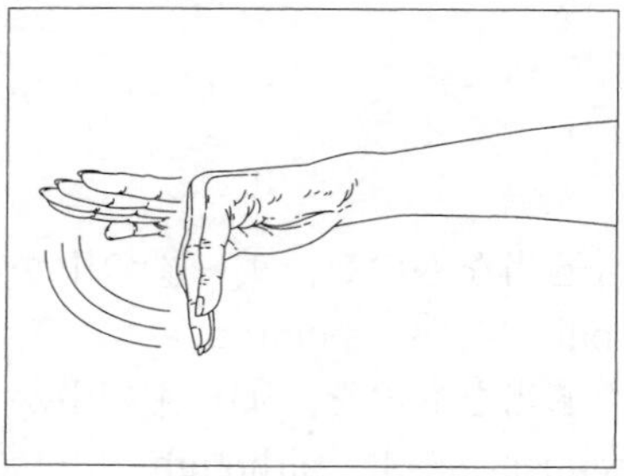

〔J〕 次の一文を本文中の【A】～【D】に入れるのに最も適当なものを，①～④の中から１つ選びなさい。 24

In England and the U.S. people use only the first finger with the hand facing upwards.

① 【A】　② 【B】

③ 【C】　④ 【D】

Ⅲ 次のページの広告に関する１～３の問いを読み，その答えとして 25 ～ 27 に当てはまるものとして最も適当なものを，①～④の中から１つずつ選びなさい。

問１ 25 would be given in exchange for an all-day ticket returned at 11：30 a.m.

① Nothing

② The right to use the lifts for a half day

③ Twenty-four dollars in cash

④ A free drink ticket for café

問２ A family with two adults in their thirties and a ten-year-old and a twelve-year-old children will pay 26 dollars to use lifts for night skiing.

① 14　② 26

③ 30　④ 36

問３ According to the advertisement, which statement is true？ 27

① A skier who uses the lifts at midnight can get a special discount.

② If a fifteen-year-old boy pays 120 dollars, he can use the lifts for three days straight.

③ More than half of the ski area at Prince Five Ski Resort is intended for expert alpine skier.

④ The charge for an all-day lift ticket for 60-year-old skier is 12 dollars.

PRINCE FIVE SKI RESORT

Prince Five Ski Resort offers about 500 ※1 ha of alpine skiing on three different mountain peaks. Our slopes are rated for difficulty – 25% are rated beginner, 40% ※2 intermediate, and 35% advanced.

LIFT RATES

Lifts operate 9 a.m. - 4 p.m. weekdays, 8 a.m. - 4 p.m. weekends and holidays, and 4 - 10 p.m. on Fridays and Saturdays for night skiing (weather permitting).

	Adult	Children under 13
*All Day (9 a.m.-4 p.m.)	$ 48	$12
Half Day (1 p.m.-4 p.m.)	$ 28	$ 7
Night Skiing (4 p.m.-10 p.m.)	$ 14	$ 6
Two ※3 Consecutive days	$ 90	$20
Three Consecutive days	$120	$25

*A half-day coupon is given on a ticket returned before noon.

Savings for Families

This is your chance to enjoy skiing and snowboarding with your entire family! Save up to 35% off each ticket.

35% off each ticket for families of 6 or more
25% off each ticket for families of 3,4 or 5
15% off each ticket for 2 family members

Create new memories this winter!

※1 ha ヘクタール　※2 intermediate 中級の　※3 consecutive 連続した

IV　次の各対話文の 28 ～ 30 に入れるのに最も適当なものを，①～④の中から１つずつ選びなさい。

1 . Doctor : Well, John. What seems to be the problem ?
Patient : I lost my voice a few days ago, and now I have a bad cough.
Doctor : 28

Patient : Yesterday morning, but it seems to be getting worse today.

① How did it begin ?　② How did you catch it ?

③ When did it start ?　④ When did you lose it ?

2 . A : Have you got any plans for summer vacation ?

B : Yes, I'm thinking of visiting Vancouver.

A : Really ? I lived there before I moved to New York.

B : [29]

A : Oh, there are so many places worth visiting.

① What would you recommend that I should see ?

② Which part of the city did you live in ?

③ When are you going back there ?

④ Where did you go in your free time ?

3 . A : Your dress is so cool. Where did you buy it ?

B : [30]

A : She has good taste.

B : Yeah, she really knows all the latest fashions.

① My sister works at ABC department store.　② I gave it to my sister for her birthday.

③ My father bought it on the Internet.　④ Actually it is not mine, but my sister's.

V　次の職員室での２人の先生の会話を読み，後の問いに答えなさい。

Mr. Yamada : Mr. Nagase, look at the results for last term's exams, please.

Mr. Nagase : Sure.

Mr. Yamada : Many of them are interested in math, but the problem is history.

Mr. Nagase : The history score of class 2 is only half that of math. All the other classes have very low scores too.

Mr. Yamada : What do you think we should do ?

Mr. Nagase : Well, I think we have to explain the reason why they should study history, and make them study it harder.

Mr. Yamada : Why is the average chemistry score of class 2 twice that of class 4 ?

Mr. Nagase : Many students in class 2 want to study science in university, but their score in home economics is really bad.

Mr. Yamada : Speaking of home economics, the average score of class 1 is 10 points higher than that of class 3. It has a lot to do with the fact that the class 1 is a home economics course.

Mr. Nagase : I think so.

Average Scores of the Last Term's Exams

	Class 1	Class 2	Class 3	Class 4
Math	82	80	71	81
History	52	[31]	45	48
Chemistry	60	[32]	62	35
Home Economics	[33]	49	80	72

問1　表の 31 ～ 33 に当てはまる数字を，次の①～⑥の中から1つずつ選びなさい。

① 40　② 50　③ 60　④ 70　⑤ 80　⑥ 90

問2　会話と表の内容に一致するものとして，最も適当なものを①～④の中から1つ選びなさい。 34

① The average all subjects of class 4 is over 60.
② The average Math score of all classes are over 80.
③ Many students in class 2 want to study History in university.
④ The students in class 1 get the highest average of Home Economics because they belong to a home economics course.

VI　次の空欄に入れるのに最も適当なものを，①～④の中から1つずつ選びなさい。

1．This library is a really good 35 . Don't you think so?
① environment　② envelop　③ convenient　④ entrance

2．There is an extra 36 for mailing packages by express.
① cost　② price　③ charge　④ pay

3．The 37 of the paper is very poor because it was really cheap.
① wealth　② quality　③ culture　④ ceremony

4． 38 is a special building or room that has equipment for doing physical exercise or playing sports.
① Stadium　② Gym　③ Ground　④ Office

VII　次の〔A〕，〔B〕の問いに答えなさい。

〔A〕　次の文中の 39 ～ 41 に入れるのに最も適当なものを，①～④の中から1つずつ選びなさい。

1．Please wait in this room 39 you are called.
① who　② why　③ until　④ by

2．There are a large 40 of people in the park.
① number　② numbers　③ amount　④ amounts

3．He 41 in the middle of the night because the telephone rang suddenly.
① awake　② has woken　③ wakes　④ awoke

〔B〕　次の各文の下線部には誤りが1ヶ所ずつあります。その部分の番号を，①～④の中から1つずつ選びなさい。

1．①Jogging used to ②being my main sport, but I've ③taken up ④swimming lately. 42

2．I ①have just moved ②to Tokyo two months ago, so I ③have not yet had time ④to get a good look at the city. 43

3．I ①still remember ②to hit a homerun in the last game ③held ④in this stadium. 44

VIII　次の日本文と同じ意味になるように，下の語(句)を並べかえて文を完成させなさい。ただし，各語群には1つずつ不要なものが入っています。解答は 45 ～ 50 に入る番号のみを答えなさい。

1．冷蔵庫にあるもので欲しいものは何でも自由に召し上がってください。

Please [　] [　] [45] [　] [46] [　] [　] the fridge.

① anything　② help　③ you　④ to
⑤ in　⑥ want　⑦ yourself　⑧ for

2．ご都合の良い時に折り返しお電話ください。

Please call me [47] [ ] [ ] [ ] [48] [ ] [ ] .

① when ② for ③ convenient ④ are

⑤ is ⑥ it ⑦ back ⑧ you

3．私が留守の間，私の犬を見ていてくれませんか。

[ ] [49] [ ] [ ] [50] [ ] [ ] [ ] [ ] while I am away from home.

① do ② care ③ could ④ I ⑤ if

⑥ my dog ⑦ of ⑧ take ⑨ wonder ⓪ you

【数　学】（50分）〈満点：100点〉

（注意）　1．定規(三角定規・直定規)，コンパス，分度器は使用できません。

2．解答はすべてマーク方式です。1つの□には1つの数字または符号「－」が入ります。解答カードにマークしなさい。

3．答が分数のときは，約分した形で表しなさい。

4．根号の中は最も簡単な形で表しなさい。例えば，$2\sqrt{8}$ は $4\sqrt{2}$ のように表しなさい。

1　次の□をうめなさい。

(1)　$(\sqrt{28}+\sqrt{27})(\sqrt{63}-\sqrt{12})-\dfrac{15\sqrt{7}}{\sqrt{3}}=\boxed{\text{ア}}\boxed{\text{イ}}$ である。

(2)　$x=2-3\sqrt{2}$ のとき，$x^2-4x-15=\boxed{\text{ウ}}\boxed{\text{エ}}$ である。

(3)　37で割ったときに商と余りが同じになるような3桁の自然数は，全部で $\boxed{\text{オ}}\boxed{\text{カ}}$ 個ある。

(4)　ある川に沿って，20km 離れた上流と下流の2地点間を往復する船がある。今，船が下流から出発した。川を上る途中でエンジンが停止し，そのまま20分間流された後，再びエンジンが動き出した。この船が川を往復するのに，上りに2時間40分，下りに1時間20分かかった。このとき，船の速さは時速 $\boxed{\text{キ}}\boxed{\text{ク}}$ km，川の流れの速さは時速 $\boxed{\text{ケ}}$ km である。ただし，静水時における船の速さは一定であるものとする。

(5)　右図のように，四角形ABCDがACを直径とする半径5cmの円Oに内接している。AB＝5cm，CD＝$2\sqrt{5}$ cm のとき，∠ADB＝$\boxed{\text{コ}}\boxed{\text{サ}}$ 度，BD＝$\sqrt{\boxed{\text{シ}}}\,(\boxed{\text{ス}}+\boxed{\text{セ}}\sqrt{\boxed{\text{ソ}}})$ cm である。

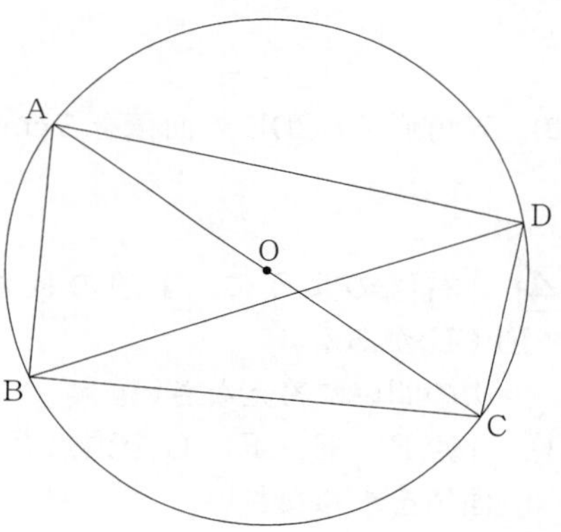

(6)　3人でじゃんけんをするとき，

・1回で勝者が決まらない確率は $\dfrac{\boxed{\text{タ}}}{\boxed{\text{チ}}}$

・1回で2人の勝者が決まる確率は $\dfrac{\boxed{\text{ツ}}}{\boxed{\text{テ}}}$

である。

2　右図のように，3つの放物線 $y=3x^2$……①，$y=-2x^2$……②，$y=-3x^2$……③がある。また，2つの直線 $y=2x$……④，$y=-3x$……⑤がある。直線④と放物線①，②の交点で，原点以外の点をそれぞれA，Bとする。また，直線⑤と放物線①，②の交点で，原点以外の点をそれぞれC，Dとする。

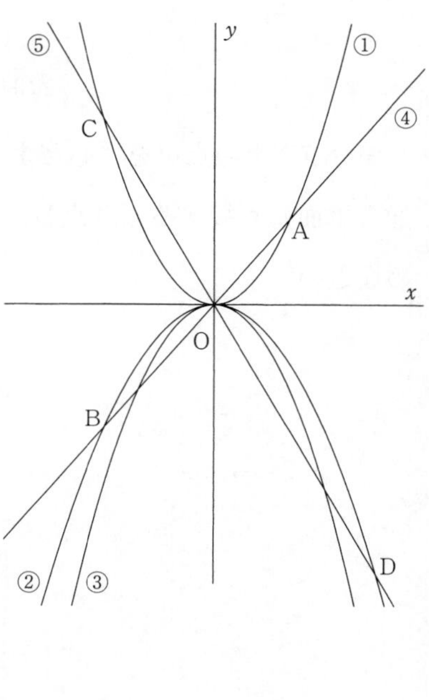

次の問いに答えなさい。

(1)　2点A，Bの座標を求めなさい。

答　A$\left(\dfrac{\boxed{\text{ア}}}{\boxed{\text{イ}}},\ \dfrac{\boxed{\text{ウ}}}{\boxed{\text{エ}}}\right)$

B$(\boxed{\text{オ}}\boxed{\text{カ}},\ \boxed{\text{キ}}\boxed{\text{ク}})$

(2)　△OACと△OBDの面積の比を，最も簡単な整数の比で表しなさい。

答　$\boxed{\text{ケ}}:\boxed{\text{コ}}$

(3) 直線⑤と放物線③の交点で，原点以外の点をEとする。放物線①，③と直線AEで囲まれた図形の面積をS，放物線①と直線⑤で囲まれた図形の面積をT，放物線③と直線④で囲まれた図形の面積をUとする。このとき，3つの面積の和$S+T+U$の値を求めなさい。

答　$S+T+U=\dfrac{\boxed{サ}}{\boxed{シ}}$

3

右図のように，1辺の長さが1 cmの正五角形ABCDEがある。対角線ACとBEの交点をF，ACとBDの交点をG，BDとCEの交点をH，ADとCEの交点をI，ADとBEの交点をJとする。

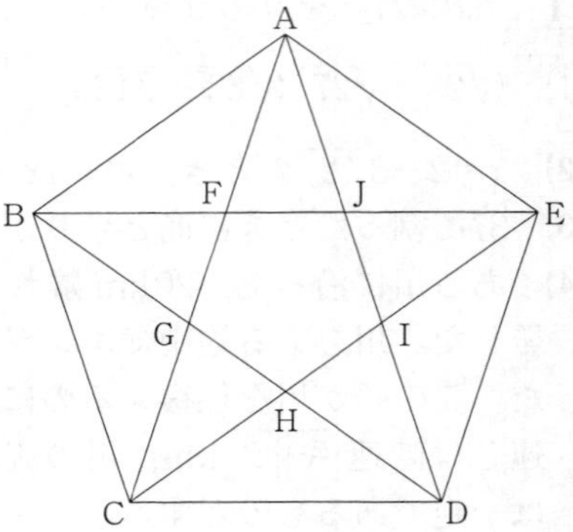

次の問いに答えなさい。

(1) ∠BFCの大きさを求めなさい。

答　$\boxed{ア}\boxed{イ}$度

(2) 線分FC，ACの長さをそれぞれ求めなさい。

答　FC＝$\boxed{ウ}$ cm

AC＝$\dfrac{\boxed{エ}+\sqrt{\boxed{オ}}}{\boxed{カ}}$ cm

(3) 五角形ABCDEの面積をS cm²，五角形FGHIJの面積をT cm²とするとき，$S:T$を求めなさい。

答　$S:T=\boxed{キ}:(\boxed{ク}-\boxed{ケ}\sqrt{\boxed{コ}})$

4

右図のように，1辺の長さが5 cmの立方体ABCD−EFGHがある。

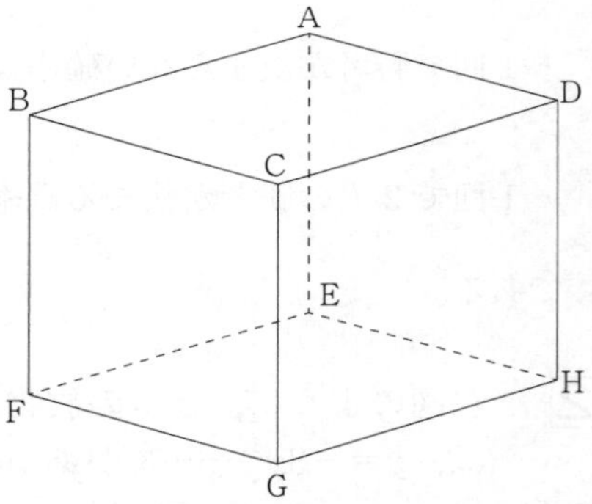

次の問いに答えなさい。

(1) 4点B，E，F，Gを頂点とする四面体BEFGの体積と表面積を求めなさい。

答　体積　$\dfrac{\boxed{ア}\boxed{イ}\boxed{ウ}}{\boxed{エ}}$ cm³

表面積　$\dfrac{\boxed{オ}\boxed{カ}(\boxed{キ}+\sqrt{\boxed{ク}})}{\boxed{ケ}}$ cm²

(2) 線分FD上の点Oを中心とする球がある。この球は，面ABCDに接し，かつ，3点B，E，Gを通る平面にも接する。3点B，E，Gを通る平面と球の接する点をPとするとき，$\dfrac{\mathrm{OP}}{\mathrm{OD}}$の値を求めなさい。

答　$\dfrac{\mathrm{OP}}{\mathrm{OD}}=\dfrac{\sqrt{\boxed{コ}}}{\boxed{サ}}$

い。解答番号 37

① 人をばかにせず、謙虚になるべきだ。
② 他人に恩恵を施す心を持つべきだ。
③ 主従関係を重んじ、実直であるべきだ。
④ 何事に対しても思慮深くあるべきだ。

問一　二重傍線(ア)～(ウ)の本文中の意味として、それぞれ最も適当なものを選びなさい。

(ア)「ありがたく」　解答番号 27

① ふさわしいと　② かわいらしいと
③ めずらしいと　④ 感謝したいと

(イ)「いつしか」　解答番号 28

① 夜通し　② 早くから
③ ようやく　④ 何としても

(ウ)「いふかひなく」　解答番号 29

① 情けなくも　② 即座に
③ 何もできずに　④ 無粋にも

問二　二重傍線(a)・(b)の解釈として、それぞれ最も適当なものを選びなさい。

(a)「なじかは遣はし候はむ」　解答番号 30

① どうやって鶯を呼び寄せたらよろしいでしょうか
② なぜ私にこのような役割を命じられたのでしょうか
③ どうして鶯をよそへやったりいたしましょうか
④ どうして鶯を矢で射るようなことができましょうか

(b)「こともおろかなり」　解答番号 31

① ひどく大げさな言い方である
② 言い尽くせないほどのことである
③ どうにも筋が通らない話である
④ この上なく痛ましいことである

問三　傍線(A)「かかること」とはどのようなことか、最も適当なものを選びなさい。解答番号 32

① 有名な歌詠みたちが、鶯の声を聞くために集まってくること。
② 美しく整えた自慢の庭に、鶯が願い通りにやってきたこと。
③ 軒先の梅の枝に、鶯がいつも決まった時間に現われて鳴くこと。
④ 月光を入れるため戸を開けていたら、鶯が寄り付きはじめたこと。

問四　傍線(B)「うめきすめきしあひたるに」とあるが、歌人たちのどのような様子を表しているか、最も適当なものを選びなさい。解答番号 33

① あれこれと苦心して歌を作っている様子。
② 我先に鶯を見ようとひしめき合っている様子。
③ なかなか鶯が鳴かないので退屈している様子。
④ 歌会はいつ始まるのかとそわそわしている様子。

問五　傍線(C)「立ちぬ」の動作の主体として、最も適当なものを選びなさい。解答番号 34

① 輔親　② 鶯
③ 時の歌よみども　④ 伊勢武者

問六　傍線(D)「脇かいとりて、いきまへ、ひざまづきたり」とあるが、どのような様子を表しているか、最も適当なものを選びなさい。解答番号 35

① 主人の言いつけを守ることができて、誇らしい様子。
② 自身の起こした過ちに気付き、落胆している様子。
③ 自分の行動に対する主人の判断を静かに待っている様子。
④ 命令に従ったのにも関わらず、非難されて不満げな様子。

問七　傍線(E)「とく立ちね」とあるが、なぜこのようなことを言ったのか、最も適当なものを選びなさい。解答番号 36

① 自分のために忠誠を尽くしてくれた男をいたわり、早く休ませようとしたから。
② 自分の意図をくみ取れなかった男に場を台無しにされ、面目を失ってしまったから。
③ 招待客たちの歌の出来がひどく、歌会を催した本来の目的も果たせなかったから。
④ 自分がこれ以上恥を重ねないため、招待客たちに早く帰ってもらいたかったから。

問八　本文から読み取れる教訓は何か、最も適当なものを選びなさ金魚は水の中に浮んだ」とあるが、ここには「父親」のどのような心情が映し出されているか、最も適当なものを選びなさい。解答番号 25

① 日常性とかけ離れた特殊な環境の中で、試行錯誤の末にようやく目標を達成することができ、喜びをかみしめている。

② 思いもかけず手にすることのできたささやかな幸せが、まぎれもなく自分たち家族の元にあることを実感している。

③ 一方的に自由を奪われてしまい、そこから逃れることのできない自分たちの境遇を、諦めの気持ちで受け止めている。

④ 家族と平穏に過ごす日々が、今後も変わらずに続くかどうかわからないという、漠然とした不安の中に身を置いている。

問七 本文の表現上の特徴として、最も適当なものを選びなさい。解答番号 26

① 比喩表現を要所に用いることによって、主人公の受けた視覚的な印象を読者にわかりやすく伝えるという効果を生んでいる。

② 過去のエピソードを挿入することによって、理想と現実のはざまで絶えず揺れ動く主人公の心理を巧みに描写している。

③ 主人公の呼び方を「彼」・「父親」と変えることによって、話が平板な展開とならないように工夫を凝らしている。

④ 主人公とその家族以外の登場人物は、読者の視点に立って物語を客観視する存在として位置づけられている。

四

次の文章を読んで、後の問いに答えなさい。

七条の南、室町の東一町は、＊祭主三位輔親《すけちか》が家なり。丹後の天の橋立をまねびて、池の中嶋をはるかにさし出して、小松をながく植ゑなどしたりけり。寝殿の南の廂《ひさし》をば、月の光入れむとて、＊ささざりけり。

春のはじめ、軒近き梅が枝《え》に、鶯《うぐひす》のさだまりて、巳《み》の時ばかり来て鳴きけるを、(ア)ありがたく思ひて、それを愛するほかのことなかりけり。時の歌よみどもに、「(A)かかることこそ侍《はべ》れ」と告げめぐらして、「明日の辰《たつ》の時ばかりに渡りて、聞かせ給《たま》へ」と、ふれまはして、伊勢《いせ》武者の＊宿直《とのゐ》してありけるに、「かかることのあるぞ。人々渡りて、聞かむずるに、＊あなかしこ、鶯うちなんどして、やるな」といひければ、この男、「(a)なじかは遣はし候はむ」といふ。輔親、「とく夜の明けよかし」と待ち明かして、(イ)いつしか起きて、寝殿の南面をとりしつらひて、営みゐたり。

辰の時ばかりに、時の歌よみども集まり来て、いまや鶯鳴くと、(B)うめきすめきしあひたるに、さきざきは巳の時ばかり、必ず鳴くが、午《うま》の刻の下がりまで見えねば、「いかならむ」と思ひて、この男を呼びて、「いかに、鶯のまだ見えぬは。今朝はいまだ来ざりつるか」と問へば、「鶯のやつは、さきざきよりもとく参りて侍りつるを、帰りげに候ひつるあひだ、召しとどめて」といふ。「召しとどむとは、いかん」と問へば、「取りて参らむ」とて(C)立ちぬ。「心も得ぬことかな」と思ふほどに、木の枝に鶯を結ひつけて、持て来たれり。おほかたあさましともいふはかりなし。「こは、いかにかくはしたるぞ」と問へば、「昨日の仰せに、鶯やるなと候ひしかば、(ウ)いふかひなく逃し候ひなば、弓箭《ゆみや》とる身に心憂くて、＊神頭をはげて、射落して侍り」と申しければ、輔親も居集まれる人々も、あさましと思ひて、この男の顔を見れば、(D)脇かいとりて、いきまへ、ひざまづきたり。祭主、「(E)とく立ちね」といひけり。人々をかしかりけれども、この男の気色におそれて、え笑はず。一人立ち、二人立ちて、みな帰りにけり。興さむるなどは、(b)こともおろかなり。

（『十訓抄』より）

（注）＊祭主三位輔親…大中臣《おおなかとみ》輔親。平安中期の歌人。伊勢神宮の神職の長。
＊ささざりけり…格子戸を下ろさなかった。
＊宿直…夜間、警備などのために勤務すること。
＊あなかしこ…決して。
＊神頭をはげて…先のとがっていない矢をつがえて。

たことがまるで嘘《うそ》であるかのように金魚は水の中に浮んだ。

（庄野潤三『静物』より）

（注）＊あの日…妻が重篤な状態に陥り、病院に運ばれた日。その日、妻は「女の子」と添い寝をしていた。

＊細君…妻。

＊灌木…低木。人間の身長以下の高さの木。

問一　傍線(A)「気の弱いことを彼は云ったものだ」には、「父親」のどのような思いがにじみ出ているか、最も適当なものを選びなさい。解答番号 20

①　子供たちの励ましを素直に受け入れることができず、本心とは裏腹に否定的な言葉を口にしてしまった態度を悔やむ思い。

②　自分を何とか力づけようとする子供たちの気持ちを察することなく、無下に拒絶してしまった大人気のなさを恥じる思い。

③　父親という立場にありながら、子供たちの望みをかなえる力に乏しいふがいなさを、心からわびるような思い。

④　積極的に行動を促す子供たちとは対照的に、父親であるにも関わらず消極的な発言でそれをかわしてしまったことへの苦々しい思い。

問二　傍線(B)「バケツを提げて出かけること」とは、「父親」にとってどういうことか、最も適当なものを選びなさい。解答番号 21

①　準備万端整えた状態で、未経験のものに挑戦してみること。

②　疲れを押して家族で外出し、そのきずなを再確認すること。

③　無為に過ごす状態から遠ざかり、未知の経験のために行動すること。

④　たとえ無意味な行動でも、何もしないよりはましだということ。

問三　傍線(C)「電車の切符を買うようなことを云って」とあるが、「父親」のどのような様子が描かれているか、最も適当なものを選びなさい。解答番号 22

①　不慣れな場所であるため、利用する際に不愛想で事務的な言い方になってしまう様子。

②　初めての利用なのに相手が事務的な態度で接してきたため、感情を抑えて対応している様子。

③　勝手がわからないとはいえ、特別な場所でもないので気兼ねなく代金を支払う様子。

④　利用する人数と頼んだ竿の数が合わないことを追及されないかと、不安に感じている様子。

問四　傍線(D)「あれと同じこと」は何を指しているか、最も適当なものを選びなさい。解答番号 23

①　全く興味の持てないことでも我慢強く向き合えば、必ず新たな発見があるということ。

②　他人の言動に惑わされず、自分の目標に対していちずに向かう姿勢が大切だということ。

③　たとえ心が伴わなくても、初志貫徹しようとする姿を他人に見せれば十分だということ。

④　未経験のものは、先人の言葉に従って行動するところから始めるのが良いということ。

問五　傍線(E)「父親は男の子をたしなめたが、顔は笑っていた」には、「父親」のどのような心情がうかがえるか、最も適当なものを選びなさい。解答番号 24

①　子供が周囲に迷惑をかけてしまったため、その場を取り繕おうとしている。

②　大した釣果でもないのに大げさに喜ぶ子供を見て、内心ではあきれている。

③　子供につまらない思いをさせることもなく、無難に過ごせてほっとしている。

④　初めての釣果に子供が喜ぶ姿を見て、自分も親としての喜びを感じている。

問六　傍線(F)「釣針にかけられたことがまるで嘘であるかのように

「だって、大きい魚がいるんだから。来てごらん」
「だめなの」
小さな声で女の子が云った。
「あっちは難しいの。初めて釣る人はこっちでやるの」
「なーんだ」
父親は小母さんにえさの附け方を教わって、子供たちが釣っている場所へ行った。そこには夫婦者や大人の男もかなりいた。
二本の釣竿で三人が釣ったが、一向にかかって来る様子がなかった。男の子はあちらで釣れるとあちらへ走って行き、こちらで釣れるとこちらへ走って来、その度に大きな声で、「こっちがいいよ。お父さん」と呼んだ。
「いいかい」
と父親は男の子に云った。
「釣れても、釣れなくても、最初に坐《すわ》ったところにいるものだ。ほかの人が釣ると、そこがよく釣れるように見えるけれども、それは間違いで、そんな気がするだけのことなんだ。うまい人もあれば、下手な人もある。うまい人だって、自分の場所を動かずに根気よく待っているからかかるんだ。じっとしていることが出来ないようでは、とても釣りはやれないよ」
話しているうちに父親は、中学校の時に習った英語の教科書に「スティック・トゥ・ユア・ブッシュ」というのがあったことを思い出した。
みんなで山へ苺《いちご》つみに行く。方々に茂みがある。思い思いに探し始めると、そのうちにあっちでもこっちでも「苺を見つけた！」という嬉《うれ》しそうな声が聞える。まだひとつも見つけることの出来ない少年は、その度に声のした方へ飛んで行く。そして、他の者が籠にいっぱい取った頃に、少年の籠の中にはまだほんの少ししか苺がなかった。
「それでは駄目だ。自分の茂みにくっついていなさい」
と教えられる。何ごとをやるにしてもそうだと云う話であった。
その時は、何だか無味乾燥な、面白味のない話のように聞えた。
「ああ、(D)あれと同じことをおれは子供に云い聞かせようとしているんだな」
と今は父親になっている彼が思った。
男の子はそれまでよりは騒がなくなったが、自分たちのいるところではちっとも変化がないし、他の人のところではちょいちょい魚を引き上げるので、その度に、
「ちょっと見て来る」
と云って走って行った。
父親の方はもうずっと自分の茂みを離れずにいたが、水の底に魚がいるのか、いないのか、それさえ分らなかった。
「駄目らしいな」
彼はとなりで自分の浮きを見つめている女の子に云った。
「やっぱり、難しいものだ」
釣堀の前の道を時々買物籠をさげた女の人が通った。中にはちょっと立ち止って、こちらを見ている人もいる。
一度、父親が道の方を眺めていて、眼《め》をもとに戻すと、浮きが動いていた。彼は少し慌てて竿《さお》を上げた。すると、糸の先に赤い、小さいものがくっついて来た。
「釣れた！」
と女の子が云った。
その声を聞いて、よその中学生のそばで見ていた男の子が走って来た。
「釣れた。釣れた」
と男の子は叫んだ。
「静かに。そんな大きい声、出すな」
(E)父親は男の子をたしなめたが、顔は笑っていた。釣針にくっついて来たのは、実に小さな金魚であった。それは目高のようなと云ってもいいくらい、小さかった。
男の子が持って来たバケツが初めて役立った。(F)釣針にかけられ

わ」

「そうだな」

と彼は云った。

「やってみないことには分らんわけだ。お前の云う通りだ」

「三人行けば、誰か釣れるかも知れない」

女の子は腰の重い父親が行く気になったのを見て、そう云った。

彼女は父親がためらっている時とか、何か心配している時など、よくこんな風に云って励ます子である。不思議にそういうところのある子供である。

＊あの日の朝、部屋の隅っこに縫いぐるみの仔犬《こいぬ》と一緒にころがっていた。何が起ったかを知らないで、みなし子のようにころがっていた。あの時は生れてからまだ一年とちょっとの子供であったのだ。

「行っていらっしゃい」

と＊細君が云った。

「おなかを空《す》かして来て頂戴、みんな」

三つになる下の男の子は、細君と一緒に家で留守番だ。仕方がない。釣堀へついて行くにはまだ小さ過ぎる。

父親は家を出ると、気持がよくなっていた。何でも新しいことをやりに行く時の気持はいいものだ。それに子供が意気込んでいる。男の子は水遊びに使うブリキのバケツを提げて来た。

「何でもこういう風にやる方がいいな。この方がいさぎよい感じでいいな」

子供のバケツを見て父親は考えた。

釣れるか釣れないかが問題ではない。(B)バケツを提げて出かけることが大事なのだ。何でもないようなことに見えるが、こういうのがもしかするとこつかも知れない。

何にもしないというのが、だいいちよくない。休みの日は大抵彼はぐずぐずして過すのだ。今度の日曜日はひとつ何処《どこ》へ出かけようという風に計画を立てることをしない。

無論、出かけもしない。子供と細君に相済まない気がすることもあるが、この父親はもうずっとそんな具合にやって来たのだ。そうして、子供の方でもそれに馴《な》れている。休みの日は家にいて、自分らで遊ぶものと決めている。それで結構楽しんでいる。

だが、物ぐさはよくない。釣堀までは歩いて十分くらいで行けるのだ。

前は田圃《たんぼ》で、その向うに＊灌木《かんぼく》の茂みのある丘の斜面が見える。小さな魚を釣る初心者の池と、大きな魚を釣る専門家の池と二つに分れている。

日曜日なので、どちらも満員であった。

「大人一人、子供一人」

初めて入場した父親は、(C)電車の切符を買うようなことを云って、一時間分の代金を払い、えさと貸し釣竿《つりざお》を二本貰《もら》った。前に使った者がいい加減なことをして戻して行ったので、糸が滅茶苦茶《めちゃくちゃ》に巻きついている。針が引っかかっているので、どうして解いていいか分らない。

釣れないので気を悪くして帰って行った客の釣竿ではないかと思われる。

釣堀の小母《おば》さんが解いてくれた。

「大丈夫ですか」

「ええ、釣れますよ」

小母さんが笑いながら答えた。

男の子は糸が解けるのが待っていられなくて、あっちへ走って行ったかと思うと、すぐ戻って来て、「早く、早く。あそこがいいよ、お父さん」と叫んだ。

男の子が「あそこがいい」と云ったのは、しかし、専門家の池の方であった。そちらでは彼等《かれら》が借りたようなちっぽけな釣竿を持っている人は一人もいない。それに料金も高いのだ。

「だめなの、あっちは」

と女の子が云った。

感じること。

② 過去の読書行為が、身体的な感覚や経験と深く結びついていること。

③ 読書に熱中した当時を懐かしく思い起こし、追憶にとらわれること。

④ 日常的な読書によって、体に活力が与えられたかのように錯覚すること。

問六 傍線(E)「まったくないわけではないのです」とあるが、筆者がこのように言うのはなぜか、最も適当なものを選びなさい。解答番号 18

① 日本人は歴史的に本を読む行為を好ましく受け止めており、読書に親しみやすい環境も安定的に維持されているから。

② 読書行為は、どんな新しいメディアにも替え難い価値をもつものとして、日本人の意識の中で脈々と受け継がれているから。

③ 読書によって得られる恩恵を享受し続けてきた日本人は、読書習慣の喪失に対して漠然とした不安を覚えているから。

④ 主体的な読書によって関心と知見を広げてきた日本人は、インターネットによる受動的な情報取得では満足できないから。

問七 本文の表現上の特徴として、最も適当なものを選びなさい。解答番号 19

① 筆者の具体的な経験に基づいて自説を展開し、読み手に問いかけるような表現を用いることによって、その関心をひきながら書物文化の特徴を解明している。

② 平仮名表記を意識的に用いるとともに、先行する研究に解説を加えながら論を進めることによって、書物文化に対する読み手の抵抗感を軽減している。

③ 終始平易な言葉遣いで述べながら、書物に関する他の作家の見方を取り入れて論を展開することによって、書物文化に対する自らの見解を補完している。

④ 書物に対する自身の意見を論の中心としながらも、専門家の視点も織り交ぜながら考察を進めることによって、書物文化の窮状をわかりやすく述べている。

三 次の文章を読んで、後の問いに答えなさい。

「釣堀に行こうよ」

と云《い》い出したのは、男の子であった。

その日は日曜日で、三月の初めであったが、もう春がすぐそこまで来ているかと思うような天気の日であった。

有難いことに風が無かった。

「釣りは駄目だよ。とても釣れやしないよ」

と父親が云った。

「だめなことなんかないよ。子供でも釣ってるよ。ます子ちゃんは五匹釣ったよ」

「何を釣ったんだ」

「きんぎょ」

「金魚か」

父親はがっかりしたような声を出した。

「金魚じゃ、つまらないよ」

「つまらなくないよ。大きい魚を釣ってる子供もいるよ」

「そうか」

「お父さんなら大丈夫だよ」

小学一年生の男の子はそう云った。

「いや」

と父親は云った。

「やったことがないんだ。海で釣ったことがちょっとあるだけだ。ああいう釣堀のようなところは、一回も行ったことがない」

(A)気の弱いことを彼は云ったものだ。

「やってみたら、釣れるかも知れないわ」

今度は小学五年生の女の子が云った。

「一回、やってみたら? 釣れなくてもいいじゃないの。面白いなじく年齢や地域や性別や学歴の差をこえて、おおくの日本人がやはりいっせいに本を読まなくなっていた。どんな本好きも、いや本好きであればあるほど、さまざまな調査や本の売れ行きの急激な減少から、なによりも日常の実感として、その変化をみとめざるをえなくなったのです。その結果、いつのころからか、私たちは「遠からずわれわれの社会から日常的に本を読む習慣が失われてしまうかもしれない」という、ぼんやりした不安をいだくようになった。

　しかし、たとえそうだとしても、幼いころからの「体を伴った読書」の記憶が消えてしまうわけではありません。その個人的な記憶に、紫式部や菅原孝標の女《むすめ》にはじまる日本人の読書の集団的な記憶がかさなり、そのことが、ふだんあまり本を読まない人たちをも辛うじて本にむすびつけている。したがってこのさきも、そこに行けばかならず多様な本があり、じぶんの関心をどんな方向にでも深めてゆけるような環境が安定的に確保されつづけるなら、いちどは本を読まなくなった人びとがふたたび本を読みはじめる可能性だって、(E)まったくないわけではないのです。

（津野海太郎『読書と日本人』より）

問一　傍線(A)「はたしてそう簡単にいいきってしまえるのかどうか」とあるが、筆者がこのように考えるのはなぜか、最も適当なものを選びなさい。解答番号 13

① 電子メディアの利便性に魅せられた人々が〈紙の本〉への信頼感を失いつつあるという指摘があるが、それは電子メディアに批判的な立場をとる一部の人々の偏った見方に過ぎないから。

② ゲームやＳＮＳの普及による人々の生活の表面的な変化ばかりにとらわれ、電子メディアの隆盛が若者の「本ばなれ」を招いた背景を歴史的な視点から捉えきれていないから。

③ 読書習慣の衰退は、革新的な電子メディアの普及する以前から起きていたものであり、人々の〈紙の本〉そのものに対する意識の変化にその原因を求める方が妥当だといえるから。

④ 電子メディアの登場を機に人々の読書環境が劇的に変化したと一般的には認識されているが、〈紙の本〉の登場以来、読書環境は常に悪化し続けており、現代特有の現象とは言い難いから。

問二　傍線(B)「カレル・チャペック」の見解を筆者はどのように捉えているか、最も適当なものを選びなさい。解答番号 14

① 新たな映像文化の性質を好意的に受け止めながらも、映像文化にはない読書行為の価値を明確に認識している。

② 本を読む人と映像を楽しむ人の特徴を比較することによって、現代の映像文化の優位性を明らかにしている。

③ 読書を愛好する人々は老年世代に限定されるので、書物文化はやがて衰退の一途をたどっていくと考察している。

④ 映像作品の流行は一時的なものに過ぎず、いずれは現代人も「概念的タイプ」に戻っていくと予想している。

問三　本文中の空欄［　　］に当てはまる語として、最も適当なものを選びなさい。解答番号 15

① 熟慮する人間　② 忍耐強い人間

③ 逃亡する人間　④ 進歩する人間

問四　傍線(C)「『飽和状態』」とあるが、これはどういうことか、最も適当なものを選びなさい。解答番号 16

① 膨大な情報を慌ただしく取り込み続けた結果、精神的な余裕がなくなってしまったこと。

② 当初は関心の高かった情報であったが、手にした途端に興味を失ってしまったこと。

③ 有益な情報だけを選別していくうちに、物事の真価を見極められなくなってしまったこと。

④ 瞬時に情報が手に入ることに満足して、書物に傾けていた情熱がさめてしまったこと。

問五　傍線(D)「体を伴った読書」とあるが、これはどういうことか、最も適当なものを選びなさい。解答番号 17

① 読書に没頭する内に、体ごと物語に取りこまれたかのように

が同時期に書いたいくつかのエッセイから見ても、かれのうちに「　　　」とならんで、ひとりの確信的な「本に戻る人」がいたことはあまりにもあきらかなのです。

そして、このチャペックのうちなる「読書タイプの人間」と「視覚型人間」との葛藤の劇が、百年後、映画をインターネットに、「視覚型人間」を「デジタル型人間」におきかえて、そっくりそのまま繰りかえされます。私の場合でいえば、数年まえ、たまたま雑誌で津村記久子の「咳《せき》と熟読」という文章を読み、おや、おれは以前、これと似たようなことをどこかで読んだことがあるぞと、チャペックのこのエッセイのことを思いだした。

津村の「咳と熟読」によると、いっとき本をはなれてインターネットに熱中した彼女は、やがてネット情報の「瞬間湯沸かし」的な収集に疲れて、ふたたび本を読むようになったらしい。「情報」をいそがしく「脳味噌《のうみそ》に注入」するかのごとき(C)「飽和状態」のなかで「逆説的に、自分が本から得ていた主な栄養は「情報」ではないのだな」と気づいたというのです。

本を読み始めた頃、読むことは、ひたすら体験だった。図書室で借りてきた本のぼろぼろさ加減とその物語は、一体のものとなって記憶されている。喘息《ぜんそく》の発作の後、親に隠れて本を読んでいる自分自身もまた、物語の一部だったように思える。あぁ、『チム・ラビットのぼうけん』はおもしろかったなあ、と思い出す時は、必ず、小学二年の時に住んでいたマンションの六畳の寝室と、窓から差し込む昼間の光と、苦かった薬と裏腹に魅力的だった吸入器の味のことを思い出す。

そういう、(D)体を伴った読書を再び求める。

ネット情報とのつきあいに疲弊して「読書を再び求める」ようになった。つまりはそういうこと。彼女もまた、チャペックがいう「たっぷり息を吸うために、映像〔情報〕の急流から逃れ、本に戻る人」のひとりだったのです。

チャペックと津村記久子――。

この二人の作家の百年の時をへだてた体験をならべてみると、〈読書の黄金時代〉としての二十世紀が、じつは終始、かならずしも安定したものでありつづけていたわけではないことがわかります。いかにも私たちは、いまデジタル革命の衝撃で〈紙の本〉がはじめて危機にさらされているように感じている。でもちがうんですね。チャペックによると、すでに前世紀の二〇年代、〈読書の黄金時代〉がその盛期にさしかかろうとするころには、映画の成熟によって、かれ自身をふくむ本好きたちまでが、いち早く、その危機を予感するようになっていたらしい。

そして、この点にかかわってもうひとつ見すごしてならないのが、この危機が同時に〈紙の本〉の力を人びとが発見しなおす機会になったということです。

日用品としての本に慣れすぎて、私たちはともすればそのありがた味を忘れてしまう。そんなとき、ふいに衝撃的ななにごとかにぶつかり、忘れていたありがた味を新鮮なものとして見つけなおす。〈読書の黄金時代〉前半期での「なにごとか」は映画でしたが、それに匹敵する後半期のできごとがインターネットの出現です。そして映画の場合と同様に、今回も新しい「なにごとか」に震撼《しんかん》させられた〈紙の本〉が、逆に、あわただしい情報ラッシュに疲れはてた人間がそこに戻ってゆく代替のきかない強力な場として再発見される。それがチャペックの「本に戻る」だったし、津村記久子のいう「読書を再び求める」でもあるのでしょう。

《中略》

――明治の終わりから大正にかけて、人びとが年齢や地域や性別や学歴の差をこえていっせいに本を読むようになり、そこから〈読書の黄金時代〉としての二十世紀がはじまった。

以前、私はたしかにそうのべました。

ところが、その二十世紀が終わって、つぎの世紀にはいると、お

① 古池や蛙飛び込む水の音

② 五月雨を集めて早し最上川

③ 荒海や佐渡によこたふ天の河

④ 旅に病んで夢は枯野をかけめぐる

問八 「勿以善小而不為」を「善小なるを以て為さざること勿かれ」と書き下す場合、返り点の付け方として最も適当なものはどれか、次の中から選びなさい。解答番号 12

① 勿㆘以㆓善小㆒而不㆖㆑為。

② 勿㆘以㆓善小㆒而不㆑為㆖。

③ 勿㆘以㆓善小而㆒不㆖㆑為。

④ 勿㆘以㆓善小㆒而不㆖為。

二

次の文章を読んで、後の問いに答えなさい。

人が本を読まなくなった。あれほど堅固に見えた〈紙の本〉への信頼感がぐらりと揺らいだように思える。このさき私たちの読書環境はどう変わってしまうのだろうか。

こうした不安をもたらした犯人はデジタル革命だという説があります。ゲームやSNSのせいだとか、なにもかもインターネットがわるいのだとか――。

でも、(A)はたしてそう簡単にいいきってしまえるのかどうか。

だいいち若者の「本ばなれ」が顕著になった七〇年代末には、デジタル時代はまだ緒についたばかり。戦後はじめて本の総売上が下降に転じたのも、インターネットや携帯電話が広く定着したのも、すべて九〇年代が終わり近くなってからのことなのです。であるからには、どう考えても読書習慣のおとろえの責任をまるごとデジタル革命に負わせることにはむりがある。それよりも、このおとろえは二十世紀後半、デジタル革命の開始以前に、〈紙の本〉の世界の内側で徐々に醸成されてきたと考えておくほうが、よほど自然なのではないだろうか。

もうひとついえば、新しく興隆したメディアが〈紙の本〉をほろぼすという危機の構図にしても、それ自体は新しいものではなく、すでに出版産業化が本格化した一九二〇年代にはすがたを現していました。このときの本の敵は映画（無声映画）です。たとえばチェコの人気作家でジャーナリストの(B)カレル・チャペック。かれは一九二五年に、早くも成熟期に足を踏み入れた映画の力をたたえて、これからは本を読む「概念的タイプ（老年世代）」にかわって映画で再教育された「視覚型人間（現代の人間）」が増えてゆくだろう、と予言していた。

> 読書タイプの人間は忍耐強い。周囲の状況を認識し、事件の記録のなかに腰を据え、話を最初から最後までたどっていくだけの十分な時間を取る。
>
> 視覚的タイプはそれほど忍耐強くありません。状況を一目で把握し、時間をかけずに話の筋を飲み込んでしまいたがります。そして、次の瞬間にはもう新しい何かを物色しているのです。しかし、もしかしたら、たっぷり息を吸うために、映像の急流から逃れ、本に戻る人も出てくるかもしれません。（略）多分ね、そんなこと誰にわかるのです？――多分、書物はだんだんと死に絶えていくでしょう。もしかしたらバビロンの文字の書かれた煉瓦《れんが》のように奇妙な記念碑になるでしょう。でも、芸術は死に絶えることはありません。
>
> （「目の世代」）

文脈がすこし混乱しているので、チャペックが「本に戻る人」に批評的な距離をおいているようにも読めます。でも、たぶんそうじゃないな。かれが人間をつくりかえる映画特有のスピード感に魅せられていたのは事実でしょうが、それと同時に、ねばりづよく「周囲の状況を認識」し、十分な時間をかけて「最初から最後まで」話につきあうという「読書タイプの人間」の習性にも、おなじくらい、もしくはそれ以上につよく共感していた。チャペック

二〇二二年度 日本大学習志野高等学校（A・B入試）

【国語】（五〇分）〈満点：一〇〇点〉

一 次の各問いに答えなさい。

問一 次の(ア)〜(オ)の傍線部と同一の漢字を用いるものはどれか、それぞれ適当なものを一つずつ選びなさい。

(ア) 裁判官をダンガイする。解答番号 1
① カンダン差の大きい気候。
② シャダン機のない踏切。
③ ダンカイ的に強化する。
④ ダンリョクのある素材。

(イ) 医者にオウシンしてもらう。解答番号 2
① 武道のオウギを極める。
② 人のオウライが激しい。
③ 契約書にオウインする。
④ オウヘイな言葉遣い。

(ウ) ボランティア活動をショウレイする。解答番号 3
① ケイショウ地へ赴く。
② カンショウ的な気分。
③ ショウガク金を申し込む。
④ 政権をショウアクする。

(エ) ザユウの銘。解答番号 4
① シユウを決する。
② 王をユウヘイする。
③ 一刻のユウヨもない。
④ サユウ対称の建物。

(オ) ミツヤクを交わす。解答番号 5
① キュウヤク聖書から引用する。
② ジョヤクに任命される。
③ サイヤクに見舞われる。
④ 英文学をホンヤクする。

問二 「教」の字の部首は何と呼ばれるか、最も適当なものを選びなさい。解答番号 6
① がつへん　② ぼくにょう
③ おいかんむり　④ ほこづくり

問三 「社会的少数者」を表す外来語として、最も適当なものを選びなさい。解答番号 7
① レアリティ　② ダイバーシティ
③ マイノリティ　④ アイデンティティ

問四 □内に入る語が一致する慣用句の組み合わせはどれか、最も適当なものを選びなさい。解答番号 8
① □が痛い　—□がおどる　—□をすませる
② □を立てる　—□をつぶす　—□に来る
③ □が利く　—□が高い　—□を折る
④ □が高い　—□がない　—□をひそめる

問五 次の文の傍線部「で」と同じ意味（働き）のものはどれか、最も適当なものを選びなさい。解答番号 9
「吾輩は猫である。」
① 彼は大らかな性格なので好かれている。
② この地名は開拓者にちなんでつけられた。
③ 包丁で野菜をみじん切りにする。
④ 兄は大学生で、弟は高校生だ。

問六 森鷗外の作品として、最も適当なものを選びなさい。解答番号 10
① 『浮雲』　② 『杜子春』
③ 『高野聖』　④ 『山椒大夫』

問七 「閑かさや岩にしみ入る蟬の声」と同じ季節の俳句はどれか、最も適当なものを選びなさい。解答番号 11
①

2022年度／日本大学習志野高等学校（Ａ・Ｂ入試）

英語解答

Ⅰ 〔Ａ〕 1…⑧ 2…② 3…① 4…⑦
5…⑤ 6…⑨ 7…⑥ 8…⓪
〔Ｂ〕 ② 〔Ｃ〕 ⑧ 〔Ｄ〕 ③，⑤

Ⅱ 〔Ａ〕 ④ 〔Ｂ〕 ② 〔Ｃ〕 ①
〔Ｄ〕 ④ 〔Ｅ〕 ③ 〔Ｆ〕 ④
〔Ｇ〕 1…④ 2…① 〔Ｈ〕 ③，⑥
〔Ｉ〕 ① 〔Ｊ〕 ④

Ⅲ 問１ ② 問２ ③ 問３ ②

Ⅳ 1 ③ 2 ① 3 ④

Ⅴ 問１ 31…① 32…④ 33…⑥
問２ ④

Ⅵ 1 ① 2 ③ 3 ② 4 ②

Ⅶ 〔Ａ〕 1…③ 2…① 3…④
〔Ｂ〕 1…② 2…① 3…②

Ⅷ 1 45…④ 46…③
2 47…⑦ 48…③
3 49…⑨ 50…③

Ⅰ 〔長文読解総合―説明文〕

≪全訳≫❶人は常に空を飛びたいと思ってきた。何百年もの間，人間は空を飛ぶ鳥を観察した。鳥のように飛ぶことを夢見ていたのだ。鳥にとって，飛ぶのはとても簡単だ。鳥は翼を使って空を飛ぶことができる。❷人は何百年も前にたこのつくり方を知っていた。たこは何時間も空に浮かんでいられた。「鳥やたこが空に浮かんでいられるのなら，自分たちもできるかもしれない」と思う人たちもいた。❸当初，彼らは鳥のような翼をつくった。そして，高い所から飛び出して飛ぼうとした。多くの人がこれを実行したが，皆，そのまま地上に落下してしまった。命を落とす人やけがをする人もいた。さんざん試した後に，翼を使って飛ぶのは無理だとわかったので，そのような試みはやめた。❹２人のフランス人男性，モンゴルフィエ兄弟は別の方法を試した。どの方法かおわかりだろうか。彼らは気球を試したのだ。「温かい空気は冷たい空気よりも軽いので上昇する」と彼らは言った。「風船を温かい空気で満たせば，それは上がっていくだろう。」　1783年，彼らは布と紙で大きな風船をつくった。風船の下で火を燃やした。その風船は空中へと上昇し始めた。それは1800メートル上がった。その後，風船内の空気が冷めていった。最終的にその風船はゆっくりと下りてきて着地した。❺数か月後，モンゴルフィエ兄弟は別の風船を上げた。今回は風船の下にかごがついていた。そのかごには３匹の動物が乗っていた。その風船は2.5キロメートル離れた場所まで空を飛んでいった。最初の風船ほどは高く上がらなかった。❻いよいよ，人間が飛ぶときがきた。1783年10月，兄弟は別の気球を試した。今回は１人の男性がかごに乗り込んだ。その気球はそれほど遠くまで上がらなかった。25メートル上昇しただけで止まった。縄で地上に結ばれていたので，飛んでいくことはできなかったのだ。❼自由に移動できる最初の気球が空を飛んだのは1783年12月のことであった。別のフランス人男性２人が，温かい空気で満たされた気球で空に上がった。今回は縄がなかった。その気球は900メートル上昇し，25分間空を飛んだ。約９キロメートル移動した。人間が空を飛んだのはそれが初めてであった。

〔Ａ〕＜適語選択＞1．同段落第１文に，人はずっと空を飛びたいと思ってきたとあり，その願望が dream「夢」で言い換えられている。　2．'It is ～ for … to ―' で「…が〔…にとって〕―することは～だ」という意味を表す。　3．「翼を使うことによって空を飛べる」という流れが自然なので，'手段・方法' を表す前置詞 by が適する。　4．how to ～ で「～の仕方」。空所からkitesまでが「たこのつくり方」というまとまりでknewの目的語になっている。　**5**．andの前後の文がsome were ... と同じ形で，someは翼をつけて飛ぼうとした人たちを指している。ここから，hurt「けがをした」に対応する語としてkilledが適切。'be動詞＋killed'で「死ぬ」を表せる。　**6**．stop ～ingで「～するのをやめる」。文前半に，翼で飛ぶことは不可能だとわかったとある。文末のdo so「そうする」とは，翼をつけて飛ぶことを指しており，人々はそれをやめたのである。　**7**．直前の文にanother way「別の方法」とあり，これがどんな方法かを読者に推測させているのである。　**8**．文中のIt/itはいずれもthe balloonを指す。風船が下りてきて，the ground「地面」に到達したのである。

〔**B**〕＜**英文解釈**＞前にcan stay up in the air「空に浮かんでいられる」とあり，これが重複するのを避けるために省略されている。

〔**C**〕＜**文整序**＞エ．「人々は鳥のように翼を使って飛ぼうと試みた」（第3段落）→ウ．「布と紙でできた気球が飛んだ」（第4段落）→イ．「かごに3匹の動物を乗せて，気球が放たれた」（第5段落）→オ．「地面に結びつけられた気球のかごに乗って1人の男性が移動した」（第6段落）→ア．「地面に結びつけられていない気球が2人の男性を乗せて空に舞い上がった」（最終段落）

〔**D**〕＜**内容真偽**＞①「19世紀まで人は飛ぶ方法を知らなかった」…×　最終段落参照。人が初めて空を飛んだのは1783年，つまり18世紀のことである。　②「冷たい空気は温かい空気よりも軽い」…×　第4段落第4文参照。　③「中の空気が温かくなれば，風船は上昇する」…○　第4段落第5文に一致する。モンゴルフィエ兄弟はこの原理で気球を飛ばした。　④「かごに男性1人を乗せた初の気球は1800メートル上昇した」…×　第6段落参照。25メートルしか上がらなかった。　⑤「1783年に飛んだ4つの気球のうち，最初の気球が最も高く上昇した」…○　第4段落以降参照。最初の気球が1800メートルで，2番目はそれより低く，3番目は25メートル，4番目は900メートルであった。　⑥「初めて空中飛行した人たちはモンゴルフィエ兄弟であった」…×　最終段落参照。初めて空を飛んだのはモンゴルフィエ兄弟とは別のフランス人2人である。

Ⅱ〔**長文読解総合―説明文**〕

≪**全訳**≫❶日本の多くの子どもたちが写真を撮られるときにする2本指のジェスチャー「ピースサイン」は，イギリスの首相，ウィンストン・チャーチルが考え出したといわれている。第二次世界大戦中，チャーチルはそれを「勝利(Victory)のV」を意味するのに使った。ベトナム戦争後，ニクソン大統領も勝利を意味するのにこのジェスチャーを使った。しかし，ベトナム戦争に反対する人々はこのジェスチャーを「平和」を意味するのに使い始めた。❷1990年代のオーストラリア訪問時，ブッシュ(父)大統領は，彼を空港で出迎えるオーストラリアの人々に向かってピースサインを送ろうとした。不運にも，彼は手の向きを間違えてしまった。アメリカではそのようにしてもあまり問題はない。しかし，イングランドやオーストラリアでは，手の甲を観衆に向けると，そのジェスチャーは非常に侮辱的で，人を辱めるときに用いられる。オーストラリア人はとてもショックを受けた。❸ブッシュ大統領の過ちをとらえた写真は広く配信されたが，第二次世界大戦の序盤，チャーチルもまたこのジェスチャーを誤って使っていたと知っている人はほとんどいない。しかし，人々はすぐに彼の過ちを指摘したので，チャーチルはそれを裏返して，ピースサインとして知られるようになるジェスチャーを生み出した。❹欧米でよく知られているもう1つのジェスチャーである「親指を立てる」サインも，誤解される可能性がある。

イングランドやアメリカでは，それは「全て順調だ」あるいは「よくやった」という意味になる。しかし，ラテンアメリカや西アフリカ，ギリシャやロシア，イタリア南部といった，それが非常に侮辱的なジェスチャーとなる場所で，「親指を立てるしぐさをすること」は避けるべきだ。とりわけ，アラブ諸国ではそのジェスチャーは絶対にやめた方がよい。けんかを売られるかもしれないからだ。**5**他にも１つトラブルになりそうなジェスチャーがある。日本やフィリピンでは，誰かを自分の所へ呼ぶために，手の平を下向きに伸ばして上下に振る。D<u>イングランドやアメリカでは，手の平を上向きにして，人差し指だけを使う。</u>日本人はこのジェスチャーで気分を害することはない。しかし，フィリピンでは，指を１本立てて人を呼び寄せるのは非常に侮辱的だ。それは犬にのみ使われるジェスチャーなのである。昔は子どもがそのジェスチャーで大人を呼ぶと，罰として指を折られてしまうこともあった。

〔A〕**＜適語(句)選択＞**空所①は主語の The ‘peace sign’ に対応する動詞としてはたらいているので，「いわれている」という意味になる受け身形(‘be動詞＋過去分詞’)が適する。

〔B〕**＜適語選択＞**直前の文に，ブッシュ(父)大統領はピースサインを送ろうとしたとあり，空所の後にはやり方が間違っていたとあるので，これを修飾する語として unfortunately「不運にも，残念ながら」が適切。

〔C〕**＜単語の意味＞**そのジェスチャーが人を侮辱するときに用いられ，オーストラリア人に大きなショックを与えてしまったという記述から判断できる。

〔D〕**＜適語選択＞**文の後半から，チャーチルは間違ったジェスチャーをひっくり返して修正したことがわかるので，人々が彼の過ちを指摘したのだとわかる。point out ～で「～を指摘する」。

〔E〕**＜適語選択＞**空所の前では，アラブ諸国でそのジェスチャーを使ってはいけないと述べ，空所の後では，けんかを売られるかもしれないと，その‘理由’を述べているので，because「なぜなら～からだ」が適切。

〔F〕**＜英文解釈＞**children から adults までが主部で，‘名詞＋分詞＋語句’の形で using it to call adults が children を後ろから修飾している(現在分詞の形容詞的用法)。ここでの‘have＋目的語＋過去分詞’は「～を…される」という‘被害’を表している。it は２文前で述べられている指を１本立てて人を呼び寄せるジェスチャーのこと。侮辱的なジェスチャーであり，子どもが大人に対して使うと，罰として指を折られたということである。

〔G〕**＜英問英答―要旨把握＞1．**「２本指のジェスチャーを『平和』のサインとして使い始めたのは誰か」―④「ベトナム戦争に反対していた人々」　第１段落最終文参照。　**2．**「イングランドにおいて正しいのは下記のどれか」―①「『よくやった』を示すために親指を立てるサインを使う」　第４段落第２文参照。

〔H〕**＜内容真偽＞**①「ピースサインはもともと『平和』の意味である」…×　第１段落後半参照。平和ではなく勝利(victory)を示すものであった。　②「多くの日本の子どもたちは勝利を意味するためにピースサインをする」…×　第１段落第１文参照。子どもたちは写真を撮られるときにピースサインをする。　③「親指を立てるサインはアラブ諸国ではトラブルになる可能性がある」…○　第４段落後半の内容に一致する。　④「ブッシュ(父)大統領がピースサインを生み出したといわれている」…×　第１段落第１文参照。ウィンストン・チャーチルである。　⑤「フィリピンでは，人を呼ぶために親指を立てるサインを使うこともある」…×　第５段落第２文参照。日本と同様に，手の平を下向きにして上下に振る。　⑥「同じジェスチャーでも国によって違う意味を持つ」…○　本文全体で述べられている内容に一致する。

〔Ｉ〕＜**要旨把握—絵を見て答える問題**＞第１～３段落ではピースサイン，第４段落では親指を立てるジェスチャー，第５段落では人を呼ぶときのジェスチャーが述べられている。人を呼ぶときは，手の平を下向きにして振るパターンと，手の平を上向きにして指を１本動かして呼ぶパターンがあるが，手の平を上向きにして４本の指を動かすジェスチャーについては述べられていない。

〔Ｊ〕＜**適所選択**＞補う文では，手の平を上に向けて人差し指だけを使うというイングランドとアメリカのジェスチャーが紹介されている。第５段落第２文には，人を呼ぶときに日本とフィリピンでは手の平を下向きにして上下に振るとあるので，この文の後に入れると，国による違いを対比する内容となる。

Ⅲ〔**長文読解総合—広告を読んで答える問題**〕

≪全訳≫プリンスファイブスキーリゾート／プリンスファイブスキーリゾートは，３つの異なる山頂にまたがる約500ヘクタールのアルペンスキー場です。傾斜は難易度でランクづけされており，初心者用に25%，中級者用に40%，上級者用に35%が割り当てられています。／リフト料金／リフトは平日の午前９時～午後４時，土日・祝日の午前８時～午後４時に運行されており，金曜と土曜の午後４時～午後10時にはナイトスキー用の運行があります(天気が良好な場合)。／大人，13歳未満の子ども／*１日(午前９時～午後４時)，大人48ドル，13歳未満の子ども12ドル／半日(午後１時～午後４時)，大人28ドル，13歳未満の子ども７ドル／ナイトスキー(午後４時～午後10時)，大人14ドル，13歳未満の子ども６ドル／連続２日，大人90ドル，13歳未満の子ども20ドル／連続３日，大人120ドル，13歳未満の子ども25ドル／*正午までに返却されたチケットには半日券を進呈。／家族割引／家族全員でスキーやスノーボードを楽しむには以下のチャンスがあります！　各チケットを最大35%割引いたします。／ご家族６名様以上でチケット１枚につき35%割引／ご家族３～５名様でチケット１枚につき25%割引／ご家族２名様でチケット１枚につき15%割引／この冬，新たな思い出づくりを！

問１＜**内容一致**＞「１日券を午前11時30分に返却すれば，引き換えに(　　)が与えられる」—②「リフトを半日使える権利」　リフト料金表の脚注に，正午前に１日券を戻せば半日券がもらえるとある。

問２＜**内容一致**＞「30代の大人２人と10歳の子ども１人，12歳の子ども１人の家族はナイトスキーのリフト料金として(　　)ドル払う」—③「30」　リフト料金表でナイトスキーの欄を見ると，大人が１人14ドル，13歳未満の子ども１人が６ドル。大人２人，13歳未満の子どもが２人なので，14ドル×２人＋６ドル×２人＝40ドルだが，家族割引で４人の場合25%割引になるので，40ドル×(１－0.25)＝30ドルとなる。

問３＜**英問英答—内容真偽**＞「広告によると，どの記述が正しいか」　①「真夜中にリフトを使用するスキー客には特別割引がある」…×　割引は家族の人数に応じたもので，時間帯は関係ない。②「15歳の少年が120ドルを払うと，３日連続でリフトを使うことができる」…○　13歳以上には大人料金が適用され，リフト料金表より，連続３日券は120ドルとある。　③「プリンスファイブスキーリゾートのスキー場の半分を超える部分はアルペンスキーの上級者を対象としている」…×　広告の冒頭より，35%が上級者向けである。　④「60歳のスキー客の１日リフト券の料金は12ドルである」…×　１日リフト券の大人料金は48ドルである。

Ⅳ〔対話文完成─適文選択〕

1．医師（D）：さて，ジョン。どこが悪いんだい？／患者（P）：2，3日前に声が出なくなって，今はせきがひどいんです。／D：28それはいつからだい？／P：昨日の朝ですが，今日はさらにひどくなっているみたいです。∥せきがひどいと言う患者に対して医師が何か質問し，直後で患者が「昨日の朝」と答えているので，せきがいつ始まったのか尋ねたのだとわかる。

2．A：夏休みの予定は決まった？／B：うん，バンクーバーに行こうと思っているんだ。／A：本当に？　私はニューヨークに引っ越す前にそこに住んでいたのよ。／B：29君がおすすめする，見ておいた方がいいものは何かな？／A：あら，行く価値のある場所はいっぱいあるわよ。∥直後にAが名所はたくさんあると答えているので，おすすめの場所を尋ねたのだとわかる。

3．A：そのワンピースすごくいいね。どこで買ったの？／B：30実は私のじゃなくて，姉〔妹〕のなの。／A：彼女はセンスがいいね。／B：ええ，彼女は最新の流行を知りつくしているの。∥着ている服をどこで買ったのかときかれ，「彼女」という第3者のセンスを褒めていることから判断できる。

Ⅴ〔長文読解総合─対話文〕

≪全訳≫❶ヤマダ先生（Y）：ナガセ先生，前期のテスト結果を見てください。**❷ナガセ先生（N）**：いいですよ。**❸**Y：生徒の多くは数学に興味を持っていますが，問題は歴史です。**❹**N：2組の歴史の点数は数学の半分しかないですね。他の組も全て非常に点数が低い。**❺**Y：どうすればよいと思いますか？**❻**N：えっと，彼らになぜ歴史を学んだ方がいいのか，その理由を説明して，もっと一生懸命勉強させる必要があると思います。**❼**Y：2組の化学の平均点が4組の2倍なのはなぜでしょうか？**❽**N：2組の多くの生徒は大学で科学を勉強したいと思っています。でも，彼らの家庭科の点数はとても悪いですね。**❾**Y：家庭科といえば，1組の平均点は3組の平均点より10点高いんです。これは1組が家庭科コースであるということと大いに関係しています。**❿**N：そうでしょうね。

問1＜要旨把握＞31．第4段落に2組の歴史の平均点は数学の半分とあるので，80点÷2＝40点。

32．第7段落に2組の化学の平均点は4組の2倍とあるので，35点×2＝70点。　33．第9段落に1組の家庭科の平均点は3組より10点高いとあるので，80点＋10点＝90点。

問2＜内容真偽＞①「4組の全教科の平均点は60点を超えている」…×　(81＋48＋35＋72)÷4＝59より，60点を超えない。　②「全クラスの数学の平均は80点を超えている」…×　(82＋80＋71＋81)÷4＝78.5点より，80点以下である。　③「2組の多くの生徒は大学で歴史を勉強したいと思っている」…×　第8段落参照。　④「1組の生徒は家庭科コースに属しているので，家庭科の平均点が最も高い」…○　第9段落参照。1組の家庭科の平均点は空所になっているが，残りのクラスのうち最も平均点が高い3組よりも10点高いと述べているので，全てのクラスの中で1組が最も平均点が高いと判断できる。

Ⅵ〔適語選択〕

1．「この図書館は本当によい環境です。そう思いませんか」　environment「環境」　envelop「包む，覆う」　convenient「都合のよい，便利な」　entrance「入り口」

2．「速達で小包を送るには追加料金がかかる」　charge「(サービスに対する)料金，使用料，手数料」　cost「(生産・維持などに必要な)値段，費用」　price「(品物の)価格」　pay「給料，賃金」

３.「その紙はとても安かったので，品質が非常に悪い」　quality「品質」　wealth「富，財産」　culture「文化」　ceremony「儀式」

４.「体育館とは体操やスポーツをするための器具を備えた特別な建物や部屋のことである」　gym「体育館，ジム」　stadium「競技場，野球場」

Ⅶ〔文法総合〕

〔Ａ〕＜適語(句)選択＞１．部屋で待つという動作の‘継続’を述べているので，「～まで(ずっと)」という‘継続’の終了時を示す until が適切。なお，by は「～までに」という‘期限’を表す。　「呼ばれるまでこの部屋でお待ちください」　２．people という‘数えられる名詞’を修飾するので number が適切。a large number of ～ で「多数の～」。なお，amount は‘数えられない名詞’に用いる。　a large amount of ～「大量の～」　「その公園には大勢の人がいる」　３．because 以降が過去形なので，動詞 awake「目が覚める」の過去形 awoke が適切。 awake－awoke－awoken　「突然電話が鳴ったので，彼は真夜中に目が覚めた」

〔Ｂ〕＜誤文訂正＞１．‘過去の習慣’や‘過去の状態’を表す used to「(以前は)よく～したものだ，(かつては)～だった」の後には，動詞の原形がくるので，②は be が正しい。　「以前はスポーツとして主にジョギングをしていたが，最近水泳を始めた」　２．two months ago「２か月前」のように明確な過去を表す副詞(句)がある場合，現在完了ではなく過去形を用いるので，①は have just moved ではなく just moved となる。　「２か月前に東京に引っ越してきたばかりなので，まだこの街をじっくり見る時間がない」　３．「～したことを覚えている」は‘remember＋～ing’で表すので，②は to hit ではなく hitting となる。なお，‘remember＋to不定詞’は「忘れずに～する」という意味。　「僕はこの野球場で行われた最終試合でホームランを打ったことをいまだに覚えている」

Ⅷ〔整序結合〕

１．「自由に召し上がって」は，help yourself to ～「～を自由に取って食べる〔飲む〕」の形で表す。「欲しいものは何でも」は，anything の後に you want を直接続ければよい(目的格の関係代名詞は省略)。不要語は for。　Please help yourself to anything you want in the fridge.

２．「折り返しお電話ください」は‘call＋人＋back’「〈人〉に電話をかけ直す」で表せる。この後，「～(する)とき」を表す when を用いて「ご都合の良い時に」を続ければよい。「ご都合の良い」は，‘時間’を表す主語 it を使って it is convenient for you とする。不要語は are。　Please call me back when it is convenient for you.

３．「～くれませんか」は「私はあなたが～してくれるかしらと思う」と読み換え，wonder if ～「～か(どうか)なと思う」を用いて I wonder if と始める。「私の犬を見る」の主語は「あなた」なので，you could と続ける。could を用いることで，「もし可能であれば」という‘ていねいな表現’となる。「私の犬を見ていて」は「私の犬を世話して」と読み換え，take care of my dog とする。不要語は do。　I wonder if you could take care of my dog while I am away from home.

2022年度／日本大学習志野高等学校（A・B入試）

数学解答

1 (1) ア…2　イ…4
(2) ウ…－　エ…1
(3) オ…2　カ…4
(4) キ…1　ク…2　ケ…3
(5) コ…3　サ…0　シ…5　ス…1
セ…2　ソ…3
(6) タ…1　チ…3　ツ…1　テ…3

2 (1) ア…2　イ…3　ウ…4　エ…3
オ…－　カ…1　キ…－　ク…2
(2) ケ…4　コ…9
(3) サ…5　シ…3

3 (1) ア…7　イ…2
(2) ウ…1　エ…1　オ…5　カ…2
(3) キ…2　ク…7　ケ…3　コ…5

4 (1) ア…1　イ…2　ウ…5　エ…6
オ…2　カ…5　キ…3　ク…3
ケ…2
(2) コ…3　サ…3

1〔独立小問集合題〕

(1)＜数の計算＞与式 $=(2\sqrt{7}+3\sqrt{3})(3\sqrt{7}-2\sqrt{3})-\dfrac{15\sqrt{7}\times\sqrt{3}}{\sqrt{3}\times\sqrt{3}}=2\sqrt{7}\times3\sqrt{7}-2\sqrt{7}\times2\sqrt{3}+3\sqrt{3}\times3\sqrt{7}-3\sqrt{3}\times2\sqrt{3}-5\sqrt{21}=42-4\sqrt{21}+9\sqrt{21}-18-5\sqrt{21}=24$

(2)＜数の計算＞与式 $=(2-3\sqrt{2})^2-4(2-3\sqrt{2})-15=4-12\sqrt{2}+18-8+12\sqrt{2}-15=-1$
≪別解≫与式 $=x^2-4x+4-4-15=(x-2)^2-19$ とし，これに $x=2-3\sqrt{2}$ を代入すると，与式 $=(2-3\sqrt{2}-2)^2-19=(-3\sqrt{2})^2-19=18-19=-1$ となる。

(3)＜数の性質＞37でわったときに商と余りが同じになる自然数を a とし，そのときの商と余りを b とすると，$a=37\times b+b=38b$ となり，余りはわる数より小さいので，b は0以上36以下の整数である。まず，$b=2$ のとき $a=38\times2=76$，$b=3$ のとき $a=38\times3=114$ より，a が3けたの自然数となる最小の b は3である。また，$999\div38=26$ あまり11より，a が3けたの自然数となる最大の b は26である。よって，a が3けたの自然数となる b は，3，4，5，……，26であり，これらは全て0以上36以下の整数という条件を満たすから，3けたの自然数 a は，38×3，38×4，38×5，……，38×26 の $26-3+1=24$(個)ある。

(4)＜連立方程式の応用＞船の速さを時速 x km，川の流れの速さを時速 y km とすると，川を上るとき，船は川の流れの速さの分だけ減速するから，船の上りの速さは時速 $x-y$ km となり，川を下るとき，船は川の流れの速さの分だけ加速するから，船の下りの速さは時速 $x+y$ km となる。まず，船は20km 下るのに1時間20分かかり，$20\div60=\dfrac{1}{3}$ より，1時間20分は $1\dfrac{1}{3}=\dfrac{4}{3}$(時間)だから，船の下りの速さは，$20\div\dfrac{4}{3}=15$ より，時速15km である。よって，$x+y=15$……①が成り立つ。次に，下流から上流まで進むのにかかった2時間40分のうち，20分間は流されたので，船が上った時間は2時間20分である。エンジンが止まっていた20分，つまり $\dfrac{1}{3}$ 時間は，船は川の流れの速さで下流に，$y\times\dfrac{1}{3}=\dfrac{1}{3}y$(km)流され，そのぶん上る距離が増えるから，川を上った距離は，$20+\dfrac{1}{3}y$ km となる。この距離を船は時速 $x-y$ km で2時間20分，すなわち $2\dfrac{1}{3}=\dfrac{7}{3}$(時間)かけて進んだから，$(x-y)\times\dfrac{7}{3}=20+\dfrac{1}{3}y$……②が成り立つ。②の両辺を3倍して整理すると，$7(x-y)=60+y$，$7x-8y=60$……②′となる。①×8＋②′より，$15x=180$，$x=12$ となり，これを①に代入すると，$12+y=15$,

$y=3$ となる。よって，船の速さは時速12km，川の流れの速さは時速３km である。

(5)＜**平面図形—角度，長さ**＞右図で，点Ｏと点Ｂを結ぶと，$\mathrm{AB}=5$，円Ｏの半径より $\mathrm{OA}=\mathrm{OB}=5$ だから，$\triangle\mathrm{OAB}$ は正三角形であり，$\angle\mathrm{AOB}=\angle\mathrm{OAB}=60°$ となる。よって，$\overset{\frown}{\mathrm{AB}}$ に対する円周角と中心角の関係より，$\angle\mathrm{ADB}=\dfrac{1}{2}\angle\mathrm{AOB}=\dfrac{1}{2}\times60°=30°$ となる。次に，AC が直径より $\angle\mathrm{ABC}=90°$ だから，$\triangle\mathrm{ABC}$ は３辺の比が $1:2:\sqrt{3}$ の直角三角形となり，$\mathrm{BC}=\sqrt{3}\,\mathrm{AB}=\sqrt{3}\times5=5\sqrt{3}$ である。

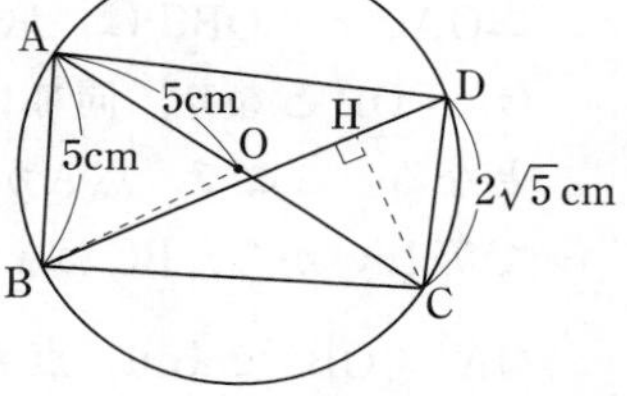

また，$\overset{\frown}{\mathrm{BC}}$ に対する円周角だから，$\angle\mathrm{BDC}=\angle\mathrm{BAC}=60°$ である。したがって，点Ｃから BD に垂線 CH を引くと，$\triangle\mathrm{CDH}$ は３辺の比が $1:2:\sqrt{3}$ の直角三角形だから，$\mathrm{DH}=\dfrac{1}{2}\mathrm{CD}=\dfrac{1}{2}\times2\sqrt{5}=\sqrt{5}$，$\mathrm{CH}=\sqrt{3}\,\mathrm{DH}=\sqrt{3}\times\sqrt{5}=\sqrt{15}$ となる。さらに，$\triangle\mathrm{BCH}$ において三平方の定理より，$\mathrm{BH}=\sqrt{\mathrm{BC}^2-\mathrm{CH}^2}=\sqrt{(5\sqrt{3})^2-(\sqrt{15})^2}=\sqrt{60}=2\sqrt{15}$ となる。以上より，$\mathrm{BD}=\mathrm{DH}+\mathrm{BH}=\sqrt{5}+2\sqrt{15}=\sqrt{5}(1+2\sqrt{3})$(cm)である。

(6)＜**確率—じゃんけん**＞３人をＡ，Ｂ，Ｃとすると，Ａ，Ｂ，Ｃはそれぞれグー，チョキ，パーの３通りの手の出し方があるので，３人の手の出し方は，全部で $3\times3\times3=27$(通り)ある。このうち，１回で勝者が決まらないのは，３人とも同じ手を出す場合と，３人とも異なる手を出す場合である。３人とも同じ手を出す場合は，３人ともグーを出す場合，チョキを出す場合，パーを出す場合の３通りあり，３人とも異なる手を出す場合は，(Ａ，Ｂ，Ｃ)＝(グー，チョキ，パー)，(グー，パー，チョキ)，(チョキ，グー，パー)，(チョキ，パー，グー)，(パー，グー，チョキ)，(パー，チョキ，グー)の６通りある。よって，１回で勝者が決まらない３人の手の出し方は，$3+6=9$(通り)あるから，その確率は $\dfrac{9}{27}=\dfrac{1}{3}$ となる。次に，１回で２人の勝者が決まるとき，ＡとＢが勝つ場合は，(Ａ，Ｂ，Ｃ)＝(グー，グー，チョキ)，(チョキ，チョキ，パー)，(パー，パー，グー)の３通りある。同様に，ＡとＣが勝つ場合，ＢとＣが勝つ場合もそれぞれ３通りあるから，１回で２人の勝者が決まる３人の手の出し方は，$3\times3=9$(通り)ある。よって，その確率は $\dfrac{9}{27}=\dfrac{1}{3}$ となる。

2 〔関数 $y=ax^2$ と比例のグラフ〕

≪基本方針の決定≫(3)　面積が $S+T+U$ と等しい三角形を見つける。

(1)＜**座標**＞右図１で，点Ａは放物線 $y=3x^2$ と直線 $y=2x$ の交点である。２式から y を消去すると，$3x^2=2x$，$3x^2-2x=0$，$x(3x-2)=0$ より，$x=0$，$\dfrac{2}{3}$ となるので，点Ａの x 座標は $\dfrac{2}{3}$ である。これを $y=2x$ に代入して，$y=2\times\dfrac{2}{3}=\dfrac{4}{3}$ より，$\mathrm{A}\left(\dfrac{2}{3},\ \dfrac{4}{3}\right)$ となる。次に，点Ｂは放物線 $y=-2x^2$ と直線 $y=2x$ の交点である。２式から y を消去すると，$-2x^2=2x$，$x^2+x=0$，$x(x+1)=0$ より，$x=0$，-1 となるので，点Ｂの x 座標は -1 である。これを $y=2x$ に代入して，$y=2\times(-1)=-2$ より，$\mathrm{B}(-1,\ -2)$ となる。

図１

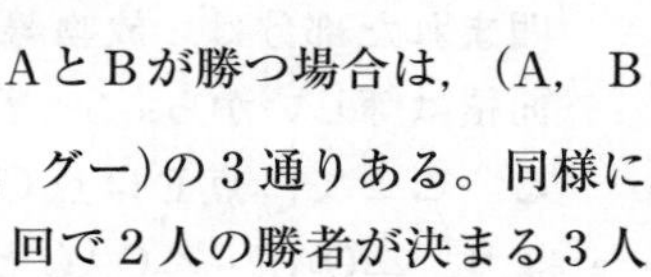

(2)＜**面積比**＞右図１で，点Ｃは放物線 $y=3x^2$ と直線 $y=-3x$ の交点で，２式から y を消去すると，$3x^2=-3x$，$x^2+x=0$，$x(x+1)=0$ より，$x=0$，-1 となるから，点Ｃの x 座標は -1 である。点Ｄは放物線 $y=-2x^2$ と直線 $y=-3x$ の交点で，２式から y を消去する

と，$-2x^2=-3x$，$2x^2-3x=0$，$x(2x-3)=0$ より，$x=0$，$\frac{3}{2}$となるから，点Dの x 座標は$\frac{3}{2}$である。△OACと△OBCは，底辺をそれぞれOA，OBと見ると高さが等しいので，△OAC：△OBC＝OA：OBとなり，同様に，△OBCと△OBDで，高さが等しいので，△OBC：△OBD＝OC：ODとなる。ここで，点Aから x 軸に垂線AA′を引き，2点B，Cを結ぶと，点B，Cの x 座標は−1で等しいから，BCは x 軸に垂直に交わり，その交点をB′とする。AA′∥BB′より，OA：OB＝OA′：OB′であり，点Aの x 座標より，OA′＝$\frac{2}{3}$，点Bの x 座標よりOB′＝1となる。よって，△OAC：△OBC＝OA′：OB′＝$\frac{2}{3}$：1＝2：3より，△OBC＝$\frac{3}{2}$△OACとなる。同様に，点C，Dの x 座標より，OC：OD＝1：$\frac{3}{2}$＝2：3となり，△OBC：△OBD＝OC：OD＝2：3だから，△OBD＝$\frac{3}{2}$△OBC＝$\frac{3}{2}\times\frac{3}{2}$△OAC＝$\frac{9}{4}$△OACとなる。したがって，△OAC：△OBD＝△OAC：$\frac{9}{4}$△OAC＝4：9である。

(3)＜面積＞右図2で，放物線 $y=3x^2$ と $y=-3x^2$ は，比例定数の符号が反対で絶対値が等しいので，x 軸について対称であり，それぞれが y 軸についても対称だから，原点Oについて点対称と見ることができる。直線 $y=-3x$ も原点Oについて点対称だから，放物線 $y=3x^2$ と直線 $y=-3x$ で囲まれた部分は，放物線 $y=-3x^2$ と直線 $y=-3x$ で囲まれた部分と原点Oについて点対称な図形となり，面積は等しい。同様に，放物線 $y=-3x^2$ と直線 $y=2x$ で囲まれた部分は，放物線 $y=3x^2$ と直線 $y=2x$ で囲まれた部分と面積は等しいから，$S+T+U$ の値は，△OAEの面積と等しくなる。ここで，点Eは点Cと原点について対称だから，OE＝OCより，△OAE＝△OACとなる。さらに，△OAC：△OBC＝2：3より，△OAC＝$\frac{2}{3}$△OBCである。△OBCにおいて，BCは y 軸に平行で，点Cの y 座標は，$y=-3x$ に $x=-1$ を代入して，$y=-3\times(-1)=3$ より，BC＝3−(−2)＝5であり，BCを底辺と見たときの高さは，0−(−1)＝1となる。よって，△OBC＝$\frac{1}{2}\times5\times1=\frac{5}{2}$だから，$S+T+U=\frac{2}{3}$△OBC＝$\frac{2}{3}\times\frac{5}{2}=\frac{5}{3}$である。

図2

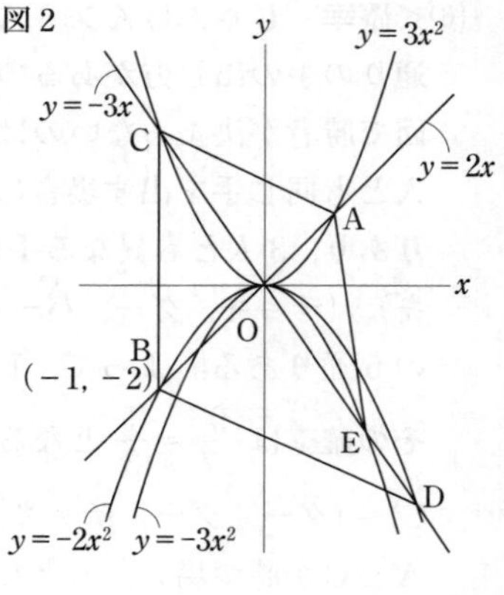

3 〔平面図形—正五角形〕

≪基本方針の決定≫(3)　相似な図形の面積比は相似比の2乗であることを利用する。

(1)＜角度＞右図で，五角形の内角の和は，180°×(5−2)＝540°だから，正五角形の1つの内角の大きさは，540°÷5＝108°である。よって，△ABEはAB＝AEの二等辺三角形であり，∠BAE＝108°だから，∠ABE＝(180°−108°)÷2＝36°となる。同様に，△ABCはAB＝BCの二等辺三角形で，∠ABC＝108°だから，∠BAC＝36°となる。したがって，△AFBで内角と外角の関係より，∠BFC＝∠ABE＋∠BAC＝36°＋36°＝72°である。

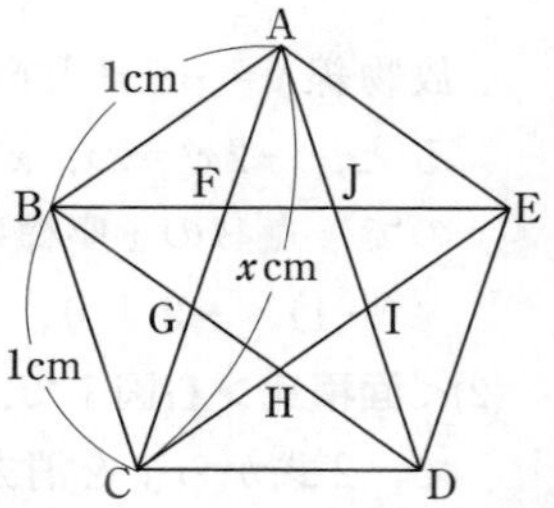

(2)＜長さ＞∠ABE＝36°より，∠CBF＝∠ABC−∠ABE＝108°−36°＝72°となる。よって，∠CBF＝∠BFCより，△CBFは二等辺三角形だから，FC＝BC＝1(cm)である。次に，△ABCと△AFB

において，∠BAC＝∠FAB(共通)，∠BCA＝∠FBA＝36°より，2組の角がそれぞれ等しいので，△ABC∽△AFBである。これより，AB：AF＝AC：ABとなる。ここで，AC＝x(cm)とおくと，AF＝AC－FC＝$x-1$となり，AB＝1だから，$1:(x-1)=x:1$が成り立つ。これを解くと，$(x-1)\times x=1\times1$，$x^2-x-1=0$，解の公式より，$x=\dfrac{-(-1)\pm\sqrt{(-1)^2-4\times1\times(-1)}}{2\times1}=\dfrac{1\pm\sqrt{5}}{2}$となり，$x>0$なので，$x=\dfrac{1+\sqrt{5}}{2}$より，AC＝$\dfrac{1+\sqrt{5}}{2}$(cm)である。

(3)＜**面積比**＞図形の対称性より，五角形FGHIJも正五角形となるので，〔五角形ABCDE〕∽〔五角形FGHIJ〕であり，その相似比はAB：FGとなる。ここで，△CBFと同様に，△ABGも二等辺三角形だから，AG＝AB＝1となる。よって，FG＝AG＋FC－AC＝$1+1-\dfrac{1+\sqrt{5}}{2}=\dfrac{3-\sqrt{5}}{2}$となる。したがって，五角形ABCDEと五角形FGHIJの相似比は，AB：FG＝$1:\dfrac{3-\sqrt{5}}{2}=2:(3-\sqrt{5})$だから，$S:T=2^2:(3-\sqrt{5})^2=4:(14-6\sqrt{5})=2:(7-3\sqrt{5})$である。

4〔**空間図形―立方体**〕

(1)＜**体積，表面積**＞右図で，四面体BEFGは，底面が△EFG，高さがBFの三角錐と見ることができ，△EFG＝$\dfrac{1}{2}\times5\times5=\dfrac{25}{2}$，BF＝5だから，〔四面体BEFG〕＝$\dfrac{1}{3}\times\dfrac{25}{2}\times5=\dfrac{125}{6}$(cm^3)である。次に，四面体BEFGの表面積は，△EFG＋△BFG＋△BFE＋△BEGであり，△EFG，△BFG，△BFEは合同で，面積はいずれも$\dfrac{25}{2}$cm^{2}である。また，△EFGは直角二等辺三角形より，EG＝$\sqrt{2}$EF＝$\sqrt{2}\times5=5\sqrt{2}$で，EG＝BG＝BEだから，△BEGは1辺が$5\sqrt{2}$cmの正三角形となる。△BEGで，頂点Bから辺EGに垂線BIを引くと，△BGIは3辺の比が$1:2:\sqrt{3}$の直角三角形となるから，BI＝$\dfrac{\sqrt{3}}{2}$BG＝$\dfrac{\sqrt{3}}{2}\times5\sqrt{2}=\dfrac{5\sqrt{6}}{2}$である。これより，△BEG＝$\dfrac{1}{2}\times5\sqrt{2}\times\dfrac{5\sqrt{6}}{2}=\dfrac{25\sqrt{3}}{2}$となる。よって，四面体BEFGの表面積は，$\dfrac{25}{2}\times3+\dfrac{25\sqrt{3}}{2}=\dfrac{25(3+\sqrt{3})}{2}$(cm^2)である。

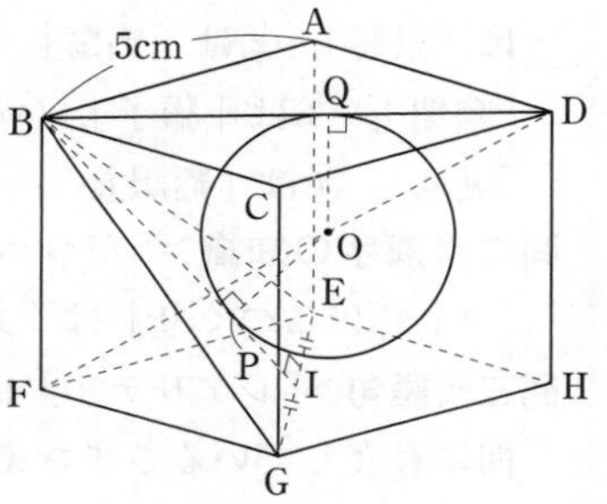

(2)＜**長さの比**＞右上図のように，球と面ABCDとの接点をQとすると，OQ⊥〔面ABCD〕，FB⊥〔面ABCD〕より，OQ∥FBとなり，点Oは線分FD上の点だから，点Qは線分BD上の点となる。また，OP，OQはどちらも球の半径だから，OP＝OQより，$\dfrac{OP}{OD}=\dfrac{OQ}{OD}$となる。さらに，OQ∥FBより，△OQD∽△FBDだから，OQ：OD＝FB：FDとなり，$\dfrac{OQ}{OD}=\dfrac{FB}{FD}$である。よって，$\dfrac{OP}{OD}=\dfrac{FB}{FD}$となる。△FBDにおいて，FB＝5，BD＝EG＝$5\sqrt{2}$だから，三平方の定理より，FD＝$\sqrt{5^2+(5\sqrt{2})^2}=\sqrt{75}=5\sqrt{3}$となる。したがって，$\dfrac{OP}{OD}=\dfrac{FB}{FD}=\dfrac{5}{5\sqrt{3}}=\dfrac{\sqrt{3}}{3}$である。

国語解答

一
問一　(ア)…④　(イ)…②　(ウ)…③　(エ)…④　(オ)…①
問二　②　問三　③　問四　③
問五　④　問六　④　問七　②
問八　①

二
問一　③　問二　①　問三　④
問四　①　問五　②　問六　②
問七　③

三
問一　④　問二　③　問三　①
問四　②　問五　④　問六　②
問七　①

四
問一　(ア)…③　(イ)…②　(ウ)…①
問二　(a)…③　(b)…②　問三　③
問四　①　問五　④　問六　①
問七　②　問八　④

一〔国語の知識〕

問一＜漢字＞(ア)「弾劾」と書く。①は「寒暖」，②は「遮断」，③は「段階」，④は「弾力」。　(イ)「往診」と書く。①は「奥義」，②は「往来」，③は「押印」，④は「横柄」。　(ウ)「奨励」と書く。①は「景勝」，②は「感傷」，③は「奨学」，④は「掌握」。　(エ)「座右」と書く。①は「雌雄」，②は「幽閉」，③は「猶予」，④は「左右」。　(オ)「密約」と書く。①は「旧約」，②は「助役」，③は「災厄」，④は「翻訳」。

問二＜漢字の知識＞「がつへん」は「歹」。「ぼくにょう」は「攵」(②…○)。「おいかんむり」は「耂」。「ほこづくり」は「戈」。

問三＜語句＞「レアリティ」は，希少性のこと。「ダイバーシティ」は，多様性，また，個人や集団の間に存在しているさまざまな違いのこと。「マイノリティ」は，少数派，また，社会的に少数派と位置づけられる人々のこと(③…○)。「アイデンティティ」は，自己同一性，また，存在証明のこと。

問四＜慣用句＞①「耳が痛い」「頭が痛い」など，「胸がおどる」「心がおどる」など，「耳をすませる」などが考えられる。　②「顔を立てる」「腹を立てる」など，「顔をつぶす」「肝をつぶす」など，「頭に来る」などが考えられる。　③「鼻が利く」「目が利く」「顔が利く」など，「鼻が高い」「目が高い」など，「鼻を折る」「腰を折る」などが考えられる(…○)。　④「目が高い」「鼻が高い」など，「目がない」「腰がない」など，「眉をひそめる」「影をひそめる」「息をひそめる」などが考えられる。

問五＜品詞＞「猫である」の「で」は，断定の意味の助動詞「だ」の連用形。「性格なので」は，名詞「性格」＋断定の意味の助動詞「だ」の連体形「な」＋原因・理由を表す接続助詞「ので」で，「で」は接続助詞「ので」の一部。「ちなんで」の「で」は，順接確定の接続助詞「て」が，「ちなむ」の撥音便形「ちなん」について「で」となったもの。「包丁で」の「で」は，手段を示す格助詞。「大学生で」の「で」は，断定の意味の助動詞「だ」の連用形(④…○)。

問六＜文学史＞『浮雲』は，明治20～23(1887～90)年に発表された二葉亭四迷の小説。『杜子春』は，大正９(1920)年に発表された芥川龍之介の小説。『高野聖』は，明治33(1900)年に発表された泉鏡花の小説。『山椒大夫』は，大正４(1915)年に発表された森鷗外の小説(④…○)。

問七＜俳句の技法＞「閑かさや～」の俳句の「蟬」は，夏の季語。「古池や～」の俳句の「蛙」は，春の季語。「五月雨を～」の俳句の「五月雨」は，夏の季語(②…○)。「荒海や～」の俳句の「天の河」は，秋の季語。「旅に病んで～」の俳句の「枯野」は，冬の季語。

問八＜漢文の訓読＞「善」→「小」→「以」→「為」→「不」→「勿」の順に読む。「善小なるを以て」と読むために，返り点をつけない「善」から「小」までを読ませ，そこから「以」に返るために，「小」に一二点の「一」，「以」に「二」をつける。続いて，「為さざること勿かれ」と読むために，まず返り点をつけない「為」を読ませ，そこから一つ上の「不」に返り，さらに「勿」に返るために「不」に「㆖」，「勿」に「下」をつける。

二〔**論説文の読解―芸術・文学・言語学的分野―読書**〕出典；津野海太郎『読書と日本人』。

≪本文の概要≫読書習慣の衰えは，人々の〈紙の本〉に対する意識の変化に起因すると考えられるが，〈紙の本〉が新しく興隆したメディアによって危機にさらされることも繰り返されてきた。カレル・チャペックは，一九二〇年代に現れた映画に魅了され，人間をすばやく状況把握できるようつくり変える映画の力をたたえる一方で，映像の急流から逃れて本に戻る人も出てくると記している。また，その百年後，津村記久子はエッセイの中で，インターネットからの情報収集に疲れて再び本を読むようになったと述べている。この二人の作家がいうように，慌ただしい情報ラッシュに疲れ果てた人間が戻ってゆく，代替のきかない価値を持つものとして，〈紙の本〉の価値は再発見されるのである。多くの日本人が本を読まなくなったのは確かであるが，人は幼い頃の身体的感覚を伴った読書の記憶を忘れず，また，日本人の意識の中には，読書を集団的な行動ととらえる伝統が受け継がれているから，一度は本を読まなくなった人でも，本を読める環境が確保され続けるなら，再び読み始める可能性はある。

問一＜文章内容＞読書習慣の衰えは，インターネットや携帯電話などの革新的な電子メディアが普及する以前から起きていたと考えられる。したがって，読書習慣の衰えは，「〈紙の本〉の世界の内側で徐々に醸成されてきた」，つまり，〈紙の本〉に対する人々の意識が変化してきたことに起因すると考える方が理屈にかなっている。

問二＜文章内容＞チャペックは，すばやく状況把握ができるよう人間をつくり変える映像文化の力をたたえる一方で，「ねばりづよく『周囲の状況を認識』し，十分な時間をかけて『最初から最後まで』話につきあう」という「読書タイプの人間」にも強く共感していたと，「私」はとらえている。

問三＜文章内容＞チャペックには，状況を一目で把握し，話の筋をすぐに理解し，「次の瞬間にはもう新しい何かを物色している」という進歩を求める人の一面もあったが，「映像の急流から逃れ，本に戻る人」の一面もあった。

問四＜文章内容＞津村記久子は，インターネットからの情報を「いそがしく『脳味噌に注入』する」ように，多くの情報を慌ただしく取り込み続けたために，精神的な許容量が限度に達し，ゆとりのない状態になってしまっていた。

問五＜文章内容＞幼い頃に本を読んだ記憶が，そのとき見たものの様子や口にしたものの味などの身体感覚を伴って思い出されることがある。このように，「体を伴った読書」とは，過去の読書行為が，読んだときの身体的感覚や経験と密接なつながりを持っていることだといえる。

問六＜文章内容＞日本には，平安時代から途切れることなく受け継がれてきた読書に対する集団的な記憶，つまり，人々が読書行為を愛し尊ぶことを表明しあう伝統があるため，日本人の意識の中には，読書行為はどんな新しいメディアにもかえることのできないものであるという価値観がある。だから，一度は本を読まなくなっても，その人が再び本を読み始める可能性はあるのである。

問七＜表現＞「～あまりにもあきらかなのです」「～私はたしかにそうのべました」など，全体を通して易しくわかりやすい言葉遣いで述べている。また，映像の急流から逃れて本に戻る人も出てくるというカレル・チャペックの記述や，インターネットからの情報収集に疲れて再び本を読むようになったという津村記久子の言葉を紹介することで，読書とは，慌ただしい情報ラッシュに疲れ果てた人間が戻ってゆく，代替のきかない価値を持つ行為であり，その価値が再発見されるものであるという自らの見解を補っている。

三〔小説の読解〕出典；庄野潤三『静物』。

問一＜文章内容＞「お父さんなら大丈夫だよ」と子どもが父親を釣堀に行かせようと積極的にはたらきかけているのに対して，父親であるにもかかわらず，「やったことがないんだ」と消極的な発言をして子どものはたらきかけを避けてしまったことを，父親は，嘆かわしく感じた。

問二＜文章内容＞父親は，「何にもしないというのが，だいいちよくない」と，休日を無為に過ごしていたことを反省していた。そして父親は，「何でも新しいことをやりに行く時の気持はいいものだ」と感じ，バケツを提げて釣堀に出かけるような，未経験のことをやろうと行動することが大切だと考えた。

問三＜表現＞釣堀は初めて行く場所で慣れていないため，父親は，代金を払う際，形式的でそっけない，まるで電車の切符を買うときのような言い方をした。

問四＜指示語＞父親は子どもに，自分の場所を動かず根気よく待つように言った後，中学校のときに習った英語の教訓を思い出した。それは，よその茂みに気をとられず「自分の茂みにくっついていなさい」，つまり，何事をやるにも，他人の言動に惑わされず，自分の信念に基づいて行動する姿勢が大切だという趣旨である。その教訓と同じことを自分は子どもに言い聞かせようとしているのだと，父親は気づいた。

問五＜心情＞父親が釣堀で初めて釣った魚に，子どもが喜んで叫んでいた。父親は，子どもが騒ぐのを軽くしかりながらも，その喜ぶ姿を父親としてうれしく思い，笑顔になった。

問六＜心情＞「釣針にかけられたことがまるで嘘であるかのように」，何事もなく平和な様子で水に浮かんでいる金魚は，釣堀まで出かけてきて予期せず手にすることのできた小さな幸せの象徴のように思え，それが間違いなく自分たち家族のもとにあることを実感して，父親はうれしく思った。

問七＜表現＞妻が重篤な状態になったときの女の子の様子を「みなし子のようにころがっていた」と表現し，釣った金魚を「目高のようなと云ってもいいくらい」と表現している。これらの比喩により，主人公の目に映った女の子や金魚の様子が，わかりやすく伝えられている。

四〔古文の読解―説話〕出典；『十訓抄』七ノ三十。

≪現代語訳≫七条大路の南，室町小路の東の一町は，祭主三位の大中臣輔親の家である。（その家は，）丹後の天の橋立をまねて，池の中の島を遠くまで差し出して，（そこに）小松を長く植えるなどしていた。寝殿の南の廂については，月の光を入れようとして，格子戸を下ろさなかった。／春の初めの頃，軒近くの梅の枝に，鶯が決まって，午前十時頃にやってきて鳴いていたのを，（輔親は）珍しいと思って，そのことを楽しみにして他のことには見向きもしなかった。その頃有名だった歌よみたちに，「こういうことがありますよ」と告げてまわって，「明朝の八時頃にいらっしゃって，お聞きください」と，ふれまわって，伊勢出身の武士が宿直していたので，（輔親がこの男に，）「こういうことがあるぞ。人々がいらっしゃって，（鶯の声を）聞くだろうから，決して，鶯をたたこうとしたりして，追いやるな」と言うと，この男は，「どうして（鶯を）よそへやったりいたしましょうか（いや，やりません）」と言う。輔親は，「早く夜が明けてほしい」と待って夜を明かして，早くから起きて，寝殿の南に向いた部屋に調度類を飾りつけて，いろいろ用意していた。／午前八時頃に，有名な歌よみたちが集まってきて，今鶯が鳴くだろうかと，あれこれと苦心して歌をよみ合っていたが，以前は午前十時頃に，（鶯は）必ず（やってきて）鳴いていたが，正午を過ぎても現れないので，（輔親は）「どうしたことだろうか」と思って，この(宿直していた)男を呼んで，「どうしたのか，鶯がまだやってこないのは。今朝はまだ来ていないのか」と尋ねると，(この男は)「鶯のやつは，以前よりも早く参りましたが，帰ってしまいそうでしたので，召しとどめて(おります)」と言う。(輔親が)「召しとどめるとは，どういうことだ」ときくと，(男は)「取ってまいりましょう」と言って立ち去った。／(輔親が)「よくわからないことだ」と思っているうちに，(男が)木の枝に鶯を縛りつけて，持ってきた。おおよそあきれたと言っても言葉が足りず何とも言いようがない。(輔親が)「これは，どうして，このようにしたのだ」と問うと，(男は)「昨日の仰せで，鶯を行かせるなということでしたので，情けなくも逃しましたら，弓矢をとる者としては嘆かわしく思われて，神頭の矢をつがえて，射落としたのでございます」と申したので，輔親もそこに集まっていた人々も，驚きあきれるばかりだと思って，この男の顔を見ると，(男は，得意げに)腕組みをして，息を威勢よく吐き散らして，ひざまずいている。祭主は，「早く立ち去れ」と言った。人々はおかしがったが，この男(＝輔親)の表情に恐れを感じて，笑うことができない。(人々は)一人立ち，二人立ちして，皆帰ってしまった。／興がさめるなどという言葉では，言い尽くせないほどのことである。

問一＜古語＞(ア)「ありがたし」は，ここでは，珍しい，という意味。　(イ)「いつしか」は，ここでは，早くも，という意味。　(ウ)「いふかひなし」は，ここでは，情けない，という意味。

問二＜現代語訳＞(a)「なじかは遣はし候はむ」は，反語を表す，どうして〜か，いや，〜ない，という意味の副詞「なじかは」＋行かせる，という意味の動詞「遣はす」＋丁寧の意味を表す補助動詞「候ふ」＋推量の意味の助動詞「む」で，どうして行かせたりしましょうか，いや，行かせません，という意味になる。　(b)「おろかなり」は，〜は，などを受けて，それでは言い尽くせない，という意味。したがって，「こともおろかなり」は，「興さむるなどは」を受けて，興がさめるなどという言葉では，言い尽くせないほどのことである，という意味になる。

問三＜古文の内容理解＞輔親は，自宅の軒近くの梅の枝に，鶯がいつも午前十時頃にやってきて鳴くのを珍しく思って，楽しみにしていた。そのため輔親は，軒近くの梅の枝に，鶯がいつも決まった時間にやってきて鳴くということを，歌よみの人々に告げてまわった。

問四＜古文の内容理解＞「うめきすめきす」は，苦心して詩歌をよむ，という意味。「うめきすめきしあふ」は，歌よみたちが苦心して詩歌をよみ合っている様子を表している。

問五＜古文の内容理解＞輔親が，前の晩に宿直であった伊勢武者の男を呼んで，鶯は今朝はまだ来ていないのかと尋ねると，男は，鶯は早く参って帰ってしまいそうでしたので，召しとどめておりますと言ったので，輔親が，召しとどめるとはどういうことだときくと，男は，取ってまいりましょうと言って立ち去った。

問六＜古文の内容理解＞「脇かいとりて」は，腕組みをして，「いきまへ」は，息を威勢よく吐き散らして，という意味。鶯を木の枝に縛りつけておくことで，鶯を追いやるなという主人の言いつけを守ることができて，男は誇らしく思い，「脇かいとりて〜」という得意げな様子をしていた。

問七＜古文の内容理解＞輔親は，客たちに決まった時間に現れる鶯の声を聞かせようとして，鶯を追い払うなと言いつけたのに，男は，主人の言いつけの意図をくみ取れず，鶯を行かせないために，矢で射て木の枝に縛りつけるという取り返しのつかないことをした。輔親は，男に催しをすっかり駄目にされ，客への体面を潰されて，腹が立ち，男に，早く立ち去れと言った。

問八＜古文の内容理解＞男は，言いつけの意図を理解できなかったために，主人の楽しみも，客を招いての趣向も台なしにしてしまった。このように言葉を表面的にしか受け取らないのは愚かしいことである。人の言葉の意図をくみ取ることや思慮深さが必要だと伝えようとしている。

2021年度 日本大学習志野高等学校（A・B入試）

【英　語】（50分）〈満点：100点〉

Ⅰ　次の空欄に入れるのに最も適当なものを，①～④の中から１つずつ選びなさい。

1．A [1] is an area of land without trees or water, usually covered with sand.
　① hill　② desert　③ valley　④ mountain

2．Tokyo is the [2] of Japan because the Japanese government is there.
　① main　② city　③ area　④ capital

3．Because the typhoon caused great [3] to our town, we had to move to a different place.
　① damage　② value　③ anger　④ weather

4．My favorite subject is [4].　I am learning the names of different countries and cities around the world at school.
　① geography　② mathematics　③ chemistry　④ economics

5．Nao's sister had a baby boy on Thursday.　Nao could not wait to meet her new [5].
　① uncle　② mayor　③ nephew　④ niece

Ⅱ　次の英文を読み，〔A〕～〔C〕の問いに答えなさい。

Only a few Europeans lived in North America in the 16th century.　Most of them *1 settled on the northeast coast.　In 1587, a small group of about 100 people decided [6] south.　They moved to the small island of *2 Roanoke.　The island later became part of the state of North Carolina.

Unluckily, the Roanoke settlers weren't well [7].　They didn't have enough food for the winter, and there wasn't enough *3 grain for future *4 crops.　Their leader, Captain White, decided to sail back to England to get food and other necessary things for them to keep living there.　However, there was a war in Europe, and three years passed before he returned to North America.

When Captain White came back to Roanoke in 1590, he wanted [8] the settlers.　He looked out from his ship, but no one was there to meet him.　There were no signs of life.　The Roanoke settlers had already left the place long before Captain White sailed back.

No one knows why the Roanoke settlers disappeared.　Many people thought that Native Americans killed them, but there were no [9] of a fight.　Some thought that the Roanoke people [10] because they had no food or became sick, but they couldn't explain why there were no [11] bodies.

Many years later, more settlers came to North Carolina.　One of them met a Native American [12] called *5 the Lumbee.　They were unusual looking.　Some Lumbee had [13] hair.　Native Americans in the north usually had black hair.　Then he listened to their speech and almost fell off his horse.　They spoke a strange kind of English !

He asked where they were from.　None of them knew, but they said that their grandparents "talked from a book."　Did they mean that their grandparents were able to read ?　As he rode back home, he asked himself a question : Were the Lumbee people the *6 descendants of the Roanoke settlers ?

People are still asking the same question.　Because there are no written records, we can't be certain.　However, there is one interesting fact.　Today, some of the Lumbee people have names like Sampson, Dare, and Cooper.　They are the same as (あ)<u>the ones</u> of the disappeared settlers of Roanoke

Island.

＊1　settle　入植する　＊2　Roanoke　ロアノーク（アメリカ合衆国にある島の名前）

＊3　grain　穀物の種子　＊4　crop　収穫　＊5　the Lumbee　ランビー族　＊6　descendant　子孫

〔A〕 文中の [6] ～ [13] に入れるのに最も適当なものを，①～⓪の中から１つずつ選びなさい。

① black　② blonde　③ dead　④ died　⑤ live

⑥ group　⑦ signs　⑧ to see　⑨ to go　⓪ prepared

〔B〕 下線部㋐の指すものとして最も適当なものを，①～④の中から１つ選びなさい。 [14]

① the names　② the people　③ the settlers　④ the records

〔C〕 本文の内容と合うように，[15] ～ [18] に入れるのに最も適当なものを，①～④の中から１つずつ選びなさい。

1．Captain White decided to go back to England because [15].

① the Roanoke settlers fought one another for food

② the Roanoke settlers moved to a place which is now part of the state of North Carolina

③ the Roanoke settlers had no food and became sick

④ the Roanoke settlers had no way of finding food for the future

2．When Captain White came back to Roanoke, he found out that [16].

① all the people were there to meet him

② no one was living there

③ there was a war in Roanoke

④ he was not welcomed by the Roanoke people

3．When a man met the Lumbee and listened to their speech, [17].

① he wanted to escape from them　② he was very surprised

③ he was going to get off his horse　④ he almost lost his horse

4．When the man asked the Lumbee where they were from, [18].

① they didn't answer at all　② they knew only their grandparents' names

③ they said they didn't know　④ they said their grandparents were from a book

Ⅲ 次の英文を読み，〔A〕～〔J〕の問いに答えなさい。

If you are interested in doing something that is fun and that helps other people as well, you can become a "puppy raiser." A puppy raiser is someone who ①cares for a puppy for a year, until 【 ② 】 trained as a service dog to people with physical ＊1disabilities, such as blind people. There are not enough trained service dogs for all the people who need ③them. You can help by becoming a puppy raiser.

Being a puppy raiser is a ＊2rewarding experience. It is (④) to know that you are helping someone who, in the future, will benefit from having this dog. It is enjoyable to form a relationship with a puppy and see it grow and ＊3mature.

Service dogs are dogs that are used to help humans. Guide dogs lead blind people, stop them at stoplights, etc. People with other disabilities use service dogs, too. For example, ⑤deaf people can use a dog as their ears. The dog can signal the deaf person when a fire alarm, telephone, or doorbell rings. ⑥Service dogs can make a great deal of difference in their ability to live independently for many people with disabilities.

If you can have a dog where you live, and if you have a couple of hours a day, you can help. A puppy raiser takes the puppy when it is 2-3 months old and keeps it for about a year. ⑦During that time, the puppy raiser gives the puppy basic *4 obedience training (teaching it to walk on a *5 leash, sit, lie down, etc.). ⑧Also, the puppy raiser takes the puppy to public places, such as restaurants, offices, buses, and so on. This allows the puppy to get used to being out in public in a variety of situations.

Of course, there are *6 aspects of being a puppy raiser that are difficult. One day, the puppy goes on for advanced service dog training. You have to (⑨). That will be sad and difficult. However, it should *7 comfort you to know what a good, important thing you are doing.

Please consider contacting an *8 organization that trains service dogs and volunteering to be a puppy raiser.

＊1 disability 障がい　＊2 rewarding やりがいのある　＊3 mature 大人になる
＊4 obedience training 服従訓練　＊5 leash 綱　＊6 aspect 面　＊7 comfort 慰める
＊8 organization 団体

〔A〕 下線部①と最も近い意味を表すものを，①～④の中から１つ選びなさい。 19

① takes care of　② takes after　③ looks into　④ looks forward to

〔B〕 文中【②】に入る英文を，下の語を並べかえて完成させなさい。ただし，解答は 20 ， 21 に入る番号のみを答えなさい。

～, until【 20 ＿＿ ＿＿ 21 ＿＿ ＿＿ 】trained ～

① to　② is　③ enough　④ be　⑤ it　⑥ old

〔C〕 下線部③が指すものとして最も適当なものを，①～④の中から１つ選びなさい。 22

① service dogs　② all the people　③ blind people　④ physical disabilities

〔D〕 文中(④)に入れるのに最も適当なものを，①～④の中から１つ選びなさい。 23

① surprised　② unhappy　③ disappointing　④ satisfying

〔E〕 下線部⑤が意味するものとして最も適当なものを，①～④の中から１つ選びなさい。 24

① people who are unable to see
② people who are unable to hear anything or unable to hear well
③ people who are unable to communicate with others
④ people who cause eating habits that are not normal

〔F〕 下線部⑥が意味するものとして最も適当なものを，①～④の中から１つ選びなさい。 25

① 誰かに頼って生活をする上で，補助犬と多くの障がい者は無関係である。
② 補助犬は多くの障がい者が誰にも頼らずに生活する能力には，それほど影響を与えない。
③ 補助犬と多くの障がい者との関係は，彼らが誰かに頼って生きるという意味では大変重要な要素となる。
④ 障がい者の多くにとって，補助犬は自立して生活する能力において非常に重要である。

〔G〕 下線部⑦が指す内容として最も適当なものを，①～④の中から１つ選びなさい。 26

① 子犬に服従訓練を受けさせている間
② １日につき２，３時間子犬を訓練する間
③ 生後間もない子犬を引き取り，およそ１年間預かる間
④ １日につき２，３時間訓練しながら，２，３か月子犬を預かる間

〔H〕 下線部⑧の目的として最も適当なものを，①～④の中から１つ選びなさい。 27

① 子犬が親元を離れて過ごす時間を増やすため
② つながれて歩くことに対して子犬に慣れさせるため
③ かつて慣れ親しんだ人がいる環境に，子犬を戻すため

④ 周囲に人がいる様々な環境の中に，子犬が出ていくことに慣れさせるため

〔Ｉ〕 文中(⑨)に入れるのに最も適当なものを，①～④の中から１つ選びなさい。 [28]

① say good-by to the puppy　　② start the same training for the puppy
③ keep having the puppy　　④ give a warm welcome to a new puppy

〔Ｊ〕 本文の内容と合うように，[29]～[31]に入れるのに最も適当なものを，①～④の中から１つずつ選びなさい。

1．Being a puppy raiser is difficult in [29].
① doing basic obedience training
② giving up the puppy after a year
③ knowing you are doing an important thing
④ finding an organization that trains service dogs

2．A puppy raiser does NOT need to [30].
① train the puppy as a service dog
② teach the puppy to walk on a leash
③ teach the puppy to sit and lie down
④ get the puppy used to being in public places

3．The main topic of this passage is [31].
① what service dogs do for blind, deaf, and disabled people
② why there are not enough service dogs for people who need them
③ what puppy raisers do, and why you might like to be one
④ what the disadvantages are of being a puppy raiser

Ⅳ　次の〔Ａ〕，〔Ｂ〕の問いに答えなさい。

〔Ａ〕 次の文中の[32]～[35]に入れるのに最も適当なものを，①～④の中から１つずつ選びなさい。

1．My father says that he [32] a lot of books when he was a high school student.
① read　② reads　③ has read　④ was read

2．Dustin went to a park yesterday afternoon.　He walked around the park [33] to music.
① listen　② listened　③ listening　④ has listened

3．The class [34] the problem, but we couldn't find a good answer.
① discussed　② discussed on　③ discussed about　④ discussed with

4．The Internet [35] us to get various information from around the world.
① can be　② enables　③ able to be　④ is able to make

〔Ｂ〕 次の各文の下線部には誤りが１ヶ所ずつあります。その部分の番号を，①～④の中から１つずつ選びなさい。

1．There was a sad① news on the radio② yesterday about③ the gas explosion in the city④. [36]

2．Could you tell me how long① does it take② to get to the nearest③ station on foot④? [37]

3．We started on① a journey along② Tokaido in③ the morning of④ May 1st. [38]

4．I'll do① the shopping when I have② finished to clean③ my room as you tell me to④. [39]

V　次の日本文と同じ意味になるように，下の語(句)を並べかえて文を完成させなさい。ただし，各語群には1つずつ不要なものが入っています。解答は [40] ～ [47] に入る番号のみを答えなさい。

1．ボブはなぜその人が有名になったのかを知りたがっている。

Bob [　] [　] [　] [40] [　] [　] [　] [41].

① has　② to　③ wants　④ why　⑤ what
⑥ made　⑦ know　⑧ famous　⑨ the man

2．私の父は来月仕事で海外へ行く予定がある。

My [　] [　] [42] [　] [43] [　] [　] next month.

① business　② go　③ a plan to　④ on
⑤ abroad　⑥ father　⑦ has　⑧ will

3．バスを待っている間に冷たい飲み物でも買ってこようか。

Can [　] [　] [　] [　] [44] [　] [45] you're waiting for the bus?

① you　② during　③ I　④ cold
⑤ get　⑥ anything　⑦ while　⑧ to drink

4．ノーベル賞を勝ち取るにはどれほどの努力が必要か誰にも想像できない。

No one can [　] [　] [　] [46] [　] [47] [　] [　] the Nobel Prize.

① effort　② to　③ which　④ takes　⑤ imagine
⑥ win　⑦ how　⑧ it　⑨ much

VI　次のページのコミュニティーバスの案内に関する1～3の問いを読み，その答えとして最も適当なものを，①～④の中から1つずつ選びなさい。

問1　You are 15 years old and are going to take a Community Bus from Harlem Powell Blvd to Ft George St Nich Av. If you want to arrive at Ft George St Nich Av by 9:30, what time do you need to get on the bus at Harlem Powell Blvd? [48]

① 9:05　② 9:07　③ 9:09　④ 9:10

問2　You are 18 years old and are going to take a Community Bus with a 6-year-old brother, a 3-year-old sister, and a 69-year-old grandfather. How much do you need to pay to ride on a Community Bus if your grandfather shows his ID? [49]

① $1.20　② $1.80　③ $2.40　④ $3.00

問3　Which of the following is true? [50]

① If you, a passenger the age of 18, take 15 round trips a month by taking a Community Bus, you can save more money by buying three sets of Ten-ride tickets than by buying a Monthly pass.

② It takes less than 15 minutes from Wash Hts Audubon Av to Bellevue Hospital Center on the Community Bus.

③ On Saturdays you can buy Ten-ride tickets and Monthly Passes from Community Bus drivers on board.

④ If you, a passenger the age of 12, ride on a Community Bus and want to arrive at E Village 4 Av by 16:00 on Sundays, you need to get on the bus 15:09 at Harlem Cent Pk N.

◆ Community Bus Schedule

Community Buses operate Monday through Saturday. This service does not operate on Sundays.

Southbound Read down

Bus Stop	Time							
Wash Hts Audubon Av	7:05	9:05	11:05	13:05	14:05	15:05	16:05	17:05
Harlem Powell Blvd	7:07	9:07	11:07	13:07	14:07	15:07	16:07	17:07
Harlem Cent Pk N	7:09	9:09	11:09	13:09	14:09	15:09	16:09	17:09
Upper E Side5 Av	7:10	9:10	11:10	13:10	14:10	15:10	16:10	17:10
Midtown 5 Av	7:14	9:14	11:14	13:14	14:14	15:14	16:14	17:14
E Village 4 Av	7:16	9:16	11:16	13:16	14:16	15:16	16:16	17:16
Ft George St Nich Av	7:17	9:17	11:17	13:17	14:17	15:17	16:17	17:17
Bellevue Hospital Center	7:21	9:21	11:21	13:21	14:21	15:21	16:21	17:21

◆ Cash Fares

Passenger	Fare
Regular	**$1.20**
Child (the age of 6 to 12)	**$0.60**
65 years of age and over*	**$0.60**
※1 Physically challenged	**$0.60**
Up to three children under the age of 6 with an adult	**FREE**

*You need to show your ID.

◆ Bus Tickets and Passes

Save money with bus passes! You can buy Ten-ride tickets and monthly passes at the Community Bus office at 102 Main Street, Monday through Friday, between the hours of 8:30 and 16:30.

Ten-ride tickets　$10.00

Monthly pass　$35.00

※1　Physically challenged　身体に障がいがある

VII　次の会話文を読み，後の問いに答えなさい。

Kate　: Excuse me, do you know where the police station is？

Woman : No, I don't. [51]

Kate　: OK, thanks anyway.

Ann　: Hi, Kate！ How is it going？

Kate　: [52] I lost my wallet.

Ann　: Oh, no！ Where did you lose it？

Kate　: I don't know. I only noticed that it was gone when I was trying to buy a can of Coke at the vending machine.

Ann　: When did you see it last？

Kate　: I had it before lunch. I went to the library and took my ID out of it.

Ann　: [53]

Kate　: No, I already checked.

Ann　: Did you have a lot of money in it？

Kate　: Not really. I had about five dollars. But I had my ID and all my credit cards in it.

Ann　: That's awful. Have you been to the police？

Kate　: No, I was just trying to find my way there. [54]

Ann　: It's easy. Go up two blocks. Then turn right. It's the third building on your left. You can't miss it.

Kate　: OK. Thanks, Ann.

Ann　: No problem. I hope the wallet will turn up.

問１　会話文中の [51] ～ [54] に入れるのに最も適当なものを，①～⑧の中から１つずつ選びなさい。

① Not too good.
② No problem.
③ Maybe you left it there.
④ I'm not from around here.
⑤ Did you lose it again after that？
⑥ I am familiar with this part of town.
⑦ Can you take me to the police station？
⑧ How do I get to the police station from here？

問２　Kateが行きたい場所として最も適当なものを，①～⑧の中から１つ選びなさい。 [55]

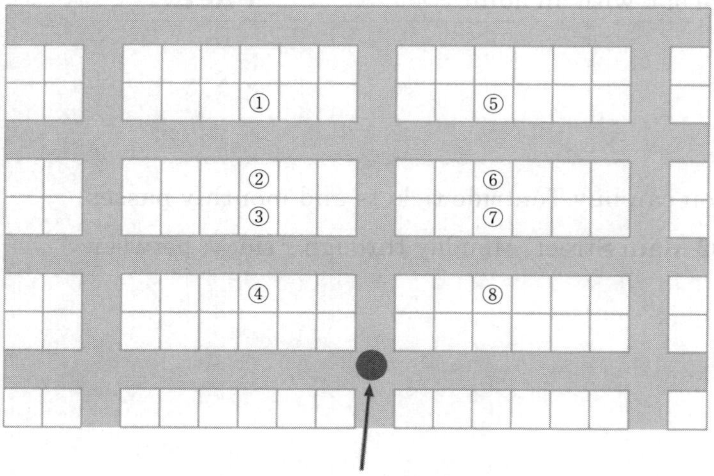

Kate and Ann are here！

【数　学】（50分）〈満点：100点〉

（注意）１．定規（三角定規・直定規），コンパス，分度器は使用できません。

２．解答はすべてマーク方式です。１つの□には１つの数字または符号「－」が入ります。解答カードにマークしなさい。

３．答が分数のときは，約分した形で表しなさい。

４．根号の中は最も簡単な形で表しなさい。例えば，$2\sqrt{8}$ は $4\sqrt{2}$ のように表しなさい。

1　次の□をうめなさい。

(1)　$x+y=\sqrt{10}$，$x-y=\sqrt{2}$ のとき，$x^2-y^2=$[ア]$\sqrt{[イ]}$，$\dfrac{x}{y}-\dfrac{y}{x}=\sqrt{[ウ]}$ である。

(2)　x，y についての２つの連立方程式 $\begin{cases}2x-y=1\\2ax+by=16\end{cases}$，$\begin{cases}ax+2y=8\\-3x+2y=3\end{cases}$ が同じ解をもつとき，$a=$[エ][オ]，$b=$[カ]である。

(3)　自然数 N の一の位を≪N≫で表すとき，≪2^{10}≫＝[キ]，≪2^{2021}≫＋≪2^{117}≫＋≪2^{56}≫＝[ク][ケ]である。

(4)　一の位の数が８である３けたの自然数がある。この数の各位の数の和が14であり，十の位の数と百の位の数を入れかえた数は，もとの数より180小さくなる。もとの自然数は[コ][サ][シ]である。

(5)　右図のように，６個の正方形を並べてできた長方形において，$\angle x+\angle y=$[ス][セ]度である。

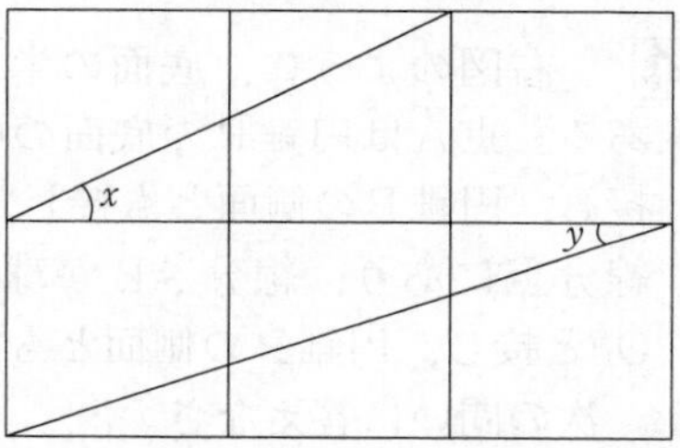

(6)　大小２つのさいころを同時に投げ，出た目の数をそれぞれ a，b とする。このとき，$2a+3b$ の値が４の倍数となる確率は $\dfrac{[ソ]}{[タ]}$ である。

2　右図のように，放物線 $y=3x^2$ ……①，直線 $y=-x+2$ ……②がある。放物線①と直線②の交点を，x 座標の小さい方から順にＡ，Ｂとする。点Ａを通る双曲線 $y=\dfrac{a}{x}$ があるとき，次の問いに答えなさい。

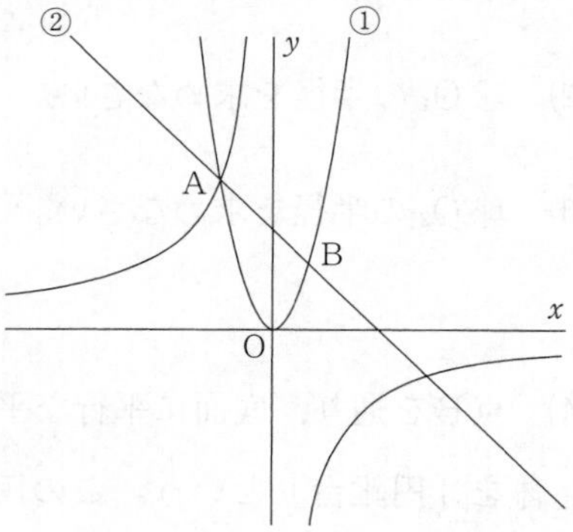

(1)　２点Ａ，Ｂの座標を求めなさい。

答　Ａ([ア][イ]，[ウ])

Ｂ$\left(\dfrac{[エ]}{[オ]},\ \dfrac{[カ]}{[キ]}\right)$

(2)　a の値を求めなさい。

答　$a=$[ク][ケ]

(3)　x 軸上に点Ｐ(t，0)をとると，△APB の面積が４となった。このとき，t の値を求めなさい。ただし，$t<2$ とする。

答　$t=\dfrac{[コ][サ][シ]}{[ス]}$

3　右図のように，AD＝7cm，BC＝12cm，AB＝13cm，∠C＝∠D＝90°の台形ABCDがある。点PはDを出発し，辺上をD→A→Bの順に毎秒1cmの速さで動き，Bに到着後停止する。また，点Qは点Pと同時にBを出発し，辺上をB→C→Dの順に毎秒2cmの速さで動き，Dに到着後停止する。

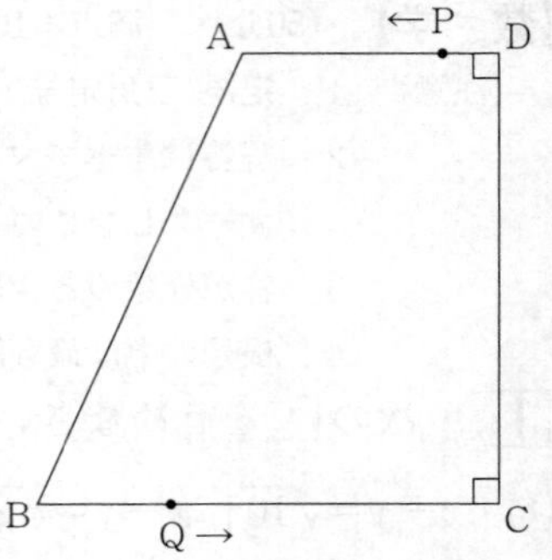

次の問いに答えなさい。

(1)　辺CDの長さを求めなさい。

答　$\boxed{\text{ア}}\boxed{\text{イ}}$ cm

(2)　点Qが辺BC上にあるとき，四角形ABQPと四角形CDPQの周の長さが等しくなった。このとき，線分PQの長さを求めなさい。

答　$\boxed{\text{ウ}}\sqrt{\boxed{\text{エ}}}$ cm

(3)　線分PQが辺ADと辺BCにそれぞれ平行となるのは，2点P，Qが出発してから何秒後か，求めなさい。

答　$\dfrac{\boxed{\text{オ}}\boxed{\text{カ}}\boxed{\text{キ}}}{\boxed{\text{ク}}\boxed{\text{ケ}}}$ 秒後

4　右図のように，底面の半径が6cm，母線の長さが18cmの円錐Pがある。点Aは円錐Pの底面の中心である。球O_1は点Aで円錐Pの底面と接し，円錐Pの側面とも接している。点Bは円錐Pの頂点と点Aを結んだ線分上にあり，線分ABが球O_1の直径となっている。球O_2は点Bで球O_1と接し，円錐Pの側面とも接している。

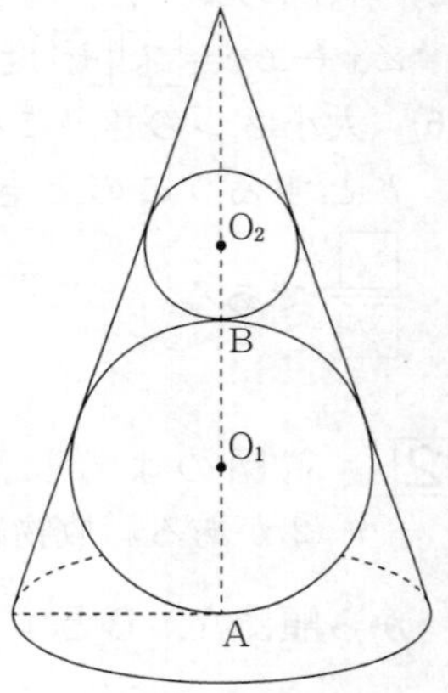

次の問いに答えなさい。

(1)　円錐Pの側面積を求めなさい。

答　$\boxed{\text{ア}}\boxed{\text{イ}}\boxed{\text{ウ}}\,\pi\,\text{cm}^2$

(2)　球O_1の半径を求めなさい。

答　$\boxed{\text{エ}}\sqrt{\boxed{\text{オ}}}$ cm

(3)　球O_2の半径を求めなさい。

答　$\dfrac{\boxed{\text{カ}}\sqrt{\boxed{\text{キ}}}}{\boxed{\text{ク}}}$ cm

(4)　点Bを通り，底面に平行な平面で円錐Pを切り分けた。このとき，円錐の頂点を含まない方の立体を「円錐台」という。この円錐台の側面積をS，球O_1の表面積をS'とするとき，$\dfrac{S'}{S}$の値を求めなさい。

答　$\dfrac{S'}{S}=\dfrac{\boxed{\text{ケ}}}{\boxed{\text{コ}}}$

③ すなはち　④ いと

問六　傍線(C)「火をもちて王宮をやかんとす」とあるが、童子がこの行動をとったきっかけは何か、最も適当なものを選びなさい。解答番号 [38]

① 寿命の残っていた能定ばかりか、それをかばおうとした童子にまで、焔魔王が罪を着せようとしたこと。
② 能定がいわれのない罪をかぶせられ、正しい裁きを受けないまま地獄へ落とされそうになったこと。
③ 焔魔王の横暴な裁きによって、童子と能定の正当な言い分がまったく聞き入れられなかったこと。
④ 地獄へ送られそうになった能定を救おうとしたときに、焔魔王が童子の主張に耳を貸さなかったこと。

問七　傍線(D)「此の事」を通して、能定はどのような思いに至ったか、最も適当なものを選びなさい。解答番号 [39]

① 不動明王が自分を助けてくれたのは、長年の信心の結果であると知り、その大切さを実感した。
② 自分が生き返ったのは、どんな罪人でも救う不動明王の慈悲の結果であり、そのありがたさを痛感した。
③ 死後の世界から不動明王に救われたことで、今までの不信心を反省し、功徳を積んでいこうと改心した。
④ 不動明王の怒りを目の当たりにして、その恐ろしさを知り、立てた誓いを破るまいと決心した。

※解答番号 [40] ～ [60] は空白にし、マークしないこと。

（注）
＊世中さわがしくて…疫病が流行し世情が不安定になり。
＊東西二京…平安京全域。
＊御所の御筆ゆひ…宮中で筆を作る職人。
＊ひつ…ひつぎ。棺桶《かんおけ》。
＊焔魔王宮…焔魔王の住む宮殿。焔魔王は、死者の生前の善悪を審判するという地獄の王。
＊冥官…焔魔王宮の役人。
＊くびかし…罪人の首にはめる刑具。
＊あぐらにつき…腰掛けに座って。
＊ひらをはあれど、たちはかず…平緒は付けているが、太刀は身に着けていない。平緒は太刀を身に着けるためのひも。
＊かなへ…釜。
＊寿限…寿命。
＊不動…不動明王。
＊本尊…寺院が信仰の中心としたり、個人が特に信仰の対象としたりする仏。
＊生々加護…現世や来世でのご加護。

問一　二重傍線(ア)・(イ)の本文中の意味として、それぞれ最も適当なものを選びなさい。

(ア)「例ざまに」　解答番号 29

① 自慢げに　② 有頂天に
③ 型通りに　④ 普段通りに

(イ)「めでたき」　解答番号 30

① 思いがけない　② すばらしい
③ 頼もしい　④ 恐ろしい

問二　二重傍線(a)～(c)の解釈として、それぞれ最も適当なものを選びなさい。

(a)「いかでか、わがいはん事をばたがふべき」　解答番号 31

① 私の発言がうそだと言うのか
② 私の意見と違うところを言え
③ 私の言うことに背くことはできない
④ 私の言う通りにはしないだろう

(b)「王宮の内、くれふさがりぬ」　解答番号 32

① 王宮が崩れて出られなくなった
② 王宮の出口に童子が立ちはだかった
③ 王宮の中にいた者はみな逃げ惑った
④ 王宮の中は一面が暗闇となった

(c)「これをぐして」　解答番号 33

① 私を引き連れて　② 文を受け取って
③ 罪を償って　④ 焔魔王に逆らって

問三　波線(X)「つげたりければ」・(Y)「判じて」は誰の動作か、それぞれ最も適当なものを選びなさい。(X)は解答番号 34 ・(Y)は解答番号 35

① 能定　② 道行く人　③ 妻子
④ 童子　⑤ 罪人　⑥ 焔魔王

問四　傍線(A)「死にて後」とあるが、能定が見た死後の世界について説明したものはどれか、最も適当なものを選びなさい。解答番号 36

① 焔魔王宮では、焔魔王と大勢の役人たちによって痛めつけられる罪人の泣き叫ぶ声が響いていた。
② 何も見えず何も聞こえない野を進むと焔魔王宮があり、多くの罪人たちが拘束されていた。
③ 暗い野を進んでいくと焔魔王宮があり、死者の罪を裁く焔魔王と大勢の役人が待ち構えていた。
④ 焔魔王宮への道中では、恐ろしい冥途の使いが後についてきて、追い払っても離れなかった。

問五　傍線(B)「□なし」は「まったくいない」という意味になるが、□に当てはまる語はどれか、最も適当なものを選びなさい。解答番号 37

① さらに　② いつしか

④　チームのサポートを積極的に行おうと決心していたが、思いもよらぬ重要な役割を任されることに喜びを感じている。

問六　傍線(E)「あっちゃん、やろう。おれ、やりたい」とあるが、ここでの多郎の心情として、最も適当なものを選びなさい。解答番号 27

①　自身がカジにとって都合よく使われていると感じながらも、カジを見返す機会を得たことに気づき、当日は主役に負けないような踊りをしようと意を決している。

②　憧れのカジに近い存在として踊りを披露できることに気分が高ぶっており、カジの引き立て役に徹して、なりふり構わず自身の役割を果たそうと躍起になっている。

③　チームの顔となるような役割を任され、自身のこれまでの努力が報われたことに喜び、たとえ篤史が引き受けなくとも、自分だけはカジからの期待に応えたいと思っている。

④　想像もしなかった大役を任され、尊敬するカジから信頼を得ていることを嬉しく思う一方で、自身がその信頼に見合うだけの働きができるだろうかと心配している。

問七　本文を通して、カジはどのような人物として描かれているか、最も適当なものを選びなさい。解答番号 28

①　日常的な言動は荒く粗暴に見えるが、その内面は周囲への思いやりに満ちており、常に率先して他者のために行動を取ろうとする人物。

②　自意識が強いため周囲からは敬遠されがちだが、何事にも手を抜かず、自身の役割は責任を持ってやり遂げる生真面目さを持つ人物。

③　自己本位な性格ではあるが、踊りに対する強い思いから取る行動が他者に良い影響を与えるため、周囲からの信頼を集めている人物。

④　自己中心的で周囲を一切顧みない傲慢さはあるが、優れた踊りの技術を持っているために、集団の中では一目置かれている人物。

四　次の文章を読んで、後の問いに答えなさい。

嘉承《かしょう》元年の夏、＊世中さわがしくて、＊東西二京にしぬるものおほかりけり。そのなかに、＊御所の御筆ゆひ能定、病つきて七日と云《い》ふに死にけり。＊ひつに入れて、黄なる衣覆ひて、人はなれたる所にすてつ。四日をへて道行く人ききければ、ひつの中におとしけり。あやしみてみるに、よみがへりたり。水をのませて、かれが家に(X)つげたりければ、妻子よろこびてかへりて日比《ひごろ》へて、心地(ア)例ざまになりてかたりける、「(A)死にて後、おそろしきものども、我をおひたててくらき野をゆくに、此《こ》の世にて見し人、(B)［　　］なし。ただ風の音、水の音ばかり耳にきこゆ。わかき童子の我をしりたるとおぼしき、うしろにそひてはなれず。＊焔魔《えんま》王宮にいたりて二階の門をいる。＊冥官そのかずあり。壇のもとには、罪人、或《あるい》はしばられ、或は＊くびかししたるものどもなみ居たり。はるかにみあぐれば、冠・うへのきぬきたる人三十余人、＊あぐらにつき、なみゐたり。＊ひらをはあれど、たちはかず。我つみを(Y)判じて、地獄へつかはす＊かなへにいるるに、このぐしたりつる童子、焔魔王に申さく、『此《こ》の人は＊寿限いまだつきず。ゆるさるべきなり』。王、これをきかず。童子いかりていはく、『焔王なりとも、(a)いかでか、わがいはん事をばたがふべき』とて、(C)火をもちて王宮をやかんとす。けぶりみちみちて、(b)王宮の内、くれふさがりぬ。このとき王おどろきて、冥官とともに、かさねてふみをかんがふるに、まことにいのちつきず。王、功徳をつくり、つみをおそるべきよしを云ひて、この童子にとらせつ。童子、(c)これをぐしてふるさとにかへる。大なる穴の口にいたりて、我をおしいるる、と思ふほどによみがへりたり。つらつら(D)此《こ》の事を思へば、年来、＊不動をたのみたてまつりて＊本尊とす。＊生々加護のちかひ、たがはずかくし給ふ。たふとく(イ)めでたき事かぎりなし」とぞいひける。

（『続古事談』より）

のこと。

＊纏…チームの印を先端にあしらった棒状の道具。

問一　二重傍線(ア)・(イ)の本文中の意味として、それぞれ最も適当なものを選びなさい。

(ア)「しゃにむに」解答番号 21

① 思うようにならなくて投げやりに
② 他のことは考えないでいちずに
③ 周囲を気遣いながらも熱心に
④ 苦しみながらも前向きに

(イ)「ほのめかしていた」解答番号 22

① ひそかに考えていた
② あらかじめ示していた
③ それとなく言っていた
④ たびたび念を押していた

問二　傍線(A)「目の前にいる多郎は自分よりずっと大人びて見えた」とあるが、ここからうかがえる篤史の心情として、最も適当なものを選びなさい。解答番号 23

① 幼い頃から誰よりも親密な関係にあった多郎が、カジへの憧れを原動力に踊りに打ち込む姿を見て、精神的な距離を感じ始めている。
② 幼い頃は何事も自分より劣っており見下していたが、踊りに関して自分より高い評価を受けている今の多郎には尊敬の念を抱いている。
③ 幼少期から親しい仲であった多郎が、真剣に踊りに向き合う姿を目にして、基本的な練習すらままならない自分の未熟さを痛感している。
④ 幼少期の印象とはまるで異なり、進んで自己の向上を目指す多郎の姿に、自分との踊りに対する意識の違いを感じて戸惑っている。

問三　傍線(B)「篤史には口ごもることしかできなかった」とあるが、それはなぜか、最も適当なものを選びなさい。解答番号 24

① よさこいに臨む意識をカジに問われたが、大した目的意識も持っておらず、明確に答えることができなかったから。
② よさこいに対する思いをカジに問いただされ、中途半端な気持ちで練習に取り組んできたことに罪悪感を覚えたから。
③ カジのよさこいに対する高い意識に触れて、自身との意識の差を痛感し、これまでの消極的な態度を深く反省したから。
④ カジのよさこいへの情熱を知り、出来映えにこだわらずに楽しみたいという自分の本心を、そのまま伝えるべきか迷ったから。

問四　傍線(C)「踊れる人の偉大さ」とあるが、ここではどのようなあり方を指しているか、最も適当なものを選びなさい。解答番号 25

① 踊りというものの難しさを十分に理解して真剣に向き合い、個人としてより高みを目指そうとするあり方。
② 卓越した技術を周囲に見せることで、目指すべき理想を示し、全体の意識を向上させようとするあり方。
③ 高い踊りの技術を持ちながらも、それを誇示せずに、全体としての完成度の高さを求めようとするあり方。
④ 自らの高い技術を駆使して、チーム全体の踊りを高めるために、言葉を尽くして丁寧に教えようとするあり方。

問五　傍線(D)「この手に纏をと思うと、早くも胸が騒ぐ」とあるが、ここからうかがえる篤史の心情として、最も適当なものを選びなさい。解答番号 26

① 今の振り付けさえ覚えきれないのに、より難しい踊りを要求され、カジからの過度な期待に嫌気が差している。
② 突然のカジの申し出に驚きを感じつつも、自身が注目を浴びる華やかな役割を担うことに高揚感を抱いている。
③ 自身が纏を任されると知り、以前カジに見せられたプロレベルの踊りを要求されていることに不安を感じている。

え歩いていた。

少しでも上達すればにっこり笑いかけてもらえるので、最初の頃はカジくんカジくんとみんなもやかましかったが、(C)振りを覚えきると今度は精度をあげようとして、そこで初めて踊れる人の偉大さにめざめるらしい。ひとりで楽しんで踊るのとはちがう。きちんときれいに揃《そろ》えることのむずかしさに行き当たる。

早いターン、高いジャンプ、ぴんと伸ばした腕、鋭い踏み込み、きびきびとした屈伸。覚えれば思い切りやってみたいのが人情だ。けれど模範演舞がさらりといなす。カジくんはもっと飛べるよ、もっと早く回れるよ、でも抑えてなめらかに全体と合わせる。この言葉には大きな説得力があった。

チームの踊りは美しい群舞をめざす。

練習が終わり、補習組は引き続き未消化のパートをくり返した。それに付き合っているとカジに呼ばれた。校庭に面した扉が開け放たれ、多郎といっしょに外の風を浴びながら汗を拭う。

「なんですか」

「次の練習から、おまえらに新しい振りを教える。これ以上延ばしたらさすがにやばいしな。チームの振りは他のやつらに任せる」

多郎も初耳だったらしい。目を丸くする。

「頭はおれや。おまえらふたりはその後ろで*纏《まとい》を持って踊る。振りはもう出来上がっちゅうき、たぶんやれるやろう」

「纏……」

「鳴子じゃなく、鯨井町の纏を握るがで」

カジは言っただろうと、それぞれの顔を順番に見た。

「おれについて来いと」

チーム衣装が決まった日のことだ。公民館でたしかに言われた。ちゃんと踊っておれについて来いと。

纏や旗、提灯《ちょうちん》を手にした先頭集団が、チーム全体とはちがった振りで派手に舞い踊る。よさこいではどこのチームでもたいてい取り入れているお馴染《なじ》みの編成だ。先頭だけあってとても目立つ。まさに花形だ。

鯨井町もそのスタイルで行くというのはわかった。(D)この手に纏をと思うと、早くも胸が騒ぐ。けれど篤史は聞き返さずにいられなかった。

「ひょっとして、いつか見せてくれたスタジオでのダンス、あのレベルを考えているんじゃあ……」

「おれが踊るなら当然あれやろう」

頭を抱えてしゃがみこみたくなった。

「んな馬鹿な。あそこにいたのはプロ、もしくはセミプロでしょう？　おれらにそんなのを求める気ですか」

「仕方ない。ある程度はがまんする。めいっぱい美しう舞えよ。おれはこう見えても完璧主義者や」

とっくにわかっているよ。やってもやってもOKが出なかったはずだ。群舞にまわる踊り子たちと先頭集団を、この男は最初から分けて考えている。

「(E)あっちゃん、やろう。おれ、やりたい。ぜったいやる。ここまできたがやき。とことん下僕になりきろう」

「ちょっと待て。せめて従者でいいんじゃないか？」

纏を振るう大胆で派手な踊りを、スタミナだけはありそうな男ふたりにやらせるつもりだ。どこのチームよりも艶やかで優美なトップの踊り子——つまり自分を、徹底的に引き立たせるために。

（大崎　梢『夏のくじら』より）

（注）＊鯨井町…篤史が所属するチームは、この町に暮らす人々が中心となり運営している。

＊綾乃・志織・月島…よさこいチームのメンバー。

＊鳴子…踊りの際に両手で持ち、楽器のように音を鳴らしながら舞うための小道具。カジの父親は鳴子を作る職人であった。

＊やき…だから。

＊地方班…町中を踊りながら行進するチームに車で後続して、音響や照明などを担当するとともに、チームのサポートを行う人々

いったいこいつは何を考えているのだろう。初めて思った。どうしてそんなに一生懸命、振りの練習をくり返すのか。

帰りの車の中でカジに言われた。おまえは踊れてないわけではないのだと。ただ綾乃や多郎は、カジが想定していたレベルのもっと上をめざしている。それが差を生むのだと。

思いがけない言葉だった。

「真剣さが足りない？」

「そういうのともちがうな。おまえやってがんばりゆうし。たぶん、ここまで行きたいちゅう『ここ』が明確にあるかどうかやろうな。おまえにとって、よさこいは何や？　今年のチームで何をやりたい？」

真正面から尋ねられ、(B)篤史には口ごもることしかできなかった。祭りに参加するのは二度目だ。スタッフは初めて。与えられた役割を無事こなし、自分自身も楽しんで終われたらラッキー、そう思っていた。

まちがいではないだろうし、悪くもない。けれどおそらく綾乃も多郎も、その上にさらなる目標を乗せてきている。

カジの実力を最初から知っていた綾乃は、少しでも近付きたいと(ア)しゃにむになっている。振りは完全にマスターしてるのに、練習も指導もけっして手を抜かない。たまに受けるカジからの個人レッスンはとても嬉しそうだ。多郎もふたりの動きをきっちり目で追っている。

上手に踊れたね、上手にスタッフがやり通せたね、そんな褒め言葉に喜ぶであろう自分に対し、ふたりの充足レベルはちがうところにある。

黙って引き返そうと思いながらも動けず、やがて多郎に気づかれた。多郎は多郎で今日の顚末《てんまつ》を案じていたらしい。

「なんやあっちゃん、そんなところで。カジさんと、どうやった？」

「うん。車に乗ってドライブしてきた」

隠すこともないだろうとかいつまんで話すと、多郎はしたたり落ちる汗を拭きながら、真剣な顔でひとつひとつうなずいた。

「そうか。やったらわかるね。カジさんがチームのみんなにやさしいが」

建物の廃材にどちらからともなく腰を下ろした。

「カジさんにとってチームのメンバーは、想《おも》い出の＊鳴子《なるこ》を手に踊る人たちや。めいっぱい楽しむのをお父さんに見てほしいがよ」

「タローちゃんらしいな」

「うまく踊れんからって、苦しんでやめていく人を作りとうない。カジさんのお父さんが好きなよさこいは、そういうんやない。＊やき、自分がどんなに踊れても無理強いせん」

黙々と手本になる踊りを見せるだけ。ひとりひとりの意識が変わってくるのを待っている。

そしてカジの父親は、みんなの輪の中にいる息子を見て微笑《ほほえ》むのだろう。

「でもさ、おれにはやさしくないよ」

「ああ……」

「それに、鳴子を持って踊らせないようなことも(イ)ほのめかしていた。ということは、クビ？」

いっそ＊地方班《じかたはん》に入り、祭りの間中、車につきっきりの役になりたいと、本気で思ったこともあったのに、今は踊れないことにあせる自分がいる。カジの言葉が蘇《よみがえ》る。

おまえにとって、よさこいは何や？

今年のチームで何をやりたい？

次の練習日も篤史は今まで通りに地道な手伝いに終始した。

カジとの諍《いさか》いについては誰も触れようとしない。様子を見ているのか、多郎から後日談をすでに入手したのか。当のカジはみんながもっとも手こずるスローなパートでの、身体の伸ばし方とやや溜《た》めてから次にうつるタイミングについて、ほとんどマンツーマンで教ることによって、あたかも国際社会の仲間入りを果たしたように錯覚してしまうこと。

④ 外来語で表されたある価値観が、あたかも世界標準の理念であるかのように捉えられ、社会常識として国民の間で無意識のうちに広まってしまうこと。

問七 傍線(G)「この安心感ほど恐ろしいものはないのかもしれない」とあるが、それはなぜか、最も適当なものを選びなさい。解答番号 19

① 他国の犠牲の上に自分の国の生活が成り立っているという事実に目を向けず、自分たちの目先の楽しみばかりを追っているから。

② 自国の戦争への加担によって多くの犠牲者を出しているにもかかわらず、自分たちの生活とは無縁のものとして顧みることがないから。

③ 自国が他国間の戦争によって犠牲を払っていることを認識しながらも、あたかも平穏な生活を送っているように振舞っているから。

④ 自国の豊かさを保つためには、ある程度の犠牲もやむを得ないという国家的なエゴイズムが、国民の間に浸透してしまっているから。

問八 本文の内容と表現について説明したものはどれか、最も適当なものを選びなさい。解答番号 20

① 自分の海外生活における経験や失敗談をユーモアを交えながら、一貫してわかりやすい言葉を用いて記している。

② 自分の海外における見聞に基づいて、論理的かつ実証的に日本とアメリカ、ドイツの国情の違いについて述べている。

③ 自分の海外生活における実感に基づいて、比喩表現を多用しながら独自の視点で日本という社会のあり方を見つめ直している。

④ 自分の海外での経験を軸に日本社会を鋭く批判し、他者の見解を踏まえながらアメリカやドイツの優れた点を指摘している。

三

次の文章を読んで、後の問いに答えなさい。

> 大学入学と同時に、父の郷里である高知に引っ越してきた篤史《あつし》は、同い年で従弟《いとこ》の多郎の誘いを受け、よさこい祭りで踊りを披露するチームに参加することになった。練習を重ねる篤史は、踊りのリーダー格であるカジと衝突をするが、カジの亡くなった父親の工房を訪れ、カジのよさこい祭りに対する思いを知ることになる。
>
> 以下は、篤史とカジが工房から高知市内に帰ってきた場面である。

日が傾きはじめる頃、篤史とカジは工房を辞して高知市内へと戻った。

スタジオに寄っていくというカジとは大橋通の交差点で別れ、篤史の足はなんとなく＊鯨井町へと向かっていた。＊綾乃の働く美容院や＊志織のいる花屋、＊月島の酒屋。それらの手前で引き返すように角を曲がった。気持ちを切り替え帰路につこうとした矢先、取り壊したビルの空き地に人影が見えた。

多郎だ。見てすぐにわかった。チームの踊りをひとりで練習している。わざとテンポを落とし、手の振り足さばきを丁寧に確認するよう踊っていた。やり直すさまを見て、カジの動きをなぞっているのだと気づいた。

篤史に比べ多郎は二カ月遅く生まれ、身長は十センチ低く、体重では六キロ少ない。寝返りしたのもハイハイしたのも歩き始めたのも篤史が先で、いつもお下がりをあげていた。かけっこも木登りも縄跳びも下手で、カナヅチの多郎はいつまでたっても浮き袋を手放せなかった。

（中略）

でも今、(A)目の前にいる多郎は自分よりずっと大人びて見えた。

る旧態依然とした姿勢が垣間見えること。

④ 作品に対する世間の評価とは裏腹に、書かれている内容はすべて古めかしいものに過ぎないこと。

問三 傍線(C)「どの窓も文字で埋ってしまえば、作者の入居する場所はなくなる」とあるが、どのようなことを言っているのか、最も適当なものを選びなさい。解答番号 15

① 日本の女性作家たちは、家という既存の枠から抜け出して新しい生き方を目指す日本の女性の姿を描いているが、そのような作品は女性差別や偏見によって批判にさらされ、多くの女性作家が活動の場から締め出されかねない状況に陥っているということ。

② 日本の女性作家が、女性は家を守るべきだという古い価値観から脱することを眼目にして手掛けた作品は、新しさを追求するあまりに文体が確立されず、作家個々の独自性を十分発揮できぬままに失敗に終わってしまうものが多いということ。

③ 日本の女性作家には、家に象徴される女性の社会的な立場を反映して、既存の価値観から抜け出そうとする意識が強く働くようだが、そうして書かれた作品でも完成すると独り歩きし、作家も自分の描いた世界と距離ができてしまうということ。

④ 日本の女性作家の作品には、家という封建的な枠を抜け出して新しい時代を生きる女性の理想像を描くものが多いが、日本人の意識を根本的に変えるほどの影響力はないため、作家自身が思い描く理想と現実との間には大きな隔たりがあるということ。

問四 傍線(D)「自分の身体が草原になってしまって、そこにいろいろな風が吹きまくっている」とあるが、どのような状態を言っているのか、最も適当なものを選びなさい。解答番号 16

① 自分の周囲に頼りになるものが何もなく、畳み掛けるように舞い込んでくる未知の物事に身をさらしている状態。

② 自分の予期していたものと現実とのギャップの大きさに苦しみ、なすすべもなくただ途方に暮れている状態。

③ 自分から進んで生産的な行動を取ることが一切できずに、ただ流されるままに空虚な日々を過ごしている状態。

④ 自分の精神をいったん白紙にして、次々と入ってくる未知の世界のあらゆる情報を積極的に取り込んでいる状態。

問五 傍線(E)「日本語は小さな爆発を繰り返し、書くごとに砕けるようになった」とはどういうことか、最も適当なものを選びなさい。解答番号 17

① 海外生活の中で身につけたドイツ語との比較を通して日本語本来の良さを再発見し、伝統的な日本語を用いた表現が自由自在にできるようになったということ。

② ドイツ語による海外生活を通して日本語が相対化され、そこで得た視点により日本語の表現を捉え直して再構築することが、自然にできるようになったということ。

③ ドイツ語が日本語に比べてはるかに豊かな表現が可能であることに気づき、日本語によって表現するたびに、混乱が生じるようになってしまったということ。

④ 日本語による表現の限界を乗り越えるために、ドイツ語特有の様々な言い回しを日本語に訳して、自分の文章に積極的に取り入れるようになったということ。

問六 傍線(F)「外来語を輸入することで社会の論議の方向が操られてしまう」とはどういうことか、最も適当なものを選びなさい。解答番号 18

① 外来語を介して、海外から一方的に押し付けられた理念が絶対視されるようになり、それを基準とした価値観に社会全体が覆われてしまうこと。

② 世界の常識であるかのように外来語の使用を推進し、浸透させようとする一部の人たちのために、多くの人々が意思の疎通を図りづらくなってしまうこと。

③ 本来の意味を理解せずに、解釈を誤ったまま外来語を使用す

あの頃の状況は今と似ているようだが、今の心境はやっぱり違う。当時は日本語が一度砕けてまた生まれ変わったような気がしたが、もうそのような大きな爆発事件は起こらないだろう。あれ以来、(E)日本語は小さな爆発を繰り返し、書くごとに砕けるようになった。

アメリカの学園都市では、よそ者と現地の人の境界線をはっきり引くことはできない。誰でもちょっとよそ者で、誰でも一応この町の人と見なされるような環境になっていると思う。

ここでは、日本の新聞をくれる人が大学にいるので、よく目を通すようになった。日本の新聞を読んでいると、電車の中で年寄りに席をゆずるやさしい人たちの話と大量殺人のニュースが必ず同居している。性的いやがらせなどについてまじめに考えてくれるのはいいけれども、一昔前までは同じ内容のことを誰かが主張しても相手にされず「男はそういうものだ」で通っていたのが、マスコミが「ハラスメント」などという外来語を輸入した途端に、そういうことについて語ることが急に当り前のこととして受け入れられるということは、そういうメカニズムを逆に利用して、何か(F)外来語を輸入することで社会の論議の方向が操られてしまうとこがあるのではないかと逆に不安にもなる。

アメリカに来てから、戦争が他人事のように感じられる。そのアメリカで、日本の新聞の「日の丸」という単語を見た時、自分では経験しなかった第二次世界大戦がまるで自分の記憶のように一瞬身に迫った。ヨーロッパでは近すぎるくらい近くに戦争が感じられた。ベルリンの町を歩けば、あの動物園駅の隣の第二次大戦で爆撃された時のままの形で残されている教会に目をやるまでもなく、戦争の影が身体を包み込む。そして何より、町そのものが、声を取られないように、命を取られないように、頭の上にある屋根を取られないようにと、警戒し固くなっているのが感じられる。日本でも、まわりの人のすること、考えていることを見張り合う隣組のような態度や、軍隊風の態度がさわやかさとして受け入れられているのを見たりすると、戦争がそこにいるような気がして、ぞっとする。アメリカは違う。アメリカはいつも自分の国の外で戦争をすることで、国内では、安心して暮らせるようになっている。＊コソボと聞いても、この世の外側にある町のように聞こえるように出来ている。(G)この安心感ほど恐ろしいものはないのかもしれない。

（多和田葉子『カタコトのうわごと』より）

（注）＊ボストン…アメリカ合衆国マサチューセッツ州の州都。国際都市として知られる。

＊コソボ…コソボ共和国。バルカン半島中部に位置し、二〇〇八年に独立宣言した。ユーゴスラビア軍との戦闘となったコソボ紛争（一九九八～九九年）では、アメリカなどNATO諸国がコソボ側に立って参戦した。

問一　傍線(A)「日本では、ものを考える場所がうまく見つからなかった」とあるが、それはなぜか、最も適当なものを選びなさい。解答番号 13

① 日本では、女性は社会性を身につけるのが苦手で、他者に依存して生きるのが良いと考えられているから。

② 日本では、哲学的な思考そのものが非現実的で、未成熟な人間のすることだと見なされているから。

③ 日本という社会の中で生きるためには、自己主張を控えて他者と同調することが必要不可欠だから。

④ 日本の社会には、女性は生活という現実の中に身を置くものだとする感覚が根を下ろしているから。

問二　傍線(B)「がっかりした」とあるが、筆者は「ある作家」の一節にどのようなことを感じ取ったのか、最も適当なものを選びなさい。解答番号 14

① 作品の急進性は見せかけに過ぎず、常識的な行動様式の奨励を目的とした内容になっていること。

② 作品の理念の新しさは高く評価できるものの、ときおり前近代的な言葉遣いが鼻についてしまうこと。

③ 作品の中では斬新なことを言葉にしていても、実生活に対す

① 思ひつつ寝ればや人の見えつらむ夢と知りせば覚めざらましを

② 春過ぎて夏きたるらし白たへの衣干したり天の香具山

③ 人はいさ心も知らずふるさとは花ぞ昔の香ににほひける

④ 玉の緒よ絶えなば絶えねながらへば忍ぶることの弱りもぞする

問八 「君子不以言挙人」を「君子は言を以て人を挙げず」と書き下す場合、どのように返り点を付ければよいか、適当なものを選びなさい。解答番号 12

① 君子不㆓以㆑言挙㆒㆑人。

② 君子不以㆑言挙㆑人。

③ 君子不㆓以㆑言挙㆒人。

④ 君子不㆔以㆑言挙㆓人㆒。

二 次の文章を読んで、後の問いに答えなさい。

十七年前から暮らしているドイツを四カ月だけ離れて、今アメリカに来ている。十七という数字は、「かかとを失《な》くして」という小説を書いて以来、気になっている数なので、十七年を区切りに、いろいろと考えてきたことをエッセイ集にまとめてみるのが、ちょうど今の時期に重なったのは悪くないかもしれない。週二日、大学で教えているが、ゼミの学生の数も十七人である。

今思えば、日本を離れることで、わたしと日本との間に生まれた距離が、いろいろなことを考えるのに有利な空間を提供してくれた。それは、ドイツに行ったから、いろいろ考えさせられたというよりは、(A)日本では、ものを考える場所がうまく見つからなかったというようなことかもしれない。

日本で女に生まれると、理屈でものを考えることを楽しむ場所があまりない。理屈が出ると官能から切り離されてしまうようで、哲学的なものはすべて生活とは関係のない、子供っぽい、ばかばかしいことのように見えてきてしまう。それは、必ずしも、社会が女性に哲学を禁止するというようなことではなく、禁止されるまでもなく、魅力が感じられないように仕組まれているような気がする。ものを考えること自体に快楽を覚えるのはある種、子供じみたことであるけれど、一方、考えることで、生活そのものが変えられる場合は、考えるということの意味も変わってくる。

いつだったか、家族制度についてかなり過激でユーモラスなことを書いている日本のある作家のエッセイの中に、「家内がいつものようにゴミを捨てに行くと」という一節があったので、(B)がっかりした。誰がゴミを捨てに行くのでもかまわないのだが、そこから濃厚に立ち上ってきた臭いは、分業モデルに従った家族生活そのものを少しも変えようとはせずに、自分の書斎の原稿用紙の上だけで「実験」している作家の姿だった。新しい生活形態のデザインをするのが作家の役目だとは思ってはいないが、書くことによって、そのような枠から外へはみでる結果にならないようなことがあれば、その方が不思議ではないか。この間、アメリカのある日本文学研究者が「日本の女性の文学に出てくる家は、住む場所としての家ではなく、そこから出ていく場所としての家であることが非常に多い」と言っていた。わたしは、原稿用紙の罫線《けいせん》は団地の窓のようだと昔思ったことがあるが、(C)どの窓も文字で埋ってしまえば、作者の入居する場所はなくなる。

家の中に書斎があってそこでものを考えるのは快いのかもしれないが、わたしのように、家をいつも留守にして、電車の中や駅のベンチで小説を書いていると、家出人のような気分が抜けない。

当時ドイツには自分の意志で行ったのであるけれど、行ってみると、全くの別世界に突然投げ込まれたようで、移民の状況になった。住む家があっても、(D)自分の身体が草原になってしまって、そこにいろいろな風が吹きまくっている感じだった。苦労しているとか苦しんでいるなどと考える余裕もなく毎日が過ぎていった。＊ボストンの通りをふらふら歩きながら、ドイツに着いたばかりのことをよく思い出す。十七年前、こんな風にして新しい町に着いたばかりの

二〇二一年度　日本大学習志野高等学校（A・B入試）

【国語】（五〇分）〈満点：一〇〇点〉

一　次の各問いに答えなさい。

問一　次の(ア)～(オ)の傍線部と同一の漢字を用いるものはどれか、それぞれ適当なものを一つずつ選びなさい。

(ア)　結婚式の受付でホウメイ帳に記入する。解答番号 1

①　将軍からホウビをたまわる。
②　花のホウコウが鼻をくすぐる。
③　正月にお餅をホウノウする。
④　最新のホウガが上映される。

(イ)　敵の攻撃に対して徹底コウセンする。解答番号 2

①　判決に納得いかずコウソする。
②　キョウコウな態度をとる。
③　互いにキンコウを保つ。
④　シソにはコウキン作用がある。

(ウ)　暴動をチンアツする。解答番号 3

①　あの人は会社のジュウチンだ。
②　好事家の間でチンチョウされる。
③　敵の戦艦をゲキチンした。
④　豪華な品々がチンレツされている。

(エ)　テレビ番組をセイサクする会社。解答番号 4

①　戦地へシュッセイする。
②　畑をセイチする。
③　動作をセイギョする。
④　原稿をコウセイする。

(オ)　ジョウシュに富んだ小説に感動する。解答番号 5

①　シュコウを凝らした芸術作品。
②　シュショウな心掛け。
③　シュギョウの成果を発揮する。
④　シュカンに基づいた行動。

問二　次の文はいくつの文節に分けられるか、適当なものを選びなさい。解答番号 6

御釈迦様《おしゃかさま》は極楽の蓮池《はすいけ》のふちを、独りでぶらぶら御歩きになっていらっしゃいました。

①　七　②　八　③　九　④　十

問三　慣用句「藪《やぶ》から棒」の意味として最も適当なものを選びなさい。解答番号 7

①　見方や考え方が見当違いであること。
②　余計なことをして状況を悪くすること。
③　必要な技術や知識を持たないこと。
④　前ぶれなく唐突に物事を行うこと。

問四　次のうち四字熟語の表記として正しいものを選びなさい。解答番号 8

①　危機一発　②　才色兼備
③　孤立無縁　④　自我自賛

問五　次の漢字の矢印で示した箇所は、楷書で書く際には何画目に書くべきか、最も適当なものを選びなさい。解答番号 9

①　五画目　②　六画目　③　七画目　④　八画目

問六　『友情』などの代表作で知られる白樺派の作家は誰か、適当なものを選びなさい。解答番号 10

①　有島武郎　②　里見弴
③　志賀直哉　④　武者小路実篤

問七　『万葉集』に収録されている歌はどれか、適当なものを選びなさい。解答番号 11

2021年度／日本大学習志野高等学校（Ａ・Ｂ入試）

英語解答

Ⅰ 1 ②　2 ④　3 ①　4 ①　5 ③

Ⅱ 〔Ａ〕 6…⑨　7…⓪　8…⑧　9…⑦　10…④　11…③　12…⑥　13…②

〔Ｂ〕 ①

〔Ｃ〕 1…④　2…②　3…②　4…③

Ⅲ 〔Ａ〕 ①　〔Ｂ〕 20…⑤　21…③

〔Ｃ〕 ①　〔Ｄ〕 ④　〔Ｅ〕 ②

〔Ｆ〕 ④　〔Ｇ〕 ③　〔Ｈ〕 ④

〔Ｉ〕 ①

〔Ｊ〕 1…②　2…①　3…③

Ⅳ 〔Ａ〕 1…①　2…③　3…①　4…②

〔Ｂ〕 1…①　2…②　3…③　4…③

Ⅴ 1 40…⑤　41…⑧

2 42…③　43…⑤

3 44…④　45…⑦

4 46…①　47…④

Ⅵ 問1 ②　問2 ③　問3 ①

Ⅶ 問1 51…④　52…①　53…③　54…⑧

問2 ⑤

Ⅰ〔適語選択〕

1.「砂漠とは，木々も水もなく，普通は砂に覆われている地域のことである」　desert「砂漠」　valley「盆地，谷」

2.「東京は，日本政府があるので，日本の首都である」　capital「首都」

3.「台風が私たちの町に大きな被害を引き起こしたので，私たちは別の場所に引っ越さなければならなかった」　damage「損害，被害」

4.「私の一番好きな科目は地理だ。世界中のさまざまな国や都市の名前を学校で習っているところだ」　geography「地理」　mathematics「数学」　chemistry「化学」　economics「経済学」

5.「木曜日にナオの姉〔妹〕に男の赤ちゃんが生まれた。ナオは生まれたばかりのおいに会うのが待ちきれなかった」　nephew「おい」　niece「めい」　mayor「市長」

Ⅱ〔長文読解総合―説明文〕

≪全訳≫❶16世紀，北アメリカに住んでいるヨーロッパ人はごくわずかだった。そのほとんどは北東部の海辺に入植した。1587年，100人ほどの小さな集団が南に行こうと決めた。彼らはロアノークという小島に移動した。その島は後にノースカロライナ州の一部になった。❷不幸にも，ロアノークの入植者たちには準備が足りなかった。冬に備えた十分な食料がなく，先々の収穫のために必要な穀物の種子もなかった。彼らのリーダーであるホワイト船長は，彼らがその地で暮らし続けるための食料やその他必要な物を手に入れるため，イングランドに船で戻ることにした。ところが，ヨーロッパで戦争があり，彼が北アメリカに戻るまでに3年が過ぎた。❸ホワイト船長は1590年にロアノークに戻ったとき，入植者たちに会いたかった。船から外を見やったが，彼を出迎える人は1人もいなかった。生活の形跡が全くなかった。ロアノークの入植者たちは，ホワイト船長が戻ってくるずっと前に，もうその地を離れていたのだ。❹ロアノークの入植者たちがどうして消えたのかは誰にもわからない。多くの人はアメリカ先住民が彼らを殺したのだと考えたが，戦いの痕跡はなかった。食べ物がなかったから，あるいは病気のために，ロアノークの人々は死んだのだと考える人もいたが，ではなぜ遺体がなかったのかは説明できなかった。❺何年もたって，さらに大勢の入植者がノースカロライナにやってきた。その中の1人がランビー族というアメリカ先住民の集団と出会った。彼らは独特な風貌をしていた。金髪のランビー族もいたのだ。北部のアメリカ先住民は，たいていは黒髪だった。さらに彼らが話すのを聞いて，彼は馬から落ちそうになった。彼らは奇妙な英語を話したのだ。❻彼は，彼らがどこから来たのか尋ねた。それを知る者は誰もいなかったが，祖父母が「本の内容から話をしていた」と彼らは言った。彼らが言っているのは，彼らの祖父母が読むことができたということなのだろうか。彼は馬に乗って帰る道すがら，こんな疑問を自分に投げかけていた。ランビー族の人々はロアノークの入植者の子孫ではないのか？❼人々は今も同じ疑問を投げ続けている。書き残された記録がないので，確かなことはわからない。しかし，１つ興味深い事実がある。今日，ランビー族の中には，サンプソン，デア，クーパーといった名前の人々がいる。それはロアノーク島から消えた入植者のものと同じなのだ。

〔Ａ〕**＜適語(句)選択＞**６．decide to ～ で「～することに決める」。直後の south「南へ」より，to go を選ぶ。　７．次の文から判断できる。十分な食べ物やこれから栽培すべき作物の種もないということは，未開の地で暮らす準備ができていなかったということ。prepared「準備のできた」　８．want to ～ で「～したい」。to see が入る。　９．第３段落第３文参照。ホワイト船長が戻ってきたとき，ロアノークには人が生活した跡も戦いの跡もなかったのである。この sign は「跡，形跡」という意味。　10．because 以下の内容から判断できる。飢えや病気で「死んだ」のではないかということ。die「死ぬ」の過去形は died。　11．dead body「遺体，死体」　12．直後の called は過去分詞の形容詞的用法で「～と呼ばれる」という意味。ランビー族＝アメリカ先住民の「集団」という関係。　13．ランビー族は見た目が変わっていて，たいていのアメリカ先住民は黒髪だったという前後の内容から判断できる。blonde hair「金髪」

〔Ｂ〕**＜指示語＞**この文の主語 They は，直前にある names like Sampson, Dare, and Cooper を受ける。これらの名前が島から消えた人々の「名前」と同じだった，ということ。

〔Ｃ〕**＜内容一致＞**１．「ホワイト船長はイングランドに戻ることを決心したのだが，それは（　）からだ」―④「ロアノークの入植者たちが先々の食べ物を見つけるすべがなかった」　第２段落第２，３文参照。　２．「ホワイト船長がロアノークに帰ってきたとき，彼は（　）ことがわかった」―②「そこには誰一人住んでいない」　第３段落参照。　３．「ある人がランビー族に出会って，彼らが話すのを聞くと，（　）」―②「とても驚いた」　第５段落最後の２文参照。「馬から落ちそうになった」とは，それぐらい驚いたということ。　４．「その人がランビー族にどこから来たのかと尋ねると，（　）」―③「彼らはわからないと言った」　第６段落第１，２文参照。

Ⅲ 〔長文読解総合―説明文〕

≪全訳≫❶何か楽しいこと，そのうえ人を助けることに興味があるなら，あなたは「パピーレイザー」になれる。パピーレイザーとは，目の不自由な人といった，身体に障がいがある人々の補助犬としての訓練を受けられる年齢になるまで，１年間子犬の世話をする人のことだ。訓練された補助犬は，それを必要とする全ての人に対する十分な数がいない。パピーレイザーになることによって，あなたは手助けができるのだ。❷パピーレイザーになることはやりがいのある経験だ。将来，この犬を持つことで恩恵を受ける誰かの手助けをしているのだと知るのは，満足を与えてくれることである。子犬と関係を築き，それが成長して大人になるのを見るのは楽しいものだ。❸補助犬は人間を手助けするために使われる犬である。盲導犬は目の不自由な人を誘導したり，交通信号で止まらせたりする。その他の障がいがある人々も補助犬を利用している。例えば，耳の不自由な人は，犬を自分の耳として使うことができる。そういう犬は，火災報知機や電話，玄関の呼び鈴が鳴ると耳の不自由な人に合図を送ることができるのだ。障がいのある多くの人にとって，補助犬は彼らが自立して生活する能力において非常に重要なのである。❹あなたが住んでいる場所で犬が飼えて，１日に２時間ほど時間をとれるなら，あなたは役に立てる。パピーレイザーは子犬が生後２，３か月のときに引き取って，約１年間飼う。その期間，パピーレイザーは子犬に基本の服従訓練(綱をつけて歩く，座る，寝そべるといったことを教えること)を行う。また，パピーレイザーは子犬を，レストランや会社，バスといった公共の場所に連れていったりもする。これにより，子犬がさまざまな環境の中，一般の人々の中に出ていくことに慣れていくことができるのである。❺もちろん，パピーレイザーになることには難しい面もある。ある日，子犬は高度な補助犬訓練に進んでいく。あなたは子犬にお別れを言わなければならない。それは寂しくつらいことだろう。それでも，自分がどんなにすばらしい，大切なことをしているかを知ることが慰めになるだろう。❻どうか補助犬の訓練をする団体に連絡を取ること，それに自らパピーレイザーになることをご検討いただきたい。

〔A〕＜**語句解釈**＞care for ～ ≒take care of ～「～の世話をする」 take after ～「～に似ている」 look into ～「～を調べる」 look forward to ～「～を楽しみにする」

〔B〕＜**整序結合**＞語群から‘形容詞＋enough to ～’「～できるほど〔～するほど〕十分…」の形になると考えられる。‘形容詞’は old。to の後の‘～’の部分には動詞の原形が続くので be を置く。残る it と is を‘主語＋動詞’として old の前に置く。it は前にある a puppy を指す。 …, until it is old enough to be trained…

〔C〕＜**指示語**＞これを必要としているのは people であり，この前に trained service dogs とある。

〔D〕＜**適語選択**＞パピーレイザーのやりがいについて述べている部分。将来補助犬となる犬を育てている，と認識することで得られるのは，当然前向きな気持ちである。 satisfying「満足を与える，やりがいのある」

〔E〕＜**語句解釈**＞下線部の後の「犬を自分の耳として使う」から，耳の不自由な人のこと，つまり②「何も聞こえなかったり，よく聞こえなかったりする人々」のことだとわかる。

〔F〕＜**英文解釈**＞make a difference で「違いを生む，重要である」，a great deal of～ で「たくさんの～，多量の～」という意味なので，make a great deal of difference は「大きな違いを生む，非常に重要である」という意味。 ability to ～「～できる能力」 independently「独立して」 people with disabilities「障がい者」

〔G〕＜**指示語**＞約１年間飼い，その期間に子犬に基本的な訓練を施すという文脈。子犬を引き取るのは，この前の内容から子犬が２，３か月，つまり生後間もないときである。

〔H〕＜**文脈把握**＞その目的は，直後の文に述べられている。This は下線部の内容を指す。‘allow＋人・物＋to ～’は「〈人など〉が～するのを可能にする」。get used to ～は「～に慣れる」で，この to は前置詞なので to の後には名詞・動名詞(～ing)が続く。 be out「外に出る」 in public「公然と，人前で」 ‘a variety of＋複数名詞’「さまざまな～」

〔I〕＜**適語句選択**＞次の文の「それは寂しくてつらい」から判断できる。

〔J〕＜**内容一致**＞１.「パピーレイザーになることは，（　）がつらい」―②「１年後に子犬を手放すこと」 第５段落参照。 give up ～「～を手放す，引き渡す」 ２.「パピーレイザーに（　）ことは必要ない」―①「子犬を補助犬として訓練する」 第４段落～第５段落第２文参照。補助犬としての本格的な訓練に入る前に必要な基本的なことを教える。 ３.「この文章の主題は（　）である」―③「パピーレイザーは何をするのか，そしてあなたがそれになりたいと思うかもしれない理由」 本文の最初と最後で，パピーレイザーになることを提案し，文章の中心部分ではパピーレイザーとはどういうものかについて説明している。

Ⅳ〔**文法総合**〕

〔A〕＜**適語(句)選択**＞１. when he was a high school student とあるので，過去形が適切。 read [rí:d]－read [réd]－read [réd] 「私の父は高校生のときたくさん本を読んだと言う」 ２. 空所の前までで文として成り立っているので，空所以下は修飾語句になる。「～しながら」という意味を表せる現在分詞(～ing)を選ぶ。これは，分詞で始まる語句が副詞の役割を果たす分詞構文。「ダスティンは昨日の午後，公園に行った。彼は音楽を聴きながら，公園をあちこち歩いた」 ３.

discuss は「～を話し合う」という意味の他動詞なので，後ろには目的語(ここでは the problem)が直接続き，前置詞は不要。　「クラスでその問題を話し合ったが，よい答えが見出せなかった」

4．‘enable＋目的語＋to …’で「～に…することを可能にさせる」となる。④の場合，‘make＋目的語＋動詞の原形’で「～に…させる」となるので，空所に続く us to get の to が不要。　「インターネットは我々に世界中からさまざまな情報を得ることを可能にさせる」

〔B〕＜誤文訂正＞1．news「報道，ニュース」は‘数えられない名詞’なので，冠詞 a が不要。「昨日ラジオで，その市のガス爆発についての悲しいニュースがあった」　2．how long 以下は間接疑問になる。よって，‘疑問詞(how long)＋主語(it)＋動詞(takes)...’とするのが正しい。「最寄りの駅まで行くのに，歩いてどのくらいかかるか教えていただけませんか」　3．「何月何日の朝に」というような，‘特定の日の朝など’については，前置詞は in ではなく on を用いる。「私たちは5月1日の朝に東海道の旅に出発した」　4．finish は目的語に to不定詞はとらず，動名詞(～ing)をとる。finish cleaning で「掃除し終える」となる。「あなたが言うとおり，私は自分の部屋を掃除し終えたら買い物をします」

V 〔整序結合〕

1．「～を知りたがっている」は wants to know。この後 know の目的語になる「なぜその人が有名になったのか」を‘疑問詞＋主語＋動詞...’の語順の間接疑問で表す。「なぜ」なので why を使うことを考えるが，why the man の後に適する動詞がない。語群に what と made があるので，「何がその人を有名にしたのか」と読み換え‘make＋目的語＋形容詞’「～を…(の状態)にする」の形で what made the man famous とする(what が主語になるので‘疑問詞(主語)＋動詞...’の語順になる)。has が残っているので，これを使って現在完了形にする。不要語は why。　Bob wants to know what has made the man famous.

2．「～する予定がある」に will を使うと後がうまくまとまらないので，has a plan to ～とする。「海外へ行く」は go abroad。その後に「仕事で」の on business を置く。不要語は will。　My father has a plan to go abroad on business next month.

3．「～しようか」という‘申し出’は Can I ～？で表せる。「～を買ってくる」の部分は，語群に get があるので，‘get＋人＋物’「〈人〉に〈物〉を買う」の形を用いる。‘物’にあたる「冷たい飲み物」は‘-thing＋形容詞＋to不定詞’の語順で anything cold to drink とする。「～している間に」は，後に続いているのが‘主語＋動詞’を含む節なので，接続詞 while を用いる。during は前置詞で，節には使えないので，ここでは不要。　Can I get you anything cold to drink while you’re waiting for the bus？

4．まず助動詞 can の後に動詞 imagine を置く。この後「～するにはどれほどの努力が必要か」を，‘疑問詞＋主語＋動詞...’の間接疑問で表す。疑問詞にあたるのは「どれほどの努力」の部分で，これは how much effort で表せる。その後は，‘it takes ～ to …’「…するのに～(時間，労力，勇気など)を必要とする」の形で it takes to win とまとめる。‘～’の部分が疑問詞になって前に出た形。不要語は which。　No one can imagine how much effort it takes to win the Nobel Prize.

VI 〔読解総合―案内を見て答える問題〕

《全訳》コミュニティーバス時刻表／◆コミュニティーバスは月曜日から土曜日まで運行しています。／この路線は日曜日は運行していません。／南行き　下へ読んでください／バス停／時間／◆料金／乗客／一般／子ども(6歳から12歳)／65歳以上*／身体に障がいがある方／大人1人につき，6歳未満の子ども3人まで／*身分証明書の提示が必要です。／◆バス回数券と定期券／バス定期券で節約を！月曜日から金曜日の8時30分から16時30分の間，コミュニティーバス事務所(本通り102)にて，10回乗

車回数券と１か月定期券をお求めいただけます。／10回乗車回数券　10ドル／１か月定期券　35ドル

問１＜英問英答＞「あなたは15歳で，ハーレム・パウエル通りからフォートジョージ・セントニック通りへコミュニティーバスで行こうとしている。９時30分までにフォートジョージ・セントニック通りに着きたい場合，ハーレム・パウエル通りで何時にバスに乗る必要があるか」　バスは時刻表の上のバス停から下のバス停に進んでいく。フォートジョージ・セントニック通りに９時17分に到着するバスがちょうどよく，上へたどっていくと，ハーレム・パウエル通りは９時07分。

問２＜英問英答＞「あなたは18歳で，６歳の弟，３歳の妹，69歳の祖父と一緒にコミュニティーバスに乗ろうとしている。祖父が身分証明書を提示した場合，コミュニティーバスに乗るためにあなたはいくら払う必要があるか」　「あなた」は一般料金で１ドル20セント，６歳の弟は60セント，３歳の妹は無料，祖父は60セント。合計で２ドル40セント。

問３＜内容真偽＞「次のうち，正しいものはどれか」　①「あなたが18歳の乗客で，月に15回コミュニティーバスを往復で利用するとしたら，１か月定期券を買うよりも，10回乗車回数券を３セット買う方が節約できる」…○　１か月定期券は35ドル。10回乗車回数券は３セットで30ドル。round trip は「往復」という意味なので，バスに乗るのは30回ちょうどである。　②「コミュニティーバスで，ウォッシュ・Hts オーデュボン通りからベルビュー・ホスピタル・センターまで行くには15分かからない」…×　時刻表の一番上のバス停から一番下のバス停までにかかる時間は16分。　③「毎週土曜日，乗車中にコミュニティーバスの運転手から，10回乗車回数券と１か月定期券を買うことができる」…×　買えるのはバス事務所で，月曜日から金曜日。　④「あなたが12歳の乗客で，日曜日にコミュニティーバスに乗って16時までにイースト・ビレッジ４通りに行きたい場合，ハーレム・セント・パーク・ノースで15時09分に乗る必要がある」…×　日曜日はバスは運休している。

Ⅶ〔長文読解総合―会話文〕

《全訳》❶ケイト(Ｋ)：すみません，交番がどこにあるかご存じですか？**❷女性**：いいえ，わかりません。51この辺りの人間ではないものですから。**❸Ｋ**：そうですか，ともかくありがとうございました。**❹アン(Ａ)**：あら，ケイト！　調子はどう？**❺Ｋ**：52あんまりよくないわ。お財布をなくしたの。**❻Ａ**：えっ，大変！　どこでなくしたの？**❼Ｋ**：わからないの。自動販売機で缶コーラを買おうとしたときに，初めてないことに気がついたの。**❽Ａ**：最後に見たのはいつ？**❾Ｋ**：ランチの前にはあったわ。図書館に行って，お財布から身分証明書を出したから。**❿Ａ**：53そこに忘れたのかもよ。**⓫Ｋ**：ううん，もう確認したの。**⓬Ａ**：お金はたくさん入ってたの？**⓭Ｋ**：そうでもない。５ドルぐらい。でも身分証明書と，クレジットカードが全部入ってたの。**⓮Ａ**：それは大変だ。警察には行ったの？**⓯Ｋ**：いいえ，ちょうど探そうとしていたところよ。54ここから交番へはどうやって行けばいいの？**⓰Ａ**：簡単よ。２区画進んで。そこで右に曲がるの。左側の３つ目の建物よ。すぐわかるわ。**⓱Ｋ**：わかった。ありがとう，アン。**⓲Ａ**：どういたしまして。お財布，見つかるといいね。

問１＜適文選択＞51. 道を尋ねられたが，No と答えている。④はその理由となる。　**52.** How is it going？は「調子はどう？」「元気？」といった意味。ケイトは財布をなくしているのだから，あまり元気ではない，という答えになる。　**53.** ケイトから図書館で財布から身分証明書を出した，と聞いたアンの発言。この後ケイトが「もう確認した」と言っていることから，図書館に忘れてきた可能性を指摘したのだとわかる。　**54.** この後，アンは道順を説明しているので，交番への行き方を尋ねる⑧が適切。

問２＜要旨把握－地図を見て答える問題＞第16段落参照。２区画上がった後，右に曲がって左側の３軒目の建物は⑤である。

数学解答

1
(1)　ア…2　イ…5　ウ…5
(2)　エ…－　オ…2　カ…4
(3)　キ…4　ク…1　ケ…0
(4)　コ…4　サ…2　シ…8
(5)　ス…4　セ…5
(6)　ソ…1　タ…4

2
(1)　ア…－　イ…1　ウ…3　エ…2
　　オ…3　カ…4　キ…3
(2)　ク…－　ケ…3
(3)　コ…－　サ…1　シ…4　ス…5

3
(1)　ア…1　イ…2
(2)　ウ…6　エ…5
(3)　オ…1　カ…9　キ…8　ク…1
　　ケ…9

4
(1)　ア…1　イ…0　ウ…8
(2)　エ…3　オ…2
(3)　カ…3　キ…2　ク…2
(4)　ケ…8　コ…9

1 〔独立小問集合題〕

(1)＜式の値＞$x^2-y^2=(x+y)(x-y)=\sqrt{10}\times\sqrt{2}=2\sqrt{5}$ である。次に，$\frac{x}{y}-\frac{y}{x}=\frac{x^2-y^2}{xy}$ と変形する。$(x+y)^2-(x-y)^2=x^2+2xy+y^2-x^2+2xy-y^2=4xy$ より，$4xy=(\sqrt{10})^2-(\sqrt{2})^2=10-2=8$ となるから，$xy=2$ である。よって，$\frac{x}{y}-\frac{y}{x}=\frac{2\sqrt{5}}{2}=\sqrt{5}$ となる。

(2)＜連立方程式の応用＞$2x-y=1$……①，$2ax+by=16$……②，$ax+2y=8$……③，$-3x+2y=3$……④とする。①と②，③と④の連立方程式が同じ解を持つので，①と④を連立方程式として解いても同じ解を得ることができる。①×2＋④より，$4x-3x=2+3$　$\therefore x=5$　これを①に代入して，$10-y=1$　$\therefore y=9$　よって，$x=5$，$y=9$ を②，③にそれぞれ代入して，$10a+9b=16$……②′，$5a+18=8$……③′　③′より，$5a=-10$　$\therefore a=-2$　これを②′に代入して，$-20+9b=16$，$9b=36$　$\therefore b=4$

(3)＜特殊・新傾向問題―規則性＞$\ll 2^1 \gg=2$，$\ll 2^2 \gg=\ll 4 \gg=4$，$\ll 2^3 \gg=\ll 8 \gg=8$，$\ll 2^4 \gg=\ll 16 \gg=6$，$\ll 2^5 \gg=\ll 32 \gg=2$，$\ll 2^6 \gg=\ll 64 \gg=4$，……より，n を4でわったとき，余りが1の場合は $\ll 2^n \gg=2$ となり，余りが2の場合は $\ll 2^n \gg=4$，余りが3の場合は $\ll 2^n \gg=8$，わりきれる場合は $\ll 2^n \gg=6$ となる。よって，$10\div4=2$ あまり2より，$\ll 2^{10} \gg=4$ となる。また，$2021\div4=505$ あまり1より，$\ll 2^{2021} \gg=2$，$117\div4=29$ あまり1より，$\ll 2^{117} \gg=2$，$56\div4=14$ より，$\ll 2^{56} \gg=6$ だから，$\ll 2^{2021} \gg+\ll 2^{117} \gg+\ll 2^{56} \gg=2+2+6=10$ である。

(4)＜連立方程式の応用＞百の位の数を x，十の位の数を y とすると，各位の数の和について，$x+y+8=14$ より，$x+y=6$……①となる。また，もとの数は $100x+10y+8$，十の位の数と百の位の数を入れかえた数は $100y+10x+8$ と表せるから，$(100x+10y+8)-(100y+10x+8)=180$ より，$x-y=2$……②が成り立つ。①＋②より，$x+x=6+2$，$2x=8$　$\therefore x=4$　これを①に代入して，$4+y=6$　$\therefore y=2$　よって，もとの自然数は428である。

(5)＜図形―角度＞右図のように7点Ａ～Ｇを定める。2点Ａ，Ｄを結ぶと，△CDA≡△ABC となるから，∠CAD＝$\angle y$ となる。よって，2点Ｄ，Ｅを結ぶと，△EADで，∠EAD＝$\angle x+\angle y$ と表される。また，△DEG≡△AEF となるから，DE＝AE，∠DEG＝∠AEF である。∠DEG＝∠AEF より，∠AED＝∠AEG＋∠DEG＝∠AEG＋∠AEF＝90°となるから，△EADは∠AED＝90°の直角二等辺三角形である。したがって，$\angle x+\angle y=45^\circ$ となる。

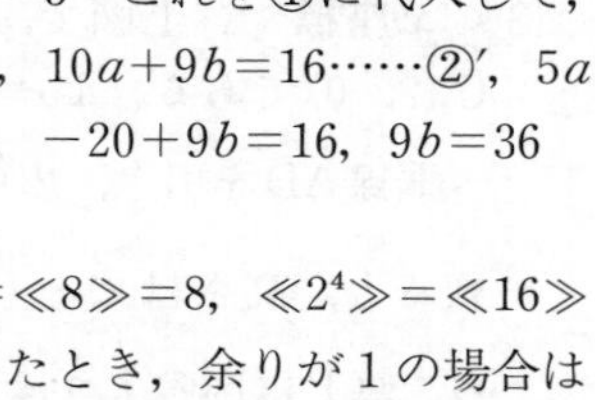

(6)＜**確率―さいころ**＞a，bは1から6までの整数で6通りあるから，aとbの組は，全部で$6\times6=36$(通り)あり，どれが起こることも同様に確からしい。このうち，$2a+3b$が4の倍数となる場合の数を求める。$2a$が2の倍数より，$3b$も2の倍数だから，bは2の倍数で，2，4，6の場合がある。よって，$2a+3b$が4の倍数になるのは，$b=2$の場合，$2a+3b=2a+6=2(a+3)$より，$a=1$，3，5のときで3通りあり，$b=4$の場合，$2a+3b=2a+12=2(a+6)$より，$a=2$，4，6のときで3通り，$b=6$の場合，$2a+3b=2a+18=2(a+9)$より，$a=1$，3，5のときで3通りある。以上より，$2a+3b$が4の倍数となる場合の数は，$3+3+3=9$(通り)あるから，求める確率は$\dfrac{9}{36}=\dfrac{1}{4}$である。

2 〔関数―関数 $y=ax^2$ と直線〕

≪基本方針の決定≫(3)　点Pの位置から，△APBを含む三角形を考える。

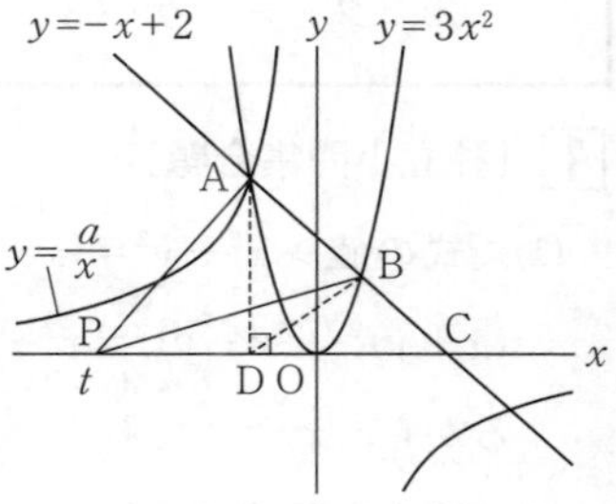

(1)＜**交点の座標**＞右図で，2点A，Bは放物線$y=3x^2$と直線$y=-x+2$の交点である。2式からyを消去して，$3x^2=-x+2$より，$3x^2+x-2=0$　解の公式より，$x=\dfrac{-1\pm\sqrt{1^2-4\times3\times(-2)}}{2\times3}=\dfrac{-1\pm\sqrt{25}}{6}=\dfrac{-1\pm5}{6}$となるから，$x=\dfrac{-1+5}{6}=\dfrac{2}{3}$，$x=\dfrac{-1-5}{6}=-1$である。$y=-x+2$で，$x=-1$のとき，$y=-(-1)+2=3$，$x=\dfrac{2}{3}$のとき，$y=-\dfrac{2}{3}+2=\dfrac{4}{3}$だから，A$(-1,\ 3)$，B$\left(\dfrac{2}{3},\ \dfrac{4}{3}\right)$である。

(2)＜**比例定数**＞(1)より，双曲線$y=\dfrac{a}{x}$はA$(-1,\ 3)$を通るから，$3=\dfrac{a}{-1}$より，$a=-3$である。

(3)＜**x座標**＞右上図で，直線$y=-x+2$とx軸との交点をCとすると，$0=-x+2$，$x=2$より，C$(2,\ 0)$である。よって，$t<2$より，点Pは点Cの左側にある。また，図のように，点Aからx軸へ垂線ADを引き，2点B，Dを結ぶと，A$(-1,\ 3)$，B$\left(\dfrac{2}{3},\ \dfrac{4}{3}\right)$より，△ABDの底辺をAD＝3と見ると，高さは$\dfrac{2}{3}-(-1)=\dfrac{5}{3}$となる。これより，$\triangle\text{ABD}=\dfrac{1}{2}\times3\times\dfrac{5}{3}=\dfrac{5}{2}$で，$\triangle\text{ABD}<4$だから，点Pは図のように点Dの左側にある。したがって，△APBは，△APCから△BPCを除いたものである。△APC，△BPCの底辺を$\text{PC}=2-t$と見ると，それぞれの高さは3，$\dfrac{4}{3}$となるから，△APBの面積について，$\triangle\text{APC}-\triangle\text{BPC}=4$より，$\dfrac{1}{2}\times(2-t)\times3-\dfrac{1}{2}\times(2-t)\times\dfrac{4}{3}=4$が成り立つ。これを解くと，$t=-\dfrac{14}{5}$である。

3 〔関数―関数と図形・運動〕

≪基本方針の決定≫(3)　3直線AD，PQ，BCが平行となるのは，AP：AB＝DQ：DCとなるときである。

図1

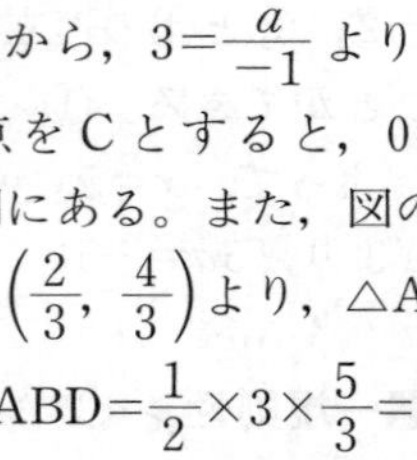

図2

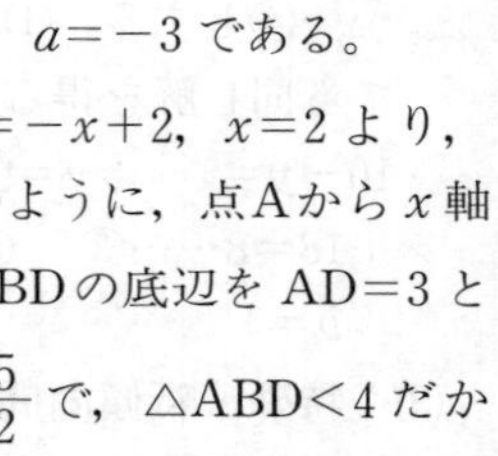

(1)＜**長さ―三平方の定理**＞右図1で，点Aから辺BCに垂線AHを引くと，四角形AHCDは長方形だから，HC＝AD＝7cm，CD＝HAである。よって，△ABHで，$\text{BH}=\text{BC}-\text{HC}=12-7=5$だから，三平方の定理より，$\text{HA}=\sqrt{\text{AB}^2-\text{BH}^2}=\sqrt{13^2-5^2}=\sqrt{144}=12$となるから，CD＝12(cm)である。

(2)＜**長さ―三平方の定理**＞右図2で，点Qが頂点Cにくるのは$12\div2=6$より，6秒後である。このとき，点Pは，$1\times6=6$より，辺AD上にある。点Qの速さは点Pの速さの2倍だから，図2のように，DPの長さを$x$cmとすると，BQの長さは$2x$cm

と表される。⑴より，CD＝12だから，四角形ABQPと四角形CDPQの周の長さが等しいとき，$(7-x)+13+2x+\mathrm{PQ}=x+\mathrm{PQ}+(12-2x)+12$ が成り立つ。これを解くと，$x=2$ となる。このとき，点Pから辺BCに垂線PIを引くと，△PQIで，$\mathrm{BQ}=2x=2\times2=4$，IC＝DP＝2より，QI＝BC－BQ－IC＝12－4－2＝6であり，PI＝CD＝12である。よって，三平方の定理より，$\mathrm{PQ}=\sqrt{\mathrm{PI}^2+\mathrm{QI}^2}=\sqrt{12^2+6^2}=\sqrt{180}=6\sqrt{5}$(cm)となる。

⑶＜**時間―相似**＞右図3で，線分PQが2辺AD，BCに平行となるのは，AP：AB＝DQ：DCとなるときである。求める時間を t 秒後とすると，$\mathrm{AP}=t-7$，$\mathrm{DQ}=\mathrm{BC}+\mathrm{CD}-(\mathrm{BC}+\mathrm{CQ})=12+12-2t=24-2t$ となるから，$(t-7):13=(24-2t):12$ が成り立つ。これを解くと，$12(t-7)=13(24-2t)$ より，$t=\dfrac{198}{19}$ であるから，$\dfrac{198}{19}$ 秒後となる。

図3

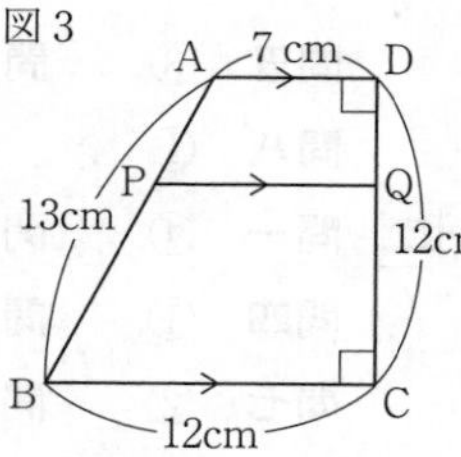

4〔空間図形―円錐，球〕

≪基本方針の決定≫⑵　円錐の底面に平行な方向(真横)から見ると，二等辺三角形の3辺に接する円$\mathrm{O_1}$ができる。この円$\mathrm{O_1}$の半径が球$\mathrm{O_1}$の半径になる。　⑷　2つの相似な円錐ができる。

⑴＜**面積**＞円錐Pの展開図は右図1のようになる。おうぎ形の中心角を x とすると，弧の長さは底面の円周に等しいから，$2\pi\times18\times\dfrac{x}{360^\circ}=2\pi\times6$ より，$\dfrac{x}{360^\circ}=\dfrac{6}{18}$ となる。よって，円錐Pの側面積は $\pi\times18^2\times\dfrac{x}{360^\circ}=\pi\times18^2\times\dfrac{6}{18}=108\pi(\mathrm{cm}^2)$ である。

図1

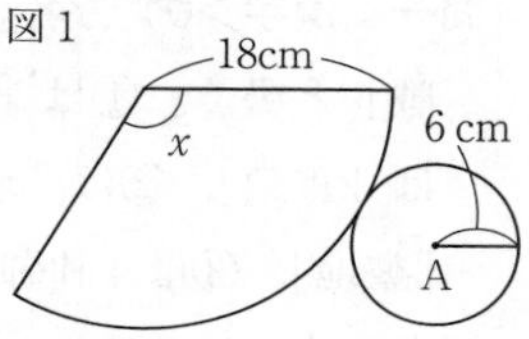

⑵＜**長さ―三平方の定理，相似**＞円錐Pの頂点をC，底面の円の直径をDEとし，円錐Pを3点C，D，Eを通る平面で切ると，右図2のようになり，円$\mathrm{O_1}$の半径は球$\mathrm{O_1}$の半径に等しい。図2で，円$\mathrm{O_1}$と辺CDの接点をQとする。$\triangle\mathrm{CO_1Q}$と△CDAにおいて，$\angle\mathrm{CQO_1}=\angle\mathrm{CAD}=90^\circ$，$\angle\mathrm{QCO_1}=\angle\mathrm{ACD}$(共通)より，2組の角がそれぞれ等しいので，$\triangle\mathrm{CO_1Q}\backsim\triangle\mathrm{CDA}$ である。これより，$\mathrm{O_1Q}:\mathrm{DA}=\mathrm{CO_1}:\mathrm{CD}$ となる。ここで，△CDAで三平方の定理より，$\mathrm{CA}=\sqrt{\mathrm{CD}^2-\mathrm{DA}^2}=\sqrt{18^2-6^2}=\sqrt{288}=12\sqrt{2}$ となり，$\mathrm{O_1Q}=\mathrm{O_1A}=r_1$ とすると，$\mathrm{CO_1}=\mathrm{CA}-\mathrm{O_1A}=12\sqrt{2}-r_1$ と表せる。よって，$r_1:6=(12\sqrt{2}-r_1):18$ が成り立ち，これを解くと，$r_1\times18=6\times(12\sqrt{2}-r_1)$ より，$r_1=3\sqrt{2}$ となる。したがって，球$\mathrm{O_1}$の半径は $3\sqrt{2}$ cmである。

図2

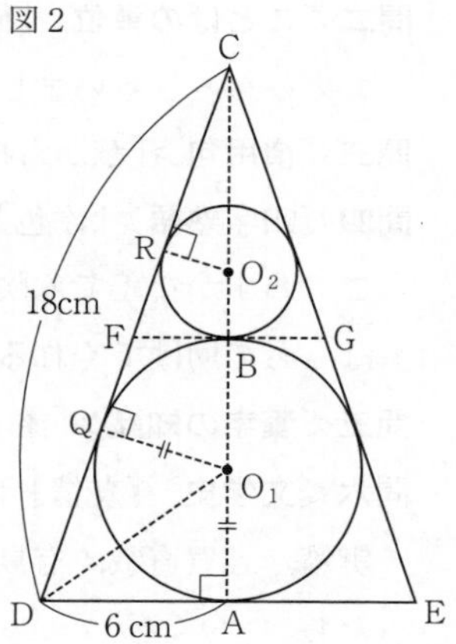

⑶＜**長さ―相似**＞右図2で，⑵より，$\mathrm{CA}=12\sqrt{2}$，$\mathrm{O_1A}=3\sqrt{2}$，$\mathrm{AB}=2\mathrm{O_1A}=2\times3\sqrt{2}=6\sqrt{2}$ だから，点Bは線分CAの中点である。点Bを通り底辺DEに平行な直線と2辺CD，CEとの交点をそれぞれF，Gとすると，△CFG∽△CDEとなり，相似比は1：2である。よって，球$\mathrm{O_2}$の半径は球$\mathrm{O_1}$の半径の$\dfrac{1}{2}$となり，$3\sqrt{2}\times\dfrac{1}{2}=\dfrac{3\sqrt{2}}{2}$(cm)である。

⑷＜**面積比―相似**＞右上図2で，⑶より，点Bは線分CAの中点である。よって，点Bを通り，底面に平行な平面で円錐Pを切ったとき，頂点Cを含む方の円錐は円錐Pと相似で，相似比は1：2である。これより，この2つの円錐の側面積の比は $1^2:2^2=1:4$ となるから，円錐Pと円錐台の側面積の比は，$4:(4-1)=4:3$ である。⑴より，円錐Pの側面積は $108\pi\mathrm{cm}^2$ だから，円錐台の側面積 S は，$S=108\pi\times\dfrac{3}{4}=81\pi$ となる。また，⑵より，球$\mathrm{O_1}$の半径は $3\sqrt{2}$ cmだから，その表面積 S' は，$S'=4\pi\times(3\sqrt{2})^2=72\pi$ である。以上より，$\dfrac{S'}{S}=\dfrac{72\pi}{81\pi}=\dfrac{8}{9}$ となる。

国語解答

一　問一　(ア)…②　(イ)…④　(ウ)…①　(エ)…③　(オ)…①
問二　③　問三　④　問四　②
問五　③　問六　④　問七　②
問八　①

二　問一　④　問二　③　問三　③
問四　①　問五　②　問六　④
問七　②　問八　③

三　問一　(ア)…②　(イ)…③　問二　④
問三　①　問四　③　問五　②
問六　②　問七　③

四　問一　(ア)…④　(イ)…②
問二　(a)…③　(b)…④　(c)…①
問三　(X)…②　(Y)…⑥　問四　③
問五　①　問六　④　問七　①

一〔国語の知識〕

問一＜漢字＞(ア)「芳名」と書く。①は「褒美」，②は「芳香」，③は「奉納」，④は「邦画」。　(イ)「抗戦」と書く。①は「控訴」，②は「強硬」，③は「均衡」，④は「抗菌」。　(ウ)「鎮圧」と書く。①は「重鎮」，②は「珍重」，③は「撃沈」，④は「陳列」。　(エ)「制作」と書く。①は「出征」，②は「整地」，③は「制御」，④は「校正」。　(オ)「情趣」と書く。①は「趣向」，②は「殊勝」，③は「修業」または「修行」，④は「主観」。

問二＜ことばの単位＞「御釈迦様は／極楽の／蓮池の／ふちを，／独りで／ぶらぶら／御歩きに／なって／いらっしゃいました。」と分けられる。

問三＜慣用句＞「藪から棒」は，思いも寄らないことを突然に行うさま。唐突であるさま。

問四＜四字熟語＞「才色兼備」は，優れた才能と美しい容姿の両方を持っていること。「危機一髪」は，ごくわずかな差で危険に陥りそうな非常に危ない状態のこと。「孤立無援」は，仲間がいず，一人ぼっちで助けてくれる人がいないこと。「自画自賛」は，自分の行為や自分自身を自らほめること。

問五＜漢字の知識＞「粛」の書き順は，「乛」→「肀」→「肀」→「肀」→「粛」→「粛」。

問六＜文学史＞『友情』は，大正８(1919)年に発表された武者小路実篤の小説。白樺派は，武者小路実篤，志賀直哉，有島武郎らが明治43(1910)年に創刊した雑誌「白樺」を中心として活動した作家たち。

問七＜文学史＞「春過ぎて」の歌は，持統天皇がよんだ歌で，奈良時代末期に成立した『万葉集』に収録されている。「思ひつつ」の歌は，小野小町，「人はいさ」の歌は，紀貫之がよんだ歌で，ともに平安時代前期に成立した『古今和歌集』に収録されている。「玉の緒よ」の歌は，式子内親王がよんだ歌で，鎌倉時代初期に成立した『新古今和歌集』に収録されている。

問八＜漢文の訓読＞「君子」→「言」→「以」→「人」→「挙」→「不」の順に読む。「言」から「以」，「人」から「挙」にそれぞれ一字返るので，「以」と「挙」にレ点をつける。また，「挙」から「不」に二字以上返るので，「不」に二点，「挙」に一点をつけ，「挙」は一レ点になる。

二〔随筆の読解―芸術・文学・言語学的分野―言語〕出典；多和田葉子『カタコトのうわごと』。

≪本文の概要≫わたしは十七年前に日本を離れ，ドイツに移り住み，また今四か月アメリカに滞在している。日本から距離を取ったことで，ものを考えやすくなった。日本にいると，女性が理屈で哲学的な思考をすることは，魅力がないことのように感じられてくるのである。ドイツに移り住んだ当初は，全くの別世界に投げ込まれたようで，移民の状況になったため，未知の物事にさらされて生まれ変わったように感じた。アメリカの場合は，誰もがお互いをよそ者だと認識し，この町の人と見なして生活している。アメリカで日本の新聞を読んでいると，外来語が日本に入ってくることで，今まで相手にされなかった概念が急に浸透しており，外来語の輸入によって社会の論議の方向が操られてしまう可能性に不安を感じる。ドイツをはじめとしたヨーロッパの町並みや日本のお互いを監視し合うような態度や軍隊風の態度からは，戦争が近くに感じられたが，一方，アメリカでは，戦争が他人事のように感じられ，国内では安心してしまえることに恐ろしさを感じる。

問一＜文章内容＞「日本で女に生まれると，理屈でものを考えることを楽しむ場所があまりない」ように感じられるのは，「哲学的なものはすべて生活とは関係のない」ものとして，女性が「ものを考えること」に魅力を感じさせないような「社会」の風潮があるからではないかと，「わたし」には思えるのである。

問二＜文章内容＞「ある作家」は，「家族制度についてかなり過激で実験的でユーモラスな」革新的内容を作品に書いているのに，エッセイの中に「家内がいつものようにゴミを捨てに行く」とあり，「分業モデルに従った」保守的な態度があったことが，「わたし」にとっては残念だったのである。

問三＜表現＞アメリカのある日本文学研究者は，日本の女性作家の文学では，女性にとっての家が，住む場所としてではなく，役割や立場など保守的な考えを押しつけてくる，抜け出すべき場所として描かれることが多いと指摘した。しかし「わたし」は，作者が窓のような原稿用紙を全て文字で埋めて，ひとたび作品を完成させてしまうと，もうその作品に作者が入居していられないように，作者の考えから作品が離れていくと感じるのである。

問四＜表現＞「わたし」は，ドイツに移り住んだ当初は，住む家があっても，現地の人の中に一人だけ「移民」の自分がまぎれ込んだように感じた。「全くの別世界」のように感じる周囲の物事が，いろいろな方向から吹きつける風のように，「わたし」のところに押し寄せたのである。

問五＜文章内容＞十七年前ドイツに来て「全くの別世界」のように感じる周囲の物事の影響を受けて，「大きな爆発事件」が起きたように，「わたし」の「日本語が一度砕けて」，日本人としてこれまで身につけた考え方や表現の仕方が，「生まれ変わった」ように大きく変化した。そしてそれ以降，「わたし」の日本語表現は，「小さな爆発」のように，文章を書くごとに少しずつ変化するようになった。

問六＜文章内容＞いやがらせについて主張しても，一昔前までは相手にされなかったのに，「ハラスメント」という外来語が入ってきたら，急にいやがらせについて真面目に考えることは当たり前になってしまった。このように，ある価値観を外来語として日本に取り入れて，それが当たり前のこととして広がることで，社会の論議を望むように誘導できてしまう危険性を，「わたし」は感じている。

問七＜文章内容＞アメリカでは，国外で戦争をしているにもかかわらず，国内では戦争のことを意識せず安心して暮らせてしまうため，「コソボと聞いても，この世の外側にある町のように聞こえるように」戦争を身近な問題としてとらえづらいようになっていることが問題なのである。

問八＜表現＞「わたし」が，ドイツとアメリカでの生活体験で感じたことをもとに，「団地の窓のようだ」，「全くの別世界に突然投げ込まれたようで」，「爆発事件」といった比喩を用いながら，女性が「哲学的なもの」から切り離されていることや，外来語の輸入に対する不安など，日本社会のありさまに対する「わたし」の反応が描かれている。

三〔小説の読解〕出典；大崎梢『夏のくじら』。

問一＜語句＞(ア)「しゃにむに」は，何としてもやり遂げようとして，後先考えずに行動するさま。
(イ)「ほのめかす」は，発言やそぶりでそれとなく表す，という意味。

問二＜心情＞同い年ではあっても，多郎は体が小さく，運動も苦手だという幼い頃の印象を，篤史は持ち続けていた。しかし，多郎がよさこいの踊りを一人で練習してカジの踊りに近づこうとしているのを見て，篤史は，ただ「与えられた役割」を無事こなせればよいと考えている自分と比べて，真剣によさこいに取り組む多郎が自分よりもずっと成長していると感じたのである。

問三＜文章内容＞カジは，綾乃や多郎が篤史よりもはるかに強い向上心を持って踊りに取り組んでいることを指摘し，篤史にとってよさこいはどういう位置づけで，チーム内でどんな役割を果たしたいかを問いかけた。しかし篤史は，よさこいを楽しんで「与えられた役割を無事こな」すことしか考えていなかったため，カジの問いに答えることができなかったのである。

問四＜文章内容＞「踊れる人」とは，ただ単に振りを覚えて「ひとりで楽しんで踊る」段階を超え，他のチームメンバーと「きちんときれいに揃える」ことができる段階に到達した人であり，カジのように「抑えてなめらかに全体と」合わせ，「美しい群舞」を目指す人である。

問五＜心情＞「胸が騒ぐ」は，不吉な予感や期待などで心が落ち着かない，という意味。篤史はカジに，篤史と多郎が纏を持って踊るという構想を突然聞かされた。纏を手にした先頭集団は，よさこいのチームでとても目立つ「花形」であり，チームのサポートに回りたいと思ったこともあったが，今は踊りたいと思っている篤史の心は，大きな期待感に満たされたのである。

問六＜心情＞カジから，篤史と多郎に重要な纏の担当をさせると聞いて驚いたものの，多郎は，篤史と二人で纏を持って踊ることに大きな期待を抱いた。一番踊りが上手なカジが先頭に立ち，そのすぐ後ろで自分たちは「下僕」のように陰で支えるくらいの立場になるとしても，多郎は，ぜひとも纏に挑戦したいと思ったのである。

問七＜文章内容＞カジは，自分が徹底的に引き立つチームの編成を考えるような自己中心的な面も持っているが，自身の踊りの技術の高さと，チームメンバーそれぞれの状況に合わせて的確なアドバイスや指導をする鋭さと熱心さから，みんなに認められて頼りにされている。

四〔古文の読解―説話〕出典；『続古事談』巻第五ノ四九。

≪現代語訳≫嘉承元年の夏，疫病が流行し世情が不安定になり，平安京全域で死者が多かった。その中で，宮中で筆をつくる職人の能定が，病気になって七日目という日に死んだ。(能定を)ひつぎに入れて，黄色の衣で覆って，人里離れた所に捨てた。四日たったとき道を行く人が聞いたところ，ひつぎの中から音がした。(道を行く人が)不思議に思って見ると，(能定は)生き返っていた。(能定に)水を飲ませて，彼の家に知らせたところ，妻子は喜んで(能定を連れて)帰って何日かたって，(能定は)気分がふだんどおりになって語ったことには，「死んだ後，恐ろしい者たちが，私を追い立てて暗い野を進んでいったところ，この世で見知った人は，〈全く〉いない。ただ風の音と，水の音だけが耳に聞こえる。若い少年で私を知っていると思われる人が，(私の)後ろについてきて離れない。焔魔王宮に着いて二階の門を入る。焔魔王宮の役人が多くいる。壇のもとには，罪人が，縛られたり，首にはめる刑具をつけられたりして並んで座っていた。はるかに見あげると，冠をかぶり正式な衣を着た人が三十人あまり，腰掛けに座って，並んでいた。平緒はつけているが，太刀は身につけていない。私の罪(の重さ)を(焔魔王が)判決して，地獄におやりになる釜に(私を)入れたところ，このついてきた少年が，焔魔王に申すには，『この人は寿命がまだ尽きていない。(地獄へ行くのは)許されるべきだ』と。焔魔王は，これを聞き入れない。少年が怒って言うには，『焔魔王であっても，私の言うことに背くことはできない』と言って，火で王宮を焼こうとする。煙が充満して，王宮の中は，一面が暗闇となった。このとき焔魔王は驚いて，役人とともに，もう一度書類を調べると，本当に(私の)寿命は尽きていなかった。焔魔王は(私に)，(生き返ったら)功徳をつくり，罪(を犯すこと)を恐れるべきであることを言って，この少年に(私を)引き渡した。少年は，私を引き連れてもといた所に帰る。大きな穴の口に着いて，私を(穴の中に)押し込んだ，と思ううちに生き返った。つらつらこのことを考えると，数年来，(私は)不動明王を信仰し申し上げて本尊としている。現世や来世でのご加護の誓いに，たがわずにこのようにしてくださった。尊くすばらしいことこのうえない」と言った。

問一＜古語＞(ア)「例」は，ふだん，いつものこと。　(イ)「めでたし」は，すばらしい，という意味。

問二＜現代語訳＞(a)「いかで」は，どうして，という意味の副詞。係助詞「か」と合わせて，どうして～か，いや，～ない，という反語の意味を表す。「たがふ」は，背く，という意味。全体で，どうして私が言うことに背くことができようか，いや，私の言うことに背くことはできない，という意味。　(b)「くれふさがる」は，一面が真っ暗になる，という意味。少年が火をつけたために，立ち上った煙が王宮に満ちて暗くなったのである。　(c)「具す」は，連れていく，という意味。

問三＜古文の内容理解＞(X)ひつぎの中の能定が生き返っていたので，道行く人は「かれが家」に知らせた。　(Y)「我」の罪を，焔魔王が「判じて」地獄におやりになる釜に能定を入れた。

問四＜古文の内容理解＞能定が風や水の音だけが聞こえる「くらき野をゆく」と，「焔魔王宮にいたりて」，王宮には焔魔王と多くの役人がいた。

問五＜古語＞副詞「さらに」は，下に打ち消しの語句を伴って，全く～ない，少しも～ない，という意味を表す。

問六＜古文の内容理解＞童子は，焔魔王に，能定の寿命がまだ尽きていないことを告げて，能定を助けようとした。しかし，焔魔王が聞き入れなかったため，童子は，王宮を焼こうとしたのである。

問七＜古文の内容理解＞能定は，焔魔王に裁かれて地獄に送られようとしていたところを，童子が強い力を発揮して助けてくれ，生き返ることができたことについて考えた。そして，長年の間，不動明王を信仰していたご加護で，不動明王が童子の姿を取って助けてくれたのだと，能定は理解したのである。

2020年度 日本大学習志野高等学校（前期）

【英　語】　(50分)　〈満点：100点〉

I　次の空欄に入れるのに最も適当なものを，①～④の中から１つずつ選びなさい。

1．Playing baseball in the park is [1] the rule. Let's play it in a river side.
① with　② behind　③ against　④ under

2．Peter is a famous [2] at a large automobile company. He helps design and build new cars.
① engineer　② author　③ pilot　④ lawyer

3．Mary is going to finish college in three months. After she [3], she will travel around Europe.
① defeats　② provides　③ receives　④ graduates

4．Mika told the [4] about the broken chair, and she apologized for what she did.
① truth　② expression　③ feather　④ tooth

5．To [5] means a product or service that is brought into one country from another.
① destroy　② import　③ bow　④ hate

6．Global warming is a very [6] problem in the world.
① medical　② alive　③ serious　④ religious

II　次の英文を読み，〔A〕～〔C〕の問いに答えなさい。

Today, Taylor Swift is one of the most popular singers in the world, and is also a cover model for fashion magazines. But she was not always so popular.

Taylor Swift began singing country music in Pennsylvania when she was eleven. Country music is an older form of music in the USA that is usually enjoyed by adults. Maybe this is why other kids at her school thought she was strange for singing country music. Over time, these friends [7] talking with her.

One day, she invited many of her friends to go to the shopping center, but all of them said they were busy. So, Taylor went with her mother. When they [8] there, they saw all the girls shopping together without Taylor. Soon after that, Taylor began eating lunch at school alone.

Taylor asked her parents [9] her to Nashville, a city in Tennessee where many country singers and musicians worked. Her parents decided to move there to help her [10] her dream come true. Taylor's parents were right to believe she could succeed. At age fourteen, she got a *contract with RCA Records, a major music company.

RCA wanted Taylor to sing other people's songs [11] she was an adult. Taylor did not like this. She wanted to write and sing her own songs about her life and the boys she dated. The record company did not think older country fans would want to hear a teenage girl [12] her life.

Taylor left RCA and joined a smaller record company that released her records. Her music became very popular with teenagers as well as older country music fans. Soon, Taylor was considered a major pop star, and young people who did not normally listen to country loved her music too.

One day she returned to Pennsylvania to do a concert. Girls from her old school came to the concert and were [13] to see her. They treated her like a star, and seemed to have forgotten that they had stopped talking to her in junior high school. Taylor realized her life had changed.

＊contract 契約

〔A〕 文中の [7] ～ [13] に入れるのに最も適当なものを，①～⓪の中から１つずつ選びなさい。

① make ② arrived at ③ surprising ④ to take ⑤ excited
⑥ talk about ⑦ got ⑧ stopped ⑨ by ⓪ until

〔B〕 次の英文が本文の要約となるように，[14] ～ [17] に入れるのに最も適当なものを，①～⑧の中から１つずつ選びなさい。

Though Taylor Swift is a [14] pop star today, she was [15] at school in Pennsylvania. Maybe her friends thought she was strange for singing country music. Her parents moved to [16] to help her to be a singer. She sang her own songs there and [17] as a country singer.

① RCA ② Nashville ③ failed ④ succeeded
⑤ minor ⑥ major ⑦ lonely ⑧ shopping

〔C〕 本文の内容と一致するものを，①～⑥の中から２つ選びなさい。 [18] [19]

① Taylor's old friends lied to her by saying they were too busy to go to the shopping center.
② Taylor began singing country music in Nashville when she was eleven.
③ Nashville is a city where country music singers are rarely seen.
④ RCA did not want Taylor to sing about her own life.
⑤ Taylor left RCA so that she could write songs for older fans.
⑥ She never returns to Pennsylvania to do a concert.

[III] 次の英文を読み，〔A〕～〔J〕の問いに答えなさい。

①Calendars are very old. In ancient times people had calendars. At that time, there were four important groups of people : the farmers, the men of the church, the ＊traders, and the king's family. ②They all needed to know about the seasons. Understanding the change of seasons was very important for them. Farmers needed to know about seasons to plant crops in their fields. The men of the church needed a calendar, too. They wanted to know the days for holidays. A calendar helps people to remember important days. Of course, traders and the king also needed a calendar for their business.

(③) did calendars begin? ④Wise people studied the stars and the moon. They made calendars to help people in business and farming. They began with the stars. The stars tell the seasons. Farmers watched the stars and the changes in the stars. A group of stars comes with spring. Then farmers understood that it was time for planting.

The moon was also important for farmers. Farmers looked for a night without a moon. Farmers marked the number of nights between full moons. They could see ⑤a pattern. There is a new moon every 29 1/2 days. They called the time between two full moons a month. Twelve months made a year. However, 29 1/2 times 12 equals 354 days (29.5×12＝354)! And the year (the time for the Earth to go all the way around the sun) is 365 1/4 days. So every year there was a difference of 11 1/4 days. The moon calendar caused problems.

Today the English-speaking world uses a different calendar. There are 12 months. Seven months have 31 days. Four months have 30 days. And February has 28 days for three years and 29 days for one year. So ⑥we have a calendar with 365 days three years out of four. A year with 366 days is called ⑦a Leap Year. There are fifty-two weeks in a year. There are four seasons in a year.

There is also meaning in the (⑧) on the calendar. Weekdays are black and holidays are red. Red is for special days. People use calendars every day.

＊ traders 商人

〔A〕 下線部①と第一アクセント（第一強勢）の位置が同じものを，①～④の中から1つ選びなさい。 20

Cal-en-dars：① to-geth-er ② vol-un-teer ③ con-ven-ient ④ dif-fer-ent

〔B〕 下線部②について，They が指す人物たちと，彼らが季節を知りたい理由が本文の内容に当てはまらないものを，①～④の中から1つ選びなさい。 21

① 農民が畑に作物を植えるため
② 教会の人々が休日を知るため
③ 商人が自分の仕事をするため
④ 王国の兵士が国の職務を遂行するため

〔C〕 文中(③)に入れるのに最も適当なものを，①～④の中から1つ選びなさい。 22

① How ② What
③ Which ④ How many

〔D〕 下線部④と同じ意味を表す単語として最も適当なものを，①～④の中から1つ選びなさい。 23

① funny ② clever ③ stupid ④ kind

〔E〕 下線部⑤の具体的な内容として，最も適当なものを，①～④の中から1つ選びなさい。 24

① 29日と2分の1日ごとに満月があること
② 満月は必ずひと月に2回あること
③ 29日と2分の1日ごとに新月があること
④ 新月は必ずひと月に2回あること

〔F〕 下線部⑥が意味するものとして最も適当なものを，①～④の中から1つ選びなさい。 25

① 私たちの暦は，3年間で365日に4日足りない。
② 私たちには，365日を3年から4年で繰り返す暦がある。
③ 私たちは，4年のうち3年間は，1年が365日ある暦をもっている。
④ 私たちは，4年のうち1年間が365日より少なくなる暦をもっている。

〔G〕 下線部⑦の説明として最も適当なものを，①～④の中から1つ選びなさい。 26

① the period of time in which the Earth travels once around the Sun
② the period of time from January 1st to December 31st of the same year
③ a year that is good because something is successful
④ a year, which happens every fourth year, when February has 29 days instead of 28

〔H〕 文中(⑧)に入れるのに最も適当なものを，①～④の中から1つ選びなさい。 27

① colors ② lights ③ numbers ④ forms

〔I〕 本文の内容と一致するものを，①～⑥の中から2つ選びなさい。 28 29

① Though ancient people knew the change of seasons, they didn't have calendars yet.
② The traders first invented calendars to study the stars and the moon.
③ Farmers knew when to plant seeds by watching the stars.
④ Farmers counted how many nights there were in a week.
⑤ The English-speaking world no longer uses the moon calendar.
⑥ In English-speaking countries, some special holidays are shown in black on the calendar.

〔J〕 本文のタイトルとして最も適当なものを，①～④の中から１つ選びなさい。 [30]

① Relationship between the moon and four seasons
② History of calendars
③ Difference between weekdays and holidays on calendars
④ Problems of the moon calendar

Ⅳ 次の〔A〕，〔B〕の問いに答えなさい。

〔A〕 次の文中の [31] ～ [35] に入れるのに最も適当なものを，①～④の中から１つずつ選びなさい。

1．[31] you took during your summer camp!
① What beautiful pictures
② How pictures beautiful
③ Which beautiful a picture
④ How a beautiful picture

2．The mother looked [32] at the sight.
① shock ② shocking
③ shocked ④ to shock

3．There was a full moon [33] the forest.
① between ② up
③ above ④ out

4．A： [34] has your brother climbed Mt. Fuji?
B： He has climbed it three times.
① How much ② How often
③ How long ④ How far

5．A： Where shall we go shopping?
B： Let's decide [35] shopping.
① where to go ② where I went
③ what to go ④ where you go to

〔B〕 次の各文の下線部には誤りが１ヶ所ずつあります。その部分の番号を，①～④の中から１つずつ選びなさい。

1．I hear① that② a new book written by③ Professor James will publish soon④. [36]

2．Mary was enough kind① to give② me something cold③ to drink④ after a long distance marathon. [37]

3．Would① you mind picking② up me③ at④ Funabashi Station tomorrow morning? [38]

4．It was wise for① them not to swim② in③ the dangerous river that flows in④ the middle of the mountain. [39]

5．Airi kept① me② waited③ for an hour in front of④ the library. [40]

V　次の日本文と同じ意味になるように，下の語(句)を並べかえて文を完成させなさい。ただし，各語群には1つずつ不要なものが入っています。また，文頭に来る語も小文字にしてあります。解答は [41] ～ [50] に入る番号のみを答えなさい。

1．当時，彼の作品にはほとんど注意が払われませんでした。

[41] [ ] [ ] [ ] [42] [ ] works at that time.

① was　② little　③ his　④ no
⑤ attention　⑥ to　⑦ paid

2．事故で命を奪われた6人の中には警察官が1人いた。

Among [ ] [43] [ ] [ ] [44] [ ].

① a policeman　② killing　③ the accident　④ was
⑤ six persons　⑥ in　⑦ killed

3．彼はその子にどのバスに乗ったら良いか教えてあげた。

He [ ] [ ] [45] [ ] [46] [ ].

① should　② which　③ take　④ showed
⑤ bus　⑥ the child　⑦ to

4．これは私が10年前に住んでいた家だ。

[47] [ ] [ ] [ ] [48] [ ] ten years ago.

① I　② the house　③ this　④ in
⑤ have　⑥ lived　⑦ is

5．誰もが彼にできるだけ早くその仕事を終えるようにと期待しています。

Everyone [49] [ ] [ ] [50] [ ] [ ] [ ] [ ] possible.

① finish　② are　③ expecting　④ is　⑤ to
⑥ as　⑦ him　⑧ the work　⑨ as soon

VI　次のページの切符案内に関する1～3の問いを読み，その答えとして最も適当なものを，①～④の中から1つずつ選びなさい。

1．Mr. & Mrs. Hirayama teach English to Junior high school students. Now they and their two students—Sayumi Okada (age 15) and Marina Kobayashi (age 13)—are visiting Nangoku-city to take part in English Speech Contest. They have decided to buy the 3 day pass to go around the city. At least how much does it cost them ? [51]

① $180　② $200　③ $270　④ $360

2．The Imaike family—a father, a mother, and three children (all of them are between 4 and 9)—has decided to buy the 5 day pass. At least how much does it cost them ? [52]

① $120　② $280　③ $300　④ $420

3．Ms. Takahashi stays in Nangoku-city from May 1 to May 8. Which of the following can she NOT do ? [53]

① Buy a 3 day ticket two times.
② Come to the hotel from the airport using 7 day ticket.
③ Use her 3 day ticket on May 2, 3 and 8.
④ Use her 5 day ticket for sightseeing tours.

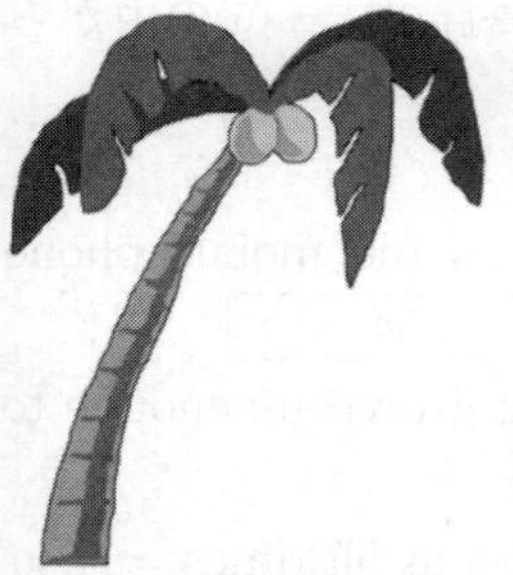

Nangoku-city Pass

Nangoku-city Pass is the only ticket that includes sightseeing services as well as travel on regular bus, train and ferry transport. Convenient, *1flexible and economical, Nangoku-city Pass is the perfect travel *2companion.

3, 5 & 7 day tickets available

You can use your 3, 5 or 7 day ticket anytime within 8 calendar days.

You choose which of the days you wish to use — if you want a rest day, no worries.

You can also buy a 3 day ticket two times within 8 calendar days.

Tickets include:

Nangoku-city Pass tickets include unlimited travel on:

・Nangoku-city Buses services across all zones

・Nangoku-city ferries services

・CityRail trains

Also include:

・return transfers on Airport Link trains

Service	Adult	Child ※	Family ※※
Nangoku-city Pass can be used over 8 day period			
3 day pass	$90	$45	$200
5 day pass	$120	$60	$280
7 day pass	$140	$70	$330
※Child : 4-15 years of age. Children under 4 years travel free.			
※※Family : 2 adults and any number of children from the same family.			
Prices effective : 1 April 2019 – 31 March 2020. All prices are *3tax inclusive.			

TEL : 047-469-××××

URL: www.sakurasakusakuhonattona.co.jp

＊1 flexible 融通の利く ＊2 companion 仲間 ＊3 tax inclusive 税込

VII 次の会話文を読み，54 〜 57 に入れるのに最も適当なものを，下の語群の①〜⑥の中から1つずつ選びなさい。

Mary : Look at those little kids over there. They are using smart phones!

Adams : Japan is a country of smart phone users. Over the past few years the mobile phone companies have begun marketing their phones to younger people. [54]

Mary : I really do not understand the mobile phone companies. Kids are not grown-up enough to use smart phones.

Adams : Really? [55] Parents can know where their children are at all times. Also, children can make a call when they get in trouble.

Mary : It is better to leave children's lives simple. They are growing up too soon. Elementary and junior high school children have no need for smart phones. Kids will just end up costing their parents money. It would be wasteful. Kids should not have smart phones.

Adams : Why not? We can get in touch with our kids easily. I think it is safer for us and for them. But it is true that many parents are uneasy about the cost. [56]

Mary : Imagine that you are a teacher and some students in your class are playing with their smart phones during the lesson. How would you solve this problem?

Adams : I would teach them how to use smart phones including good manners. [57]

Mary : Hey, Adams what are you doing!? Don't use your smart phone while I'm talking to you! Remember how you were taught to use it when you first got your own smart phone!

語群

① I'm starting to think about getting a new smart phone.
② These companies are trying to attract new customers.
③ Also, I would instruct young people not to misuse them.
④ I think that giving children their own phones is a good idea.
⑤ Young people want their parents to go everywhere with them.
⑥ Anyway, they must take responsibility for giving a child a smart phone.

【数　学】　(50分)　〈満点：100点〉

(注意)　1．三角定規(角度の目盛りのないもの)・コンパスの使用を認めます。

2．解答はすべてマーク方式です。1つの□には1つの数字または符号「－」が入ります。解答カードにマークしなさい。

3．答が分数のときは，約分した形で表しなさい。

4．根号の中は最も簡単な形で表しなさい。例えば，$2\sqrt{8}$ は $4\sqrt{2}$ のように表しなさい。

1　次の□をうめなさい。

(1)　$(2\sqrt{3}-\sqrt{5})^2+(\sqrt{5}+4\sqrt{3})(\sqrt{5}-2\sqrt{3})+(2\sqrt{3}+\sqrt{5})(2\sqrt{3}-\sqrt{5})=\boxed{ア}-\boxed{イ}\sqrt{\boxed{ウ}\boxed{エ}}$ である。

(2)　n を2桁の自然数とする。$\sqrt{2020+n^2}$ が正の整数となるとき，$n=\boxed{オ}\boxed{カ}$ である。

(3)　正方形の土地の縦を2m長くし，横を7m長くしたところ，その長方形の土地の対角線の長さが $5\sqrt{13}$ mとなった。このとき，もとの土地の対角線の長さは $\boxed{キ}\sqrt{\boxed{ク}}$ mである。

(4)　10%の食塩水300gから食塩水 x gを取り出した後，残された食塩水に x gの水を加えると4.8%の食塩水になった。このとき，$x=\boxed{ケ}\boxed{コ}\boxed{サ}$ である。

(5)　下図のように，円Oの周上に4点A，B，C，Dがあり，直線ADとBCの交点をPとする。AB＝AC，$\overset{\frown}{AD}:\overset{\frown}{DC}=2:1$，∠APB＝50°のとき，$\angle x=\boxed{シ}\boxed{ス}$ 度である。

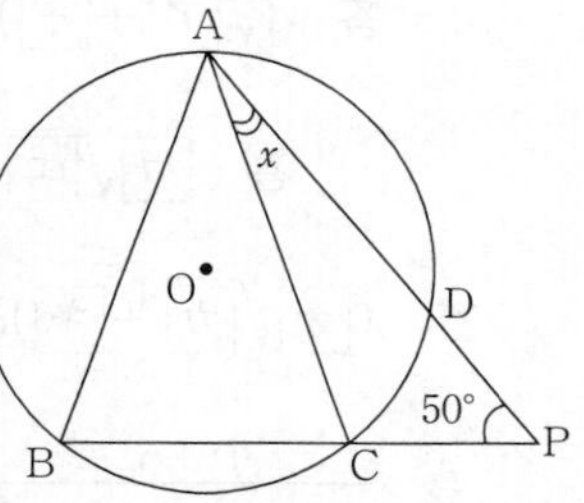

(6)　2枚の10円硬貨と3枚の100円硬貨があり，これら5枚の硬貨を同時に投げる。表の出た100円硬貨の枚数が，表の出た10円硬貨の枚数よりも多くなる確率は $\dfrac{\boxed{セ}}{\boxed{ソ}}$ である。

2　右図のように，2つの放物線 $y=x^2$……①，$y=ax^2\,(a>1)$……② がある。2点A(1，1)，B(－1，1)は放物線①上にある。点Aを通り，y 軸に平行な直線と放物線②との交点をCとする。△ACBの面積が4であるとき，次の問いに答えなさい。

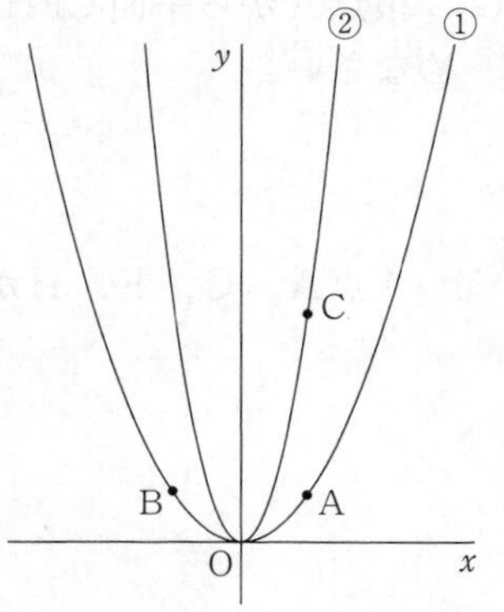

(1)　a の値を求めなさい。

答　$a=\boxed{ア}$

(2)　直線BCと放物線①の点B以外の交点をDとするとき，点Dの座標を求めなさい。

答　D($\boxed{イ}$，$\boxed{ウ}$)

(3)　(2)のとき，直線 $y=bx$ が四角形OADBの面積を2等分している。このとき，b の値を求めなさい。

答　$b=\dfrac{\boxed{エ}}{\boxed{オ}}$

3　長方形ABCDの紙を図１，図２の順に折った。図１は，線分EFを折り目として折り曲げ，点Bが辺AD上の点Pに重なった図である。このとき，AE＝$(\sqrt{3}+1)$cm，3AE＝ABである。図２は，図１の紙を線分DGを折り目として折り曲げ，辺CDが線分PDと重なり，点Fが点Qに移った図である。

次の問いに答えなさい。

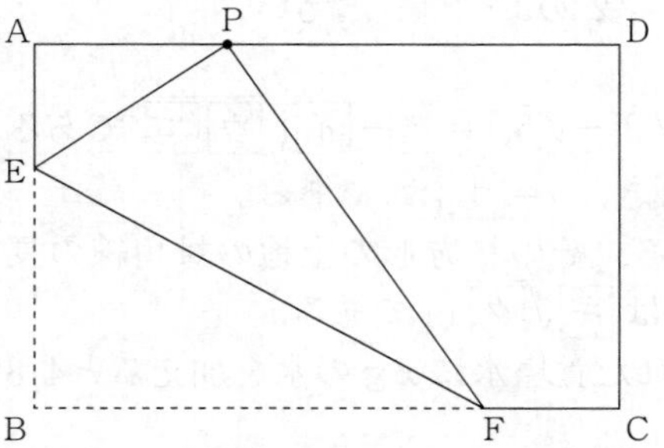

図１

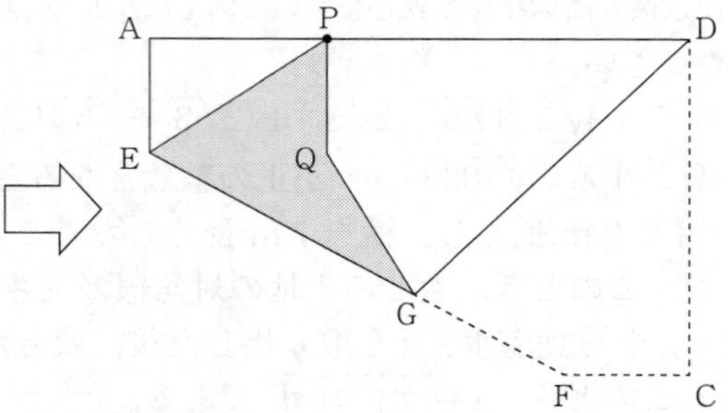

図２

(1)　図１の線分APの長さを求めなさい。

答　$(\sqrt{\boxed{ア}}+\boxed{イ})$cm

(2)　図２の線分PQの長さを求めなさい。

答　$\boxed{ウ}\sqrt{\boxed{エ}}$ cm

(3)　図２の　　　部分の面積を求めなさい。

答　$(\boxed{オ}\sqrt{\boxed{カ}}+\boxed{キ})\mathrm{cm}^2$

4　右図のように，１辺の長さが２cmの立方体ABCD-EFGHがある。４点A，C，F，Hを頂点とする四面体について，次の問いに答えなさい。

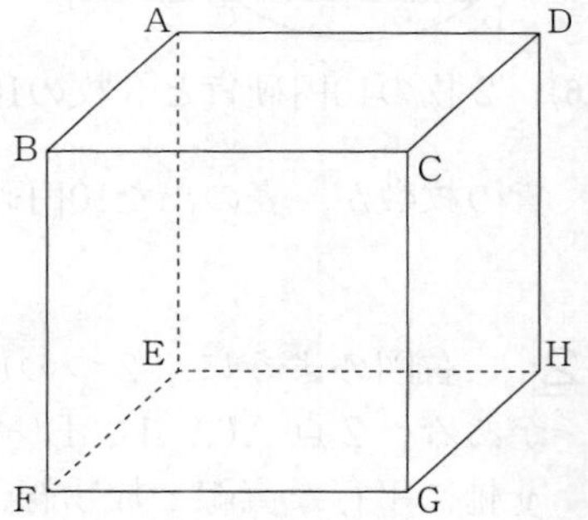

(1)　この四面体の表面積を求めなさい。

答　$\boxed{ア}\sqrt{\boxed{イ}}\ \mathrm{cm}^2$

(2)　頂点Aから平面CFHに垂線をひくとき，この垂線の長さを求めなさい。

答　$\dfrac{\boxed{ウ}\sqrt{\boxed{エ}}}{\boxed{オ}}$ cm

(3)　４点A，C，F，Hが球の表面上にある。この球の体積を求めなさい。

答　$\boxed{カ}\sqrt{\boxed{キ}}\pi\,\mathrm{cm}^3$

＊倦まず…飽きることなく。

問一　二重傍線(ア)～(エ)の本文中の意味として、それぞれ最も適当なものを選びなさい。

(ア)「つとめて」　解答番号 27

①　我慢して　②　努力して
③　奉仕して　④　早起きして

(イ)「学びやうの次第」　解答番号 28

①　学ぶことの意義　②　学び方の順番
③　学びへの興味　④　学びのきっかけ

(ウ)「詮ずるところ」　解答番号 29

①　けれども　②　むしろ
③　まして　④　つまり

(エ)「ともしき」　解答番号 30

①　不足していること　②　中途半端なこと
③　非凡であること　④　無駄にしていること

問二　傍線(A)「思ひよれるすぢ」の解釈として、最も適当なものを選びなさい。解答番号 31

①　気付いていない才能
②　思いがけない経験
③　関心を持っている事柄
④　学力が伸び悩む時期

問三　傍線(B)「得たる事」とは、ここではどのようなことを言っているのか、最も適当なものを選びなさい。解答番号 32

①　役に立つ知識　②　会得すべき学問
③　向いている分野　④　恵まれた環境

問四　傍線(C)「実はただ其人の心まかせにしてよき也」とあるが、それはなぜか、最も適当なものを選びなさい。解答番号 33

①　最適なやり方を授けたとしても、その人に合うとは限らないから。
②　自らの失敗から学ばなければ、有益なやり方は身につかないから。
③　やり方を教授する者の力量によって、結果は大きく異なるから。
④　他人の知識に頼っていると、悪い結果がもたらされることになるから。

問五　傍線(D)「才・不才は生れつきたることなれば、力に及びがたし」とあるが、ここでの筆者の考えはどのようなものか、最も適当なものを選びなさい。解答番号 34

①　生まれつき才能があっても、環境によってその後の結果は変わってくるということ。
②　生まれつき才能があれば、怠けていても良い結果が出せるということ。
③　生まれつきの才能は、他人の助言によって実力に結びつけることができるということ。
④　生まれつきの才能の有無によって、学問の成果は変わってくるということ。

問六　筆者は学問をする上で大切なことは何だと考えているのか、最も適当なものを選びなさい。解答番号 35

①　自分の才能を見極め、適性の高い分野を選ぶこと。
②　優れた指導者につき、事細かに指示を受けること。
③　限られた時間の中で、効率良く進めていくこと。
④　途中で投げ出さずに、地道に努力し続けること。

問七　本文の作者で、江戸時代の終わりに「国学」という学問を完成させた人物は誰か、適当なものを一つ選びなさい。解答番号 36

①　本居宣長　②　井原西鶴
③　小林一茶　④　杉田玄白

※解答番号 37 ～ 60 は空白にし、マークしないこと。

問六　傍線(E)「傷口から漏れる黒々とした液体は、自責と悲哀で出来ていた」とはどういうことか、最も適当なものを選びなさい。解答番号 25

① シングルに専念する選択をさせてしまった責任を感じているが、ためらいなく自分とのペア解消を決めた千帆には不満を覚えている。

② 自分の思いが千帆の成長を妨げていたことを後悔すると同時に、二人で追い続けてきた夢が途絶えてしまったことに落胆している。

③ 千帆への期待が彼女の負担になっていたことを申し訳なく思う一方で、共有していると思っていた夢を拒絶された寂しさを感じている。

④ 自分勝手な考えで部全体の和を乱してしまったことを反省しつつ、親友である千帆にすら自分の気持ちを理解してもらえず悲しんでいる。

問七　傍線(F)「そっと、千帆が希衣から手を離す」とあるが、これ以降の千帆の心情はどのようなものか、最も適当なものを選びなさい。解答番号 26

① 自分自身がショックを受けながらも部員たちへの気遣いをみせることで、希衣に対して先輩としてのあり方を示そうとしている。

② 語調を強めて、はっきりとした態度を示すことで、後輩たちに見苦しい姿をみせてしまったことを取り繕おうとしている。

③ 希衣の予想外に激しい反応を目の当たりにしたことで、面と向かって自分の率直な意見を伝えることに恐れを抱いている。

④ 周囲を励まし、あえて明るく振る舞うことで、カヌー部の状況が変化しようとすることを前向きに捉えようとしている。

四　次の文章を読んで、後の問いに答えなさい。

いかに初心なればとても、学問にもこころざすほどのものは、むげに小児の心のやうにはあらねば、ほどほどにみづから(A)思ひよるすぢは必ずあるものなり。又、面々好むかたと好まぬ方ども有り。又、生れつきて(B)得たる事と得ぬ事ども有る物なるを、好まぬ事得ぬ事をしては、同じやうに(ア)つとめても、功を得ることすくなし。

又、いづれの＊しなにもせよ、(イ)学びやうの次第も、＊一わたりの理《ことわり》によりて「＊云々《しかじか》してよろし」とさして教へんは、やすきことなれども、そのさして教へたるごとくにして、果してよきものならんや、又思ひの外にさてはあしき物ならんや、実《まこと》にはしりがたきことなれば、これもしひては定めがたきわざにて、(C)実はただ其《その》人の心まかせにしてよき也。

(ウ)詮ずるところ学問は、ただ年月長く＊倦《う》まずおこたらずして、はげみつとむるぞ肝要にて、学びやうは、いかやうにてもよかるべく、さのみかかはるまじきこと也。いかほど学びかたよくても、怠りてつとめざれば功はなし。

又、人々の才と不才とによりて、其功いたく異なれども、(D)才・不才は生れつきたることなれば、力に及びがたし。されど、大抵は、不才なる人といへども、おこたらずつとめだにすれば、それだけの功は有る物也。

又、晩学の人も、つとめはげめば、思ひの外、功をなすことあり。又、暇《いとま》のなき人も、思ひの外、いとま多き人よりも功をなすもの也。されば、才の(エ)ともしきや、学ぶことの晩《おそ》きや、暇のなきやによりて、思ひくづをれて止《や》むることなかれ。とてもかくても、つとめだにすれば出来るものと心得べし。すべて思ひくづをるるは、学問に大きにきらふ事ぞかし。

（『うひ山ぶみ』より）

（注）　＊しな…学問。
＊一わたりの理…決まりきった考え方。
＊云々してよろし…こうすればよい。

＊パドル数…一定時間あたりに漕ぐ回数。
＊双眸…左右両方の目。
＊寄居…埼玉県北西部の地名。

問一　二重傍線(ア)・(イ)の本文中の意味として、最も適当なものをそれぞれ選びなさい。

(ア)「剣呑な空気」　解答番号 19

① 本心を探り合う気配
② 真剣に考え込む雰囲気
③ 周囲から切り離された状況
④ 先行きに不安を覚える様子

(イ)「言葉を濁した」　解答番号 20

① はっきりと言わなかった
② うまく伝えられなかった
③ 遠回しに非難した
④ 感情を抑え込んだ

問二　傍線(A)「希衣が息を呑んだ」とあるが、ここからうかがえる希衣の心情はどのようなものか、最も適当なものを選びなさい。解答番号 21

① 当事者としての意識に乏しい千帆へのいら立ちが、怒りに変わろうとしている。
② 必要以上に自分の能力を卑下する千帆への不満が、失望に変わろうとしている。
③ 自分の本心と向き合おうとしない千帆への反感が、あわれみに変わろうとしている。
④ 過去の出来事を忘れてしまいたいと考える千帆への同情が、憤りに変わろうとしている。

問三　傍線(B)「農園部の時に土が入ると嫌だから、と彼女が話していたのを舞奈は不意に思い出した」とあるが、この時舞奈にどのような思いが生じたと考えられるか、最も適当なものを選びなさい。解答番号 22

① 千帆は農園部の活動を最優先にしようと考えているのではないか。
② 千帆にとってはカヌー部での人間関係は煩わしいだけかもしれない。
③ 千帆にとってはカヌーだけが生活の全てではないのかもしれない。
④ 千帆はそう遠くないうちにカヌー部をやめてしまうのではないか。

問四　傍線(C)「千帆があんぐりと口を開ける」とあるが、千帆がこのような態度をとったのはなぜか、最も適当なものを選びなさい。解答番号 23

① 千帆の実力を過大評価し、達成できるはずのない目標を押し付けてくる希衣にあきれているから。
② 信頼で結ばれた二人の関係よりも、個々の競技力だけを重視する希衣の考えに驚いているから。
③ 自分の理想を捨ててまで、千帆を勝たせようとする希衣の自己犠牲的な精神に困惑したから。
④ 後輩たちの気持ちを無視して、部の都合を優先しようとする希衣の態度を不満に思っているから。

問五　傍線(D)「二人から目を逸らしたまま、恵梨香が口早に説明する」とあるが、恵梨香がこのような態度をとるのはなぜか、最も適当なものを選びなさい。解答番号 24

① 人間関係より技術的な相性を重視していることを、先輩たちに理解して欲しかったから。
② 自分にとって有利なペアを組むためには、先輩たちの同意を得る必要があったから。
③ 千帆と希衣の相性の良さを強調することで、二人の口論を落ち着かせようと考えたから。
④ 結果を出すためとはいえ、先輩たち二人の欠点を指摘することに後ろめたさを感じたから。

「なんで」
予想外の展開だったのだろう、希衣が大きく身を仰《の》け反らした。(D)二人から目を逸《そ》らしたまま、恵梨香が口早に説明する。
「フォームの差です。天神先輩は小柄だし、*ストロークが小さい。一人でやってるところを見ても、*パドル数の多さでカバーしてる。そして、鶴見先輩はペアの時、そんな天神先輩に合わせてる。でも、私はそのやり方を真似《まね》できません。回数で稼ぐタイプじゃないし、そもそも私のフォームに合わせてもらわないと困ります。だから、もし私がペアをやるにしても、相手は……」
先輩相手に気を遣ったのか、恵梨香はそこで(イ)言葉を濁した。小さいギアと大きいギア。数日前の千帆の柔らかな声色が、舞奈の耳奥で蘇《よみがえ》る。
思わず立ち上がった希衣を手で制し、千帆は静かに微笑《ほほえ》んだ。睫《まつ》毛《げ》に縁取られた*双眸《そうぼう》に、うっすらと透明な膜が張っている。ゆらめく涙を瞼《まぶた》の奥に押し込み、千帆は喉を震わせた。
「そう、だね。二位と七位より、一位と七位の方が速い」
「千帆！　それは——」
「私も、それがいいと思う。希衣はペアが得意だから、きっと恵梨香ちゃんとでも上手《うま》くやれるよ。それに、」
躊躇《ちゅうちょ》したのか、千帆は一度言葉を区切った。言い淀《よど》み、思い悩み、それでも千帆は正面から希衣の顔を見つめた。強張《こわば》る希衣の手を握り締め、千帆は掠《かす》れた声で囁《ささや》いた。
「それに、ほっとしてるんだ。希衣が追ってる理想の私に、今の私はなれないから。希衣の夢は、私にはちょっと重すぎるよ」
舞奈は初めて見た。言葉が、誰かの幻想を殺すところを。
希衣の口から、ひゅっと鈍い音が漏れた。舞奈は想像する、その柔らかな心臓が千帆の本音に貫かれているところを。(E)傷口から漏れる黒々とした液体は、自責と悲哀で出来ていた。
(F)そっと、千帆が希衣から手を離す。窓の外へと目線を移した彼女は、「もうすぐ駅だね」と明るく言った。
「いいんだよ、これで。私はシングルで頑張るし。別に、ペアだけがカヌーの全てじゃない」
「でも、本当にいいんですか？」
不安を隠せない様子で、恵梨香はジャージの腹部をぎゅっと握る。
「正直に言って、先輩たちの時より遅くなる可能性も高いですよ。私、ペアとかやったことないですし」
「それは大丈夫。ほら、今年ダメでも来年がある。その頃には息が合うようになってるかもしれないでしょ？」
しっかりとした口ぶりに、恵梨香は少しだけ安堵《あんど》したようだった。力んでいた肩の力が抜け、長い両腕がだらりと下がる。
「先が長い計画ですね」
「そういうものでしょ、スポーツって」
電車が緩やかに減速し、やがて見慣れた駅舎が現れた。「*寄居《よりい》駅」というアナウンスの声に、千帆がぱっと立ち上がる。
「じゃ、今日はお疲れ様。また月曜日、学校でね」
茫然《ぼうぜん》と立ち尽くしている希衣の腕を掴《つか》み、千帆が無理やりに電車の外へと引っ張り出した。窓の外から手を振る千帆に、舞奈と恵梨香は揃《そろ》って頭を下げる。
やがて電車は速度を上げ、二人の姿は流れる風景に溶けていく。修羅場の気配が完全に消え去ったのを確認し、舞奈はだらんとシートへ倒れ込んだ。

（武田綾乃『君と漕ぐ　ながとろ高校カヌー部』より）

（注）
*蘭子…利根蘭子。他校の高校一年生で、中学時代には千帆たちのライバルだった。世界大会での入賞経験を持つ。
*スマホの画面を凝視している…後の場面で、海外の大会に出場した蘭子の試合映像を動画サイトでチェックしていたことがわかる。
*農園部…千帆は、カヌー部と農園部の活動を掛け持ちしている。
*インハイ…インターハイ、全国高等学校総合体育大会のこと。
*ストローク…ひと漕ぎ。

桜貝にも似た彼女の爪は、白い爪先部分が全くない。(B)＊農園部の時に土が入ると嫌だから、と彼女が話していたのを舞奈は不意に思い出した。
「希衣はさ、いつの私を見てるの」
「いつって、今だよ」
「だったらそんなトンチンカンなこと言わないでしょ。大体、蘭子ちゃんは東京だし、私たちが去年＊インハイに進めなかったのは別の子たちに負けたからじゃん。そっちに向き合わないで蘭子ちゃんばっかり見てるのは、なんか、馬鹿みたいだよ」
「よく言うよ。千帆が一番、利根蘭子のこと引きずってるくせに」
「別に引きずってない」
「引きずってるよ。千帆は、一位になりたいんでしょ」
　二人の声の調子は普段と変わらず、それがまた舞奈の不安を煽《あお》った。取っ組み合いの喧嘩《けんか》でも始めてくれれば、無理にでも宥《なだ》めることができるのに。恐れを押し付けるように恵梨香にしがみつくと、彼女はようやく面を上げた。左耳からイヤホンを引き抜き、恵梨香は片眉の端を跳ね上げた。
「何かありました?」
　後輩の一声に、二人の口論はピタリと止《や》んだ。両腕を組んで不機嫌さを露《あら》わにする希衣に対し、千帆は曖昧な微笑を浮かべている。
「特になんでもないんだよ、気にしないで」
「なんでもないことないでしょ」
　千帆の台詞《せりふ》に覆いかぶせるようにして、希衣が唸《うな》った。
「今年、利根蘭子はペアには出ないって言ってた。シングルに絞るって。じゃ、千帆が本気出してやれば、ペアで一位を狙えるんだよ」
「そんな馬鹿なこと言って」
「馬鹿じゃない。千帆と湧別さんが組めば、インハイ優勝だってありえると私は思ってる」
「はぁ?」
(C)千帆があんぐりと口を開ける。その一言に、拒絶にも似た深い嫌悪が滲《にじ》んでいた。見開かれた彼女の両目が、信じられないと言外に叫んでいる。
「何言ってるの?」
「湧別さんは速いよ。この子なら県大会で一位を取るどころか、もっと上を目指せる。じゃあ、ペアは千帆と湧別さんが組んだ方がいいでしょ。去年のシングル、埼玉県大会で私は七位で、千帆は二位だった。小学生でも分かることだよ。二位と七位が組むより、一位と二位が組んだ方がいい」
「カヌーがそんな単純なもんじゃないって、希衣だってわかってんでしょ」
「でもそれが一番合理的じゃん。分かってないのはどっちよ。大体——」
「あの、ちょっといいですか?」
　白熱するやり取りに割り込むように、恵梨香が小さく手を挙げた。興奮で我を忘れていた二人も、そこで冷静さを取り戻したらしい。コホンと、希衣が気まずそうに咳払《せきばら》いした。
「なに?」
「いや、私の名前が出てたので」
「あぁ、ごめんね。希衣がわけのわかんないこと言って」
「分かるでしょ、意味は。湧別さん、あなたはどう思うの。もし千帆とあなたが組んだら、速くなれると思う?」
　ガタン、と電車が大きく揺れた。二人と一人に挟まれた舞奈は、ぎゅっと身を縮こまらせる。千帆と希衣はずっと昔から相棒だというのに、どうしてそんなことが言えるのだろう。結果が絆《きずな》以上に重視すべきものだとは、舞奈にはどうも思えない。
　思案するように、恵梨香は自身の顎を軽く擦った。やがて、開いた唇からため息と共に声がこぼれる。
「正直に言って、もし誰かとペアをやらなきゃいけないとしたら、私は鶴見先輩の方を希望します」

振るまってはならないということ。

④ 人間の生は有限であるからこそ、現実逃避をしないで最善の選択をするべきだということ。

問七 文章の内容と構成を説明したものとして、最も適当なものを選びなさい。解答番号 18

① IT革命によってもたらされたコミュニケーションの変化について説明した後、科学技術を駆使した選択は有効であるが、古代ギリシアの悲劇『オイディプス王』のようになってはいけないと、人間社会の在り方に筆者は警鐘を鳴らしている。

② 社会の不調和を克服するためには、IT技術の活用は不可避であると説明した後、人間の選択のあるべき姿を古代ギリシアの悲劇『オイディプス王』に見いだし、巨大ネットワークや人工知能技術の未来に対して筆者は問題を提起している。

③ 人間社会におけるIT技術の発展の歴史と存在意義について説明した後、人間は今後科学技術とどう折り合っていけばいいのかを考察し、その手がかりを古代ギリシアの悲劇『オイディプス王』の中から導き出し、筆者の提言としている。

④ IT技術の人間社会における影響力について説明した後、科学技術を操る人間は未来に向けてどのような自覚を持って意思決定していったらよいのか、古代ギリシアの悲劇『オイディプス王』を引用しながら、筆者の考えを示している。

三

次の文章を読んで、後の問いに答えなさい。

高校入学と同時にカヌー競技を始めた一年生の黒部舞奈《くろべまいな》は、経験者で同学年の友人・湧別恵梨香《ゆうべつえりか》、部長で二年生の鶴見希《つるみき》衣《え》、副部長で小学生の頃から希衣とペアを組んでいる二年生の天神千帆《てんじんちほ》と共に、東京や埼玉のカヌー部が集まる合同練習に参加した。

以下は、練習会場から四人が電車で帰宅する場面である。

車内に他の乗客の姿が少ないとは言え、部員全員が並んで座れたのは幸運だった。舞奈を挟むようにして、左手に千帆と希衣が、右手には恵梨香が座っている。気を抜けば睡魔に負けそうな舞奈を他《よ》所《そ》に、先輩たちは話し続けている。

「＊蘭子《らんこ》ちゃん、また速くなってたね」

「まあ、それは認めるけど」

「なんで希衣は不機嫌になってるの」

「別に」

「別にってことはないでしょ」

「単純に、なんで千帆は焦らないんだろうって思っただけ。ライバルが強くなってるのに」

「ライバルって」

千帆が笑う。喜びではなく、呆《あき》れを含んだ声色で。吐き出された感情の粒が、カツンと床に跳ね落ちる。(A)希衣が息を呑《の》んだ。彼女の喉の奥で、小さな熱がせぐり上げるのを感じた。

「違うって言うの？」

「いや、客観的に見て選手としての格が違うじゃん。見たでしょ、今日の漕《こ》ぎ」

「私は千帆があの子に負けてるなんて思ったことないよ。きっと本気を出せば、千帆だってまた――」

「そういうの、やめてよ」

目を伏せ、千帆が静かに首を振った。穏やかな表情とは対照的に、膝に置かれた指先は苛立《いらだ》たしげに上下している。狭い車内に、(ア)剣《けん》呑《のん》な空気が混じる。ちらりと隣の恵梨香を盗み見れば、イヤホンを付けたまま真面目な顔で＊スマホの画面を凝視している。電車に乗ってからというもの、恵梨香はずっとスマホに夢中だ。嫌だな、と舞奈は内心で独り言《ご》ちた。恵梨香は好きだけど、他人と一緒にいるのにスマホを使う人は好きじゃない。尊重されていない感じがするから。

結われた髪の片方の束を握り締め、千帆は深く息を吸い込んだ。

か、最も適当なものを選びなさい。解答番号 12

① 個人の記憶の忘却を防ぐために、巨大な知的情報網が共有され世界中で利用できるようになっている。

② 世界中からアクセスできる巨大な外部記憶装置が、ITを熟知した知的な人々の間で利用されている。

③ 世界中から巨大な外部情報網への接続が容易になり、人々の共通認識を生み出すことに活用されている。

④ 世界規模で構築された巨大な情報網が、人間の脳機能を補助するためのものとして活用されている。

問二 空欄 [　] にあてはまる語は何か、最も適当なものを選びなさい。解答番号 13

① 人格

② 世界

③ メディア

④ ネットワーク

問三 傍線(B)「SNSでは、『書く』という行為も大きくその意味を変えることになった」とあるが、どのように変化したのか、最も適当なものを選びなさい。解答番号 14

① SNSが出現する以前、書く行為は主体から発信する一方向的なコミュニケーションだったが、現在では双方向的になり情報の誤りが著しいものになった。

② 書き手は自分の考えを具現化し相手に伝えるだけで良かったが、SNSが出現して以降は誰もが発信者となって、書かれたことばが一人歩きするようになった。

③ SNSが出現する以前、書き手のメッセージは絶対であったが、現在では受け取る側が意図を自由に解釈できるため、悪意と受け取られるリスクが大きくなった。

④ 書き手は自分の考えを正確に伝える必要があったが、SNSが出現して以降は発信した瞬間から人々に拡散し、意図と異なる意味に解釈されるようになった。

問四 傍線(C)「人間の選択にかかわるフロネーシスを簡単に超えてしまうであろう」とあるが、筆者の指摘に合致する具体例はどれか、最も適当なものを選びなさい。解答番号 15

① 地図アプリを開くと、自宅にいながらにして世界中を旅する気分を味わうことができた。

② データベースに友人の好みや性格を入力したら、意外な誕生日プレゼントを提案された。

③ カメラとスマートフォンを連動させることで、遠方にいる祖母の様子が良くわかった。

④ インターネットで食材を購入していると、画像とは異なるものが送られてくることがあった。

問五 傍線(D)とあるが、筆者は「東日本大震災」以前の科学者の態度をどのように見ているか、最も適当なものを選びなさい。解答番号 16

① 自分たちは選ばれた人間であり、科学技術を応用すれば人災であったとしても防御することができる。

② 現代の科学技術を駆使しても、自分たちの力では自然災害を完全に予測することは不可能である。

③ 自分たちの優れた科学技術をもってすれば、どんな自然災害が起ころうとも被害を回避することができる。

④ 自分たちが研究開発した科学技術は、もはや「神話」と呼べるような高度なレベルになったといえる。

問六 傍線(E)「現代に生きる人間の条件と限界の自覚を促している」とはどういうことか、最も適当なものを選びなさい。解答番号 17

① 人間はどんなに最善を尽くしてもうまくいかないことがあり、物事には諦めも必要だということ。

② 人間の能力に限界はないが、神の前では常に謙虚な存在であり続けなければならないということ。

③ 人間は時に過ちを犯す生き物であり、全知全能の神のように

境でもない。いずれにせよ、そのようなメガテクノソフィアという知能、知性が近い将来に出現することは十分予想することができる。

たしかに、このソフィアに選択の能力を与えるかどうかは、人類の選択であるが、人類全体がこの問題について合意を形成することは難しい。だれかが、すなわち、科学者か政治家か起業家かがこの選択をしてしまえば、人類は、このメガテクノソフィアの支配下に置かれる可能性が出てくるであろう。

要するに、自律的メガテクノソフィアが人類にとって最善の選択をするかどうかは、そこにどのような価値のプログラムが書き込まれているかによる。このプログラムをデザインし、また実現のために何を選択するかを決めるのは、近代テクノソフィアではなく、現代にふさわしい人間のフロネーシスでなければならない。それは人類のもっとも重大な選択にかかわる能力である。ソフィアだけをもつ者にこの選択を任せるわけにはいかない。

わたしたちの生きる現実が科学技術の進展によって、そしてまた科学技術を用いた人間の行為の選択によってどのような行く末をもたらすか、その＊帰趨《きすう》を正確に予測することはできないであろう。どんな思慮深さをもってしても。(D)現代の科学者が「想定外」と呼んだり、自分たちの考えを「神話だった」といったりすることがあるということを東日本大震災は教えてくれたのである。だから、わたしたちは、この上なく思慮深くあるべきである。しかも、その思慮深さは、人間という存在が抱えている制約に対する自覚を含んでいなければならない。「汝《なんじ》自身を知れ」というアポロンのことばは、「驕《おご》ることなかれ」ということばとともに(E)現代に生きる人間の条件と限界の自覚を促している。

人間の思慮深さの限界を見事に描いたのが、古代ギリシアの有名な悲劇作家、ソフォクレスの『オイディプス王』で、聡明《そうめい》な選択であっても破局的な結末に至る人間の悲劇を描いている。

テバイの王、ライオスは、「子をもうけるな。子を作れば、その子は、汝を殺すだろうから」という再三にわたる知恵の神、アポロンの神託を無視して、妻イオカステとの間に一子をもうけた。しかし、アポロンの神託が実現するのを恐れ、生まれるとすぐ、子どもの両踵《かかと》をピンで刺し貫いた上で、山奥に捨てさせた。オイディプスとは「腫れた踵」という意味である。

命を助けられたオイディプスは、コリントスの王子として育てられる。やがて旅に出たオイディプスは、「もし故郷に帰れば、汝は父王を殺し、母を妻にすることになるであろう」というアポロンの予言を受けた。オイディプスは、この神託を恐れて、コリントスには戻らず、旅を続けるが、狭い三叉路《さんさろ》で、二頭立ての馬車に乗る老人と従者の一行と出会い、争いとなって、かれらを殺してしまう。

《中略》

最善の選択を繰り返したはずのオイディプスの運命は、知恵の神アポロンのみが知っていた。自分の故郷がコリントスであると思っていた彼は、故郷に帰ることを避けるという選択を行った。その結果、父王と三叉路で遭遇して、殺してしまう。テバイでスフィンクスの謎を解くという選択の結果、母と結婚する。賢い選択の結末が悲劇である。

アポロンが自分自身を知れというのは、神が不死なる存在であるのに対し、人間は死なければならない存在であるということである。どんなに聡明で思慮深くても有限な生を生きなければならない人間は、選択の帰趨を完全に予測することはできない。「傲慢になることなかれ」とは、そのような意味である。

（桑子敏雄『何のための「教養」か』より）

（注）＊アリストテレス…古代ギリシアの哲学者。
＊ソフィア…自然の認識にかかわる知的能力。
＊フロネーシス…人間の意思決定にかかわる能力。
＊テクノソフィア…技術とソフィアの融合したもの。
＊メガ…巨大な。
＊帰趨…帰着するところ。

問一　傍線(A)「巨大な知的装置として機能する」とはどういうこと

二　次の文章を読んで、後の問いに答えなさい。

科学技術と社会の不調和という事態の認識は、ますますその重要度を高めているが、二十一世紀に入り、課題の広がりと深さは計り知れないものへと変化しつつある。とくに、情報技術がより巨大な影響力をもつに至ったことは重大な変化で、インターネットの発達によって形成された、人間のいわば外部記憶装置としてのグローバルなネットワークは、個人という単位をはるかに超越して、(A)巨大な知的装置として機能するに至っている。

わたしたちはインターネットによって、自分の脳のなかに蓄積されていない知識や情報に手元のスマートフォンから直接アクセスできるようになった。いわば、巨大な百科事典や辞典を操作できるようになったのである。意味の分からないことばや、学んだことのない出来事などについても、検索すれば、簡単に情報に接することができる。音声入力によっても操作できるようになり、あたかもスマートフォンが一個の［　　］であるかのような錯覚に陥ってしまう。

インターネットに入力した情報は、その巨大なネットワークのどこかに蓄積されている。一般的、普遍的な情報も個人データもこのネットワークのどこかにある。

さらに、(B)SNSでは、「書く」という行為も大きくその意味を変えることになった。たとえば、わたしはこの本を書いているが、書き手は自分の考えを文字で表し、それをインクと紙という物質・物体に具体化する。印刷する人たち、出版する人たち、販売する人たちの手を経て、購入した人が読んだとき初めて、コミュニケーションが成立する。ただ、このコミュニケーションは一方向である。読み手が書き手にメッセージを伝えるとすれば、本に挟まれた読者カードがあるとき、そのカードを読み手が出版社に送ったときである。どのくらいの読者に書き手の考えが届いたかは、販売された部数によるが、それはあくまで売れた本の数であり、読まれた本の数ではない。

他方、SNSでは、情報の発信は、読み手が閲覧し、「いいね」を返せば、そのメッセージは書き手のもとに戻る。メールで感想を送り返すのも簡単である。情報の受け手は、即座に情報の発信者となって、双方向の情報交換が可能になる。それだけではない。受け手はたちどころに情報を多数の他者へ発信する主体に変化する。情報は簡単に拡散してゆく。

双方向のコミュニケーションから拡散する情報へと展開する現代の情報環境は、さまざまな観点から「便利」であるが、こうした情報技術には、その裏側にリスクも潜んでいる。その例をいえば、個人へのメールやSNSによる悪意ある書き込みである。あるいは、悪意なく書き込んだものでも、受け取り手によっては悪意を感じてしまうこともある。ネット上の書きことばは、書き手の意図ではなく、読み手の受け取り方によるコミュニケーションである。悪意ある表現、あるいは悪意と受け取れる表現も簡単にやりとりすることができる。受け取った情報は、容易に拡散してゆく。ネット空間は、思いも寄らない膨大なリスク空間であることをわたしたち一人ひとりが認識しておかなくてはならない。

《中略》

こうした巨大ネットワークがAIやロボット技術と連動して自律的に機能するようになると、＊アリストテレスが区分した＊ソフィアと＊フロネーシスの境界領域に踏み込んでくるようにも見える。人工知能が自律的に判断し、選択することができるようになると、これはこれで一種のフロネーシスのようにも見えるからである。この人工擬似フロネーシスは、グローバルなネットワークのなかで自律的な行為選択の機能をもつことになると、(C)人間の選択にかかわるフロネーシスを簡単に超えてしまうであろう。この人工擬似フロネーシスを備えた近代＊テクノソフィアを＊メガテクノソフィアと呼ぶならば、この知は、巨大ソフィアと融合して、人類の生活環境そのものを選択することも考えられる。しかし、このメガテクノソフィアは、生身の人間ではなく、その環境は生身の人間の生きる環

二〇二〇年度　日本大学習志野高等学校（前期）

【国語】（五〇分）〈満点：一〇〇点〉

一　次の各問いに答えなさい。

問一　次の(ア)～(オ)の傍線部と同一の漢字を用いるものはどれか、それぞれ適当なものを一つずつ選びなさい。

(ア)　スポーツ界にセンプウを巻き起こす。解答番号 [1]

① センレンされた技術とデザイン。
② 平安京へのセントを行った。
③ 美しいピアノのセンリツ。
④ センレツなデビューを飾る。

(イ)　法の理念にテイショクする。解答番号 [2]

① 相手の攻撃にテイコウする。
② 思わぬ事実がロテイする。
③ 業務テイケイを発表する。
④ 痛めた足首をコテイする。

(ウ)　企業の目的はリジュンを出すことである。解答番号 [3]

① 法令をジュンシュする。
② ジュンタクな資金が集まる。
③ 地方ジュンギョウに出る。
④ 国際規格にジュンキョする。

(エ)　国語の授業で詩をロウドクする。解答番号 [4]

① 時代にホンロウされる若者たち。
② 思いがけないロウホウに喜ぶ。
③ 宮殿内のカイロウを進む。
④ コンセントからロウデンする。

(オ)　東京でオリンピックがカイサイされる。解答番号 [5]

① 言い争いをチュウサイする。
② 撮った写真が雑誌にケイサイされる。
③ 豊作を祈るサイギが行われた。
④ 借りた本の返却をサイソクされる。

問二　次の文の傍線部は助動詞であるが、その意味は何か、適当なものを一つ選びなさい。解答番号 [6]

来日したばかりなのに、日本語がお上手ですね。

① 過去　② 推定　③ 断定　④ 可能

問三　「天衣無縫」の意味として、最も適当なものを選びなさい。解答番号 [7]

① 飾り気がなく、無邪気であること。
② 血気盛んで、怖いもの知らずであること。
③ ひたむきに、一つのことに取り組むこと。
④ おおらかで、物事に動じないこと。

問四　次の漢字を楷書で書いたときに総画数が十三画になるものはどれか、適当なものを一つ選びなさい。解答番号 [8]

① 郭　② 弾　③ 緑　④ 遠

問五　樋口一葉の作品として、適当なものを一つ選びなさい。解答番号 [9]

① 『金色夜叉』　② 『たけくらべ』
③ 『高瀬舟』　④ 『それから』

問六　「弥生《やよい》」とは旧暦何月のことか、適当なものを一つ選びなさい。解答番号 [10]

① 一月　② 三月　③ 六月　④ 九月

問七　「寧為二鶏[A]一、無レ為二牛[B]一」は「寧《むし》ろ鶏[A]と為るも、牛[B]と為る無かれ」と訓読するが、そのとき空欄A・Bに入る漢字の組み合わせとして最も適当なものを選びなさい。解答番号 [11]

① A 鳴・B 馬　② A 尾・B 場
③ A 口・B 後　④ A 鳥・B 士

2020年度／日本大学習志野高等学校（前期）

英語解答

Ⅰ　1　③　　2　①　　3　④　　4　①
　　5　②　　6　③

Ⅱ　〔A〕　7…⑧　8…⑦　9…④　10…①
　　　　11…⓪　12…⑥　13…⑤
　　〔B〕　14…⑥　15…⑦　16…②　17…④
　　〔C〕　①，④

Ⅲ　〔A〕　④　　〔B〕　④　　〔C〕　①
　　〔D〕　②　　〔E〕　③　　〔F〕　③
　　〔G〕　④　　〔H〕　①　　〔I〕　③，⑤
　　〔J〕　②

Ⅳ　〔A〕　1…①　2…③　3…③　4…②
　　　　5…①
　　〔B〕　1…④　2…①　3…③　4…①
　　　　5…③

Ⅴ　1　41…②　42…⑥
　　2　43…⑦　44…④
　　3　45…②　46…⑦
　　4　47…③　48…⑥
　　5　49…④　50…⑤

Ⅵ　1　③　　2　②　　3　②

Ⅶ　54　②　　55　④　　56　⑥　　57　③

Ⅰ〔適語選択〕

1．「公園で野球をするのは規則違反だ。川辺でやろう」　againstには「～に反して」という意味がある。

2．「ピーターは大手自動車会社の有名なエンジニアだ。彼は新車の設計と組み立てに貢献している」　author「作者，著者」　pilot「パイロット」　lawyer「弁護士」

3．「メアリーは3か月後に大学を終える予定だ。卒業した後，彼女はヨーロッパを旅行するつもりだ」　defeat「～を負かす，倒す」　provide「～を提供する」　receive「～を受け取る」

4．「ミカは壊れた椅子について真実を話し，自分のしたことを謝罪した」　expression「表情，表現」　feather「羽，羽毛」　tooth「歯」

5．「『輸入する』とは，別の国からある国へ持ち込まれる製品やサービスのことをいう」　destroy「～を破壊する」　bow「おじぎする」　hate「～をひどく嫌う」

6．「地球温暖化は世界でとても深刻な問題である」　medical「医学の」　alive「生きている，生き生きとした」　religious「宗教の」

Ⅱ〔長文読解総合─ノンフィクション〕

≪全訳≫❶今日，テイラー・スウィフトは世界で最も人気のある歌手の1人であり，ファッション雑誌の表紙モデルでもある。しかし，彼女はいつもそれほど人気があったわけではない。❷テイラー・スウィフトは11歳のときにペンシルベニア州でカントリーミュージックを歌い始めた。カントリーミュージックは通常，大人が楽しむアメリカのより古い音楽の形だ。学校の他の子どもたちが，カントリーミュージックを歌うので彼女は変わっていると思ったのは，このことが理由なのかもしれない。そのうち，こうした友達は彼女と話すのをやめた。❸ある日，彼女は多くの友達をショッピングセンターに行こうと誘ったが，全員が忙しいと言った。そこで，テイラーは母親と一緒に出かけた。彼女たちがそこに着くと，女の子が皆一緒にテイラー抜きで買い物をしているのを見た。その後すぐ，テイラーは学校では独りで昼食を食べるようになった。❹テイラーは，たくさんのカントリーミュージックの歌手やミュージシャンが働くテネシー州の都市ナッシュビルに自分を連れていってくれと両親に頼んだ。両親は，彼女が夢を実現させるのを手助けするため，そこに引っ越すことにした。両親が，彼女は成功できると信じたのは正しかった。14歳で，彼女は大手音楽会社のRCAレコードと契約を結んだ。❺

RCAは，テイラーが大人になるまでは他の人の歌を歌うことを望んだ。テイラーはこれが気に入らなかった。彼女は自分の人生やデートした男の子のことを自分の歌に書いて歌いたかった。レコード会社は，10代の少女が自分の人生について語るのを年配のカントリーミュージックファンが聴きたがるとは思わなかった。❻テイラーはRCAを去り，自分のレコードを発売してくれる小さなレコード会社に入った。彼女の音楽は年配のカントリーミュージックファンだけでなく，10代の若者にも大人気となった。やがて，テイラーは主要なポップスターと見なされ，ふだんはカントリーミュージックを聴かない若者たちも彼女の音楽を愛した。❼ある日，彼女はコンサートを開くためにペンシルベニア州に戻った。当時の学校にいた女の子たちがコンサートに来て，彼女を見て興奮していた。彼女たちはテイラーをスターのように扱い，中学校で彼女と話すのをやめていたことは忘れてしまったようだった。テイラーは自分の人生が変わったことに気づいた。

〔A〕＜適語(句)選択＞7．第7段落最後から2文目に同じ形，内容の部分がある。 stop ～ing「～するのをやめる」 8．直前に「出かけた」とあるので，これに続く内容として「到着した」が適する。「～に到着する」は get to ～や arrive at ～などで表せるが，後ろに there「そこに」など副詞がくる場合，to や at などの前置詞は不要。 9．'ask＋人＋to ～' で「〈人〉に～するよう頼む」。 'take＋人＋to ～'「〈人〉を～に連れていく」 10. 'help＋人＋動詞の原形' で「〈人〉が～するのを手伝う，助ける」。また，'make＋目的語＋動詞の原形' で「～を〔に〕…させる」。 come true「実現する，現実となる」 11. 文と文をつないでいるので，ここには接続詞が入ると推測できる。until は「～まで(ずっと)」という '継続' を表す。なお，by は「～までに」という '期限' を表す前置詞。 12.「10代の少女が自分の人生(　　)」という文脈なので，talk about「～について話す，語る」が適切。 'hear＋目的語＋動詞の原形'「～が…するのを聞く〔聴く〕」 13. 'be動詞＋excited' で「興奮する」。後ろの to see her は '感情の原因' を表す副詞的用法の to不定詞。

〔B〕＜要約文完成＞≪全訳≫テイラー・スウィフトは今日，メジャーなポップスターだが，彼女はペンシルベニアの学校では孤独だった。彼女の友達は，彼女がカントリーミュージックを歌うので，変わっていると思っていたのかもしれない。彼女の両親は彼女が歌手になるのを手助けするため，ナッシュビルに引っ越した。彼女はそこで自分の歌を歌い，カントリーミュージックの歌手として成功した。

＜解説＞14. 第1段落第1文および第6段落最終文参照。 major「主要な」 15. 第3段落最終文参照。 lonely「孤独な」 16. 第4段落第1，2文参照。 17. 第6，7段落の内容から，succeeded「成功した」が適する。

〔C〕＜内容真偽＞①「テイラーの昔の友達は，忙しくてショッピングセンターに行けないと彼女にうそをついた」…○ 第3段落第1～3文に一致する。 ②「テイラーは11歳のとき，ナッシュビルでカントリーミュージックを歌い始めた」…× 第2段落第1文参照。 ③「ナッシュビルはカントリーミュージックの歌手がほとんど見かけられない都市である」…× 第4段落第1文参照。 ④「RCAはテイラーに自分の人生について歌ってほしくなかった」…○ 第5段落第1文および最終文に一致する。 ⑤「テイラーは年配のファンに向けて歌を書くためにRCAを去った」…× 第5段落および第6段落第1文参照。 ⑥「彼女はコンサートを開くためにペンシルベニア州に戻ることはない」…× 第7段落第1文参照。

Ⅲ 〔長文読解総合—説明文〕

≪全訳≫❶暦はとても古い。古代においてもカレンダーがあった。当時の重要人物のグループは4つあり，農民，教会の人々，商人，王族であった。彼らは皆，季節について知る必要があった。彼らにとって季節の変化を理解することはとても重要だった。農民は自分の畑に作物を植えるために季節を知る必要があった。教会の人々にも暦が必要だった。彼らは休日となる日を知りたがった。暦は人々が大切な日を覚えておくのに役立つ。もちろん，商人と国王も仕事のために暦を必要とした。❷暦はどのようにして始まったのか。賢人たちは星と月を研究した。彼らは仕事や農業に携わる人たちに役立つ暦をつくった。彼らは星から始めた。星は季節を教えてくれる。農民は星と，星の変化を観察した。ある星の一群は春になると現れる。そのとき，農民は植えつけの時期だとわかった。❸農民にとって，月もまた重要だった。農民は月のない夜を探した。農民は満月と満月の間の夜の数を記録した。彼らはあるパターンを知ることができた。新月は29日と２分の１日ごとにある。彼らは２回の満月の間の時間を１か月と呼んだ。12か月を１年とした。しかし，29と２分の１に12をかけると354日になる(29.5×12＝354)。そして，１年(地球が太陽の周りをぐるりと１周する時間)は，365日と４分の１日である。そのため，毎年11日と４分の１日の差が生じた。月をもとにしたカレンダーは，問題を引き起こした。❹今日，英語圏では，異なる暦を使用している。それには12の月がある。７つの月には31日ある。４つの月には30日ある。そして，２月は28日ある年が３年で，29日ある年が１年ある。よって，私たちは，４年のうち３年間は，１年が365日ある暦を持っている。366日ある１年はうるう年と呼ばれる。１年は52週だ。１年には４つの季節がある。カレンダー上の色にも意味がある。平日は黒で，休日は赤だ。赤は特別な日だ。人々は毎日カレンダーを使っている。

〔A〕＜単語のアクセント＞Cál-en-dars　①to-géth-er　②vol-un-téer　③con-vén-ient　④díf-fer-ent

〔B〕＜英文解釈＞Theyは前文の「農民，教会の人々，商人，王族」を指す。それぞれの人たちが暦を必要とした理由については，第１段落最後の５文に書かれている。

〔C〕＜適語(句)補充＞「暦は(　　)始まったのか」という内容なので，①How「どのように」が適する。

〔D〕＜単語の意味＞wise「賢い」　funny「おもしろい」　clever「利口な」　stupid「愚かな」　kind「親切な」

〔E〕＜語句解釈＞続く文で，パターンの具体的な内容が説明されている。

〔F〕＜英文解釈＞three years out of fourで「４年のうち３年」。out of 〜で「〜のうち，〜中」を表せる。

〔G〕＜語句解釈＞下線部⑦を含む文の主語である「366日ある１年」，つまり「うるう年」の説明をした文として④「４年ごとに起こり，２月が28日ではなく29日ある年」が適切。

〔H〕＜適語選択＞次の２文に，black「黒」やred「赤」というカレンダー上のcolors「色」についての説明がある。

〔I〕＜内容真偽＞①「古代の人々は季節の変化を知っていたが，まだ暦は持っていなかった」…×　第１段落第２文参照。　②「商人たちははじめ，星と月を研究するためにカレンダーを発明した」…×　このような記述はない。　③「農民たちは星を見て，いつ種をまけばいいかを知った」…○　第２段落終わりの３文に一致する。　④「農民は１週間に夜がいくつあるか数えた」…×　第３段落第３文参照。　⑤「英語圏ではもはや月をもとにした暦は使われていない」…○　第３段落最終文および最終段落第１文に一致する。　⑥「英語圏の国では，特別な休日のいくつかはカレンダー上で黒で表示されている」…×　最終段落終わりから２・３文目参照。

〔J〕＜表題選択＞本文では，古代から現在までの暦の成り立ちなどが説明されているので，②「暦の歴史」が適切。

Ⅳ〔文法総合〕

〔A〕＜適語(句)選択＞

1．picture(s)という名詞を伴う感嘆文の場合，‘What (a/an)＋形容詞＋名詞＋主語＋動詞…!’の形にするのが一般的である。「君がサマーキャンプで撮った写真はなんて美しいんだろう！」

2．「〈人が〉ショックを受ける」は‘be動詞＋shocked’という受け身形で表す。ここでは，‘be動詞’の代わりにlook「～に見える」が使われている。「母親はその光景を見てショックを受けたように見えた」

3．森に対する月の位置関係を表す前置詞としてabove「～の上に」が適切。「森の上には満月が出ていた」

4．three times「3回」と答えているので，頻度や回数を問うHow often「どれくらい」が適切。A：あなたの兄〔弟〕はどれくらい富士山に登っていますか？／B：彼はそこに3回登りました。

5．文脈と選択肢から，「どこに行くべき〔行ったらよいか〕」という内容が入ると推測できる。これはwhere to goで表せる。go shopping「買い物に行く」　A：どこへ買い物に行きましょうか？／B：どこに買い物に行ったらいいか決めましょう。

〔B〕＜誤文訂正＞

1．publishは「出版する」。ここでは「本」が主語になっているので，「出版される」という受け身の意味になるようwill be publishedとするのが正しい。「ジェームズ教授の新しい本がまもなく出版されるそうだ」

2．kind enough to ～で「～してくれるほど親切だ，親切にも～してくれる」。「メアリーは，長距離マラソンの後で冷たい飲み物を私にくれるほど親切だった」

3．一般に，pick up「拾う，車で迎えに行く〔来る〕」の目的語が代名詞の場合，‘pick＋人＋up’の語順になる。よって，picking up meではなくpicking me upが正しい。「明日の朝，船橋駅まで車で迎えに来てもらえますか？」

4．‘It is＋形容詞＋to ～’の構文で，形容詞がwise，kind，politeなど‘人の性質や態度’を表す場合には‘of＋人’となる。よって，for themではなくof themが正しい。「彼らが山の真ん中を流れる危険な川で泳がなかったのは賢明だった」

5．‘keep＋目的語＋～ing’で「…をずっと～しているままにする，～させ続ける」という意味になる。よってkept me waitedではなく，kept me waitingとするのが正しい。「アイリは私を図書館の前で1時間待たせ続けた」

Ⅴ〔整序結合〕

1．「ほとんど注意が払われませんでした」が文の骨組み。Littleには「少しの～しかない，ほとんど～ない」という意味があるので，Little attentionとまとめてこれを主語にする。pay attention to ～で「～に注意を払う」なので，これを‘be動詞＋過去分詞’の受け身形にする。④が不要。

Little attention was paid to his works at that time.

2．Among「～の中に」が前にあるので，Among six personsと始める。これを修飾する「事故で命を奪われた」というまとまりは，過去分詞の形容詞的用法を用いてkilled in the accidentとまとめる。②が不要。ここでは，Among six personsを強調するために前に出したことで，主語と動詞の倒置が起こっている。　Among six persons killed in the accident was a policeman.

3．'show＋人＋～'「〈人〉に～を教える」の形を用いる。「どのバスに乗ったら良いか」は，which to ～「どれを～したらいいか」の which と to の間に名詞を入れて which bus to take とまとめる。①が不要。　He showed the child which bus to take.

4．This is the house「これは家だ」が骨組み。「家」を修飾する「私が 10 年前に住んでいた」というまとまりは，the house を先行詞とし，これに I lived in ten years ago を続ければよい(目的格の関係代名詞が省略されている)。ten years ago という過去を表す語があるので，現在完了は使えない。よって，⑤が不要。　This is the house I lived in ten years ago.

5．「〈人〉に～するよう期待する」は 'expect＋人＋to ～' で表せる。everyone は３人称単数扱いになる。「できるだけ～」は as ～ as possible で表せる。②が不要。　Everyone is expecting him to finish the work as soon as possible.

Ⅵ〔長文読解―要旨把握―案内を見て答える問題〕

≪全訳≫ナンゴクシティパス／ナンゴクシティパスは，路線バス，鉄道やフェリーの移動だけでなく，観光サービスも含む唯一のチケットです。／便利で融通のきく経済的なナンゴクシティパスは，完璧な旅の仲間です。／(有効期間) 3日間，5日間，7日間のチケットがあります／3日間，5日間，7日間のチケットは，8日間以内ならいつでもご利用いただけます。／ご利用希望の日をお選びいただけます――間に日が空いても問題ありません。／3日間チケットはまた，8日間以内に2回お求めいただけます。／チケットに含まれるもの：ナンゴクシティパスのチケットには，以下の乗り放題が含まれます。：・ナンゴクシティ全区間のバスサービス／・ナンゴクシティフェリーサービス／・シティレール電車／他に含まれるもの／・空港連絡鉄道での復路の移動／サービス／大人／子ども※／家族※※／ナンゴクシティパスは8日間にわたってご利用できます。／3日間パス／90 ドル／45 ドル／200 ドル／5日間パス／120 ドル／60 ドル／280 ドル／7日間パス／140 ドル／70 ドル／330 ドル／※子ども：4～15 歳。4歳未満の子ども運賃は無料です。／※※家族：大人2名と同一家族の子どもは何名でもご利用いただけます。／価格の有効期限：2019 年4月1日から 2020 年3月 31 日まで。価格は全て税込みです。／電話：047－469－××××／URL：www.sakurasakusakuhonattona.co.jp

1．「ヒラヤマ夫妻は中学生に英語を教えている。現在彼らと，2人の学生――オカダサユミさん(15 歳)とコバヤシマリナさん(13 歳)――は，英語のスピーチコンテストに参加するためにナンゴクシティを訪れている。彼らは市を周遊するため3日間パスを買うことにした。少なくともいくらかかるか」　大人2名と，その家族ではない子ども2名が3日間パスを買うので，90(ドル)×２＋45(ドル)×２で，合計 270 ドルとなる。　2．「イマイケ家――父，母，3人の子どもたち(全て4歳から9歳の間)――は5日間パスを買うことにした。少なくともいくらかかるか」　家族であれば，大人2名に対し子どもは何人でも家族料金に含まれる。　3．「タカハシさんは5月1日から5月8日までナンゴクシティに滞在する。彼女ができないのは次のうちのどれか」　チケットに含まれるサービスには return transfers on Airport Link Trains「空港連絡鉄道での復路の移動」は含まれているが，②「7日間のチケットを使って空港からホテルに来る」ことはできない。

Ⅶ〔対話文完成―適文選択〕

≪全訳≫❶メアリー(M)：あそこにいる小さな子どもたちを見て。スマートフォンを使っているわ！❷アダムズ(A)：日本はスマートフォンユーザーの国だからね。ここ数年，携帯電話会社はより若い人に携帯電話を売り込み始めたんだ。54これらの会社は新しい顧客を引きつけようとしているのさ。❸M：私は携帯電話会社が本当に理解できない。子どもはスマートフォンを使えるほど成長していないわ。❹A：そうかな？　55僕は，子どもたちに自分の携帯電話を与えるのはいい考えだと思う。親は子どもがどこにいるかいつでも知ることができる。あと，子どもが困ったときに自分で電話をかけることもできるよね。❺M：子どもの生活はシンプルにしておいた方がいいわよ。彼らは本当にすぐに成長するもの。小中学生にスマートフォンは必要ないわ。結局，子どもは親にお金を払わせることになるのよ。もったいないわ。子どもはスマートフォンを持つべきじゃない。❻A：なぜいけないんだい？　子どもたちと簡単に連絡を取ることができるじゃないか。それは僕たちにとっても子どもたちにとってもより安全だと思うな。でも，確かに費用を心配している親も多いよね。56いずれにせよ，親は子どもにスマートフォンを持たせることに責任を負わなければいけないね。❼M：あなたが教師で，授業中にクラスの何人かの生徒がスマートフォンで遊んでいると想像してみてよ。あなたはこの問題をどう解決するの？❽A：マナーも含めて，スマートフォンの使い方を教えるよ。57あとは，若い人たちに，スマートフォンの間違った使い方をしないよう指導する。❾M：ねえ，アダムズ，何してるの⁉　私が話している間にスマートフォンを使わないで！　最初に自分のスマートフォンを手にしたときに教えられた使い方を忘れないで！

54. 携帯電話会社が話題になっている部分なので，②が適切。　attract「～を引きつける」　customer「顧客」　55. 空所の後でアダムズは子どもがスマートフォンを持つことの利点を述べているので，子どもがスマートフォンを持つのはいいことだと述べる④が適切。　56. 空所の前では，子どもに携帯電話を持たせる利点とともに，親が心配する点について述べている。⑥の they は「親」を指しており，親は心配な点についても責任を負ったうえで，子どもにスマートフォンを与えるべきだ，という文脈になっている。　take responsibility for ～「～の責任を負う」　57. 前の段落でメアリーは，自分が教師ならどうするかと問いかけている。したがって，若い人への指導内容を説明した③が適切。

数学解答

1 (1) ア…5　イ…2　ウ…1　エ…5
(2) オ…9　カ…6
(3) キ…8　ク…2
(4) ケ…1　コ…5　サ…6
(5) シ…2　ス…5
(6) セ…1　ソ…2

2 (1) 5　(2) イ…3　ウ…9
(3) エ…7　オ…2

3 (1) ア…3　イ…3
(2) ウ…2　エ…3
(3) オ…5　カ…3　キ…6

4 (1) ア…8　イ…3
(2) ウ…4　エ…3　オ…3
(3) カ…4　キ…3

1〔独立小問集合題〕

(1)＜平方根の計算＞与式 $=(2\sqrt{3}-\sqrt{5})^2-(\sqrt{5}+4\sqrt{3})(2\sqrt{3}-\sqrt{5})+(2\sqrt{3}+\sqrt{5})(2\sqrt{3}-\sqrt{5})$ とし，$2\sqrt{3}-\sqrt{5}=A$ とおくと，与式 $=A^2-(\sqrt{5}+4\sqrt{3})A+(2\sqrt{3}+\sqrt{5})A=A\{A-(\sqrt{5}+4\sqrt{3})+(2\sqrt{3}+\sqrt{5})\}=(2\sqrt{3}-\sqrt{5})(2\sqrt{3}-\sqrt{5}-\sqrt{5}-4\sqrt{3}+2\sqrt{3}+\sqrt{5})=(2\sqrt{3}-\sqrt{5})\times(-\sqrt{5})=5-2\sqrt{15}$ となる。

(2)＜数の性質＞$\sqrt{2020+n^2}=m$ とすると，$2020+n^2=m^2$，$m^2-n^2=2020$，$(m+n)(m-n)=2020$ となる。また，n は2けたの自然数，m は正の整数だから，$m+n$ は正の整数であり，$m-n$ も正の整数となる。$m+n>m-n$ だから，$m+n$，$m-n$ の組は，$(m+n,\ m-n)=(2020,\ 1)$，$(1010,\ 2)$，$(505,\ 4)$，$(404,\ 5)$，$(202,\ 10)$，$(101,\ 20)$が考えられる。$(m+n,\ m-n)=(2020,\ 1)$のとき，$m+n=2020$……①，$m-n=1$……②とし，①－②で m を消去すると，$2n=2019$，$n=\frac{2019}{2}$ となり，2けたの自然数にならないから，適さない。以下同様にして，$(m+n,\ m-n)=(1010,\ 2)$ のとき，$n=504$ となり，適さない。$(m+n,\ m-n)=(505,\ 4)$のとき，$n=\frac{501}{2}$となり，適さない。$(m+n,\ m-n)=(404,\ 5)$のとき，$n=\frac{399}{2}$となり，適さない。$(m+n,\ m-n)=(202,\ 10)$ のとき，$n=96$ となり，2けたの自然数だから適する。$(m+n,\ m-n)=(101,\ 20)$のとき，$n=\frac{81}{2}$となり，適さない。以上より，求める2けたの自然数 n は，$n=96$ である。

(3)＜二次方程式の応用＞右図1で，正方形の土地を ABCD，縦を2m，横を7m 長くした長方形の土地を AEFG とする。AB＝AD＝x(m)とすると，AE＝$x+2$，EF＝AG＝$x+7$ と表せる。△AEF で三平方の定理より，$\mathrm{AE}^2+\mathrm{EF}^2=\mathrm{AF}^2$ だから，$(x+2)^2+(x+7)^2=(5\sqrt{13})^2$ が成り立つ。これを解くと，$x^2+4x+4+x^2+14x+49=325$，$2x^2+18x-272=0$，$x^2+9x-136=0$，$(x-8)(x+17)=0$ より，$x=8$，-17 となる。$x>0$ なので，$x=8$ となり，AB＝AD＝8 である。△ABC は直角二等辺三角形だから，$\mathrm{AC}=\sqrt{2}\mathrm{AB}=\sqrt{2}\times8=8\sqrt{2}$ より，正方形の土地の対角線の長さは $8\sqrt{2}$m である。

図1

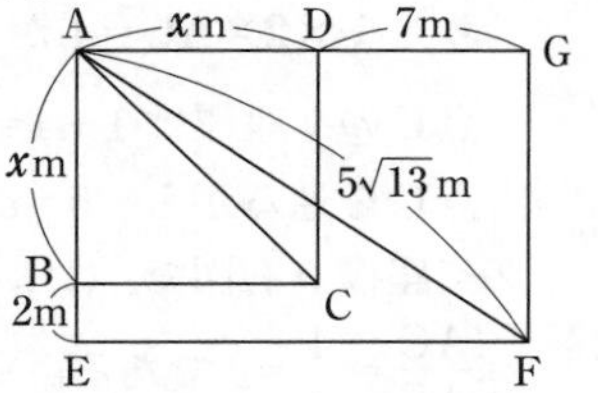

(4)＜一次方程式の応用＞10％の食塩水 300g から食塩水 xg を取り出すと，10％の食塩水が $300-x$g 残る。これに水を xg 加えるので，4.8％の食塩水は $300-x+x=300$(g)となる。水を加えても含まれる食塩の量は変わらないので，10％の食塩水 $300-x$g に含まれる食塩の量と 4.8％の食塩水 300g に含まれる食塩の量は同じである。よって，$(300-x)\times\frac{10}{100}=300\times\frac{48}{1000}$が成り立つ。これを解くと，$100(300-x)=300\times48$，$-100x=-15600$，$x=156$(g)となる。

(5)＜図形―角度＞次ページの図2で，点 B と点 D を結ぶ。$\overset{\frown}{\mathrm{DC}}$に対する円周角より，∠DBC＝∠DAC

$=\angle x$である。$\overset{\frown}{\mathrm{AD}}:\overset{\frown}{\mathrm{DC}}=2:1$だから，$\angle \mathrm{ABD}:\angle \mathrm{DBC}=2:1$より，$\angle \mathrm{ABD}=2\angle \mathrm{DBC}=2\angle x$となり，$\angle \mathrm{ABC}=\angle \mathrm{ABD}+\angle \mathrm{DBC}=2\angle x+\angle x=3\angle x$と表せる。また，△ACPで内角と外角の関係より，$\angle \mathrm{ACB}=\angle \mathrm{PAC}+\angle \mathrm{APC}=\angle x+50°$である。よって，△ABCがAB＝ACの二等辺三角形より，$\angle \mathrm{ABC}=\angle \mathrm{ACB}$だから，$3\angle x=\angle x+50°$が成り立つ。これより，$2\angle x=50°$，$\angle x=25°$となる。

図2

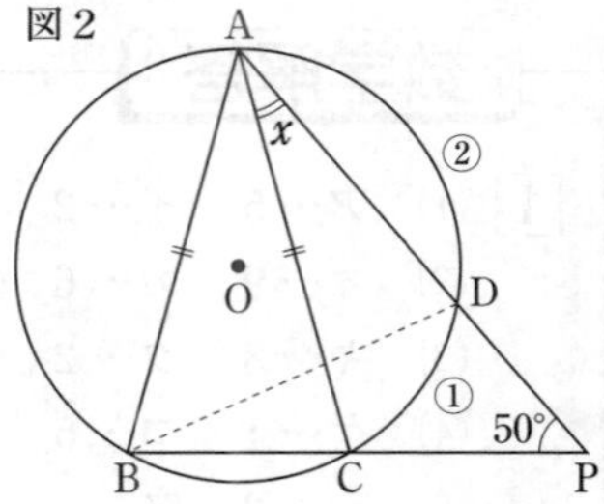

(6)＜確率―硬貨＞2枚の10円硬貨をA，B，3枚の100円硬貨をX，Y，Zとする。5枚の硬貨を同時に投げるとき，それぞれの硬貨は表，裏の2通りの出方があるから，5枚の硬貨の表，裏の出方は全部で，$2\times2\times2\times2\times2=32$(通り)ある。2枚の10円硬貨A，Bの表，裏の出方は(A，B)＝(表，表)，(表，裏)，(裏，表)，(裏，裏)である。これらの場合について，表の出た100円硬貨の枚数が，表の出た10円硬貨の枚数より多くなる場合を考える。(A，B)＝(表，表)のとき，表の出た10円硬貨は2枚だから，100円硬貨は3枚が表であり，(X，Y，Z)＝(表，表，表)の1通りある。(A，B)＝(表，裏)のとき，表の出た10円硬貨は1枚だから，100円硬貨は2枚以上が表であり，(X，Y，Z)＝(表，表，表)，(表，表，裏)，(表，裏，表)，(裏，表，表)の4通りある。(A，B)＝(裏，表)のときも同様に，4通りある。(A，B)＝(裏，裏)のとき，表の出た10円硬貨は0枚だから，100円硬貨は1枚以上が表であり，これは100円硬貨X，Y，Zが全て裏になる場合を除いた場合である。3枚の100円硬貨X，Y，Zの表，裏の出方は$2\times2\times2=8$(通り)，3枚とも裏になる場合は(X，Y，Z)＝(裏，裏，裏)の1通りだから，100円硬貨が1枚以上表となる場合は，$8-1=7$(通り)あり，(A，B)＝(裏，裏)のときは7通りとなる。以上より，表の出る100円硬貨の枚数が，表の出る10円硬貨の枚数より多くなるのは，$1+4+4+7=16$(通り)あるから，求める確率は$\frac{16}{32}=\frac{1}{2}$である。

2 〔関数―関数$y=ax^2$と直線〕

≪基本方針の決定≫(3)　四角形OADBの面積を2等分した面積を求める。

(1)＜比例定数＞右図で，A(1，1)，B(−1，1)より，ABはx軸に平行であり，$\mathrm{AB}=1-(-1)=2$となる。また，ACはy軸に平行だから，∠BAC＝90°である。よって，△ACBの面積が4であることより，$\frac{1}{2}\times2\times\mathrm{AC}=4$が成り立ち，AC＝4となる。A(1，1)だから，点Cのy座標は$1+4=5$となり，C(1，5)である。放物線$y=ax^2$は点Cを通るから，$5=a\times1^2$より，$a=5$となる。

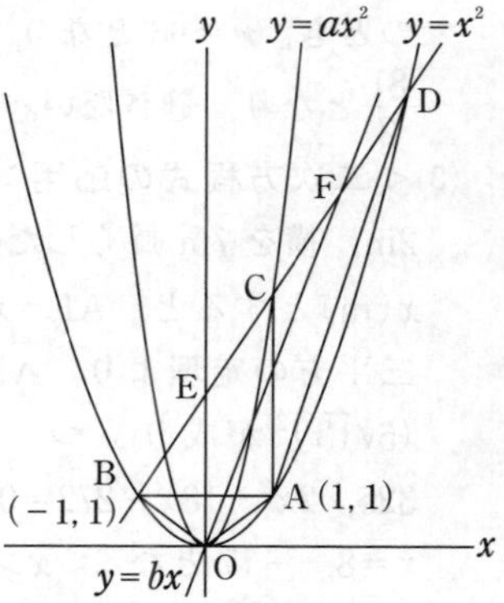

(2)＜座標＞右図で，(1)より，AB＝2，AC＝4だから，直線BCの傾きは$\frac{\mathrm{AC}}{\mathrm{AB}}=\frac{4}{2}=2$である。直線BCの式を$y=2x+k$とおくと，B(−1，1)を通るから，$1=2\times(-1)+k$，$k=3$となり，直線BCの式は$y=2x+3$である。点Dは放物線$y=x^2$と直線$y=2x+3$の交点だから，$x^2=2x+3$，$x^2-2x-3=0$，$(x+1)(x-3)=0$より，$x=-1$，3となり，点Dの$x$座標は3である。$y$座標は$y=3^2=9$より，D(3，9)となる。

(3)＜傾き＞右上図で，BDとy軸の交点をEとする。(1)よりAC＝4であり，(2)より直線BCの切片は3だから，E(0，3)であり，OE＝3である。ACを底辺と見ると△ADCの高さは$3-1=2$，台形OACEの高さは1，OEを底辺と見ると△OBEの高さは$0-(-1)=1$だから，$\triangle \mathrm{ADC}=\frac{1}{2}\times4\times2$

$=4$，〔台形 OACE〕$=\frac{1}{2}\times(4+3)\times1=\frac{7}{2}$，△OBE $=\frac{1}{2}\times3\times1=\frac{3}{2}$ となり，四角形 OADB の面積は，△ADC＋〔台形 OACE〕＋△OBE $=4+\frac{7}{2}+\frac{3}{2}=9$ となる。したがって，直線 $y=bx$ と BD の交点を F とすると，直線 $y=bx$ は四角形 OADB の面積を 2 等分するので，△OFB $=\frac{1}{2}$〔四角形 OADB〕$=\frac{1}{2}\times9=\frac{9}{2}$ となり，△OFE＝△OFB－△OBE $=\frac{9}{2}-\frac{3}{2}=3$ となる。点 F の x 座標を t とおくと，△OFE の面積について，$\frac{1}{2}\times3\times t=3$ が成り立ち，$t=2$ となるので，点 F の x 座標は 2 である。点 F は直線 $y=2x+3$ 上にあるので，$y=2\times2+3=7$ より，F(2, 7) となる。直線 $y=bx$ が点 F を通るから，$7=b\times2$ より，$b=\frac{7}{2}$ である。

3 〔平面図形―長方形〕

≪基本方針の決定≫(1)　△AEP の形状に着目する。　(3)　2 つの三角形に分ける。

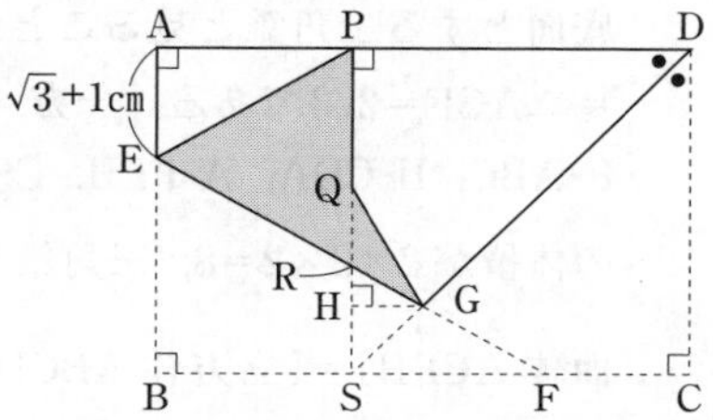

(1)＜長さ―特別な直角三角形＞右図で，EF を折り目として折り曲げていることより，EP＝EB だから，AB＝3AE より，EP＝EB＝AB－AE＝3AE－AE＝2AE となる。よって，∠EAP＝90°，AE：EP＝AE：2AE＝1：2 より，△AEP は 3 辺の比が $1:2:\sqrt{3}$ の直角三角形であり，$\mathrm{AP}=\sqrt{3}\mathrm{AE}=\sqrt{3}\times(\sqrt{3}+1)=\sqrt{3}+3$(cm) となる。

(2)＜長さ＞右上図で，DG を折り目として折り曲げていることより，PQ＝CF，PD＝CD＝AB＝3AE $=3(\sqrt{3}+1)=3\sqrt{3}+3$ となる。よって，BC＝AD＝AP＋PD $=(\sqrt{3}+3)+(3\sqrt{3}+3)=4\sqrt{3}+6$ となる。また，△AEP は 3 辺の比が $1:2:\sqrt{3}$ の直角三角形だから，∠AEP＝60°であり，EF を折り目として折り曲げているので，∠BEF＝∠PEF＝(180°－∠AEP)÷2＝(180°－60°)÷2＝60°となる。∠EBF＝90°だから，△EBF も 3 辺の比が $1:2:\sqrt{3}$ の直角三角形であり，$\mathrm{BF}=\sqrt{3}\mathrm{EB}=\sqrt{3}\times2\mathrm{AE}=\sqrt{3}\times2(\sqrt{3}+1)=6+2\sqrt{3}$ となる。したがって，CF＝BC－BF $=(4\sqrt{3}+6)-(6+2\sqrt{3})=2\sqrt{3}$ となるから，PQ＝$2\sqrt{3}$(cm) である。

(3)＜面積＞右上図で，PQ の延長と EF の交点を R とし，影の部分を△EPR と△GQR に分ける。∠PER＝60°であり，∠APE＝30°，∠DPQ＝∠DCF＝90°より，∠EPR＝180°－∠APE－∠DPQ＝180°－30°－90°＝60°だから，△EPR は正三角形である。よって，PR＝EP＝2AE $=2(\sqrt{3}+1)=2\sqrt{3}+2$ より，△EPR $=\frac{1}{2}\times\mathrm{PR}\times\mathrm{AP}=\frac{1}{2}\times(2\sqrt{3}+2)\times(\sqrt{3}+3)=4\sqrt{3}+6$ となる。次に，PR の延長と辺 BC の交点を S とする。∠DPS＝∠PDC＝∠DCS＝90°，DP＝DC より，四角形 PSCD は正方形となるから，∠PDG＝∠CDG より，DG の延長は点 S を通る。QR＝PR－PQ $=(2\sqrt{3}+2)-2\sqrt{3}=2$ である。また，QS＝PS－PQ $=(3\sqrt{3}+3)-2\sqrt{3}=\sqrt{3}+3$ となる。△EBF は 3 辺の比が $1:2:\sqrt{3}$ の直角三角形だから，∠GFS＝30°より，∠GQS＝∠GFS＝30°となり，∠GSQ $=\frac{1}{2}$∠PSC $=\frac{1}{2}\times90°=45°$ である。よって，点 G から QS に垂線 GH を引くと，△GQH は 3 辺の比が $1:2:\sqrt{3}$ の直角三角形，△GHS は直角二等辺三角形となるから，GH＝SH＝x とおくと，$\mathrm{QH}=\sqrt{3}\mathrm{GH}=\sqrt{3}x$ となる。したがって，SH＋QH＝QS より，$x+\sqrt{3}x=\sqrt{3}+3$ が成り立ち，$x(1+\sqrt{3})=\sqrt{3}(1+\sqrt{3})$，$x=\sqrt{3}$ となる。これより，△GQR $=\frac{1}{2}\times\mathrm{QR}\times\mathrm{GH}=\frac{1}{2}\times2\times\sqrt{3}=\sqrt{3}$ となる。以上より，影をつけた部分の面積は，△EPR＋△GQR $=(4\sqrt{3}+6)+\sqrt{3}=5\sqrt{3}+6$(cm^2) である。

4 〔空間図形―立方体，四面体〕

≪基本方針の決定≫(1)　4つの面は全て合同な正三角形である。　(3)　立方体の全ての頂点を通ることに気づきたい。

図1

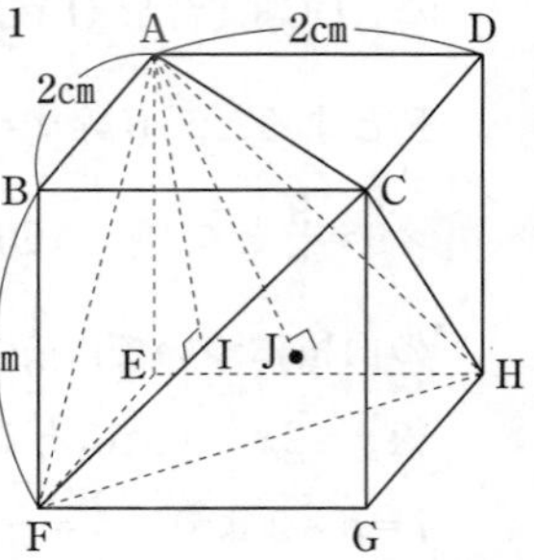

(1)<表面積>右図1で，△ABCは直角二等辺三角形だから，$\mathrm{AC}=\sqrt{2}\mathrm{AB}=\sqrt{2}\times2=2\sqrt{2}$である。同様にして，$\mathrm{AF}=\mathrm{CF}=\mathrm{CH}=\mathrm{AH}=\mathrm{FH}=2\sqrt{2}$である。よって，四面体ACFHの4つの面は全て1辺が$2\sqrt{2}$cmの正三角形である。点AからCFに垂線AIを引くと，△ACIは3辺の比が$1:2:\sqrt{3}$の直角三角形となるから，$\mathrm{AI}=\frac{\sqrt{3}}{2}\mathrm{AC}=\frac{\sqrt{3}}{2}\times2\sqrt{2}=\sqrt{6}$となる。よって，$\triangle\mathrm{ACF}=\frac{1}{2}\times\mathrm{CF}\times\mathrm{AI}=\frac{1}{2}\times2\sqrt{2}\times\sqrt{6}=2\sqrt{3}$となるから，四面体ACFHの表面積は，$4\triangle\mathrm{ACF}=4\times2\sqrt{3}=8\sqrt{3}(\mathrm{cm}^2)$である。

(2)<長さ>右上図1で，点Aから平面CFHに引いた垂線をAJとする。四面体ACFHは△CFHを底面とする三角錐と見ることができるので，AJは三角錐ACFHの高さとなる。(1)より，$\triangle\mathrm{CFH}=\triangle\mathrm{ACF}=2\sqrt{3}$である。一方，四面体ACFHは，立方体ABCD-EFGHから，4つの合同な三角錐F-ABC，H-CDA，A-FEH，C-HGFを除いた立体と見ることができる。よって，立方体ABCD-EFGHの体積が$2\times2\times2=8$，三角錐F-ABCの体積が$\frac{1}{3}\times\triangle\mathrm{ABC}\times\mathrm{BF}=\frac{1}{3}\times\left(\frac{1}{2}\times2\times2\right)\times2=\frac{4}{3}$より，〔四面体ACFH〕=〔立方体ABCD-EFGH〕-4〔三角錐F-ABC〕$=8-4\times\frac{4}{3}=\frac{8}{3}$となる。よって，四面体ACFHの体積について，$\frac{1}{3}\times2\sqrt{3}\times\mathrm{AJ}=\frac{8}{3}$が成り立ち，$\mathrm{AJ}=\frac{4\sqrt{3}}{3}$(cm)となる。

図2

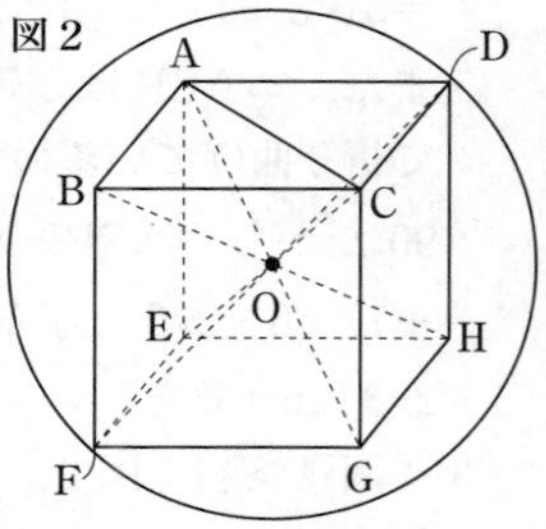

(3)<体積>右図2で，立方体ABCD-EFGHの対角線AG，BH，CE，DFは1点で交わり，その交点をOとすると，点Oは線分AG，BH，CE，DFの中点となり，AG=BH=CE=DFなので，OA=OB=OC=OD=OE=OF=OG=OHとなる。このことより，8点A，B，C，D，E，F，G, Hは全て，点Oを中心とする半径がOAの球の表面上にある。よって，4点A，C，F，Hが表面上にある球は，中心がO，半径がOAである。(1)より$\mathrm{AC}=2\sqrt{2}$であり，$\angle\mathrm{ACG}=90^\circ$だから，△ACGで三平方の定理より，$\mathrm{AG}=\sqrt{\mathrm{AC}^2+\mathrm{CG}^2}=\sqrt{(2\sqrt{2})^2+2^2}=\sqrt{12}=2\sqrt{3}$となり，球の半径は$\mathrm{OA}=\frac{1}{2}\mathrm{AG}=\frac{1}{2}\times2\sqrt{3}=\sqrt{3}$となる。したがって，求める球の体積は，$\frac{4}{3}\pi\times(\sqrt{3})^3=4\sqrt{3}\pi(\mathrm{cm}^3)$である。

＝読者へのメッセージ＝

放物線は，英語でパラボラ(parabola)といいます。パラボラアンテナは放物線の形を利用してつくられています。

2020年度／日本大学習志野高等学校（前期）

国語解答

一　問一　(ア)…③　(イ)…①　(ウ)…②　(エ)…②
(オ)…④
問二　③　問三　①　問四　④
問五　②　問六　②　問七　③

二　問一　④　問二　①　問三　②
問四　②　問五　③　問六　③
問七　④

三　問一　(ア)…④　(イ)…①　問二　①
問三　③　問四　②　問五　①
問六　③　問七　④

四　問一　(ア)…②　(イ)…②　(ウ)…④　(エ)…①
問二　③　問三　③　問四　①
問五　④　問六　④　問七　①

一〔国語の知識〕

問一＜漢字＞(ア)「旋風」と書く。①は「洗練」，②は「遷都」，③は「旋律」，④は「鮮烈」。　(イ)「抵触」と書く。①は「抵抗」，②は「露呈」，③は「提携」，④は「固定」。　(ウ)「利潤」と書く。①は「遵守」，②は「潤沢」，③は「巡業」，④は「準拠」。　(エ)「朗読」と書く。①は「翻弄」，②は「朗報」，③は「回廊」，④は「漏電」。　(オ)「開催」と書く。①は「仲裁」，②は「掲載」，③は「祭儀」，④は「催促」。

問二＜品詞＞「ばかりなのに」の「な」は，断定の助動詞「だ」の連体形。

問三＜四字熟語＞「天衣無縫」は，自然な様子で，純真で無邪気なさま。

問四＜漢字の知識＞「郭」は十一画。「弾」は十二画。「緑」は十四画。

問五＜文学史＞『たけくらべ』は，明治28(1895)年に発表された樋口一葉の小説。『金色夜叉』は，明治35(1902)年に発表された尾崎紅葉の小説。『高瀬舟』は，大正５(1916)年に発表された森鷗外の小説。『それから』は，明治42(1909)年に発表された夏目漱石の小説。

問六＜古典の知識＞月の異名は，一月から順に，睦月，如月，弥生，卯月，皐月(五月)，水無月，文月，葉月，長月，神無月，霜月，師走である。

問七＜故事成語＞「鶏口となるも牛後となるなかれ」は，大きな集団や組織の一構成員でいるよりも，小さな集団の指導者でいる方がよい，という意味。

二〔論説文の読解―哲学的分野―哲学〕出典；桑子敏雄『何のための「教養」か』。

≪本文の概要≫現代はインターネットによって情報の送受信を簡単に行うことができ，地球規模の知のネットワークが形成されている。そして，巨大な知のネットワークに，AIやロボットの技術が加わることで，近い将来，自ら思考する能力を持った人工知能が登場するだろう。このような自律的な人工知能は，人間の想像も及ばないほどの知能を持っているかもしれない。しかし，生身の人間ではない以上，そうした人工知能が，人間にとって適切ではない判断をする恐れもある。だからこそ，自律的な人工知能にどのような力を持たせるのかは，あくまでも人間自身の判断にかかっているのである。科学技術を用いた人間の行為の判断をするうえで，人間は，自分たちの限界をよく自覚しておくべきである。未来を完全に予測することは，人間にはできない。『オイディプス王』の悲劇と同様に，現代人も，有限であることを意識しなくてはならないのである。

問一＜文章内容＞インターネットの発達によって形成された地球規模の巨大な情報網が，人間の脳の「外部記憶装置」として機能するようになり，人々は，自分の知らない知識や情報を簡単に手に入れられるようになった。

問二＜文章内容＞音声入力によって情報を検索できるため，自分の声に応えてくれるスマートフォンが，まるで人格を持っているかのように思えるのである。

問三＜文章内容＞本を書く場合では，書き手が自分の意図を読者に一方向に表現するだけであるが，SNSの場合では，情報の受け手も簡単に発信者となることができる。そのため，書き手と受け手の双方向のコミュニケーションが可能になるだけでなく，容易に情報が広範囲に拡散するようにもなった。

問四＜文章内容＞巨大な情報網と融合した人工知能が，物事を判断するようになった場合，膨大な情報量を駆使した結果，人間にとって予想外の決定をすることがありえるのである。データベースが提案する友人の誕生日プレゼントは，自分が考えるものを超えたものだった(②…○)。

問五＜文章内容＞現代の技術ならば，災害の規模や被害などを予測し，コントロールできると科学者は考えていた。しかし，「東日本大震災」による被害は大きく，その想定は覆された。

問六＜主題＞人間の生には限りがあり，どんなに技術を発達させても，未来を完全に予測することはできない。科学が発展した現代こそ，人間は自らの限界を自覚したうえで，思慮深くあるべきである。

問七＜要旨＞インターネットやSNSを通じ，人々は容易に情報を検索したり，送受信したりすることができるようになった。巨大な情報網とAI技術などが組み合わさることで，人間を超えた人工知能が，近い将来に実現されるかもしれないが，そもそも人間は，全てを完全に予測することができない。最善の選択をしても破局的な結末に至る『オイディプス王』の悲劇にもあるように，人間には限界があることを自覚したうえで，思慮深くあるべきである。

三〔小説の読解〕出典；武田綾乃『君と漕ぐ　ながとろ高校カヌー部』。

問一(ア)＜語句＞「剣呑」は，危なっかしいさま，不安を覚えるさま。希衣と千帆の会話に食い違いが生じており，電車内は，言い争いに発展しそうな雰囲気が漂っている。　(イ)＜慣用句＞「言葉を濁す」は，はっきり言わずにぼかして言う，という意味。恵梨香は，先輩である二人に気を遣い，ペアを組む場合の相手の名前を再度明言することを避けた。

問二＜心情＞希衣は，蘭子の実力の向上に焦りを感じていた。しかし，千帆が蘭子に対するライバル心を感じていない様子だったため，希衣は，千帆の様子に驚くとともに，いらだちが増していくのを感じていた。

問三＜心情＞千帆の爪を見たとき，舞奈は，千帆がカヌー部だけでなく，農園部の活動も大事にしていることを思い出した。

問四＜心情＞結果を重視する希衣は，個人として自分よりも実力のある恵梨香とペアを組むよう千帆に提案した。千帆は，今まで一緒に組んできた自分たちの関係性やペアとしての相性を考えず，結果ばかりにこだわろうとする希衣の考えに驚いたのである。

問五＜文章内容＞恵梨香は，ペアを組む相手について，フォームやパドル数など，希衣や千帆とは別の面を重視して選びたいと考えていた。

問六＜表現＞千帆は，「希衣が追ってる理想の私」に今の自分はなれないし，希衣の期待が重荷であると，希衣に言った。それを聞いた希衣は，千帆に対して申し訳なさを感じるとともに，ともに同じ夢に向かっていると思っていたことを否定され，寂しく思った。

問七＜心情＞千帆は，言い争いの結果，希衣が自分ではなく恵梨香とペアを組むことになった流れを，「いいんだよ，これで」と肯定し，新しい変化が自分たちにとってよいものであると考えようとしている。

四〔古文の読解─評論〕出典；本居宣長『うひ山ぶみ』。

≪現代語訳≫いくら初心者といっても，学問を志すほどの者である以上，何もわからない子どもの心というわけではないので，ある程度，自ら関心を持っている事柄が必ずあるものだ。また，人にはそれぞれ好きなことと嫌いなことがある。また，生まれつき向いている分野とそうでない分野もある。嫌いなことや向いていない分野をやったところで，(他の人と)同じように努力しても，成果を得られることは少ないものである。／また，どんな学問の場合であっても，学び方の順番について，決まりきった考え方にのっとって「こうすればよい」と教えるのは簡単なことであるが，その教えた方法のようにやって，よい成果が出るかはわからないし，意外にも，悪い結果が出ることもあるし，どうなるかはやってみないとわからないのだから，無理に方法を決めつけるのではなく，本人の望むままにさせてやればよいのである。／つまり学問は，長年飽きることなく怠ることもなく，励んで努力することが大事であり，学び方はどんな方法でもよく，そんなに大した問題ではない。どんなに学び方がよくても，怠けて努力をしなかったら意味はない。／そして，才能がある人とそうでない人によっても，成果にだいぶ違いがあるが，才能の有無は生まれつきなので，本人の力だけではどうにもならない。けれども，たいていの場合，たとえ才能がない人でも，怠らずに努力さえすれば，その分だけの成果は出るものである。／また，学び始めるのが遅かった人でも，努力して励めば，思った以上の成果を出すことがある。(忙しくて思うように学ぶ)時間が取れない人でも，意外なことに，時間が余っている人よりも成果を出す場合もあるのである。／だから，才能が不足していることや，学び始めた時期が遅いことや，学ぶ時間が取れないことなどの理由で，諦めて学問をやめてしまってはいけない。とにもかくにも，努力さえすればできるものだと思うのがよい。諦めてしまう心こそが，学問にとって大いによくないものなのだ。

問一＜古語＞(ア)「つとむ」は，努力する，という意味。嫌いなことや向いていない分野について努力をしても，成果は少ない。　(イ)「次第」は，順序のこと。学ぶ順番も決まりきった考え方によるのは簡単だが，それでよい成果が出るとは限らない。　(ウ)「詮ずるところ」は，せんじ詰めたところ，結局，という意味。学問で重要なのは，結局のところ飽きずに努力を続けることである。

(エ)「ともし(乏し)」は，不十分である，少ない，という意味。才能が乏しいことで，諦めて学問をやめてしまってはいけない。

問二＜現代語訳＞「すぢ」は，ここでは事柄のこと。自ら学問をしようと志すほどの人であれば，たとえ学び始めたばかりの人であっても，自分自身が興味を寄せることがあるだろう。

問三＜古文の内容理解＞学問の世界でも，人にはそれぞれ好きなことと嫌いなこと，生まれつき得意な分野と不得意な分野がある。

問四＜古文の内容理解＞学ぶ順番や方法については，よいとされているやり方を押しつけたとしても本人に向いているかはわからず，悪い結果が出ることもある。そのため，方法を無理に決めつけずに本人の希望どおりに学ばせた方がよいのである。

問五＜古文の内容理解＞才能がある人とない人とでは，学んだ成果は変わってくる。才能の有無は生まれつきのものなので，それによる成果の違いは，本人の努力では解決できない。

問六＜古文の内容理解＞たとえ才能がなかったり，学び始めたのが遅かったり，学ぶ時間が限られていたりしても，怠けずに努力を続けることで，一定の成果は出る。そのため，学問で一番大切なのは，諦めずに，やめないで努力することである。

問七＜文学史＞本居宣長は，江戸時代の国学者。井原西鶴は，江戸時代の浮世草子作家，俳諧師。小林一茶は，江戸時代の俳諧師。杉田玄白は，江戸時代の蘭学者，医者。

2020年度 日本大学習志野高等学校（後期）

【英　語】（50分）〈満点：100点〉

Ⅰ　次のそれぞれの英語が説明する語として最も適当なものを，①～⓪の中から１つずつ選びなさい。

1．the upper surface of the inside of a room [1]
2．the state of climate at a certain place and time [2]
3．someone who travels and works in a spacecraft [3]
4．a thick forest in a hot tropical region [4]
5．an area of land that is used for growing crops and keeping animals [5]
6．something that one does for pleasure in his or her free time [6]

① task　② sightseeing　③ hobby　④ jungle　⑤ ceiling
⑥ floor　⑦ temperature　⑧ farm　⑨ weather　⓪ astronaut

Ⅱ　次の英文を読み，[7]～[15]に入れるのに最も適当なものを，①～⑨の中から１つずつ選びなさい。ただし，同一の語は１回ずつしか使用できないものとします。

When I was much younger, I lived in Germany [7] two years. I wanted to see more of Europe while I was there, so I thought it would be a good idea to [8] France during my vacation. About a month before I planned to go, I got a book to study French [9], and when I was ready to leave, I knew some basic expressions, although I had not yet actually spoken with anyone using French. I set out on my adventure, enjoying the beautiful spring weather from the train window. Things went well and I was [10]. As I approached the ＊1 border and prepared to enter France, I began to feel [11], so I decided to have lunch in France. This meant that I would need to speak French. Studying a foreign language is one thing, but then traveling to a foreign country and actually using it is quite [12]. I began to panic. I couldn't remember how to say anything in French! Breathing deeply and [13] helped me relax, and I began to remember some of the expressions I had studied. I began to feel better, but then I began to worry if I might mix up the words, or would perhaps say something ＊2 ridiculous when everyone was watching me. By then I had crossed the border, was arriving at a small town in France, and was very hungry. I got off the train and went into the only restaurant I could find, found I could understand some of the things on the menu, and did my [14] to order my first French lunch. The waiter seemed to understand me, and a few minutes later, brought exactly what I had tried to order, and it was delicious. I had succeeded! Although using French was sometimes [15], from that day on I never worried about using it again, and so was able to enjoy my visit.

＊1　border　国境　　＊2　ridiculous　ばかげた

① difficult　② visit　③ slowly　④ happy　⑤ another
⑥ hungry　⑦ with　⑧ best　⑨ for

Ⅲ　次の英文を読み，〔A〕～〔J〕の問いに答えなさい。

(1)　Everyone hopes the weather will be nice when they go out. Sometimes, the weather is fine in the morning but it rains later in the same day. Is there any way to know how the weather will be ? Yes, you can learn a lot about the weather by (①) the clouds.

(2) Clouds are signs of the weather. Usually, the higher the clouds are, the better the weather will be. (②), the lower the clouds are, the worse the weather will be.

(3) For example, there is a type of cloud called a “*1 cirrus cloud.” This kind of cloud is formed at 6,000 meters (③) the ground. Its shape is long and thin. When cirrus clouds stay high in the sky and move very slowly, ④this means good weather is coming. But if they change into thick and gray clouds and get lower, that means it is going to rain.

(4) There is also a type of cloud called a “cumulus cloud.” Cumulus clouds are found 2,000 meters in the sky. They look like floating balls of white cotton. You often see them on a clear day. But when they get bigger, they change into “⑤cumulonimbus clouds.” That tells you it is going to rain. If it gets dark and you feel a sudden, cool wind, you should leave that area. It means that a storm is coming.

(5) (⑥) clouds, there are two ways to know how the weather will be. First, the colors in the sky can also tell us about the weather. A golden ring around the moon tells us that a storm is coming. When the color of the sunset is *2 pale yellow, it means that rain may be coming. Second, rainbows have a message, too. If you see the sun in the east and a rainbow in the west, this means it is going to rain soon. If the sun is in the west and the rainbow is in the east, the rain will be moving away from you.

(6) Clouds are sign of changing weather. ⑦So are the colors in the sky or rainbows. When you have forgotten to check the weather *3 forecast, just look up into the sky. 【 ⑧ 】

*1 cirrus cloud 巻雲　*2 pale yellow 薄黄色　*3 forecast 予報

〔A〕 文中(①)に入れるのに最も適当なものを，①～④の中から１つ選びなさい。 16

① look at　② looking at　③ looked for　④ to look for

〔B〕 文中(②)に入れるのに最も適当なものを，①～④の中から１つ選びなさい。 17

① To tell the truth　② For instance　③ That is why　④ On the other hand

〔C〕 文中(③)に入れるのに最も適当なものを，①～④の中から１つ選びなさい。 18

① above　② over　③ under　④ below

〔D〕 下線部④の内容として最も適当なものを，①～④の中から１つ選びなさい。 19

① 巻雲の高さと動きだけでは天気の予報ができない。

② 巻雲が空高くゆっくりと動いているのは今の天気が良い証拠である。

③ 巻雲が空高くでゆっくりと動いているときは，これから天気が良くなることを意味している。

④ 天気は巻雲が空高くにあってゆっくりと動いていれば，今まで天気が良かったことを意味している。

〔E〕 下線部⑤が表すイラストとして最も適当なものを，①～④の中から１つ選びなさい。 20

①

②

③

④

〔F〕 文中(⑥)に入れるのに最も適当なものを，①～④の中から１つ選びなさい。 [21]

① In fact　　② In addition to

③ For the most part of　　④ To the contrary

〔G〕 下線部⑦の内容として最も適当なものを，①～④の中から１つ選びなさい。 [22]

① 空の色や虹もまた天気が変わる前兆だ。

② 空の色は天気が変わる印であるが，虹はそうではない。

③ 雲は天気が変わる印を伝えるが，空の色と虹は必ずしもそうではない。

④ 変わりゆく天気は，空の色と虹を見る方が雲を見るよりもわかりやすい。

〔H〕 文中【⑧】に入る英文を，次の日本語を参考にして，下の語(句)を並べかえて完成させなさい。ただし，解答は [23] と [24] に入る番号のみを答えなさい。

「空を見れば天気がどのようになるのかがわかる。」

The sky can [　] [　] [23] [　] [　] [　] [24].

① tell　② the weather　③ be　④ will

⑤ like　⑥ what　⑦ you

〔I〕 各段落を述べられている内容で分けたとき，最も適当なものを①～④の中から１つ選びなさい。 [25]

① (1)—(2)(3)(4)—(5)—(6)　② (1)(2)—(3)—(4)(5)—(6)

③ (1)—(2)(3)—(4)(5)—(6)　④ (1)—(2)—(3)(4)(5)—(6)

〔J〕 本文の内容と一致しないものを，①～⑥の中から２つ選びなさい。 [26] [27]

① Cirrus clouds staying high in the sky and moving slowly are a sign of fine weather.

② Every time you see a rainbow in the sky, you don't have to worry about rain.

③ If the clouds in the sky are lower, the weather will be worse.

④ Not only the colors in the sky but also rainbows tell you about the weather.

⑤ A sudden, cool wind and a golden ring around the moon are a sign of a storm.

⑥ If the rainbow is in the east and the sun is in the opposite side, a storm is coming soon.

IV 次の〔A〕，〔B〕の問いに答えなさい。

〔A〕 次の文中の [28] ～ [32] に入れるのに最も適当なものを，①～④の中から１つずつ選びなさい。

1．While I am away, try to keep the house clean, [28] ?

① do you　② don't you　③ will you　④ shall we

2．There was somebody at the door when I [29] a shower.

① would take　② will take　③ have taken　④ was taking

3．The teacher spoke [30] fast that nobody could understand him.

① very　② so　③ such　④ much

4．If there is anything [31] for you, please let me know.

① I can do　② I can do that

③ that I can do it　④ what I can do

5．A：How do you feel recently ?

B：I'm very busy, and I work [32] everyday.

① hard　② hardly　③ easy　④ easily

〔B〕 次の文中の下線部と最も近い意味になるものを，①～④の中から１つずつ選びなさい。

1．My mother still hasn't really <u>recovered from</u> the death of my father. [33]

① looked after　② taken part in　③ got over　④ put off

2．My wife stands by me when I am in trouble.　[34]

① is against　② supports　③ worries　④ gets angry with

3．This situation calls for quick action.　[35]

① visits　② changes　③ stops　④ requires

4．You were lucky to come by a rare book like this.　[36]

① borrow　② see　③ sell　④ get

5．I can't figure out what he wants to say.　[37]

① understand　② trust　③ hear　④ ignore

Ⅴ　次の英文中の(あ)～(お)の【　】内の語群を，文脈に合うように並べかえなさい。ただし，解答は [38] ～ [47] に入る番号のみを答えなさい。文頭に来るべき語も小文字にしてあります。

Four men must cross a bridge over a deep valley in *1 enemy territory in the middle of the night. The dangerous bridge will hold only two men at once and it is necessary to carry a *2 lantern while crossing it. One of the men takes 5 minutes for the trip across, one takes 10, a third man requires 20, and the last needs 25 minutes. Unfortunately, they have only one lantern among them. They have only 60 minutes before the bridge is blown up. (あ)Now, is【① for　② to　③ possible　④ them　⑤ it】walk across the bridge successfully within 60 minutes?

Think about the Bridge Problem and work on it for a while.

［How to solve this problem］

(い)It is a waste of time if the two quicker men walk slowly【① pace　② order　③ to　④ in　⑤ keep】with the two slower men. So the two slower men should cross the bridge together and only once. (う)【① start　② let　③ men　④ quicker　⑤ the two】together to cross the bridge first. This will take 10 minutes because they have to keep the pace of the slower of the two so that the lantern serves both. (え)Since the lantern must return to the departure side of the valley for the two slower men to use, one of the quicker【① by　② it　③ men　④ back　⑤ brings】himself. It can be either one, but if the quickest man makes the trip, it takes another 5 minutes.

Then the two slower men leave immediately with the lantern, and their crossing lasts 25 minutes. (お)The 10-minute【① who　② man　③ left　④ was　⑤ alone】on the new shore *3 grabs the lantern and crosses the bridge in 10 minutes to pick up his *4 buddy. They travel again across the valley in 10 minutes, and the four men meet together on the far shore just in time to hear the *5 explosion and watch the bridge break into pieces.

＊1 enemy territory　敵地　＊2 lantern　手さげランプ　＊3 grab　つかみ取る
＊4 buddy　仲間　＊5 explosion　爆発

(あ) Now, is【[　　] [38] [　　] [39] [　　]】walk across the bridge successfully within 60 minutes?

(い) It is a waste of time if the two quicker men walk slowly【[　　] [40] [　　] [41] [　　]】with the two slower men.

(う)【[　　] [42] [　　] [43] [　　]】together to cross the bridge first.

(え) Since the lantern must return to the departure side of the valley for the two slower men to use, one of the quicker【[　　] [44] [　　] [45] [　　]】himself.

(お) The 10-minute【 ______ | 46 | ______ | 47 | ______ 】on the new shore grabs the lantern and crosses the bridge in 10 minutes to pick up his buddy.

VI　次のページの広告（advertisement）に関して 48 〜 50 に入れるものとして最も適当なものを，①〜④の中から1つずつ選びなさい。

1．You can [48] on the website of the Nichinara School of Music.
　① order soft drinks
　② request your favorite songs
　③ sell a discount ticket
　④ make reservations for the school bus

2．According to the advertisement, [49].
　① handicapped people don't have to pay for the ticket
　② song requests can be made by phone
　③ you can buy the ticket on the concert day
　④ school buses are available all day on the concert day

3．It costs [50] for a student, his parents and his 10-year-old sister who is handicapped to attend the concert.
　① 14 dollars　② 19 dollars　③ 21 dollars　④ 22 dollars

VII　次の対話文中の 51 〜 54 に入れるのに最も適当なものを，①〜④の中から1つずつ選びなさい。

1．A：I'm going to see my parents tomorrow.
　B：Oh, really? Please [51] hello to them for me.
　① say　② give　③ send　④ tell

2．A：Which style of restaurant would you like to go to tonight, casual or formal?
　B：Casual. [52] going to that newly opened noodle shop?
　① How about　② How come　③ How to　④ However

3．A：I'm going to the supermarket. Can I get you anything?
　B：Well, I need a dozen eggs, some bread, and some milk.
　A：All right. [53]
　B：No, that's all.
　① Is something wrong?　② They all look good.
　③ Anything else?　④ Would you like some?

4．A：You began to grow strawberries by yourself, didn't you?
　B：Yeah. But I have never grown strawberries before. So, I don't know how often I should water the plants.
　A：Don't give too much water. In winter you should just do it about every other day.
　B：[54]
　① Have you ever planted other fruits?
　② I see. I'll keep it in mind.
　③ I'm going to plant them in winter.
　④ Thanks. But I already knew that.

♪ An Evening of Beautiful Music ♪

Students of the Nichinara School of Music invite you to an evening concert.
Saturday, May 16th 18:00 − 21:00
in the school's Main Hall
The hall opens at 17:30

Program

18:00 Greetings from Michael Johnson, Student Representative
18:05 ★Pop & Folk Songs
19:10 *Intermission
19:25 Classical Music
20:55 Greetings from Mr. Cromartie, Principal of the Nichinara School of Music

★We welcome your requests. Please let us know your favorite popular and / or folk songs by postcard or through our website by March 31st. The performers will not be announced until the day of the concert.

Price (One soft drink included)

Children 12 and under : Free
Students : 5 dollars
Adults : 7 dollars
Handicapped people will receive a discount of 2 dollars.
※Tickets are on sale now at the school's front desk, or on the concert day, at the entrance to Main Hall.
You can also book tickets through our website or by phone.

Access

The nearest train station to the Nichinara School of Music is East station.
From there, buses E24 and E25 go to the school.
Our school bus will run from 17:00 to 22:00 on the concert day.
※As parking space is limited, we recommend that you use public transportation if possible.

For bookings and further information,
contact Concert Section, Nichinara School of Music
URL: http://www.nichinaraschoolofmusic.ac.concert.html Tel:(047)-469-××××

＊ Intermission 休憩時間

【数　学】　(50分)　〈満点：100点〉

(注意)　1．三角定規(角度の目盛りのないもの)・コンパスの使用を認めます。

2．解答はすべてマーク方式です。1つの□には1つの数字または符号「－」が入ります。解答カードにマークしなさい。

3．答が分数のときは，約分した形で表しなさい。

4．根号の中は最も簡単な形で表しなさい。例えば，$2\sqrt{8}$ は $4\sqrt{2}$ のように表しなさい。

1　次の□をうめなさい。

(1)　$x=\dfrac{\sqrt{3}}{2}$，$y=-\dfrac{\sqrt{2}}{3}$ のとき，$24x^2y\div(-3xy^2)\times\dfrac{1}{4}x^3y^4=\dfrac{\sqrt{\boxed{ア}}}{\boxed{イ}\boxed{ウ}}$ である。

(2)　0でない数 x，y が，$\dfrac{3}{4}x-y=\dfrac{3x-4y}{7}$ を満たすとき，$x:y$ を最も簡単な整数の比で表すと $\boxed{エ}:\boxed{オ}$ である。

(3)　a を自然数とする。x，y についての連立方程式 $\begin{cases}3ax+\dfrac{1}{2}y=16\\ \dfrac{2x-5y}{48}-\dfrac{x-y}{12}=1\end{cases}$ の解がともに整数となるような a の値は全部で $\boxed{カ}$ 個ある。

(4)　あるクラスの生徒全員が，A高校とB高校の両方を受験した。A高校に合格した人数はそのクラスの $\dfrac{3}{4}$，B高校に合格した人数はそのクラスの $\dfrac{2}{3}$ であった。両方の高校に合格した人数はそのクラスの $\dfrac{1}{2}$ であった。どちらにも合格できなかった人数は3人であった。このクラスの生徒の人数は $\boxed{キ}\boxed{ク}$ 人である。

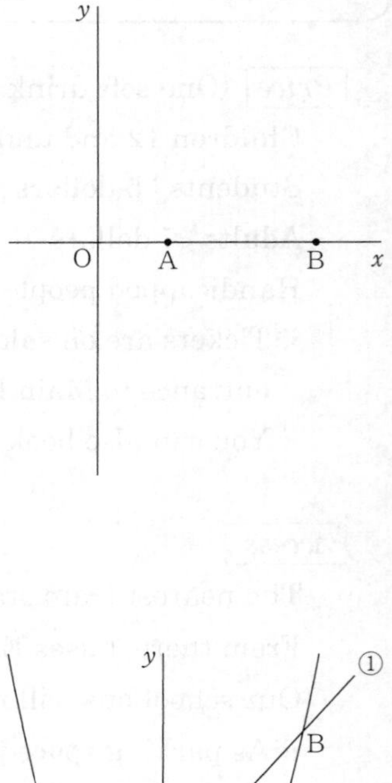

(5)　右図のように，2点 $\mathrm{A}(\sqrt{6}-\sqrt{3},\ 0)$，$\mathrm{B}(\sqrt{6}+\sqrt{3},\ 0)$がある。$y$ 軸上の点Pについて，∠APBが最大となるとき，∠APB＝$\boxed{ケ}\boxed{コ}$ 度である。

(6)　2人の男子A，Bと3人の女子C，D，Eがいる。この5人の中から，くじで2人選ぶとき，少なくとも1人は男子が選ばれる確率は $\dfrac{\boxed{サ}}{\boxed{シ}\boxed{ス}}$ である。

2　右図のように，放物線 $y=2x^2$ がある。直線①がこの放物線と2点A，Bで交わっている。2点A，Bの x 座標がそれぞれ -1，2である。直線②は直線①と平行で，切片が $-\dfrac{1}{2}$ であるとき，この放物線と直線②は点Pだけで接している。ただし，放物線と y 軸に平行でない直線が1点だけを共有するとき，放物線と直線は接しているという。

次の問いに答えなさい。

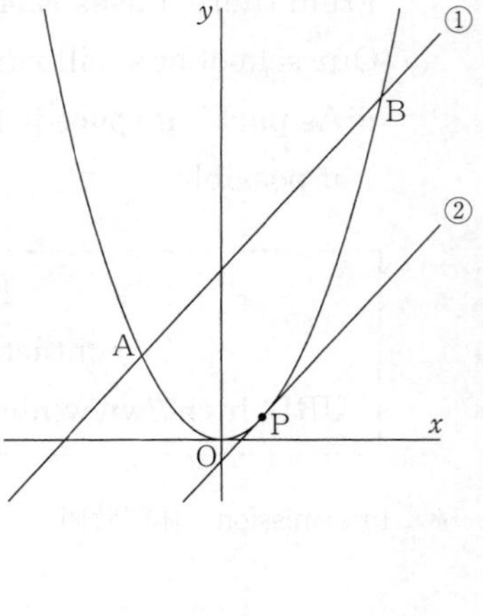

(1)　直線①の式を求めなさい。

答　$y=\boxed{ア}x+\boxed{イ}$

(2) 点Pの座標を求めなさい。

答 $P\left(\frac{\boxed{ウ}}{\boxed{エ}},\ \frac{\boxed{オ}}{\boxed{カ}}\right)$

(3) △PABを直線①のまわりに1回転してできる立体の体積を求めなさい。

答 $\frac{\boxed{キ}\boxed{ク}\sqrt{\boxed{ケ}}}{\boxed{コ}\boxed{サ}}\pi$

3 右図のように，正方形ABCDの対角線の交点をO，線分AOの中点をM，直線DMと辺ABの交点をEとする。

次の問いに答えなさい。

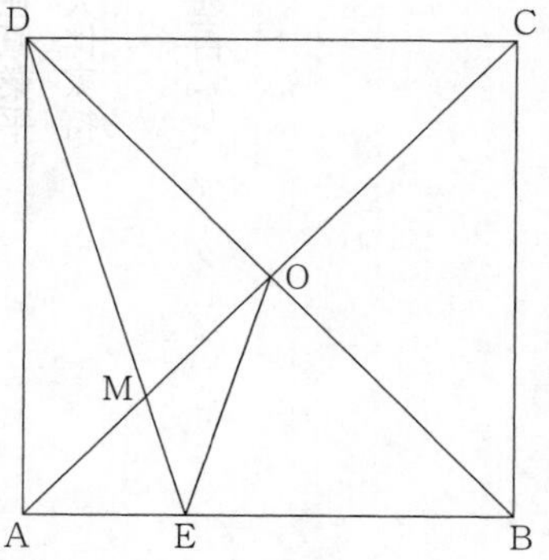

(1) $\frac{AE}{CD}$ の値を求めなさい。

答 $\frac{AE}{CD}=\frac{\boxed{ア}}{\boxed{イ}}$

(2) △CDM，△BEOの面積をそれぞれS_1，S_2とするとき，$\frac{S_1}{S_2}$の値を求めなさい。

答 $\frac{S_1}{S_2}=\frac{\boxed{ウ}}{\boxed{エ}}$

(3) $\frac{EM}{OE}$ の値を求めなさい。

答 $\frac{EM}{OE}=\frac{\boxed{オ}}{\boxed{カ}}$

4 右図のように，1辺の長さが4 cmの正四面体OABCがある。3点P，Q，Rはそれぞれ辺AB，BC，OC上の点である。

次の問いに答えなさい。

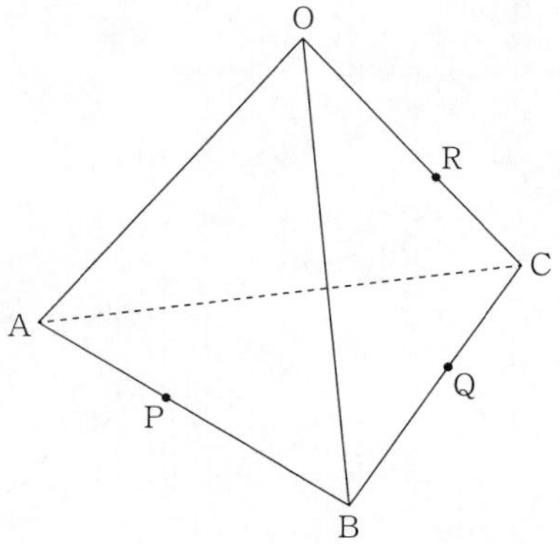

(1) 4つの線分の和OP＋PQ＋QR＋RAの最小値を求めなさい。

答 $\boxed{ア}\sqrt{\boxed{イ}}$ cm

(2) (1)のとき，線分OP，PQの長さをそれぞれ求めなさい。

答 $OP=\frac{\boxed{ウ}\sqrt{\boxed{エ}}}{\boxed{オ}}$ cm

$PQ=\frac{\boxed{カ}\sqrt{\boxed{キ}}}{\boxed{ク}}$ cm

はないでしょう。無理に連れ去られてしまい、今までになく今日は悲しいことですよ。

④ あなたが出て行ったからといって、どうして簡単に忘れることができましょうか。あなたにお会いできない今日は、悲しみに打ちひしがれております。

問六 傍線(D)「いとかくしもあらじ」とあるが、ここから、子の恋心に対する親のどのような思いがうかがえるか、最も適当なものを選びなさい。解答番号 35

① 軽視している　② 当惑している

③ 尊重している　④ 憤慨している

問七 傍線(E)「まどひて願立てけり」の主語として、最も適当なものを選びなさい。解答番号 36

① 男　② 女　③ 親　④ 作者

問八 傍線(F)「さるすける物思ひ」とはどういうことか、最も適当なものを選びなさい。解答番号 37

① かたくなに恋心を抑え込むこと。

② 恋人よりも親を大事にすること。

③ 恋人との別れで傷つくこと。

④ ひたすらに恋を貫き通すこと。

問九 『伊勢物語』の主人公のモデルとされている人物は誰か、最も適当なものを選びなさい。解答番号 38

① 紀貫之　② 在原業平

③ 藤原定家　④ 大伴家持

※解答番号 39 ～ 60 は空白にし、マークしないこと。

四 次の文章を読んで、後の問いに答えなさい。

むかし、若き男、(ア)けしうはあらぬ女を思ひけり。(イ)さかしらする親ありて、(A)思ひもぞつくとて、この女をほかへ追ひやらむとす。さこそいへ、まだ追ひやらず。人の子なれば、まだ心いきほひなかりければ、(B)とどむるいきほひなし。女もいやしければ、(ウ)すまふ力なし。さる間に、思ひはいや［　］にまさる。(エ)にはかに、親、この女を追ひ＊うつ。男、血の涙を流せども、とどむるよしなし。率《ゐ》ていでていぬ。男、泣く泣くよめる。

(C)いでていなばたれか別れのかたからむありしにまさる今日は悲しも

とよみて＊絶え入りにけり。親あわてにけり。なほ思ひてこそいひしか、(D)いとかくしもあらじと思ふに、真実に絶え入りにければ、(E)まどひて願立てけり。今日の＊いりあひばかりに絶え入りて、またの日の戌《いぬ》の時ばかりになむ、からうじていきいでたりける。むかしの若人は、(F)さるすける物思ひをなむしける。今のおきな、まさにしなむや。

（『伊勢物語』より）

（注）＊うつ…すてる。
＊絶え入り…気を失う。
＊いりあひ…日没ごろ。

問一 二重傍線(ア)～(エ)の本文中の意味として、最も適当なものをそれぞれ選びなさい。

(ア)「けしうはあらぬ女」 解答番号 27
① 教養のある女性 ② 人目を引く女性
③ 家柄の悪くない女性 ④ 性格の良くない女性

(イ)「さかしらする親」 解答番号 28
① 厳格過ぎる親 ② お節介な親
③ 逆恨みする親 ④ 体裁を気にする親

(ウ)「すまふ力」 解答番号 29
① 許容する力 ② 生活する力
③ 決断する力 ④ 抵抗する力

(エ)「にはかに」 解答番号 30
① 突然 ② こっそり
③ さりげなく ④ 確実に

問二 傍線(A)「思ひもぞつく」は「思いが募ったら困る」という意味であるが、「思ひ」とは誰のどのような「思ひ」か、その説明として最も適当なものを選びなさい。解答番号 31
① 女の男に対する恋心
② 男の親に対する反抗心
③ 男の女に対する執着心
④ 親の女に対する嫉妬心

問三 傍線(B)「とどむるいきほひなし」とあるが、それはなぜか、最も適当なものを選びなさい。解答番号 32
① 女を愛し続ける覚悟がないから。
② 女とは身分が釣り合わないから。
③ 親から自立できていないから。
④ 二人の関係を認めてもらえないから。

問四 空欄［　］にあてはまる言葉として、最も適当なものを選びなさい。解答番号 33
① まさら ② まさり
③ まさる ④ まされ

問五 傍線(C)の和歌の解釈として、最も適当なものを選びなさい。
解答番号 34
① あなたが連れ去られたとしても、私たち二人を別れさせることは決してできません。これまでのように今日の悲しみも必ず乗り越えられるでしょう。
② あなたと別れずにすむならば、どんな苦しみにも耐えてみせましょう。一人で生きていくことが難しく思われるほどの今日の悲しみですよ。
③ あなたが自ら出て行ったならば、こんなに別れ難く思うこと

司の存在を近くに感じることが心の支えとなっているから。

④　勇司の都合に振り回されてしまうときが多くても、ささいな言葉や動作から勇司の優しさを感じ取ることができるから。

問三　空欄［　　］に入る「苦しさや悔しさをこらえる」という意味の慣用句は何か、最も適当なものを選びなさい。解答番号［22］

①　肝を冷やして　②　歯をくいしばって

③　心を鬼にして　④　地団駄を踏んで

問四　傍線(C)「何だか可笑しくなった」のはなぜか、最も適当なものを選びなさい。解答番号［23］

①　父からの評価を気にするあまり、心を乱していた子どもの頃の自分を思い出し、懐かしく感じているから。

②　勘当された実家に向かっているのに、優しかった父を思い出す自分の緊張感の無さにあきれているから。

③　どんな結果になっても受け止めてくれた父を思い出し、自分の心配が取り越し苦労だったと気付いたから。

④　自分の名に込められた父の願いを思い出し、昔と同じように接してくれるはずだという自信が生まれたから。

問五　傍線(D)「父は自転車のスタンドを立てた。『これ、乗っていけ』」とあるが、ここからうかがえる父の思いはどのようなものか、最も適当なものを選びなさい。解答番号［24］

①　そっけない態度をとることで本心を隠そうとしているが、ヨイを勘当してしまったことを後悔し、今の生活を捨て実家へ戻ってきて欲しいと思っている。

②　自分の反対を押し切って結婚をしたヨイに、突き放した態度をとってしまったが、家族の存在を忘れず困った時は頼って欲しいと考えている。

③　ヨイを目の当たりにした時はいら立ちを隠せなかったが、会話するうちにわだかまりが解消し、懐かしいあの頃に戻れるのではないかと期待している。

④　ヨイと仲たがいをしたままである気まずさから、素直には結婚を祝うことができずにいるが、新しい生活を送り始めたヨイの幸せを願っている。

問六　傍線(E)「お父さん、ヨイは今でも、そうしてこれからもずっと、良い子でいるよ……」とあるが、ここからうかがえるヨイの思いはどのようなものか、最も適当なものを選びなさい。解答番号［25］

①　勇司との結婚に賛成してくれない父を憎んでいたが、結婚祝いに込められた真意に気付き、父の娘であることに誇りを感じている。

②　結婚祝いの墨文字が勇司との生活に対する許しのように感じられたので、自分が父と勇司との関係を取り持っていこうとしている。

③　祝儀袋を目にしたことで父の愛情を再認識し、自分の選択を信じて、これからの勇司との生活を大切にしようと決意している。

④　結婚を正式に認めてもらったことで、これまでの父に対する誤解が解け、その不器用な優しさに気付けなかった自分を責めている。

問七　本文の内容と表現上の特徴を説明したものとして、最も適当なものを選びなさい。解答番号［26］

①　勇司に対する「正体不明」という表現は、父の価値観から外れた理解しがたい存在であることを示している。

②　「俄か雨」の描写は、勇司との突然の出会いによって、ヨイが家族と疎遠になっていくことを暗示している。

③　ヨイとの会話に含まれる「――」には、勘当した娘に対する父の遠慮やとまどいが象徴的に表現されている。

④　「柿の木坂」や「煙草屋」は、勇司との関係に不安を感じるヨイに郷愁を呼び起こさせる情景になっている。

に十円玉を落とした。
電話に出たのは父親だった。傘を取りに来たと用件を告げると、そうかと言って今どこにいるのかと訊《き》いた。「下の煙草屋」というヨイの答えに、そこで待っていろとだけ言って電話を切った。気が抜けるほどあっけなかった。
五分と経たぬうちに、父は古い自転車にまたがって坂を下って来た。脇に黒い傘を抱えている。
「ひとりで来たのか」
父は自転車から降りると、ヨイの顔から目をそらすようにして訊いた。息が白い。
「うん」
「――勘当した娘を、家に上げるわけにはいかん」
「……うん」
父は傘を娘に渡した。短い沈黙があった。
「――お前、歩いて来たのか」
ヨイが黙って頷《うなず》くと、(D)父は自転車のスタンドを立てた。
「これ、乗っていけ」
「え」
「車に気をつけろよ」
父はそう言うと背中を向けた。――お父さん、ちょっと待って。
出かかったことばをあわてて押さえた。
遠ざかっていく焦茶のカーディガンの背中をしばらく見つめたあと、ヨイも自転車を押して反対向きに歩きはじめた。何を期待していたのだろうと思うと、たまらなく淋しくなった。
ヨイが自転車のカゴの中にあるものに気づいたのは、十分ほど歩いたあとだった。ヨイは足をとめて、カゴの中から白い封筒を手に取った。
封のされていない封筒の中からは、分厚い祝儀袋が出てきた。
「……結婚祝い……」
袋の上に書かれた墨文字をそのまま読みあげたヨイの声は、かすれて聞き取れぬほどだった。抱えるようにしていた黒い傘が落ちて、アスファルトの上で音を立てた。ヨイはそのまま路上にうずくまり、傘と祝儀袋を胸に抱いた。
――(E)お父さん、ヨイは今でも、そうしてこれからもずっと、良い子でいるよ……。
心の中でそう呟《つぶや》くと、ヨイは立ちあがり、再び自転車を押して歩き出した。アパートでは、今ごろ勇司が目を覚まし、腹を空《す》かしてヨイの帰りを待っているだろう。

(鷺沢《さぎさわ》　萠《めぐむ》『柿の木坂の雨傘』より)

(注)　＊暗室…写真を現像するため、外部から光が入らないようにした部屋。
＊赤電話…公衆電話。

問一　傍線(A)「雨が降ると憂鬱な気分になってしまう」のはなぜか、最も適当なものを選びなさい。解答番号 20

① 大切な人から借りたものを返せないままでいる後ろめたさに、雨が拍車を掛けたから。
② 疎遠になった家族との関係の修復を、雨にせき立てられているように感じてしまうから。
③ 雨が降ると勘当された日を思い出し、人生の選択に対する後悔の念にとらわれてしまうから。
④ 思い出の品物を厄介な場所に置き去りにしてきたことが、雨によって想起されるから。

問二　傍線(B)「そんな淋しさも、勇司といるということだけで、ヨイには我慢できる」のはなぜか、最も適当なものを選びなさい。
解答番号 21

① 二人の生活の中でヨイの思いが伝わらないことがあっても、勇司と多くの時間を共有することで理解し合えるようになるから。
② 一緒に暮らすことによって、勇司の過去と向き合うことになったものの、愛がある限り二人の関係を維持できると思うから。
③ 二人の暮らしにはヨイの立ち入れない場所があるものの、勇

大学をやめることはないと勇司は言ったけれど、勇司に無理をさせたくなくてヨイは自分からやめた。勇司はそのことについて未《いま》だに文句を言うけれど、ヨイ自身はやめてしまってよかったと思っている。いつでも勇司のそばにいられることがヨイには嬉しい。そんな気分は今のうちだけだと言う人もいるが、たとえ「今のうちだけ」でも、それを経験できることだけでヨイには充分だった。

スーパーマーケットの袋をぶらさげて雨の中を急ぎ、アパートに戻って扉を開けると勇司の靴があった。

「帰ってたの」

部屋に上がりながら声をかけたが返事はなかった。＊暗室だな、と思ってそのまま台所へ行き、買ったものを冷蔵庫にしまいはじめた。

物音に気づいた勇司が暗室から出て来て、ヨイの頭をぽんと叩く。

「いつ帰った」

「ついさっき」

それだけで勇司はまた暗室に戻ってしまう。暗室といっても勇司が押し入れに無理矢理こさえたものだけれど、そこにはヨイは入れない。(B)そんな淋《さび》しさも、勇司といるということだけで、ヨイには我慢できる。

柿の木坂にある実家から傘を取って来ようとヨイが決心したのは、三日間雨が降り続いた次の日だった。

雨が降るたびにヨイの心を重くしていたのは一本の傘である。決して上等なものというわけではないが、黒い細身の傘はヨイにとっては大切なものだった。はじめて勇司に会った日、帰り際に俄《にわ》か雨が降った。黒い傘はそのとき勇司が貸してくれて、そのままヨイが自分のものにしてしまったものなのである。

半年前、ヨイが最後に実家を訪れた日も雨が降っていた。二度と帰って来るなと言われ、[　　]軒先の庇《ひさし》から一歩踏み出したその途端、濡《ぬ》れた舗道がヨイの目に飛びこんで来た。――傘を忘れた。そう気づいたらしゃがみこみたくなった。

結局ヨイは小糠《こぬか》雨の中を小走りに、勇司の待つアパートに帰ったのだったが、その日から一本の傘がヨイの心を占有してしまった。柿の木坂の生まれ育った家にヨイが置き去りにして来てしまったものは、まだたくさんあるけれど、あの傘だけは「今の」自分の家に持って来なければ――なぜかそんなふうに思っていた。

三日のあいだ東京に雨を降らせた灰色の雲は嘘《うそ》のようにどこかへ消え失《う》せてしまい、翌日は冴々《さえざえ》と晴れわたった気持ちのよい日だった。ヨイは勇司には内緒で朝早くアパートを出た。

勇司とヨイのアパートから柿の木坂までは歩けば小一時間ほどである。ヨイは冬の朝独特の淡く白い光の中を、頼りなげな足どりで歩いた。半年ぶりで見る家族の顔を思い浮かべると、ヨイの心は期待と不安でごちゃまぜになる。

冬の朝の住宅街をゆっくり歩いていると、これと似たような思いをしたことがあることにヨイは気づいた。歩きながら長いこと考えて、やっと思い出した。これはまだ小学生の頃、終業式の日に通信簿をもらって帰るときの感じに似ている。そう思ったら(C)何だか可《お》笑《か》しくなった。くすんと笑うと、ピリピリ張りつめていた気持ちが急にほぐれた。

――ヨイは良い子だ。良い子になるように、ヨイと付けたんだぞ。

父はきまってそう言った。持って帰った通信簿の数字がどうであっても。

歩くヨイの前に坂道が見えてきた。柿の木坂という町の名が示すように、このあたりは坂が多い。目の前の坂のふもとには煙草《たばこ》屋がある。坂を昇りつめるともうヨイの実家はすぐである。

ヨイは煙草屋の前に立ち止まって中を覗《のぞ》いた。ヨイが小さいときからおばあちゃんだった煙草屋の女主人は、今でもやっぱりおばあちゃんで、店の奥のこたつに入って小さな背中をまるめている。喉もとまでせりあがってくる懐かしい気持ちは、今のヨイにとっては危険なものである。ヨイは懐かしさを呑《の》みこんで、店先の＊赤電話

① みかん問屋が夏の時期まで、高額の費用をかけて保管するのは、結果的に買い手からの信頼と評判の獲得につながるということを示している。

② みかん問屋が高額な値段でみかんを売りに出したのは、買い手の要望に応えることよりも、みかんの保存コストを優先したということを示している。

③ みかん問屋の言動が東京版と上方版で異なるのは、それぞれの地域における経済活動の違いの表れであり、上方の商人たちの合理的な金銭感覚を表している。

④ みかん問屋の大きくて立派な店構えは、十分な資金を持っている証明であり、みかん問屋の信頼の程度を示すシグナルの役割を果たしている。

問七 本文の内容を説明したものとして、最も適当なものを選びなさい。解答番号 19

① 落語の話題をはじめとした豊富な例を用いることで、多様な視点から論を深めることに成功しており、従来のあり方にとらわれない経済学の新たな可能性を見いだしている。

② 一見すると関連性がない落語と経済を取り上げているが、両者の共通点を見いだしながら論を進めることで、経済学的な視点を持って落語を鑑賞する面白さを主張している。

③ 親しみやすい落語によって読み手の関心を引き、身近な話題に触れながら論を展開することで、人々の日常生活に根付いた経済学の一面をわかりやすく紹介している。

④ 落語の登場人物たちのユニークな言動に注目し、その言動の背景を丁寧に解説していくことで、経済学では捉えきれない人間の行動の本質を明らかにしている。

三 次の文章を読んで、後の問いに答えなさい。

今年の冬はよく雨が降る。寒い日にはみぞれのような、半分凍ったものが音を立てて傘を叩《たた》く。

ヨイはビニールの傘に水滴があたる音を聴きながら、灰色の空を見あげた。ビニール越しの空の雨雲は、石灰のような色をしている。小さな頃から、雨の日のこんな感じが好きだった。雲の上から飛行機の轟音《ごうおん》が鈍く聞こえてきたり、ひとりで歩く舗装道がいつもとは違って変に静かに思えたりするのは、なんだか自分が映画の中にいるようで、いつもヨイを浮き立った気持ちにさせるのだ。

それなのに近ごろのヨイは、(A)雨が降ると憂鬱な気分になってしまう。それは雨そのものがいけないのではなくて、雨が降るとどうしても思い出してしまうことがヨイの胃袋の中に重くのしかかるからだった。

ヨイが最後に父に会ったのは、もう半年も前のことになる。ヨイの父親は六十三歳。三人兄妹の末っ子のヨイは父が四十になってからの娘だったから、兄妹のなかでもいちばん可愛《かわい》がられた。そんなヨイがもう半年も父に会っていないのには理由がある。ヨイは勘当されたのだ。それはヨイが、父の言うところの「正体不明の男」といきなり結婚したからだった。

大学を途中でやめてのことだったから、周りの友人たちも驚いたけれど、ヨイはそれまでずっと、二十歳になるのを待っていたのだ。もともと成人を迎えたらすぐに勇司のところに飛びこむつもりでいた。確信犯の感がある。

勇司はヨイより十一歳年上で、別に正体不明なわけではなく、写真のデザインの仕事をしている。売れっ子というわけにはいかないが、どうにかふたりで食べていける。それでも長いこと仕事がなくて、ぶらぶらしていることもある勇司だから、定年まで地方公務員を勤めあげた父にしてみれば「正体不明」と言いたくなるのも、ヨイにはわかる。けれどヨイの気持ちは止めようがなかった。それは仕方がないことだと思う。

問屋は最初から千両という足下を見た値段を提示している。しかし、上方版ではみかん問屋は、最初は番頭に同情して、タダでみかんをゆずるという提案をする。しかし、番頭が「金に糸目をつけない」と(イ)見栄《みえ》を切ったため、みかん問屋は値段を千両にしたのだ。商人の街だった大阪では、評判がものをいうため、みかん問屋は困っている人の足下を見るような行動をとらなかったのに、番頭が見栄を切ったために、逆に高い値段をみかん問屋がふっかけたのではないだろうか。(D)落語の中には意外に深い経済学の議論が隠れている。

（大竹文雄『競争社会の歩き方』より）

（注）＊繁昌亭…大阪府にある落語などが公演される施設。
＊仲入り…公演などの途中にはさまれる休み時間。
＊鼎談…三人が向かい合って話をすること。
＊天満…大阪市の中心部にある地名。
＊藤谷美和子…女優。

問一 二重傍線(ア)・(イ)の本文中の意味として、最も適当なものをそれぞれ選びなさい。

(ア)「足下を見て」解答番号 12

① 境遇をあわれんで ② 信頼を裏切って
③ 弱点を利用して ④ 思惑を無視して

(イ)「見栄を切った」解答番号 13

① 自分の力を誇示した
② その場しのぎの返答をした
③ 浅はかな態度をとった
④ うわべを取り繕った

問二 空欄□にあてはまる語は何か、最も適当なものを選びなさい。解答番号 14

① 真 ② 奇 ③ 異 ④ 粋

問三 傍線(A)「価格の不思議さ」とはどういうことか、最も適当なものを選びなさい。解答番号 15

① 価格は固定的であり、売買に関わる人々では制御できないということ。
② 価格は売り手の都合で変化し、買い手は一切関与できないということ。
③ 価格は売り手の事情に関係なく、自動的に決定されるということ。
④ 価格は売り手と買い手の双方の思惑により、常に変動するということ。

問四 傍線(B)「持って逃げることに決めた」とあるが、それはなぜか、最も適当なものを選びなさい。解答番号 16

① 若旦那の心の病を治したという話をすれば、値打ちのないみかんでも高く売れると考えたから。
② どんな事情であっても、大旦那たちに季節はずれのみかんを食べさせてはいけないと考えたから。
③ 若旦那の両親は病気ではないので、一房百両のみかんの価値がわかるはずがないと考えたから。
④ 大旦那の個人的な事情が反映された価格で、どこに行ってもみかんが売れると考えたから。

問五 傍線(C)「勝者の呪い」とはどういうことか、最も適当なものを選びなさい。解答番号 17

① オークションにおける勝者の購入価格は、事前の私的価値を上回ってしまうということ。
② オークションにおいては、勝者が品物につけた評価以上の価値は見込まれないということ。
③ オークションでは敗者たちの入札によって、対象の品物に実質以上の価値が与えられるということ。
④ オークションの仕組みは、私的価値よりも市場価値を高騰させるようにできているということ。

問六 傍線(D)とあるが、筆者が指摘する「みかん問屋」における「経済学の議論」として、最も適当なものを選びなさい。解答番号 18

価格よりも高い人が買い手になる。これが交換の利益が発生する理由である。したがって、モノを保有している人は、市場価格よりもそのモノに対する私的価値が大きいからこそ保有しているのである。

特殊な場合には、私的価値に近い価格で取引が行われることがある。千両みかんの場合は、売り手が一人で買い手がどうしても欲しい、という状態なので、売り手は買い手が買ってもいいぎりぎりの値段で売ることができる。言ってみれば、ネットオークションで一番高い値段をつけた人に売るようなものだ。

もっとも高い値段をつけた人が買っているのだから、転売しようとすれば、必ずそれより低い値段しかつかないはずだ。これが、オークションでいう「(C)勝者の呪い」である。「勝者の呪い」というのは、オークションで落札できる人は、その品物の価値を過大に評価した人だから、必ず損をするというものだ。もちろん、オークションで手に入れた品物を転売する気がなければ「勝者の呪い」は発生しない。他人よりも高い私的価値を自分がもっていたとしても、それは自分が損をすることにならない。ところが、転売して儲《もう》けるとか、その品物を使って儲けようという場合には、損失を被るという意味で「勝者の呪い」にかかってしまう。プロ野球選手がどの球団とも選手契約できるフリーエージェントになった場合、複数の球団のなかで一番高い年俸や移籍金をオファーしたところが選手を獲得する。しかし、しばしばその選手の活躍は期待はずれということになりがちだ。

つまり、みかん一個に千両という値段がついたのは、みかんに対する大旦那の私的価値とほぼ等しい金額を、みかん問屋がつけることに成功したからである。売り手独占の状況で、みかん問屋はどうしてもみかんを売らなければならないという状況にはなく、大旦那はどうしても欲しい、という状況であるから、大旦那の私的価値にかなり近い価格がついたのである。それでも、大旦那にとっても私的価値の方が千両という価格よりも高いから、みかんを購入することで得をしている。

競争的な状況であれば、みかんの売り手は多数いるため、売り手間の競争が発生して、市場価格はみかんを売ってもいいぎりぎりの人とみかんを買ってもいいと思うぎりぎりの人の価値が一致する値段で取引される。したがって、それ以外の人々は、私的価値より価格が高い人が売り手になり、逆の人が買い手になることで、大多数の人はみかんの売買によって得をするのである。

ところで、冷凍設備がない時代にもかかわらず、どうしてみかん問屋は、夏までみかんを取っておいたのだろうか。冬がシーズンのみかんは、いくら涼しい倉庫の中とはいえ、冷凍しなければほとんどが腐ってしまう。実際、みかん問屋は、五〇箱のみかんを保管していたが、ほとんどが腐ってしまって、たった一個だけ無傷のみかんがあったのだ。みかん問屋の主人は、みかん問屋である以上、問屋としての信用を守るために、いつお客さんが来てもみかんを売ることができるよう、保存費用をかけてみかんを保管していると主張する。夏にみかんが欲しいという客はほとんどいないにもかかわらず、万一の需要に応えることができることが、みかん問屋の信頼になるというのだ。コストをかけてみかんを夏まで保管していることは、みかん問屋の信頼の程度を示すシグナルの役割を果たしているといえるだろう。ちょうど、簡単には倒産しない銀行であることを示すために、多くの銀行が中心街に立派な建物の本店や支店を建てることと同じである。

さて、夏に一個しかないみかんは、それが存在していることが、みかん問屋のシグナルになっているのであるから、売ってしまってなくなれば、シグナルとしての機能がなくなってしまう。そういう意味ではシグナルを失う機会費用分をみかん問屋は要求することになる。

ただし、どうしてもみかんが欲しいという人の(ア)足下を見てみかんを高く売りつけたという悪い評判がたってしまうと、みかん問屋にとっては望ましくない。実は、東京版と上方版では、みかん問屋が千両という値段をつける経緯が異なっている。東京版ではみかん

11

① 温レ 故レ 而 知レ 新、可ニ 以 為 師一 矣

② 温レ 故 而 知レ 新、可ニ 以 為レ 師 矣

③ 温ニ 故 而一 知レ 新、可 以 為ニ 師 矣一

④ 温レ 故 而ニ 知 新一、可下 以ニ 為 師一 矣上

二　次の文章を読んで、後の問いに答えなさい。

さて、私は「経済は落語より□なり」というテーマで*繁昌亭《はんじょうてい》に出演する機会があった。寄席にしては珍しく、上演されるネタが事前に告知されていた。「道具屋」、「はてなの茶碗《ちゃわん》」、「壺算《つぼざん》」、「千両みかん」という商取引をテーマにした落語である。私が出演したのは、*仲入り後の*鼎談《ていだん》で、上演される落語について経済学的な視点を提供するという役割である。ちなみに、寄席で行われる落語以外の演芸は色物と呼ばれる。鼎談も落語ではないという意味で色物となる。実際、当日の繁昌亭の前には、噺家《はなしか》の名前は「黒」、鼎談出演者である私の名前は「赤」で書かれた看板が出されていた。

繁昌亭で当日上演された噺は、いずれも(A)価格の不思議さを笑いのもとにしたものだ。なかでも、「千両みかん」は、価格と価値の関係をうまく描写している。この話をしっかり読み解くことができれば、あなたの経済学の理解度はかなり高いことになる。

千両みかんの内容を簡単に紹介しよう。八月のある日、呉服屋の若旦那が急に明日をも知れぬ重病になる。医者によれば心の病であり、心に思っていることがかなえば全快するという。大旦那が番頭に、欲しいものを聞き出すように命じると、みかんが食べたい、ということだ。しかし、江戸時代なので、夏にはみかんがない。番頭は、何としてでもみかんを手に入れてこい、と大旦那に言われる。ようやくたどり着いたのが、*天満《てんま》のみかん問屋である。そこで、無傷のみかんが一つ見つかる。みかん問屋が言う値段は千両。番頭は大旦那に相談すると千両でみかんを買えということになった。若旦那は一〇房のうち七房を食べたところで、残りを両親に二房、番頭に一房食べてもらうように、番頭に差し出した。廊下に出たところで、番頭は、「三房で三〇〇両の価値があるみかん」を(B)持って逃げることに決めた。

「千両みかん」の笑いのポイントは、モノやサービスに対する私的価値を共通価値と混同してしまうところである。私たちは、ある品物の価値と言われると、即座にいくらで売れるかという価格のことを思い浮かべる。そういう意味で、価格と価値は同じものだと考えることが多い。この番頭も、大旦那の私的価値としてついた千両という価格を、共通価値と同じだと思い込んでしまったのだ。しかし、少し考えてみればわかるが価格と価値、特に私的価値は異なるものだ。

昔、「一〇〇円でポテトチップスは買えますが、ポテトチップスで一〇〇円は買えません」という*藤谷美和子のテレビCMがあった。一九七六年のことなので、これを知っている人は、それなりに歳《とし》を取っている人だということになる。一〇〇円でポテトチップスが買えても、ポテトチップスは必ずしも一〇〇円で売れないというのは、人によってポテトチップスに与える価値が違うということを意味している。

モノの価値は人によって違う。同じペットボトル一本の水でも、喉が渇いている人とそうでない人では、その価値が全く違うのは明らかだ。ところが、水の価格は人によって異なることはない。一般に、価格というのは、需要と供給で決まる。その時成立する価格というのは、売った人の中でもっとも売りたくない人がぎりぎり売ってもいいと思っている価格であり、買った人の中でもっとも買いたくないと思っていた人が買ってもいいと思っていた価格なのである。ぎりぎり買うことに決めた人以外は、買い手が最大限出してもいいと思っていた価値より安い価格で買っているのだ。だからこそ、売買という交換によって人々は得をするのだ。

あるモノやサービスについて、その私的価値と市場価格を比べて、私的価値の方が価格よりも低い人が売り手になり、私的価値の方が

二〇二〇年度 日本大学習志野高等学校（後期）

【国語】（五〇分）〈満点：一〇〇点〉

一 次の各問いに答えなさい。

問一 次の(ア)～(オ)の傍線部と同一の漢字を用いるものはどれか、それぞれ適当なものを一つずつ選びなさい。

(ア) ユルやかな坂道を下る。解答番号 1
① カンヨウな心の持ち主。
② 登場人物のソウカン図。
③ アンカンとした日常。
④ 規制をカンワする。

(イ) オーケストラをシキする。解答番号 2
① その場に応じたキテンを利かせる。
② 得意分野で才能をハッキする。
③ 環境改善のため市民がケッキする。
④ 成功までのキセキをたどる。

(ウ) シュウトウに準備を進める。解答番号 3
① 驚きのあまりソットウする。
② 人材をトウヨウする。
③ 善後策をケントウする。
④ チャンスがトウライする。

(エ) 意外な人物がトツジョ現れた。解答番号 4
① ビタミンがケツジョした状態。
② 日本国憲法のジョブンを読む。
③ 被災地へのエンジョを行った。
④ 雪道でジョコウ運転を心がける。

(オ) タクジ所に子どもを預ける。解答番号 5
① クッタクのない笑顔。
② 友人をジタクに招いた。
③ 家族でショクタクを囲んだ。
④ 新境地をカイタクする。

問二 次の文の傍線部「れる」と同じ意味・用法のものはどれか、適当なものを一つ選びなさい。解答番号 6

世阿弥は能を大成した人物として知られる。

① 校長先生が卒業式で式辞を読まれる。
② アルバムを開くと昔のことが思い出される。
③ 優勝した選手にトロフィーが贈られる。
④ 研ぎ立ての包丁はよく切れる。

問三 「ささいな働きかけでは、効果がないさま」という意味を表す慣用句として、最も適当なものを選びなさい。解答番号 7
① うどの大木 ② 焼け石に水
③ 木に竹をつぐ ④ 青菜に塩

問四 「決意」と同じ構成になっている熟語はどれか、適当なものを一つ選びなさい。解答番号 8
① 氷解 ② 柔軟 ③ 往復 ④ 観劇

問五 近代俳句の礎を築き、次の句を詠んだ人物として、適当なものを一つ選びなさい。解答番号 9

いくたびも雪の深さを尋ねけり

① 高浜虚子 ② 中村草田男
③ 正岡子規 ④ 種田山頭火

問六 次の和歌の□に入る枕詞として、適当なものを一つ選びなさい。解答番号 10

□神代も聞かず龍田川からくれなゐに水くくるとは

① ちはやぶる ② ひさかたの
③ あかねさす ④ あしびきの

問七 「温故而知新、可以為師矣」を「故《ふる》きを温めて新しきを知れば、以《もっ》て師たるべし」と書き下す場合、正しく返り点が付けられているものはどれか、適当なものを一つ選びなさい。解答番号

2020年度／日本大学習志野高等学校（後期）

英語解答

I　1　⑤　　2　⑨　　3　⓪　　4　④
5　⑧　　6　③

II　7　⑨　　8　②　　9　⑦　　10　④
11　⑥　　12　⑤　　13　③　　14　⑧
15　①

III　〔A〕　②　　〔B〕　④　　〔C〕　①
〔D〕　③　　〔E〕　①　　〔F〕　②
〔G〕　①　　〔H〕　23…⑥　24…⑤
〔I〕　①　　〔J〕　②，⑥

IV　〔A〕　1…③　2…④　3…②　4…①
5…①
〔B〕　1…③　2…②　3…④　4…④
5…①

V　(あ)　38…③　39…④
(い)　40…②　41…⑤
(う)　42…⑤　43…③
(え)　44…⑤　45…④
(お)　46…①　47…③

VI　1　②　　2　③　　3　②

VII　1　①　　2　①　　3　③　　4　②

数学解答

1　(1)　ア…2　イ…1　ウ…2
(2)　エ…4　オ…3　　(3)　4
(4)　キ…3　ク…6
(5)　ケ…4　コ…5
(6)　サ…7　シ…1　ス…0

2　(1)　ア…2　イ…4
(2)　ウ…1　エ…2　オ…1　カ…2
(3)　キ…8　ク…1　ケ…5　コ…2
サ…0

3　(1)　ア…1　イ…3
(2)　ウ…9　エ…4
(3)　オ…1　カ…2

4　(1)　ア…4　イ…7
(2)　ウ…4　エ…7　オ…3　カ…2
キ…7　ク…3

国語解答

一　問一　(ア)…④　(イ)…②　(ウ)…④　(エ)…①
(オ)…①
問二　③　　問三　②　　問四　④
問五　③　　問六　①　　問七　②

二　問一　(ア)…③　(イ)…①　　問二　②
問三　④　　問四　④　　問五　②
問六　①　　問七　③

三　問一　④　　問二　③　　問三　②
問四　①　　問五　④　　問六　③
問七　①

四　問一　(ア)…②　(イ)…②　(ウ)…④　(エ)…①
問二　③　　問三　③　　問四　②
問五　③　　問六　①　　問七　③
問八　④　　問九　②

2025年度用
高校スーパー過去問

■編集人　声の教育社・編集部
■発行所　株式会社　声の教育社
〒162-0814 東京都新宿区新小川町8-15
☎03-5261-5061㈹ FAX03-5261-5062
https://www.koenokyoikusha.co.jp

※本書の内容についての一切の責任は当社にあります。内容・解説・解答その他の質問等は文書にて当社に御郵送くださるようお願いいたします。

カコを追いかけ
ミライをつかめ
「今の説明、もう一回」を何度でも
web過去問
ストリーミング配信による入試問題の解説動画
声の教育社
詳しくはこちらから

日本大学習志野高等学校

別冊解答用紙

丁寧に抜きとって、別冊としてご使用ください。

★合格者最低点

一般

年度	2024
1/17	183
1/18	169

※2024年度より一般入試は1/17、1/18の２回設定。

年度	2023	2022	2021	2020
Ｂ入試（前期Ｂ）	169	180	190	170
後期				208

※2021年度より後期入試は廃止、前期ＢはＢ入試に変更。

※Ｂ入試および前期Ｂは一般入試。

注意

○ 解答用紙は、収録の都合により縮小したものや、小社独自に作成したものもあります。

○ 学校配点は学校発表のもの、推定配点は小社で作成したものです。

○ 無断転載を禁じます。

○ 解答用紙を拡大コピーする場合、表示した拡大率に対応する用紙サイズは以下のとおりです。
101%～102%＝B5　103%～118%＝A4　119%～144%＝B4　145%～167%＝A3
（タイトルと配点表は含みません）

2024年度　日本大学習志野高等学校　1月17日

英語解答用紙

評点
/100

（注）この解答用紙は実物を縮小してあります。Ａ３用紙に152%拡大コピーすると、ほぼ実物大で使用できます。（タイトルと配点表は含みません）

記入上の注意

（1）この解答カードは、折ったり汚したりしないこと。
（2）ＨＢの黒鉛筆を使用し、マークすること。
（3）記入すべきこと以外は、絶対に書かないこと。
（4）マークを訂正するときは、プラスチック消しゴムを使用し、きれいに消すこと。
（5）消しくずは、きれいに取り除くこと。

マークのしかた	
よい例	わるい例
●	◒ ◍ ⊗ ◐

解答番号	解答記入欄（マーク）	解答番号	解答記入欄（マーク）
1	①②③④⑤⑥⑦⑧⑨⓪	26	①②③④⑤⑥⑦⑧⑨⓪
2	①②③④⑤⑥⑦⑧⑨⓪	27	①②③④⑤⑥⑦⑧⑨⓪
3	①②③④⑤⑥⑦⑧⑨⓪	28	①②③④⑤⑥⑦⑧⑨⓪
4	①②③④⑤⑥⑦⑧⑨⓪	29	①②③④⑤⑥⑦⑧⑨⓪
5	①②③④⑤⑥⑦⑧⑨⓪	30	①②③④⑤⑥⑦⑧⑨⓪
6	①②③④⑤⑥⑦⑧⑨⓪	31	①②③④⑤⑥⑦⑧⑨⓪
7	①②③④⑤⑥⑦⑧⑨⓪	32	①②③④⑤⑥⑦⑧⑨⓪
8	①②③④⑤⑥⑦⑧⑨⓪	33	①②③④⑤⑥⑦⑧⑨⓪
9	①②③④⑤⑥⑦⑧⑨⓪	34	①②③④⑤⑥⑦⑧⑨⓪
10	①②③④⑤⑥⑦⑧⑨⓪	35	①②③④⑤⑥⑦⑧⑨⓪
11	①②③④⑤⑥⑦⑧⑨⓪	36	①②③④⑤⑥⑦⑧⑨⓪
12	①②③④⑤⑥⑦⑧⑨⓪	37	①②③④⑤⑥⑦⑧⑨⓪
13	①②③④⑤⑥⑦⑧⑨⓪	38	①②③④⑤⑥⑦⑧⑨⓪
14	①②③④⑤⑥⑦⑧⑨⓪	39	①②③④⑤⑥⑦⑧⑨⓪
15	①②③④⑤⑥⑦⑧⑨⓪	40	①②③④⑤⑥⑦⑧⑨⓪
16	①②③④⑤⑥⑦⑧⑨⓪	41	①②③④⑤⑥⑦⑧⑨⓪
17	①②③④⑤⑥⑦⑧⑨⓪	42	①②③④⑤⑥⑦⑧⑨⓪
18	①②③④⑤⑥⑦⑧⑨⓪	43	①②③④⑤⑥⑦⑧⑨⓪
19	①②③④⑤⑥⑦⑧⑨⓪	44	①②③④⑤⑥⑦⑧⑨⓪
20	①②③④⑤⑥⑦⑧⑨⓪	45	①②③④⑤⑥⑦⑧⑨⓪
21	①②③④⑤⑥⑦⑧⑨⓪	46	①②③④⑤⑥⑦⑧⑨⓪
22	①②③④⑤⑥⑦⑧⑨⓪	47	①②③④⑤⑥⑦⑧⑨⓪
23	①②③④⑤⑥⑦⑧⑨⓪	48	①②③④⑤⑥⑦⑧⑨⓪
24	①②③④⑤⑥⑦⑧⑨⓪	49	①②③④⑤⑥⑦⑧⑨⓪
25	①②③④⑤⑥⑦⑧⑨⓪	50	①②③④⑤⑥⑦⑧⑨⓪

フリガナ	
氏　名	

受験番号				
万	千	百	十	一
①	①	①	①	①
②	②	②	②	②
③	③	③	③	③
④	④	④	④	④
⑤	⑤	⑤	⑤	⑤
⑥	⑥	⑥	⑥	⑥
⑦	⑦	⑦	⑦	⑦
⑧	⑧	⑧	⑧	⑧
⑨	⑨	⑨	⑨	⑨
⓪	⓪	⓪	⓪	⓪

欠席者コード
⓪
この欄はなにも記入しないこと

推定配点	
Ⅰ～Ⅲ　各2点×23 Ⅳ、Ⅴ　各3点×8 Ⅵ～Ⅷ　各2点×15	
100点	計

2024年度　日本大学習志野高等学校　1月17日

数学解答用紙

評点
/100

フリガナ	
氏　名	

記入上の注意

(1)この解答カードは、折ったり汚したりしないこと。
(2)ＨＢの黒鉛筆を使用し、マークすること。
(3)記入すべきこと以外は、絶対に書かないこと。
(4)マークを訂正するときは、プラスチック消しゴムを使用し、きれいに消すこと。
(5)消しくずは、きれいに取り除くこと。

マークのしかた	
よい例	わるい例
●	◓ ⦶ ⊗ ◐

受験番号				
万	千	百	十	一
①	①	①	①	①
②	②	②	②	②
③	③	③	③	③
④	④	④	④	④
⑤	⑤	⑤	⑤	⑤
⑥	⑥	⑥	⑥	⑥
⑦	⑦	⑦	⑦	⑦
⑧	⑧	⑧	⑧	⑧
⑨	⑨	⑨	⑨	⑨
⓪	⓪	⓪	⓪	⓪

問題	解答記号		解答記入欄（マーク）
1	(1)	ア	⊖ ⓪ ① ② ③ ④ ⑤ ⑥ ⑦ ⑧ ⑨
		イ	⊖ ⓪ ① ② ③ ④ ⑤ ⑥ ⑦ ⑧ ⑨
		ウ	⊖ ⓪ ① ② ③ ④ ⑤ ⑥ ⑦ ⑧ ⑨
	(2)	エ	⊖ ⓪ ① ② ③ ④ ⑤ ⑥ ⑦ ⑧ ⑨
		オ	⊖ ⓪ ① ② ③ ④ ⑤ ⑥ ⑦ ⑧ ⑨
	(3)	カ	⊖ ⓪ ① ② ③ ④ ⑤ ⑥ ⑦ ⑧ ⑨
		キ	⊖ ⓪ ① ② ③ ④ ⑤ ⑥ ⑦ ⑧ ⑨
		ク	⊖ ⓪ ① ② ③ ④ ⑤ ⑥ ⑦ ⑧ ⑨
		ケ	⊖ ⓪ ① ② ③ ④ ⑤ ⑥ ⑦ ⑧ ⑨
		コ	⊖ ⓪ ① ② ③ ④ ⑤ ⑥ ⑦ ⑧ ⑨
		サ	⊖ ⓪ ① ② ③ ④ ⑤ ⑥ ⑦ ⑧ ⑨
	(4)	シ	⊖ ⓪ ① ② ③ ④ ⑤ ⑥ ⑦ ⑧ ⑨
	(5)	ス	⊖ ⓪ ① ② ③ ④ ⑤ ⑥ ⑦ ⑧ ⑨
		セ	⊖ ⓪ ① ② ③ ④ ⑤ ⑥ ⑦ ⑧ ⑨
	(6)	ソ	⊖ ⓪ ① ② ③ ④ ⑤ ⑥ ⑦ ⑧ ⑨
		タ	⊖ ⓪ ① ② ③ ④ ⑤ ⑥ ⑦ ⑧ ⑨

問題	解答記号		解答記入欄（マーク）
2	(1)	ア	⊖ ⓪ ① ② ③ ④ ⑤ ⑥ ⑦ ⑧ ⑨
		イ	⊖ ⓪ ① ② ③ ④ ⑤ ⑥ ⑦ ⑧ ⑨
		ウ	⊖ ⓪ ① ② ③ ④ ⑤ ⑥ ⑦ ⑧ ⑨
		エ	⊖ ⓪ ① ② ③ ④ ⑤ ⑥ ⑦ ⑧ ⑨
		オ	⊖ ⓪ ① ② ③ ④ ⑤ ⑥ ⑦ ⑧ ⑨
		カ	⊖ ⓪ ① ② ③ ④ ⑤ ⑥ ⑦ ⑧ ⑨
	(2)	キ	⊖ ⓪ ① ② ③ ④ ⑤ ⑥ ⑦ ⑧ ⑨
		ク	⊖ ⓪ ① ② ③ ④ ⑤ ⑥ ⑦ ⑧ ⑨
	(3)	ケ	⊖ ⓪ ① ② ③ ④ ⑤ ⑥ ⑦ ⑧ ⑨
		コ	⊖ ⓪ ① ② ③ ④ ⑤ ⑥ ⑦ ⑧ ⑨
		サ	⊖ ⓪ ① ② ③ ④ ⑤ ⑥ ⑦ ⑧ ⑨
		シ	⊖ ⓪ ① ② ③ ④ ⑤ ⑥ ⑦ ⑧ ⑨
		ス	⊖ ⓪ ① ② ③ ④ ⑤ ⑥ ⑦ ⑧ ⑨
		セ	⊖ ⓪ ① ② ③ ④ ⑤ ⑥ ⑦ ⑧ ⑨

問題	解答記号		解答記入欄（マーク）
3	(1)	ア	⊖ ⓪ ① ② ③ ④ ⑤ ⑥ ⑦ ⑧ ⑨
		イ	⊖ ⓪ ① ② ③ ④ ⑤ ⑥ ⑦ ⑧ ⑨
		ウ	⊖ ⓪ ① ② ③ ④ ⑤ ⑥ ⑦ ⑧ ⑨
	(2)	エ	⊖ ⓪ ① ② ③ ④ ⑤ ⑥ ⑦ ⑧ ⑨
		オ	⊖ ⓪ ① ② ③ ④ ⑤ ⑥ ⑦ ⑧ ⑨
	(3)	カ	⊖ ⓪ ① ② ③ ④ ⑤ ⑥ ⑦ ⑧ ⑨
		キ	⊖ ⓪ ① ② ③ ④ ⑤ ⑥ ⑦ ⑧ ⑨
		ク	⊖ ⓪ ① ② ③ ④ ⑤ ⑥ ⑦ ⑧ ⑨

問題	解答記号		解答記入欄（マーク）
4	(1)	ア	⊖ ⓪ ① ② ③ ④ ⑤ ⑥ ⑦ ⑧ ⑨
		イ	⊖ ⓪ ① ② ③ ④ ⑤ ⑥ ⑦ ⑧ ⑨
		ウ	⊖ ⓪ ① ② ③ ④ ⑤ ⑥ ⑦ ⑧ ⑨
	(2)	エ	⊖ ⓪ ① ② ③ ④ ⑤ ⑥ ⑦ ⑧ ⑨
		オ	⊖ ⓪ ① ② ③ ④ ⑤ ⑥ ⑦ ⑧ ⑨
		カ	⊖ ⓪ ① ② ③ ④ ⑤ ⑥ ⑦ ⑧ ⑨
		キ	⊖ ⓪ ① ② ③ ④ ⑤ ⑥ ⑦ ⑧ ⑨
		ク	⊖ ⓪ ① ② ③ ④ ⑤ ⑥ ⑦ ⑧ ⑨
		ケ	⊖ ⓪ ① ② ③ ④ ⑤ ⑥ ⑦ ⑧ ⑨
		コ	⊖ ⓪ ① ② ③ ④ ⑤ ⑥ ⑦ ⑧ ⑨
		サ	⊖ ⓪ ① ② ③ ④ ⑤ ⑥ ⑦ ⑧ ⑨
		シ	⊖ ⓪ ① ② ③ ④ ⑤ ⑥ ⑦ ⑧ ⑨
		ス	⊖ ⓪ ① ② ③ ④ ⑤ ⑥ ⑦ ⑧ ⑨

欠席者コード

0

この欄はなにも記入しないこと

（注）この解答用紙は実物を縮小してあります。Ａ３用紙に152%拡大コピーすると、ほぼ実物大で使用できます。（タイトルと配点表は含みません）

推定配点	
1 (1)、(2) 各5点×2　(3) カキ　4点　ク～サ　5点 (4)～(6) 各5点×3 2 (1)、(2) 各7点×2　(3) 各5点×2 3、4 各7点×6〔4(2)は各7点×2〕	
100点	計

二〇二四年度　日本大学習志野高等学校　1月17日

国語解答用紙

評点	/100

（注）この解答用紙は実物を縮小してあります。A３用紙に152%拡大コピーすると、ほぼ実物大で使用できます。（タイトルと配点表は含みません）

記入上の注意

（1）この解答カードは、折ったり汚したりしないこと。
（2）HBの黒鉛筆を使用し、マークすること。
（3）記入すべきこと以外は、絶対に書かないこと。
（4）マークを訂正するときは、プラスチック消しゴムを使用し、きれいに消すこと。
（5）消しくずは、きれいに取り除くこと。

マークのしかた	
よい例	わるい例
●	◌ ⦶ ⊗ ◐

解答番号	解答記入欄（マーク）
21	①②③④⑤⑥⑦⑧⑨⓪
22	①②③④⑤⑥⑦⑧⑨⓪
23	①②③④⑤⑥⑦⑧⑨⓪
24	①②③④⑤⑥⑦⑧⑨⓪
25	①②③④⑤⑥⑦⑧⑨⓪
26	①②③④⑤⑥⑦⑧⑨⓪
27	①②③④⑤⑥⑦⑧⑨⓪
28	①②③④⑤⑥⑦⑧⑨⓪
29	①②③④⑤⑥⑦⑧⑨⓪
30	①②③④⑤⑥⑦⑧⑨⓪
31	①②③④⑤⑥⑦⑧⑨⓪
32	①②③④⑤⑥⑦⑧⑨⓪

解答番号	解答記入欄（マーク）
1	①②③④⑤⑥⑦⑧⑨⓪
2	①②③④⑤⑥⑦⑧⑨⓪
3	①②③④⑤⑥⑦⑧⑨⓪
4	①②③④⑤⑥⑦⑧⑨⓪
5	①②③④⑤⑥⑦⑧⑨⓪
6	①②③④⑤⑥⑦⑧⑨⓪
7	①②③④⑤⑥⑦⑧⑨⓪
8	①②③④⑤⑥⑦⑧⑨⓪
9	①②③④⑤⑥⑦⑧⑨⓪
10	①②③④⑤⑥⑦⑧⑨⓪
11	①②③④⑤⑥⑦⑧⑨⓪
12	①②③④⑤⑥⑦⑧⑨⓪
13	①②③④⑤⑥⑦⑧⑨⓪
14	①②③④⑤⑥⑦⑧⑨⓪
15	①②③④⑤⑥⑦⑧⑨⓪
16	①②③④⑤⑥⑦⑧⑨⓪
17	①②③④⑤⑥⑦⑧⑨⓪
18	①②③④⑤⑥⑦⑧⑨⓪
19	①②③④⑤⑥⑦⑧⑨⓪
20	①②③④⑤⑥⑦⑧⑨⓪

フリガナ	
氏　名	

受験番号				
万	千	百	十	一
①	①	①	①	①
②	②	②	②	②
③	③	③	③	③
④	④	④	④	④
⑤	⑤	⑤	⑤	⑤
⑥	⑥	⑥	⑥	⑥
⑦	⑦	⑦	⑦	⑦
⑧	⑧	⑧	⑧	⑧
⑨	⑨	⑨	⑨	⑨
⓪	⓪	⓪	⓪	⓪

欠席者コード
⓪
この欄はなにも記入しないこと

推定配点		計
	一 各２点×11 二、三 各４点×12 四 問一 各２点×２ 問二 ４点 問三 ３点 問四 ４点 問五 ３点 問六〜問八 各４点×３	100点

２０２４年度　日本大学習志野高等学校　１月18日

英語解答用紙

評点
/100

記入上の注意

（1）この解答カードは，折ったり汚したりしないこと。
（2）ＨＢの黒鉛筆を使用し，マークすること。
（3）記入すべきこと以外は，絶対に書かないこと。
（4）マークを訂正するときは，プラスチック消しゴムを使用し，きれいに消すこと。
（5）消しくずは，きれいに取り除くこと。

マークのしかた	
よい例	わるい例
●	◌ ◌ ⊗ ●

フリガナ	
氏　名	

受験番号				
万	千	百	十	一
①	①	①	①	①
②	②	②	②	②
③	③	③	③	③
④	④	④	④	④
⑤	⑤	⑤	⑤	⑤
⑥	⑥	⑥	⑥	⑥
⑦	⑦	⑦	⑦	⑦
⑧	⑧	⑧	⑧	⑧
⑨	⑨	⑨	⑨	⑨
⓪	⓪	⓪	⓪	⓪

欠席者コード

０

この欄はなにも記入しないこと

解答番号	解答記入欄（マーク）
1	① ② ③ ④ ⑤ ⑥ ⑦ ⑧ ⑨ ⓪
2	① ② ③ ④ ⑤ ⑥ ⑦ ⑧ ⑨ ⓪
3	① ② ③ ④ ⑤ ⑥ ⑦ ⑧ ⑨ ⓪
4	① ② ③ ④ ⑤ ⑥ ⑦ ⑧ ⑨ ⓪
5	① ② ③ ④ ⑤ ⑥ ⑦ ⑧ ⑨ ⓪
6	① ② ③ ④ ⑤ ⑥ ⑦ ⑧ ⑨ ⓪
7	① ② ③ ④ ⑤ ⑥ ⑦ ⑧ ⑨ ⓪
8	① ② ③ ④ ⑤ ⑥ ⑦ ⑧ ⑨ ⓪
9	① ② ③ ④ ⑤ ⑥ ⑦ ⑧ ⑨ ⓪
10	① ② ③ ④ ⑤ ⑥ ⑦ ⑧ ⑨ ⓪
11	① ② ③ ④ ⑤ ⑥ ⑦ ⑧ ⑨ ⓪
12	① ② ③ ④ ⑤ ⑥ ⑦ ⑧ ⑨ ⓪
13	① ② ③ ④ ⑤ ⑥ ⑦ ⑧ ⑨ ⓪
14	① ② ③ ④ ⑤ ⑥ ⑦ ⑧ ⑨ ⓪
15	① ② ③ ④ ⑤ ⑥ ⑦ ⑧ ⑨ ⓪
16	① ② ③ ④ ⑤ ⑥ ⑦ ⑧ ⑨ ⓪
17	① ② ③ ④ ⑤ ⑥ ⑦ ⑧ ⑨ ⓪
18	① ② ③ ④ ⑤ ⑥ ⑦ ⑧ ⑨ ⓪
19	① ② ③ ④ ⑤ ⑥ ⑦ ⑧ ⑨ ⓪
20	① ② ③ ④ ⑤ ⑥ ⑦ ⑧ ⑨ ⓪
21	① ② ③ ④ ⑤ ⑥ ⑦ ⑧ ⑨ ⓪
22	① ② ③ ④ ⑤ ⑥ ⑦ ⑧ ⑨ ⓪
23	① ② ③ ④ ⑤ ⑥ ⑦ ⑧ ⑨ ⓪
24	① ② ③ ④ ⑤ ⑥ ⑦ ⑧ ⑨ ⓪
25	① ② ③ ④ ⑤ ⑥ ⑦ ⑧ ⑨ ⓪

解答番号	解答記入欄（マーク）
26	① ② ③ ④ ⑤ ⑥ ⑦ ⑧ ⑨ ⓪
27	① ② ③ ④ ⑤ ⑥ ⑦ ⑧ ⑨ ⓪
28	① ② ③ ④ ⑤ ⑥ ⑦ ⑧ ⑨ ⓪
29	① ② ③ ④ ⑤ ⑥ ⑦ ⑧ ⑨ ⓪
30	① ② ③ ④ ⑤ ⑥ ⑦ ⑧ ⑨ ⓪
31	① ② ③ ④ ⑤ ⑥ ⑦ ⑧ ⑨ ⓪
32	① ② ③ ④ ⑤ ⑥ ⑦ ⑧ ⑨ ⓪
33	① ② ③ ④ ⑤ ⑥ ⑦ ⑧ ⑨ ⓪
34	① ② ③ ④ ⑤ ⑥ ⑦ ⑧ ⑨ ⓪
35	① ② ③ ④ ⑤ ⑥ ⑦ ⑧ ⑨ ⓪
36	① ② ③ ④ ⑤ ⑥ ⑦ ⑧ ⑨ ⓪
37	① ② ③ ④ ⑤ ⑥ ⑦ ⑧ ⑨ ⓪
38	① ② ③ ④ ⑤ ⑥ ⑦ ⑧ ⑨ ⓪
39	① ② ③ ④ ⑤ ⑥ ⑦ ⑧ ⑨ ⓪
40	① ② ③ ④ ⑤ ⑥ ⑦ ⑧ ⑨ ⓪
41	① ② ③ ④ ⑤ ⑥ ⑦ ⑧ ⑨ ⓪
42	① ② ③ ④ ⑤ ⑥ ⑦ ⑧ ⑨ ⓪
43	① ② ③ ④ ⑤ ⑥ ⑦ ⑧ ⑨ ⓪
44	① ② ③ ④ ⑤ ⑥ ⑦ ⑧ ⑨ ⓪
45	① ② ③ ④ ⑤ ⑥ ⑦ ⑧ ⑨ ⓪
46	① ② ③ ④ ⑤ ⑥ ⑦ ⑧ ⑨ ⓪
47	① ② ③ ④ ⑤ ⑥ ⑦ ⑧ ⑨ ⓪
48	① ② ③ ④ ⑤ ⑥ ⑦ ⑧ ⑨ ⓪
49	① ② ③ ④ ⑤ ⑥ ⑦ ⑧ ⑨ ⓪
50	① ② ③ ④ ⑤ ⑥ ⑦ ⑧ ⑨ ⓪

解答番号	解答記入欄（マーク）
51	① ② ③ ④ ⑤ ⑥ ⑦ ⑧ ⑨ ⓪

（注）この解答用紙は実物を縮小してあります。Ａ３用紙に152%拡大コピーすると，ほぼ実物大で使用できます。（タイトルと配点表は含みません）

推定配点	
Ⅰ，Ⅱ　各２点×22 Ⅲ　各３点×３ Ⅳ　各２点×４ Ⅴ　各３点×３ Ⅵ～Ⅷ　各２点×15	
100点	計

2024年度 日本大学習志野高等学校 1月18日

数学解答用紙

評点
/100

記入上の注意
(1)この解答カードは、折ったり汚したりしないこと。
(2)HBの黒鉛筆を使用し、マークすること。
(3)記入すべきこと以外は、絶対に書かないこと。
(4)マークを訂正するときは、プラスチック消しゴムを使用し、きれいに消すこと。
(5)消しくずは、きれいに取り除くこと。

マークのしかた	
よい例	わるい例
●	◔ ◯ ⊗ ◕

フリガナ	
氏　名	

受験番号				
万	千	百	十	一
①	①	①	①	①
②	②	②	②	②
③	③	③	③	③
④	④	④	④	④
⑤	⑤	⑤	⑤	⑤
⑥	⑥	⑥	⑥	⑥
⑦	⑦	⑦	⑦	⑦
⑧	⑧	⑧	⑧	⑧
⑨	⑨	⑨	⑨	⑨
⓪	⓪	⓪	⓪	⓪

欠席者コード
0
この欄はなにも記入しないこと

問題	解答記号		解答記入欄（マーク）
1	(1)	ア	⊖ ⓪ ① ② ③ ④ ⑤ ⑥ ⑦ ⑧ ⑨
		イ	⊖ ⓪ ① ② ③ ④ ⑤ ⑥ ⑦ ⑧ ⑨
		ウ	⊖ ⓪ ① ② ③ ④ ⑤ ⑥ ⑦ ⑧ ⑨
	(2)	エ	⊖ ⓪ ① ② ③ ④ ⑤ ⑥ ⑦ ⑧ ⑨
		オ	⊖ ⓪ ① ② ③ ④ ⑤ ⑥ ⑦ ⑧ ⑨
	(3)	カ	⊖ ⓪ ① ② ③ ④ ⑤ ⑥ ⑦ ⑧ ⑨
		キ	⊖ ⓪ ① ② ③ ④ ⑤ ⑥ ⑦ ⑧ ⑨
		ク	⊖ ⓪ ① ② ③ ④ ⑤ ⑥ ⑦ ⑧ ⑨
	(4)	ケ	⊖ ⓪ ① ② ③ ④ ⑤ ⑥ ⑦ ⑧ ⑨
	(5)	コ	⊖ ⓪ ① ② ③ ④ ⑤ ⑥ ⑦ ⑧ ⑨
		サ	⊖ ⓪ ① ② ③ ④ ⑤ ⑥ ⑦ ⑧ ⑨
	(6)	シ	⊖ ⓪ ① ② ③ ④ ⑤ ⑥ ⑦ ⑧ ⑨
		ス	⊖ ⓪ ① ② ③ ④ ⑤ ⑥ ⑦ ⑧ ⑨

問題	解答記号		解答記入欄（マーク）
2	(1)	ア	⊖ ⓪ ① ② ③ ④ ⑤ ⑥ ⑦ ⑧ ⑨
		イ	⊖ ⓪ ① ② ③ ④ ⑤ ⑥ ⑦ ⑧ ⑨
	(2)	ウ	⊖ ⓪ ① ② ③ ④ ⑤ ⑥ ⑦ ⑧ ⑨
		エ	⊖ ⓪ ① ② ③ ④ ⑤ ⑥ ⑦ ⑧ ⑨
		オ	⊖ ⓪ ① ② ③ ④ ⑤ ⑥ ⑦ ⑧ ⑨
		カ	⊖ ⓪ ① ② ③ ④ ⑤ ⑥ ⑦ ⑧ ⑨
	(3)	キ	⊖ ⓪ ① ② ③ ④ ⑤ ⑥ ⑦ ⑧ ⑨
		ク	⊖ ⓪ ① ② ③ ④ ⑤ ⑥ ⑦ ⑧ ⑨
	(4)	ケ	⊖ ⓪ ① ② ③ ④ ⑤ ⑥ ⑦ ⑧ ⑨
		コ	⊖ ⓪ ① ② ③ ④ ⑤ ⑥ ⑦ ⑧ ⑨

問題	解答記号		解答記入欄（マーク）
3	(1)	ア	⊖ ⓪ ① ② ③ ④ ⑤ ⑥ ⑦ ⑧ ⑨
		イ	⊖ ⓪ ① ② ③ ④ ⑤ ⑥ ⑦ ⑧ ⑨
	(2)	ウ	⊖ ⓪ ① ② ③ ④ ⑤ ⑥ ⑦ ⑧ ⑨
		エ	⊖ ⓪ ① ② ③ ④ ⑤ ⑥ ⑦ ⑧ ⑨
		オ	⊖ ⓪ ① ② ③ ④ ⑤ ⑥ ⑦ ⑧ ⑨
	(3)	カ	⊖ ⓪ ① ② ③ ④ ⑤ ⑥ ⑦ ⑧ ⑨
		キ	⊖ ⓪ ① ② ③ ④ ⑤ ⑥ ⑦ ⑧ ⑨
		ク	⊖ ⓪ ① ② ③ ④ ⑤ ⑥ ⑦ ⑧ ⑨
		ケ	⊖ ⓪ ① ② ③ ④ ⑤ ⑥ ⑦ ⑧ ⑨

問題	解答記号		解答記入欄（マーク）
4	(1)	ア	⊖ ⓪ ① ② ③ ④ ⑤ ⑥ ⑦ ⑧ ⑨
		イ	⊖ ⓪ ① ② ③ ④ ⑤ ⑥ ⑦ ⑧ ⑨
		ウ	⊖ ⓪ ① ② ③ ④ ⑤ ⑥ ⑦ ⑧ ⑨
		エ	⊖ ⓪ ① ② ③ ④ ⑤ ⑥ ⑦ ⑧ ⑨
		オ	⊖ ⓪ ① ② ③ ④ ⑤ ⑥ ⑦ ⑧ ⑨
	(2)	カ	⊖ ⓪ ① ② ③ ④ ⑤ ⑥ ⑦ ⑧ ⑨
		キ	⊖ ⓪ ① ② ③ ④ ⑤ ⑥ ⑦ ⑧ ⑨
		ク	⊖ ⓪ ① ② ③ ④ ⑤ ⑥ ⑦ ⑧ ⑨
	(3)	ケ	⊖ ⓪ ① ② ③ ④ ⑤ ⑥ ⑦ ⑧ ⑨

(注) この解答用紙は実物を縮小してあります。Ａ３用紙に152%拡大コピーすると、ほぼ実物大で使用できます。(タイトルと配点表は含みません)

推定配点

1 (1)、(2) 各5点×2　(3) 各3点×3　(4)～(6) 各5点×3
2、3 各6点×8〔2 (2)は各6点×2〕
4 (1) 各3点×2　(2)、(3) 各6点×2

100点	計

二〇二四年度　日本大学習志野高等学校　1月18日

国語解答用紙

評点　　/100

記入上の注意

(1)この解答カードは、折ったり汚したりしないこと。
(2)HBの黒鉛筆を使用し、マークすること。
(3)記入すべきこと以外は、絶対に書かないこと。
(4)マークを訂正するときは、プラスチック消しゴムを使用し、きれいに消すこと。
(5)消しくずは、きれいに取り除くこと。

マークのしかた	
よい例	わるい例
●	◔ ⦶ ⊗ ◖

解答番号	解答記入欄（マーク）
1	①②③④⑤⑥⑦⑧⑨⓪
2	①②③④⑤⑥⑦⑧⑨⓪
3	①②③④⑤⑥⑦⑧⑨⓪
4	①②③④⑤⑥⑦⑧⑨⓪
5	①②③④⑤⑥⑦⑧⑨⓪
6	①②③④⑤⑥⑦⑧⑨⓪
7	①②③④⑤⑥⑦⑧⑨⓪
8	①②③④⑤⑥⑦⑧⑨⓪
9	①②③④⑤⑥⑦⑧⑨⓪
10	①②③④⑤⑥⑦⑧⑨⓪
11	①②③④⑤⑥⑦⑧⑨⓪
12	①②③④⑤⑥⑦⑧⑨⓪
13	①②③④⑤⑥⑦⑧⑨⓪
14	①②③④⑤⑥⑦⑧⑨⓪
15	①②③④⑤⑥⑦⑧⑨⓪
16	①②③④⑤⑥⑦⑧⑨⓪
17	①②③④⑤⑥⑦⑧⑨⓪
18	①②③④⑤⑥⑦⑧⑨⓪
19	①②③④⑤⑥⑦⑧⑨⓪
20	①②③④⑤⑥⑦⑧⑨⓪

解答番号	解答記入欄（マーク）
21	①②③④⑤⑥⑦⑧⑨⓪
22	①②③④⑤⑥⑦⑧⑨⓪
23	①②③④⑤⑥⑦⑧⑨⓪
24	①②③④⑤⑥⑦⑧⑨⓪
25	①②③④⑤⑥⑦⑧⑨⓪
26	①②③④⑤⑥⑦⑧⑨⓪
27	①②③④⑤⑥⑦⑧⑨⓪
28	①②③④⑤⑥⑦⑧⑨⓪
29	①②③④⑤⑥⑦⑧⑨⓪
30	①②③④⑤⑥⑦⑧⑨⓪
31	①②③④⑤⑥⑦⑧⑨⓪
32	①②③④⑤⑥⑦⑧⑨⓪
33	①②③④⑤⑥⑦⑧⑨⓪

フリガナ	
氏　名	

受験番号				
万	千	百	十	一
①	①	①	①	①
②	②	②	②	②
③	③	③	③	③
④	④	④	④	④
⑤	⑤	⑤	⑤	⑤
⑥	⑥	⑥	⑥	⑥
⑦	⑦	⑦	⑦	⑦
⑧	⑧	⑧	⑧	⑧
⑨	⑨	⑨	⑨	⑨
⓪	⓪	⓪	⓪	⓪

欠席者コード

⓪

この欄はなにも記入しないこと

推定配点

一　各2点×11
二、三　各4点×13
四　問一　各2点×3　問二、問三　各3点×2　問四、問五　各4点×2
問六　2点　問七　4点

100点	計

2023年度　日本大学習志野高等学校　A・B入試

英語解答用紙

評点 /100

記入上の注意

(1)この解答カードは、折ったり汚したりしないこと。
(2)HBの黒鉛筆を使用し、マークすること。
(3)記入すべきこと以外は、絶対に書かないこと。
(4)マークを訂正するときは、プラスチック消しゴムを使用し、きれいに消すこと。
(5)消しくずは、きれいに取り除くこと。

マークのしかた	
よい例	わるい例
●	◎ ⦶ ⊗ ◐

フリガナ	
氏　名	

受験番号			
千	百	十	一
①	①	①	①
②	②	②	②
③	③	③	③
④	④	④	④
⑤	⑤	⑤	⑤
⑥	⑥	⑥	⑥
⑦	⑦	⑦	⑦
⑧	⑧	⑧	⑧
⑨	⑨	⑨	⑨
⓪	⓪	⓪	⓪

欠席者コード ⓪ この欄はなにも記入しないこと

解答番号	解答記入欄（マーク）
1	① ② ③ ④ ⑤ ⑥ ⑦ ⑧ ⑨ ⓪
2	① ② ③ ④ ⑤ ⑥ ⑦ ⑧ ⑨ ⓪
3	① ② ③ ④ ⑤ ⑥ ⑦ ⑧ ⑨ ⓪
4	① ② ③ ④ ⑤ ⑥ ⑦ ⑧ ⑨ ⓪
5	① ② ③ ④ ⑤ ⑥ ⑦ ⑧ ⑨ ⓪
6	① ② ③ ④ ⑤ ⑥ ⑦ ⑧ ⑨ ⓪
7	① ② ③ ④ ⑤ ⑥ ⑦ ⑧ ⑨ ⓪
8	① ② ③ ④ ⑤ ⑥ ⑦ ⑧ ⑨ ⓪
9	① ② ③ ④ ⑤ ⑥ ⑦ ⑧ ⑨ ⓪
10	① ② ③ ④ ⑤ ⑥ ⑦ ⑧ ⑨ ⓪
11	① ② ③ ④ ⑤ ⑥ ⑦ ⑧ ⑨ ⓪
12	① ② ③ ④ ⑤ ⑥ ⑦ ⑧ ⑨ ⓪
13	① ② ③ ④ ⑤ ⑥ ⑦ ⑧ ⑨ ⓪
14	① ② ③ ④ ⑤ ⑥ ⑦ ⑧ ⑨ ⓪
15	① ② ③ ④ ⑤ ⑥ ⑦ ⑧ ⑨ ⓪
16	① ② ③ ④ ⑤ ⑥ ⑦ ⑧ ⑨ ⓪
17	① ② ③ ④ ⑤ ⑥ ⑦ ⑧ ⑨ ⓪
18	① ② ③ ④ ⑤ ⑥ ⑦ ⑧ ⑨ ⓪
19	① ② ③ ④ ⑤ ⑥ ⑦ ⑧ ⑨ ⓪
20	① ② ③ ④ ⑤ ⑥ ⑦ ⑧ ⑨ ⓪
21	① ② ③ ④ ⑤ ⑥ ⑦ ⑧ ⑨ ⓪
22	① ② ③ ④ ⑤ ⑥ ⑦ ⑧ ⑨ ⓪
23	① ② ③ ④ ⑤ ⑥ ⑦ ⑧ ⑨ ⓪
24	① ② ③ ④ ⑤ ⑥ ⑦ ⑧ ⑨ ⓪
25	① ② ③ ④ ⑤ ⑥ ⑦ ⑧ ⑨ ⓪

解答番号	解答記入欄（マーク）
26	① ② ③ ④ ⑤ ⑥ ⑦ ⑧ ⑨ ⓪
27	① ② ③ ④ ⑤ ⑥ ⑦ ⑧ ⑨ ⓪
28	① ② ③ ④ ⑤ ⑥ ⑦ ⑧ ⑨ ⓪
29	① ② ③ ④ ⑤ ⑥ ⑦ ⑧ ⑨ ⓪
30	① ② ③ ④ ⑤ ⑥ ⑦ ⑧ ⑨ ⓪
31	① ② ③ ④ ⑤ ⑥ ⑦ ⑧ ⑨ ⓪
32	① ② ③ ④ ⑤ ⑥ ⑦ ⑧ ⑨ ⓪
33	① ② ③ ④ ⑤ ⑥ ⑦ ⑧ ⑨ ⓪
34	① ② ③ ④ ⑤ ⑥ ⑦ ⑧ ⑨ ⓪
35	① ② ③ ④ ⑤ ⑥ ⑦ ⑧ ⑨ ⓪
36	① ② ③ ④ ⑤ ⑥ ⑦ ⑧ ⑨ ⓪
37	① ② ③ ④ ⑤ ⑥ ⑦ ⑧ ⑨ ⓪
38	① ② ③ ④ ⑤ ⑥ ⑦ ⑧ ⑨ ⓪
39	① ② ③ ④ ⑤ ⑥ ⑦ ⑧ ⑨ ⓪
40	① ② ③ ④ ⑤ ⑥ ⑦ ⑧ ⑨ ⓪
41	① ② ③ ④ ⑤ ⑥ ⑦ ⑧ ⑨ ⓪
42	① ② ③ ④ ⑤ ⑥ ⑦ ⑧ ⑨ ⓪
43	① ② ③ ④ ⑤ ⑥ ⑦ ⑧ ⑨ ⓪
44	① ② ③ ④ ⑤ ⑥ ⑦ ⑧ ⑨ ⓪
45	① ② ③ ④ ⑤ ⑥ ⑦ ⑧ ⑨ ⓪
46	① ② ③ ④ ⑤ ⑥ ⑦ ⑧ ⑨ ⓪
47	① ② ③ ④ ⑤ ⑥ ⑦ ⑧ ⑨ ⓪
48	① ② ③ ④ ⑤ ⑥ ⑦ ⑧ ⑨ ⓪
49	① ② ③ ④ ⑤ ⑥ ⑦ ⑧ ⑨ ⓪
50	① ② ③ ④ ⑤ ⑥ ⑦ ⑧ ⑨ ⓪

（注）この解答用紙は実物を縮小してあります。A３用紙に152%拡大コピーすると、ほぼ実物大で使用できます。（タイトルと配点表は含みません）

推定配点	
Ⅰ〜Ⅶ 各2点×44　Ⅷ 各4点×3	
100点	計

2023年度 日本大学習志野高等学校 A・B入試

数学解答用紙

評点
/100

記入上の注意

(1)この解答カードは、折ったり汚したりしないこと。
(2)HBの黒鉛筆を使用し、マークすること。
(3)記入すべきこと以外は、絶対に書かないこと。
(4)マークを訂正するときは、プラスチック消しゴムを使用し、きれいに消すこと。
(5)消しくずは、きれいに取り除くこと。

マークのしかた	
よい例	わるい例
●	○ ○ ⊗ ●

フリガナ	
氏　名	

受験番号			
千	百	十	一
1	1	1	1
2	2	2	2
3	3	3	3
4	4	4	4
5	5	5	5
6	6	6	6
7	7	7	7
8	8	8	8
9	9	9	9
0	0	0	0

問題	解答記号		解答記入欄（マーク）
1	(1)	ア	− 0 1 2 3 4 5 6 7 8 9
		イ	− 0 1 2 3 4 5 6 7 8 9
	(2)	ウ	− 0 1 2 3 4 5 6 7 8 9
		エ	− 0 1 2 3 4 5 6 7 8 9
		オ	− 0 1 2 3 4 5 6 7 8 9
		カ	− 0 1 2 3 4 5 6 7 8 9
		キ	− 0 1 2 3 4 5 6 7 8 9
		ク	− 0 1 2 3 4 5 6 7 8 9
	(3)	ケ	− 0 1 2 3 4 5 6 7 8 9
		コ	− 0 1 2 3 4 5 6 7 8 9
		サ	− 0 1 2 3 4 5 6 7 8 9
		シ	− 0 1 2 3 4 5 6 7 8 9
	(4)	ス	− 0 1 2 3 4 5 6 7 8 9
		セ	− 0 1 2 3 4 5 6 7 8 9
	(5)	ソ	− 0 1 2 3 4 5 6 7 8 9
		タ	− 0 1 2 3 4 5 6 7 8 9
	(6)	チ	− 0 1 2 3 4 5 6 7 8 9
		ツ	− 0 1 2 3 4 5 6 7 8 9

問題	解答記号		解答記入欄（マーク）
2	(1)	ア	− 0 1 2 3 4 5 6 7 8 9
		イ	− 0 1 2 3 4 5 6 7 8 9
	(2)	ウ	− 0 1 2 3 4 5 6 7 8 9
	(3)	エ	− 0 1 2 3 4 5 6 7 8 9
		オ	− 0 1 2 3 4 5 6 7 8 9
		カ	− 0 1 2 3 4 5 6 7 8 9
		キ	− 0 1 2 3 4 5 6 7 8 9
	(4)	ク	− 0 1 2 3 4 5 6 7 8 9
		ケ	− 0 1 2 3 4 5 6 7 8 9

問題	解答記号		解答記入欄（マーク）
3	(1)	ア	− 0 1 2 3 4 5 6 7 8 9
		イ	− 0 1 2 3 4 5 6 7 8 9
		ウ	− 0 1 2 3 4 5 6 7 8 9
	(2)	エ	− 0 1 2 3 4 5 6 7 8 9
		オ	− 0 1 2 3 4 5 6 7 8 9
	(3)	カ	− 0 1 2 3 4 5 6 7 8 9
		キ	− 0 1 2 3 4 5 6 7 8 9

問題	解答記号		解答記入欄（マーク）
4	(1)	ア	− 0 1 2 3 4 5 6 7 8 9
	(2)	イ	− 0 1 2 3 4 5 6 7 8 9
		ウ	− 0 1 2 3 4 5 6 7 8 9
		エ	− 0 1 2 3 4 5 6 7 8 9
		オ	− 0 1 2 3 4 5 6 7 8 9
		カ	− 0 1 2 3 4 5 6 7 8 9
		キ	− 0 1 2 3 4 5 6 7 8 9
		ク	− 0 1 2 3 4 5 6 7 8 9
		ケ	− 0 1 2 3 4 5 6 7 8 9
		コ	− 0 1 2 3 4 5 6 7 8 9

欠席者コード

0

この欄はなにも記入しないこと

（注）この解答用紙は実物を縮小してあります。Ａ３用紙に152%拡大コピーすると、ほぼ実物大で使用できます。（タイトルと配点表は含みません）

推定配点	
1 各5点×6 2～4 各7点×10〔4(2)は各7点×2〕	
100点	計

二〇二三年度　日本大学習志野高等学校　A・B入試

国語解答用紙

評点
/100

記入上の注意

(1)この解答カードは、折ったり汚したりしないこと。
(2)HBの黒鉛筆を使用し、マークすること。
(3)記入すべきこと以外は、絶対に書かないこと。
(4)マークを訂正するときは、プラスチック消しゴムを使用し、きれいに消すこと。
(5)消しくずは、きれいに取り除くこと。

マークのしかた	
よい例	わるい例
●	◐ ⦶ ⊗ ◑

解答番号	解答記入欄(マーク)
21	① ② ③ ④ ⑤ ⑥ ⑦ ⑧ ⑨ ⓪
22	① ② ③ ④ ⑤ ⑥ ⑦ ⑧ ⑨ ⓪
23	① ② ③ ④ ⑤ ⑥ ⑦ ⑧ ⑨ ⓪
24	① ② ③ ④ ⑤ ⑥ ⑦ ⑧ ⑨ ⓪
25	① ② ③ ④ ⑤ ⑥ ⑦ ⑧ ⑨ ⓪
26	① ② ③ ④ ⑤ ⑥ ⑦ ⑧ ⑨ ⓪
27	① ② ③ ④ ⑤ ⑥ ⑦ ⑧ ⑨ ⓪
28	① ② ③ ④ ⑤ ⑥ ⑦ ⑧ ⑨ ⓪
29	① ② ③ ④ ⑤ ⑥ ⑦ ⑧ ⑨ ⓪
30	① ② ③ ④ ⑤ ⑥ ⑦ ⑧ ⑨ ⓪
31	① ② ③ ④ ⑤ ⑥ ⑦ ⑧ ⑨ ⓪
32	① ② ③ ④ ⑤ ⑥ ⑦ ⑧ ⑨ ⓪
33	① ② ③ ④ ⑤ ⑥ ⑦ ⑧ ⑨ ⓪
34	① ② ③ ④ ⑤ ⑥ ⑦ ⑧ ⑨ ⓪
35	① ② ③ ④ ⑤ ⑥ ⑦ ⑧ ⑨ ⓪
36	① ② ③ ④ ⑤ ⑥ ⑦ ⑧ ⑨ ⓪

解答番号	解答記入欄(マーク)
1	① ② ③ ④ ⑤ ⑥ ⑦ ⑧ ⑨ ⓪
2	① ② ③ ④ ⑤ ⑥ ⑦ ⑧ ⑨ ⓪
3	① ② ③ ④ ⑤ ⑥ ⑦ ⑧ ⑨ ⓪
4	① ② ③ ④ ⑤ ⑥ ⑦ ⑧ ⑨ ⓪
5	① ② ③ ④ ⑤ ⑥ ⑦ ⑧ ⑨ ⓪
6	① ② ③ ④ ⑤ ⑥ ⑦ ⑧ ⑨ ⓪
7	① ② ③ ④ ⑤ ⑥ ⑦ ⑧ ⑨ ⓪
8	① ② ③ ④ ⑤ ⑥ ⑦ ⑧ ⑨ ⓪
9	① ② ③ ④ ⑤ ⑥ ⑦ ⑧ ⑨ ⓪
10	① ② ③ ④ ⑤ ⑥ ⑦ ⑧ ⑨ ⓪
11	① ② ③ ④ ⑤ ⑥ ⑦ ⑧ ⑨ ⓪
12	① ② ③ ④ ⑤ ⑥ ⑦ ⑧ ⑨ ⓪
13	① ② ③ ④ ⑤ ⑥ ⑦ ⑧ ⑨ ⓪
14	① ② ③ ④ ⑤ ⑥ ⑦ ⑧ ⑨ ⓪
15	① ② ③ ④ ⑤ ⑥ ⑦ ⑧ ⑨ ⓪
16	① ② ③ ④ ⑤ ⑥ ⑦ ⑧ ⑨ ⓪
17	① ② ③ ④ ⑤ ⑥ ⑦ ⑧ ⑨ ⓪
18	① ② ③ ④ ⑤ ⑥ ⑦ ⑧ ⑨ ⓪
19	① ② ③ ④ ⑤ ⑥ ⑦ ⑧ ⑨ ⓪
20	① ② ③ ④ ⑤ ⑥ ⑦ ⑧ ⑨ ⓪

フリガナ	
氏　名	

受験番号			
千	百	十	一
①	①	①	①
②	②	②	②
③	③	③	③
④	④	④	④
⑤	⑤	⑤	⑤
⑥	⑥	⑥	⑥
⑦	⑦	⑦	⑦
⑧	⑧	⑧	⑧
⑨	⑨	⑨	⑨
⓪	⓪	⓪	⓪

欠席者コード
⓪
この欄はなにも記入しないこと

(注) この解答用紙は実物を縮小してあります。A３用紙に152%拡大コピーすると、ほぼ実物大で使用できます。(タイトルと配点表は含みません)

推定配点	
一　各２点×11 二　問一　各２点×３　問二～問六　各４点×５ 三　問一～問四　各３点×４　問五～問七　各４点×３ 四　問一、問二　各２点×４　問三　３点　問四　４点 問五～問七　各３点×３　問八　４点	
計	100点

2022年度　日本大学習志野高等学校　A・B入試

英語解答用紙

評点
/100

記入上の注意

(1)この解答カードは、折ったり汚したりしないこと。
(2)HBの黒鉛筆を使用し、マークすること。
(3)記入すべきこと以外は、絶対に書かないこと。
(4)マークを訂正するときは、プラスチック消しゴムを使用し、きれいに消すこと。
(5)消しくずは、きれいに取り除くこと。

マークのしかた	
よい例	わるい例

フリガナ	
氏　名	

受験番号			
千	百	十	一
①	①	①	①
②	②	②	②
③	③	③	③
④	④	④	④
⑤	⑤	⑤	⑤
⑥	⑥	⑥	⑥
⑦	⑦	⑦	⑦
⑧	⑧	⑧	⑧
⑨	⑨	⑨	⑨
⓪	⓪	⓪	⓪

欠席者コード

⓪

この欄はなにも記入しないこと

解答番号	解答記入欄（マーク）
1	① ② ③ ④ ⑤ ⑥ ⑦ ⑧ ⑨ ⓪
2	① ② ③ ④ ⑤ ⑥ ⑦ ⑧ ⑨ ⓪
3	① ② ③ ④ ⑤ ⑥ ⑦ ⑧ ⑨ ⓪
4	① ② ③ ④ ⑤ ⑥ ⑦ ⑧ ⑨ ⓪
5	① ② ③ ④ ⑤ ⑥ ⑦ ⑧ ⑨ ⓪
6	① ② ③ ④ ⑤ ⑥ ⑦ ⑧ ⑨ ⓪
7	① ② ③ ④ ⑤ ⑥ ⑦ ⑧ ⑨ ⓪
8	① ② ③ ④ ⑤ ⑥ ⑦ ⑧ ⑨ ⓪
9	① ② ③ ④ ⑤ ⑥ ⑦ ⑧ ⑨ ⓪
10	① ② ③ ④ ⑤ ⑥ ⑦ ⑧ ⑨ ⓪
11	① ② ③ ④ ⑤ ⑥ ⑦ ⑧ ⑨ ⓪
12	① ② ③ ④ ⑤ ⑥ ⑦ ⑧ ⑨ ⓪
13	① ② ③ ④ ⑤ ⑥ ⑦ ⑧ ⑨ ⓪
14	① ② ③ ④ ⑤ ⑥ ⑦ ⑧ ⑨ ⓪
15	① ② ③ ④ ⑤ ⑥ ⑦ ⑧ ⑨ ⓪
16	① ② ③ ④ ⑤ ⑥ ⑦ ⑧ ⑨ ⓪
17	① ② ③ ④ ⑤ ⑥ ⑦ ⑧ ⑨ ⓪
18	① ② ③ ④ ⑤ ⑥ ⑦ ⑧ ⑨ ⓪
19	① ② ③ ④ ⑤ ⑥ ⑦ ⑧ ⑨ ⓪
20	① ② ③ ④ ⑤ ⑥ ⑦ ⑧ ⑨ ⓪
21	① ② ③ ④ ⑤ ⑥ ⑦ ⑧ ⑨ ⓪
22	① ② ③ ④ ⑤ ⑥ ⑦ ⑧ ⑨ ⓪
23	① ② ③ ④ ⑤ ⑥ ⑦ ⑧ ⑨ ⓪
24	① ② ③ ④ ⑤ ⑥ ⑦ ⑧ ⑨ ⓪
25	① ② ③ ④ ⑤ ⑥ ⑦ ⑧ ⑨ ⓪

解答番号	解答記入欄（マーク）
26	① ② ③ ④ ⑤ ⑥ ⑦ ⑧ ⑨ ⓪
27	① ② ③ ④ ⑤ ⑥ ⑦ ⑧ ⑨ ⓪
28	① ② ③ ④ ⑤ ⑥ ⑦ ⑧ ⑨ ⓪
29	① ② ③ ④ ⑤ ⑥ ⑦ ⑧ ⑨ ⓪
30	① ② ③ ④ ⑤ ⑥ ⑦ ⑧ ⑨ ⓪
31	① ② ③ ④ ⑤ ⑥ ⑦ ⑧ ⑨ ⓪
32	① ② ③ ④ ⑤ ⑥ ⑦ ⑧ ⑨ ⓪
33	① ② ③ ④ ⑤ ⑥ ⑦ ⑧ ⑨ ⓪
34	① ② ③ ④ ⑤ ⑥ ⑦ ⑧ ⑨ ⓪
35	① ② ③ ④ ⑤ ⑥ ⑦ ⑧ ⑨ ⓪
36	① ② ③ ④ ⑤ ⑥ ⑦ ⑧ ⑨ ⓪
37	① ② ③ ④ ⑤ ⑥ ⑦ ⑧ ⑨ ⓪
38	① ② ③ ④ ⑤ ⑥ ⑦ ⑧ ⑨ ⓪
39	① ② ③ ④ ⑤ ⑥ ⑦ ⑧ ⑨ ⓪
40	① ② ③ ④ ⑤ ⑥ ⑦ ⑧ ⑨ ⓪
41	① ② ③ ④ ⑤ ⑥ ⑦ ⑧ ⑨ ⓪
42	① ② ③ ④ ⑤ ⑥ ⑦ ⑧ ⑨ ⓪
43	① ② ③ ④ ⑤ ⑥ ⑦ ⑧ ⑨ ⓪
44	① ② ③ ④ ⑤ ⑥ ⑦ ⑧ ⑨ ⓪
45	① ② ③ ④ ⑤ ⑥ ⑦ ⑧ ⑨ ⓪
46	① ② ③ ④ ⑤ ⑥ ⑦ ⑧ ⑨ ⓪
47	① ② ③ ④ ⑤ ⑥ ⑦ ⑧ ⑨ ⓪
48	① ② ③ ④ ⑤ ⑥ ⑦ ⑧ ⑨ ⓪
49	① ② ③ ④ ⑤ ⑥ ⑦ ⑧ ⑨ ⓪
50	① ② ③ ④ ⑤ ⑥ ⑦ ⑧ ⑨ ⓪

(注)　この解答用紙は実物を縮小してあります。A３用紙に152%拡大コピーすると、ほぼ実物大で使用できます。（タイトルと配点表は含みません）

推定配点	
Ⅰ～Ⅶ　各2点×44　Ⅷ　各4点×3	
100点	計

2022年度 日本大学習志野高等学校 A・B入試

数学解答用紙

評点
/100

記入上の注意

(1)この解答カードは、折ったり汚したりしないこと。
(2)ＨＢの黒鉛筆を使用し、マークすること。
(3)記入すべきこと以外は、絶対に書かないこと。
(4)マークを訂正するときは、プラスチック消しゴムを使用し、きれいに消すこと。
(5)消しくずは、きれいに取り除くこと。

マークのしかた	
よい例	わるい例
●	◐ ⦶ ⊗ ◑

フリガナ	
氏　名	

受験番号			
千	百	十	一
①	①	①	①
②	②	②	②
③	③	③	③
④	④	④	④
⑤	⑤	⑤	⑤
⑥	⑥	⑥	⑥
⑦	⑦	⑦	⑦
⑧	⑧	⑧	⑧
⑨	⑨	⑨	⑨
⓪	⓪	⓪	⓪

欠席者コード
0
この欄はなにも記入しないこと

問題	解答記号		解答記入欄（マーク）
1	(1)	ア	⊖ ⓪ ① ② ③ ④ ⑤ ⑥ ⑦ ⑧ ⑨
		イ	⊖ ⓪ ① ② ③ ④ ⑤ ⑥ ⑦ ⑧ ⑨
	(2)	ウ	⊖ ⓪ ① ② ③ ④ ⑤ ⑥ ⑦ ⑧ ⑨
		エ	⊖ ⓪ ① ② ③ ④ ⑤ ⑥ ⑦ ⑧ ⑨
	(3)	オ	⊖ ⓪ ① ② ③ ④ ⑤ ⑥ ⑦ ⑧ ⑨
		カ	⊖ ⓪ ① ② ③ ④ ⑤ ⑥ ⑦ ⑧ ⑨
	(4)	キ	⊖ ⓪ ① ② ③ ④ ⑤ ⑥ ⑦ ⑧ ⑨
		ク	⊖ ⓪ ① ② ③ ④ ⑤ ⑥ ⑦ ⑧ ⑨
		ケ	⊖ ⓪ ① ② ③ ④ ⑤ ⑥ ⑦ ⑧ ⑨
	(5)	コ	⊖ ⓪ ① ② ③ ④ ⑤ ⑥ ⑦ ⑧ ⑨
		サ	⊖ ⓪ ① ② ③ ④ ⑤ ⑥ ⑦ ⑧ ⑨
		シ	⊖ ⓪ ① ② ③ ④ ⑤ ⑥ ⑦ ⑧ ⑨
		ス	⊖ ⓪ ① ② ③ ④ ⑤ ⑥ ⑦ ⑧ ⑨
		セ	⊖ ⓪ ① ② ③ ④ ⑤ ⑥ ⑦ ⑧ ⑨
		ソ	⊖ ⓪ ① ② ③ ④ ⑤ ⑥ ⑦ ⑧ ⑨
	(6)	タ	⊖ ⓪ ① ② ③ ④ ⑤ ⑥ ⑦ ⑧ ⑨
		チ	⊖ ⓪ ① ② ③ ④ ⑤ ⑥ ⑦ ⑧ ⑨
		ツ	⊖ ⓪ ① ② ③ ④ ⑤ ⑥ ⑦ ⑧ ⑨
		テ	⊖ ⓪ ① ② ③ ④ ⑤ ⑥ ⑦ ⑧ ⑨

問題	解答記号		解答記入欄（マーク）
2	(1)	ア	⊖ ⓪ ① ② ③ ④ ⑤ ⑥ ⑦ ⑧ ⑨
		イ	⊖ ⓪ ① ② ③ ④ ⑤ ⑥ ⑦ ⑧ ⑨
		ウ	⊖ ⓪ ① ② ③ ④ ⑤ ⑥ ⑦ ⑧ ⑨
		エ	⊖ ⓪ ① ② ③ ④ ⑤ ⑥ ⑦ ⑧ ⑨
		オ	⊖ ⓪ ① ② ③ ④ ⑤ ⑥ ⑦ ⑧ ⑨
		カ	⊖ ⓪ ① ② ③ ④ ⑤ ⑥ ⑦ ⑧ ⑨
		キ	⊖ ⓪ ① ② ③ ④ ⑤ ⑥ ⑦ ⑧ ⑨
		ク	⊖ ⓪ ① ② ③ ④ ⑤ ⑥ ⑦ ⑧ ⑨
	(2)	ケ	⊖ ⓪ ① ② ③ ④ ⑤ ⑥ ⑦ ⑧ ⑨
		コ	⊖ ⓪ ① ② ③ ④ ⑤ ⑥ ⑦ ⑧ ⑨
	(3)	サ	⊖ ⓪ ① ② ③ ④ ⑤ ⑥ ⑦ ⑧ ⑨
		シ	⊖ ⓪ ① ② ③ ④ ⑤ ⑥ ⑦ ⑧ ⑨

問題	解答記号		解答記入欄（マーク）
3	(1)	ア	⊖ ⓪ ① ② ③ ④ ⑤ ⑥ ⑦ ⑧ ⑨
		イ	⊖ ⓪ ① ② ③ ④ ⑤ ⑥ ⑦ ⑧ ⑨
	(2)	ウ	⊖ ⓪ ① ② ③ ④ ⑤ ⑥ ⑦ ⑧ ⑨
		エ	⊖ ⓪ ① ② ③ ④ ⑤ ⑥ ⑦ ⑧ ⑨
		オ	⊖ ⓪ ① ② ③ ④ ⑤ ⑥ ⑦ ⑧ ⑨
		カ	⊖ ⓪ ① ② ③ ④ ⑤ ⑥ ⑦ ⑧ ⑨
	(3)	キ	⊖ ⓪ ① ② ③ ④ ⑤ ⑥ ⑦ ⑧ ⑨
		ク	⊖ ⓪ ① ② ③ ④ ⑤ ⑥ ⑦ ⑧ ⑨
		ケ	⊖ ⓪ ① ② ③ ④ ⑤ ⑥ ⑦ ⑧ ⑨
		コ	⊖ ⓪ ① ② ③ ④ ⑤ ⑥ ⑦ ⑧ ⑨

問題	解答記号		解答記入欄（マーク）
4	(1)	ア	⊖ ⓪ ① ② ③ ④ ⑤ ⑥ ⑦ ⑧ ⑨
		イ	⊖ ⓪ ① ② ③ ④ ⑤ ⑥ ⑦ ⑧ ⑨
		ウ	⊖ ⓪ ① ② ③ ④ ⑤ ⑥ ⑦ ⑧ ⑨
		エ	⊖ ⓪ ① ② ③ ④ ⑤ ⑥ ⑦ ⑧ ⑨
		オ	⊖ ⓪ ① ② ③ ④ ⑤ ⑥ ⑦ ⑧ ⑨
		カ	⊖ ⓪ ① ② ③ ④ ⑤ ⑥ ⑦ ⑧ ⑨
		キ	⊖ ⓪ ① ② ③ ④ ⑤ ⑥ ⑦ ⑧ ⑨
		ク	⊖ ⓪ ① ② ③ ④ ⑤ ⑥ ⑦ ⑧ ⑨
		ケ	⊖ ⓪ ① ② ③ ④ ⑤ ⑥ ⑦ ⑧ ⑨
	(2)	コ	⊖ ⓪ ① ② ③ ④ ⑤ ⑥ ⑦ ⑧ ⑨
		サ	⊖ ⓪ ① ② ③ ④ ⑤ ⑥ ⑦ ⑧ ⑨

（注）この解答用紙は実物を縮小してあります。Ａ３用紙に152%拡大コピーすると、ほぼ実物大で使用できます。（タイトルと配点表は含みません）

推定配点

1 (1)〜(3) 各4点×3　(4) 各3点×2　(5)、(6) 各5点×4
2 (1) 各4点×2　(2)、(3) 各6点×2
3、4 各6点×7

計
100点

二〇二三年度　日本大学習志野高等学校　A・B入試

国語解答用紙

評点
/100

記入上の注意

(1)この解答カードは、折ったり汚したりしないこと。
(2)HBの黒鉛筆を使用し、マークすること。
(3)記入すべきこと以外は、絶対に書かないこと。
(4)マークを訂正するときは、プラスチック消しゴムを使用し、きれいに消すこと。
(5)消しくずは、きれいに取り除くこと。

マークのしかた	
よい例	わるい例
●	◌ ◌ ⊗ ◐

フリガナ	
氏　名	

受験番号			
千	百	十	一
①	①	①	①
②	②	②	②
③	③	③	③
④	④	④	④
⑤	⑤	⑤	⑤
⑥	⑥	⑥	⑥
⑦	⑦	⑦	⑦
⑧	⑧	⑧	⑧
⑨	⑨	⑨	⑨
⓪	⓪	⓪	⓪

解答番号	解答記入欄（マーク）
1	① ② ③ ④ ⑤ ⑥ ⑦ ⑧ ⑨ ⓪
2	① ② ③ ④ ⑤ ⑥ ⑦ ⑧ ⑨ ⓪
3	① ② ③ ④ ⑤ ⑥ ⑦ ⑧ ⑨ ⓪
4	① ② ③ ④ ⑤ ⑥ ⑦ ⑧ ⑨ ⓪
5	① ② ③ ④ ⑤ ⑥ ⑦ ⑧ ⑨ ⓪
6	① ② ③ ④ ⑤ ⑥ ⑦ ⑧ ⑨ ⓪
7	① ② ③ ④ ⑤ ⑥ ⑦ ⑧ ⑨ ⓪
8	① ② ③ ④ ⑤ ⑥ ⑦ ⑧ ⑨ ⓪
9	① ② ③ ④ ⑤ ⑥ ⑦ ⑧ ⑨ ⓪
10	① ② ③ ④ ⑤ ⑥ ⑦ ⑧ ⑨ ⓪
11	① ② ③ ④ ⑤ ⑥ ⑦ ⑧ ⑨ ⓪
12	① ② ③ ④ ⑤ ⑥ ⑦ ⑧ ⑨ ⓪
13	① ② ③ ④ ⑤ ⑥ ⑦ ⑧ ⑨ ⓪
14	① ② ③ ④ ⑤ ⑥ ⑦ ⑧ ⑨ ⓪
15	① ② ③ ④ ⑤ ⑥ ⑦ ⑧ ⑨ ⓪
16	① ② ③ ④ ⑤ ⑥ ⑦ ⑧ ⑨ ⓪
17	① ② ③ ④ ⑤ ⑥ ⑦ ⑧ ⑨ ⓪
18	① ② ③ ④ ⑤ ⑥ ⑦ ⑧ ⑨ ⓪
19	① ② ③ ④ ⑤ ⑥ ⑦ ⑧ ⑨ ⓪
20	① ② ③ ④ ⑤ ⑥ ⑦ ⑧ ⑨ ⓪

解答番号	解答記入欄（マーク）
21	① ② ③ ④ ⑤ ⑥ ⑦ ⑧ ⑨ ⓪
22	① ② ③ ④ ⑤ ⑥ ⑦ ⑧ ⑨ ⓪
23	① ② ③ ④ ⑤ ⑥ ⑦ ⑧ ⑨ ⓪
24	① ② ③ ④ ⑤ ⑥ ⑦ ⑧ ⑨ ⓪
25	① ② ③ ④ ⑤ ⑥ ⑦ ⑧ ⑨ ⓪
26	① ② ③ ④ ⑤ ⑥ ⑦ ⑧ ⑨ ⓪
27	① ② ③ ④ ⑤ ⑥ ⑦ ⑧ ⑨ ⓪
28	① ② ③ ④ ⑤ ⑥ ⑦ ⑧ ⑨ ⓪
29	① ② ③ ④ ⑤ ⑥ ⑦ ⑧ ⑨ ⓪
30	① ② ③ ④ ⑤ ⑥ ⑦ ⑧ ⑨ ⓪
31	① ② ③ ④ ⑤ ⑥ ⑦ ⑧ ⑨ ⓪
32	① ② ③ ④ ⑤ ⑥ ⑦ ⑧ ⑨ ⓪
33	① ② ③ ④ ⑤ ⑥ ⑦ ⑧ ⑨ ⓪
34	① ② ③ ④ ⑤ ⑥ ⑦ ⑧ ⑨ ⓪
35	① ② ③ ④ ⑤ ⑥ ⑦ ⑧ ⑨ ⓪
36	① ② ③ ④ ⑤ ⑥ ⑦ ⑧ ⑨ ⓪
37	① ② ③ ④ ⑤ ⑥ ⑦ ⑧ ⑨ ⓪

欠席者コード

0

この欄はなにも記入しないこと

（注）この解答用紙は実物を縮小してあります。Ａ３用紙に152%拡大コピーすると、ほぼ実物大で使用できます。（タイトルと配点表は含みません）

推定配点

一　各２点×12

二　問一～問五　各３点×５　問六、問七　各４点×２

三　問一～問五　各３点×５　問六、問七　各４点×２

四　問一　各２点×３　問二～問四　各３点×４　問五　２点
問六　３点　問七　４点　問八　３点

100点	計

2021年度　日本大学習志野高等学校　A・B入試

英語解答用紙

評点
/100

フリガナ	
氏　　名	

受験番号			
千	百	十	一
⓪	⓪	⓪	⓪
①	①	①	①
②	②	②	②
③	③	③	③
④	④	④	④
⑤	⑤	⑤	⑤
⑥	⑥	⑥	⑥
⑦	⑦	⑦	⑦
⑧	⑧	⑧	⑧
⑨	⑨	⑨	⑨

欠席者コード

0

この欄はなにも記入しないこと

記入上の注意

(1) この解答カードは、折ったり汚したりしないこと。

(2) HBの黒鉛筆を使用し、マークすること。

(3) 記入すべきこと以外は、絶対に書かないこと。

(4) マークを訂正するときは、プラスチック消しゴムを使用し、きれいに消すこと。

(5) 消しくずは、きれいに取り除くこと。

マークのしかた	
よい例	わるい例
●	

解答番号	解答記入欄（マーク）
1	① ② ③ ④ ⑤ ⑥ ⑦ ⑧ ⑨ ⓪
2	① ② ③ ④ ⑤ ⑥ ⑦ ⑧ ⑨ ⓪
3	① ② ③ ④ ⑤ ⑥ ⑦ ⑧ ⑨ ⓪
4	① ② ③ ④ ⑤ ⑥ ⑦ ⑧ ⑨ ⓪
5	① ② ③ ④ ⑤ ⑥ ⑦ ⑧ ⑨ ⓪
6	① ② ③ ④ ⑤ ⑥ ⑦ ⑧ ⑨ ⓪
7	① ② ③ ④ ⑤ ⑥ ⑦ ⑧ ⑨ ⓪
8	① ② ③ ④ ⑤ ⑥ ⑦ ⑧ ⑨ ⓪
9	① ② ③ ④ ⑤ ⑥ ⑦ ⑧ ⑨ ⓪
10	① ② ③ ④ ⑤ ⑥ ⑦ ⑧ ⑨ ⓪
11	① ② ③ ④ ⑤ ⑥ ⑦ ⑧ ⑨ ⓪
12	① ② ③ ④ ⑤ ⑥ ⑦ ⑧ ⑨ ⓪
13	① ② ③ ④ ⑤ ⑥ ⑦ ⑧ ⑨ ⓪
14	① ② ③ ④ ⑤ ⑥ ⑦ ⑧ ⑨ ⓪
15	① ② ③ ④ ⑤ ⑥ ⑦ ⑧ ⑨ ⓪
16	① ② ③ ④ ⑤ ⑥ ⑦ ⑧ ⑨ ⓪
17	① ② ③ ④ ⑤ ⑥ ⑦ ⑧ ⑨ ⓪
18	① ② ③ ④ ⑤ ⑥ ⑦ ⑧ ⑨ ⓪
19	① ② ③ ④ ⑤ ⑥ ⑦ ⑧ ⑨ ⓪
20	① ② ③ ④ ⑤ ⑥ ⑦ ⑧ ⑨ ⓪

解答番号	解答記入欄（マーク）
21	① ② ③ ④ ⑤ ⑥ ⑦ ⑧ ⑨ ⓪
22	① ② ③ ④ ⑤ ⑥ ⑦ ⑧ ⑨ ⓪
23	① ② ③ ④ ⑤ ⑥ ⑦ ⑧ ⑨ ⓪
24	① ② ③ ④ ⑤ ⑥ ⑦ ⑧ ⑨ ⓪
25	① ② ③ ④ ⑤ ⑥ ⑦ ⑧ ⑨ ⓪
26	① ② ③ ④ ⑤ ⑥ ⑦ ⑧ ⑨ ⓪
27	① ② ③ ④ ⑤ ⑥ ⑦ ⑧ ⑨ ⓪
28	① ② ③ ④ ⑤ ⑥ ⑦ ⑧ ⑨ ⓪
29	① ② ③ ④ ⑤ ⑥ ⑦ ⑧ ⑨ ⓪
30	① ② ③ ④ ⑤ ⑥ ⑦ ⑧ ⑨ ⓪
31	① ② ③ ④ ⑤ ⑥ ⑦ ⑧ ⑨ ⓪
32	① ② ③ ④ ⑤ ⑥ ⑦ ⑧ ⑨ ⓪
33	① ② ③ ④ ⑤ ⑥ ⑦ ⑧ ⑨ ⓪
34	① ② ③ ④ ⑤ ⑥ ⑦ ⑧ ⑨ ⓪
35	① ② ③ ④ ⑤ ⑥ ⑦ ⑧ ⑨ ⓪
36	① ② ③ ④ ⑤ ⑥ ⑦ ⑧ ⑨ ⓪
37	① ② ③ ④ ⑤ ⑥ ⑦ ⑧ ⑨ ⓪
38	① ② ③ ④ ⑤ ⑥ ⑦ ⑧ ⑨ ⓪
39	① ② ③ ④ ⑤ ⑥ ⑦ ⑧ ⑨ ⓪
40	① ② ③ ④ ⑤ ⑥ ⑦ ⑧ ⑨ ⓪

解答番号	解答記入欄（マーク）
41	① ② ③ ④ ⑤ ⑥ ⑦ ⑧ ⑨ ⓪
42	① ② ③ ④ ⑤ ⑥ ⑦ ⑧ ⑨ ⓪
43	① ② ③ ④ ⑤ ⑥ ⑦ ⑧ ⑨ ⓪
44	① ② ③ ④ ⑤ ⑥ ⑦ ⑧ ⑨ ⓪
45	① ② ③ ④ ⑤ ⑥ ⑦ ⑧ ⑨ ⓪
46	① ② ③ ④ ⑤ ⑥ ⑦ ⑧ ⑨ ⓪
47	① ② ③ ④ ⑤ ⑥ ⑦ ⑧ ⑨ ⓪
48	① ② ③ ④ ⑤ ⑥ ⑦ ⑧ ⑨ ⓪
49	① ② ③ ④ ⑤ ⑥ ⑦ ⑧ ⑨ ⓪
50	① ② ③ ④ ⑤ ⑥ ⑦ ⑧ ⑨ ⓪
51	① ② ③ ④ ⑤ ⑥ ⑦ ⑧ ⑨ ⓪
52	① ② ③ ④ ⑤ ⑥ ⑦ ⑧ ⑨ ⓪
53	① ② ③ ④ ⑤ ⑥ ⑦ ⑧ ⑨ ⓪
54	① ② ③ ④ ⑤ ⑥ ⑦ ⑧ ⑨ ⓪
55	① ② ③ ④ ⑤ ⑥ ⑦ ⑧ ⑨ ⓪
56	① ② ③ ④ ⑤ ⑥ ⑦ ⑧ ⑨ ⓪
57	① ② ③ ④ ⑤ ⑥ ⑦ ⑧ ⑨ ⓪
58	① ② ③ ④ ⑤ ⑥ ⑦ ⑧ ⑨ ⓪
59	① ② ③ ④ ⑤ ⑥ ⑦ ⑧ ⑨ ⓪
60	① ② ③ ④ ⑤ ⑥ ⑦ ⑧ ⑨ ⓪

(注)　この解答用紙は実物を縮小してあります。Ｂ４用紙に141％拡大コピーすると、ほぼ実物大で使用できます。（タイトルと配点表は含みません）

推定配点	
Ⅰ～Ⅶ　各２点×50〔Ⅲ〔B〕は完答、Ⅴは各２点×４〕	
100点	計

２０２１年度　日本大学習志野高等学校　A・B入試

数学解答用紙

評点
/100

記入上の注意

(1) この解答カードは、折ったり汚したりしないこと。
(2) HBの黒鉛筆を使用し、マークすること。
(3) 記入すべきこと以外は、絶対に書かないこと。
(4) マークを訂正するときは、プラスチック消しゴムを使用し、きれいに消すこと。
(5) 消しくずは、きれいに取り除くこと。

マークのしかた	
よい例	わるい例
●	◌ ⦶ ⊗ ◐

問題	解答記号		解答記入欄（マーク）
3	(1)	ア	⊖ ⓪ ① ② ③ ④ ⑤ ⑥ ⑦ ⑧ ⑨
		イ	⊖ ⓪ ① ② ③ ④ ⑤ ⑥ ⑦ ⑧ ⑨
	(2)	ウ	⊖ ⓪ ① ② ③ ④ ⑤ ⑥ ⑦ ⑧ ⑨
		エ	⊖ ⓪ ① ② ③ ④ ⑤ ⑥ ⑦ ⑧ ⑨
	(3)	オ	⊖ ⓪ ① ② ③ ④ ⑤ ⑥ ⑦ ⑧ ⑨
		カ	⊖ ⓪ ① ② ③ ④ ⑤ ⑥ ⑦ ⑧ ⑨
		キ	⊖ ⓪ ① ② ③ ④ ⑤ ⑥ ⑦ ⑧ ⑨
		ク	⊖ ⓪ ① ② ③ ④ ⑤ ⑥ ⑦ ⑧ ⑨
		ケ	⊖ ⓪ ① ② ③ ④ ⑤ ⑥ ⑦ ⑧ ⑨

問題	解答記号		解答記入欄（マーク）
4	(1)	ア	⊖ ⓪ ① ② ③ ④ ⑤ ⑥ ⑦ ⑧ ⑨
		イ	⊖ ⓪ ① ② ③ ④ ⑤ ⑥ ⑦ ⑧ ⑨
		ウ	⊖ ⓪ ① ② ③ ④ ⑤ ⑥ ⑦ ⑧ ⑨
	(2)	エ	⊖ ⓪ ① ② ③ ④ ⑤ ⑥ ⑦ ⑧ ⑨
		オ	⊖ ⓪ ① ② ③ ④ ⑤ ⑥ ⑦ ⑧ ⑨
	(3)	カ	⊖ ⓪ ① ② ③ ④ ⑤ ⑥ ⑦ ⑧ ⑨
		キ	⊖ ⓪ ① ② ③ ④ ⑤ ⑥ ⑦ ⑧ ⑨
		ク	⊖ ⓪ ① ② ③ ④ ⑤ ⑥ ⑦ ⑧ ⑨
	(4)	ケ	⊖ ⓪ ① ② ③ ④ ⑤ ⑥ ⑦ ⑧ ⑨
		コ	⊖ ⓪ ① ② ③ ④ ⑤ ⑥ ⑦ ⑧ ⑨

(注) この解答用紙は実物を縮小してあります。Ｂ４用紙に141%拡大コピーすると、ほぼ実物大で使用できます。（タイトルと配点表は含みません）

問題	解答記号		解答記入欄（マーク）
2	(1)	ア	⊖ ⓪ ① ② ③ ④ ⑤ ⑥ ⑦ ⑧ ⑨
		イ	⊖ ⓪ ① ② ③ ④ ⑤ ⑥ ⑦ ⑧ ⑨
		ウ	⊖ ⓪ ① ② ③ ④ ⑤ ⑥ ⑦ ⑧ ⑨
		エ	⊖ ⓪ ① ② ③ ④ ⑤ ⑥ ⑦ ⑧ ⑨
		オ	⊖ ⓪ ① ② ③ ④ ⑤ ⑥ ⑦ ⑧ ⑨
		カ	⊖ ⓪ ① ② ③ ④ ⑤ ⑥ ⑦ ⑧ ⑨
		キ	⊖ ⓪ ① ② ③ ④ ⑤ ⑥ ⑦ ⑧ ⑨
	(2)	ク	⊖ ⓪ ① ② ③ ④ ⑤ ⑥ ⑦ ⑧ ⑨
		ケ	⊖ ⓪ ① ② ③ ④ ⑤ ⑥ ⑦ ⑧ ⑨
	(3)	コ	⊖ ⓪ ① ② ③ ④ ⑤ ⑥ ⑦ ⑧ ⑨
		サ	⊖ ⓪ ① ② ③ ④ ⑤ ⑥ ⑦ ⑧ ⑨
		シ	⊖ ⓪ ① ② ③ ④ ⑤ ⑥ ⑦ ⑧ ⑨
		ス	⊖ ⓪ ① ② ③ ④ ⑤ ⑥ ⑦ ⑧ ⑨

問題	解答記号		解答記入欄（マーク）
1	(1)	ア	⊖ ⓪ ① ② ③ ④ ⑤ ⑥ ⑦ ⑧ ⑨
		イ	⊖ ⓪ ① ② ③ ④ ⑤ ⑥ ⑦ ⑧ ⑨
		ウ	⊖ ⓪ ① ② ③ ④ ⑤ ⑥ ⑦ ⑧ ⑨
	(2)	エ	⊖ ⓪ ① ② ③ ④ ⑤ ⑥ ⑦ ⑧ ⑨
		オ	⊖ ⓪ ① ② ③ ④ ⑤ ⑥ ⑦ ⑧ ⑨
		カ	⊖ ⓪ ① ② ③ ④ ⑤ ⑥ ⑦ ⑧ ⑨
	(3)	キ	⊖ ⓪ ① ② ③ ④ ⑤ ⑥ ⑦ ⑧ ⑨
		ク	⊖ ⓪ ① ② ③ ④ ⑤ ⑥ ⑦ ⑧ ⑨
		ケ	⊖ ⓪ ① ② ③ ④ ⑤ ⑥ ⑦ ⑧ ⑨
	(4)	コ	⊖ ⓪ ① ② ③ ④ ⑤ ⑥ ⑦ ⑧ ⑨
		サ	⊖ ⓪ ① ② ③ ④ ⑤ ⑥ ⑦ ⑧ ⑨
		シ	⊖ ⓪ ① ② ③ ④ ⑤ ⑥ ⑦ ⑧ ⑨
	(5)	ス	⊖ ⓪ ① ② ③ ④ ⑤ ⑥ ⑦ ⑧ ⑨
		セ	⊖ ⓪ ① ② ③ ④ ⑤ ⑥ ⑦ ⑧ ⑨
	(6)	ソ	⊖ ⓪ ① ② ③ ④ ⑤ ⑥ ⑦ ⑧ ⑨
		タ	⊖ ⓪ ① ② ③ ④ ⑤ ⑥ ⑦ ⑧ ⑨

受験番号			
千	百	十	一
⓪	⓪	⓪	⓪
①	①	①	①
②	②	②	②
③	③	③	③
④	④	④	④
⑤	⑤	⑤	⑤
⑥	⑥	⑥	⑥
⑦	⑦	⑦	⑦
⑧	⑧	⑧	⑧
⑨	⑨	⑨	⑨

フリガナ	
氏　名	

推定配点
1 (1)、(2) 各4点×3〔(2)は完答〕 (3) 各5点×2
(4)～(6) 各6点×3
2 (1) 各3点×2 (2)、(3) 各6点×2
3、4 各6点×7
計 100点

二〇二一年度　日本大学習志野高等学校　A・B入試

国語解答用紙

評点　/100

記入上の注意

(1) この解答カードは、折ったり汚したりしないこと。

(2) HBの黒鉛筆を使用し、マークすること。

(3) 記入すべきこと以外は、絶対に書かないこと。

(4) マークを訂正するときは、プラスチック消しゴムを使用し、きれいに消すこと。

(5) 消しくずは、きれいに取り除くこと。

マークのしかた	
よい例	わるい例
●	◐ ⦶ ⊗ ◐

フリガナ	
氏　名	

受験番号			
千	百	十	一
⓪	⓪	⓪	⓪
①	①	①	①
②	②	②	②
③	③	③	③
④	④	④	④
⑤	⑤	⑤	⑤
⑥	⑥	⑥	⑥
⑦	⑦	⑦	⑦
⑧	⑧	⑧	⑧
⑨	⑨	⑨	⑨

欠席者コード

0

この欄はなにも記入しないこと

解答番号	解答記入欄（マーク）
1	① ② ③ ④ ⑤ ⑥ ⑦ ⑧ ⑨ ⓪
2	① ② ③ ④ ⑤ ⑥ ⑦ ⑧ ⑨ ⓪
3	① ② ③ ④ ⑤ ⑥ ⑦ ⑧ ⑨ ⓪
4	① ② ③ ④ ⑤ ⑥ ⑦ ⑧ ⑨ ⓪
5	① ② ③ ④ ⑤ ⑥ ⑦ ⑧ ⑨ ⓪
6	① ② ③ ④ ⑤ ⑥ ⑦ ⑧ ⑨ ⓪
7	① ② ③ ④ ⑤ ⑥ ⑦ ⑧ ⑨ ⓪
8	① ② ③ ④ ⑤ ⑥ ⑦ ⑧ ⑨ ⓪
9	① ② ③ ④ ⑤ ⑥ ⑦ ⑧ ⑨ ⓪
10	① ② ③ ④ ⑤ ⑥ ⑦ ⑧ ⑨ ⓪
11	① ② ③ ④ ⑤ ⑥ ⑦ ⑧ ⑨ ⓪
12	① ② ③ ④ ⑤ ⑥ ⑦ ⑧ ⑨ ⓪
13	① ② ③ ④ ⑤ ⑥ ⑦ ⑧ ⑨ ⓪
14	① ② ③ ④ ⑤ ⑥ ⑦ ⑧ ⑨ ⓪
15	① ② ③ ④ ⑤ ⑥ ⑦ ⑧ ⑨ ⓪
16	① ② ③ ④ ⑤ ⑥ ⑦ ⑧ ⑨ ⓪
17	① ② ③ ④ ⑤ ⑥ ⑦ ⑧ ⑨ ⓪
18	① ② ③ ④ ⑤ ⑥ ⑦ ⑧ ⑨ ⓪
19	① ② ③ ④ ⑤ ⑥ ⑦ ⑧ ⑨ ⓪
20	① ② ③ ④ ⑤ ⑥ ⑦ ⑧ ⑨ ⓪

解答番号	解答記入欄（マーク）
21	① ② ③ ④ ⑤ ⑥ ⑦ ⑧ ⑨ ⓪
22	① ② ③ ④ ⑤ ⑥ ⑦ ⑧ ⑨ ⓪
23	① ② ③ ④ ⑤ ⑥ ⑦ ⑧ ⑨ ⓪
24	① ② ③ ④ ⑤ ⑥ ⑦ ⑧ ⑨ ⓪
25	① ② ③ ④ ⑤ ⑥ ⑦ ⑧ ⑨ ⓪
26	① ② ③ ④ ⑤ ⑥ ⑦ ⑧ ⑨ ⓪
27	① ② ③ ④ ⑤ ⑥ ⑦ ⑧ ⑨ ⓪
28	① ② ③ ④ ⑤ ⑥ ⑦ ⑧ ⑨ ⓪
29	① ② ③ ④ ⑤ ⑥ ⑦ ⑧ ⑨ ⓪
30	① ② ③ ④ ⑤ ⑥ ⑦ ⑧ ⑨ ⓪
31	① ② ③ ④ ⑤ ⑥ ⑦ ⑧ ⑨ ⓪
32	① ② ③ ④ ⑤ ⑥ ⑦ ⑧ ⑨ ⓪
33	① ② ③ ④ ⑤ ⑥ ⑦ ⑧ ⑨ ⓪
34	① ② ③ ④ ⑤ ⑥ ⑦ ⑧ ⑨ ⓪
35	① ② ③ ④ ⑤ ⑥ ⑦ ⑧ ⑨ ⓪
36	① ② ③ ④ ⑤ ⑥ ⑦ ⑧ ⑨ ⓪
37	① ② ③ ④ ⑤ ⑥ ⑦ ⑧ ⑨ ⓪
38	① ② ③ ④ ⑤ ⑥ ⑦ ⑧ ⑨ ⓪
39	① ② ③ ④ ⑤ ⑥ ⑦ ⑧ ⑨ ⓪
40	① ② ③ ④ ⑤ ⑥ ⑦ ⑧ ⑨ ⓪

解答番号	解答記入欄（マーク）
41	① ② ③ ④ ⑤ ⑥ ⑦ ⑧ ⑨ ⓪
42	① ② ③ ④ ⑤ ⑥ ⑦ ⑧ ⑨ ⓪
43	① ② ③ ④ ⑤ ⑥ ⑦ ⑧ ⑨ ⓪
44	① ② ③ ④ ⑤ ⑥ ⑦ ⑧ ⑨ ⓪
45	① ② ③ ④ ⑤ ⑥ ⑦ ⑧ ⑨ ⓪
46	① ② ③ ④ ⑤ ⑥ ⑦ ⑧ ⑨ ⓪
47	① ② ③ ④ ⑤ ⑥ ⑦ ⑧ ⑨ ⓪
48	① ② ③ ④ ⑤ ⑥ ⑦ ⑧ ⑨ ⓪
49	① ② ③ ④ ⑤ ⑥ ⑦ ⑧ ⑨ ⓪
50	① ② ③ ④ ⑤ ⑥ ⑦ ⑧ ⑨ ⓪
51	① ② ③ ④ ⑤ ⑥ ⑦ ⑧ ⑨ ⓪
52	① ② ③ ④ ⑤ ⑥ ⑦ ⑧ ⑨ ⓪
53	① ② ③ ④ ⑤ ⑥ ⑦ ⑧ ⑨ ⓪
54	① ② ③ ④ ⑤ ⑥ ⑦ ⑧ ⑨ ⓪
55	① ② ③ ④ ⑤ ⑥ ⑦ ⑧ ⑨ ⓪
56	① ② ③ ④ ⑤ ⑥ ⑦ ⑧ ⑨ ⓪
57	① ② ③ ④ ⑤ ⑥ ⑦ ⑧ ⑨ ⓪
58	① ② ③ ④ ⑤ ⑥ ⑦ ⑧ ⑨ ⓪
59	① ② ③ ④ ⑤ ⑥ ⑦ ⑧ ⑨ ⓪
60	① ② ③ ④ ⑤ ⑥ ⑦ ⑧ ⑨ ⓪

（注）この解答用紙は実物を縮小してあります。Ｂ４用紙に141％拡大コピーすると、ほぼ実物大で使用できます。（タイトルと配点表は含みません）

推定配点	
一 各2点×12 二 各3点×8 三 問一 各2点×2　問二～問七 各3点×6 四 問一 各2点×2　問二～問四 各3点×6　問五 2点　問六、問七 各3点×2	
100点	計

2020年度　日本大学習志野高等学校・前期

英語解答用紙

評点
/100

記入上の注意

(1) この解答カードは、折ったり汚したりしないこと。

(2) HBの黒鉛筆を使用し、マークすること。

(3) 記入すべきこと以外は、絶対に書かないこと。

(4) マークを訂正するときは、プラスチック消しゴムを使用し、きれいに消すこと。

(5) 消しくずは、きれいに取り除くこと。

マークのしかた	
よい例	わるい例
●	◎ ① ⊗ ●

解答番号	解答記入欄（マーク）
1	① ② ③ ④ ⑤ ⑥ ⑦ ⑧ ⑨ ⓪
2	① ② ③ ④ ⑤ ⑥ ⑦ ⑧ ⑨ ⓪
3	① ② ③ ④ ⑤ ⑥ ⑦ ⑧ ⑨ ⓪
4	① ② ③ ④ ⑤ ⑥ ⑦ ⑧ ⑨ ⓪
5	① ② ③ ④ ⑤ ⑥ ⑦ ⑧ ⑨ ⓪
6	① ② ③ ④ ⑤ ⑥ ⑦ ⑧ ⑨ ⓪
7	① ② ③ ④ ⑤ ⑥ ⑦ ⑧ ⑨ ⓪
8	① ② ③ ④ ⑤ ⑥ ⑦ ⑧ ⑨ ⓪
9	① ② ③ ④ ⑤ ⑥ ⑦ ⑧ ⑨ ⓪
10	① ② ③ ④ ⑤ ⑥ ⑦ ⑧ ⑨ ⓪
11	① ② ③ ④ ⑤ ⑥ ⑦ ⑧ ⑨ ⓪
12	① ② ③ ④ ⑤ ⑥ ⑦ ⑧ ⑨ ⓪
13	① ② ③ ④ ⑤ ⑥ ⑦ ⑧ ⑨ ⓪
14	① ② ③ ④ ⑤ ⑥ ⑦ ⑧ ⑨ ⓪
15	① ② ③ ④ ⑤ ⑥ ⑦ ⑧ ⑨ ⓪
16	① ② ③ ④ ⑤ ⑥ ⑦ ⑧ ⑨ ⓪
17	① ② ③ ④ ⑤ ⑥ ⑦ ⑧ ⑨ ⓪
18	① ② ③ ④ ⑤ ⑥ ⑦ ⑧ ⑨ ⓪
19	① ② ③ ④ ⑤ ⑥ ⑦ ⑧ ⑨ ⓪
20	① ② ③ ④ ⑤ ⑥ ⑦ ⑧ ⑨ ⓪

解答番号	解答記入欄（マーク）
21	① ② ③ ④ ⑤ ⑥ ⑦ ⑧ ⑨ ⓪
22	① ② ③ ④ ⑤ ⑥ ⑦ ⑧ ⑨ ⓪
23	① ② ③ ④ ⑤ ⑥ ⑦ ⑧ ⑨ ⓪
24	① ② ③ ④ ⑤ ⑥ ⑦ ⑧ ⑨ ⓪
25	① ② ③ ④ ⑤ ⑥ ⑦ ⑧ ⑨ ⓪
26	① ② ③ ④ ⑤ ⑥ ⑦ ⑧ ⑨ ⓪
27	① ② ③ ④ ⑤ ⑥ ⑦ ⑧ ⑨ ⓪
28	① ② ③ ④ ⑤ ⑥ ⑦ ⑧ ⑨ ⓪
29	① ② ③ ④ ⑤ ⑥ ⑦ ⑧ ⑨ ⓪
30	① ② ③ ④ ⑤ ⑥ ⑦ ⑧ ⑨ ⓪
31	① ② ③ ④ ⑤ ⑥ ⑦ ⑧ ⑨ ⓪
32	① ② ③ ④ ⑤ ⑥ ⑦ ⑧ ⑨ ⓪
33	① ② ③ ④ ⑤ ⑥ ⑦ ⑧ ⑨ ⓪
34	① ② ③ ④ ⑤ ⑥ ⑦ ⑧ ⑨ ⓪
35	① ② ③ ④ ⑤ ⑥ ⑦ ⑧ ⑨ ⓪
36	① ② ③ ④ ⑤ ⑥ ⑦ ⑧ ⑨ ⓪
37	① ② ③ ④ ⑤ ⑥ ⑦ ⑧ ⑨ ⓪
38	① ② ③ ④ ⑤ ⑥ ⑦ ⑧ ⑨ ⓪
39	① ② ③ ④ ⑤ ⑥ ⑦ ⑧ ⑨ ⓪
40	① ② ③ ④ ⑤ ⑥ ⑦ ⑧ ⑨ ⓪

解答番号	解答記入欄（マーク）
41	① ② ③ ④ ⑤ ⑥ ⑦ ⑧ ⑨ ⓪
42	① ② ③ ④ ⑤ ⑥ ⑦ ⑧ ⑨ ⓪
43	① ② ③ ④ ⑤ ⑥ ⑦ ⑧ ⑨ ⓪
44	① ② ③ ④ ⑤ ⑥ ⑦ ⑧ ⑨ ⓪
45	① ② ③ ④ ⑤ ⑥ ⑦ ⑧ ⑨ ⓪
46	① ② ③ ④ ⑤ ⑥ ⑦ ⑧ ⑨ ⓪
47	① ② ③ ④ ⑤ ⑥ ⑦ ⑧ ⑨ ⓪
48	① ② ③ ④ ⑤ ⑥ ⑦ ⑧ ⑨ ⓪
49	① ② ③ ④ ⑤ ⑥ ⑦ ⑧ ⑨ ⓪
50	① ② ③ ④ ⑤ ⑥ ⑦ ⑧ ⑨ ⓪
51	① ② ③ ④ ⑤ ⑥ ⑦ ⑧ ⑨ ⓪
52	① ② ③ ④ ⑤ ⑥ ⑦ ⑧ ⑨ ⓪
53	① ② ③ ④ ⑤ ⑥ ⑦ ⑧ ⑨ ⓪
54	① ② ③ ④ ⑤ ⑥ ⑦ ⑧ ⑨ ⓪
55	① ② ③ ④ ⑤ ⑥ ⑦ ⑧ ⑨ ⓪
56	① ② ③ ④ ⑤ ⑥ ⑦ ⑧ ⑨ ⓪
57	① ② ③ ④ ⑤ ⑥ ⑦ ⑧ ⑨ ⓪
58	① ② ③ ④ ⑤ ⑥ ⑦ ⑧ ⑨ ⓪
59	① ② ③ ④ ⑤ ⑥ ⑦ ⑧ ⑨ ⓪
60	① ② ③ ④ ⑤ ⑥ ⑦ ⑧ ⑨ ⓪

(注) この解答用紙は実物を縮小してあります。Ｂ４用紙に141%拡大コピーすると、ほぼ実物大で使用できます。(タイトルと配点表は含みません)

フリガナ	
氏　名	

受験番号			
千	百	十	一
⓪	⓪	⓪	⓪
①	①	①	①
②	②	②	②
③	③	③	③
④	④	④	④
⑤	⑤	⑤	⑤
⑥	⑥	⑥	⑥
⑦	⑦	⑦	⑦
⑧	⑧	⑧	⑧
⑨	⑨	⑨	⑨

欠席者コード

○

この欄はなにも記入しないこと

推定配点
Ⅰ 各1点×6 Ⅱ〔A〕、〔B〕各2点×11　〔C〕各3点×2 Ⅲ～Ⅶ 各2点×33〔Ⅴは各2点×5〕
計　100点

２０２０年度　日本大学習志野高等学校・前期

数学解答用紙

評点
/100

記入上の注意

(1) この解答カードは、折ったり汚したりしないこと。

(2) HBの黒鉛筆を使用し、マークすること。

(3) 記入すべきこと以外は、絶対に書かないこと。

(4) マークを訂正するときは、プラスチック消しゴムを使用し、きれいに消すこと。

(5) 消しくずは、きれいに取り除くこと。

マークのしかた	
よい例	わるい例
●	◐ ⦶ ⊗ ◖

問題	解答記号		解答記入欄（マーク）
1	(1)	ア	⊖ ⓪ ① ② ③ ④ ⑤ ⑥ ⑦ ⑧ ⑨
		イ	⊖ ⓪ ① ② ③ ④ ⑤ ⑥ ⑦ ⑧ ⑨
		ウ	⊖ ⓪ ① ② ③ ④ ⑤ ⑥ ⑦ ⑧ ⑨
		エ	⊖ ⓪ ① ② ③ ④ ⑤ ⑥ ⑦ ⑧ ⑨
	(2)	オ	⊖ ⓪ ① ② ③ ④ ⑤ ⑥ ⑦ ⑧ ⑨
		カ	⊖ ⓪ ① ② ③ ④ ⑤ ⑥ ⑦ ⑧ ⑨
	(3)	キ	⊖ ⓪ ① ② ③ ④ ⑤ ⑥ ⑦ ⑧ ⑨
		ク	⊖ ⓪ ① ② ③ ④ ⑤ ⑥ ⑦ ⑧ ⑨
	(4)	ケ	⊖ ⓪ ① ② ③ ④ ⑤ ⑥ ⑦ ⑧ ⑨
		コ	⊖ ⓪ ① ② ③ ④ ⑤ ⑥ ⑦ ⑧ ⑨
		サ	⊖ ⓪ ① ② ③ ④ ⑤ ⑥ ⑦ ⑧ ⑨
	(5)	シ	⊖ ⓪ ① ② ③ ④ ⑤ ⑥ ⑦ ⑧ ⑨
		ス	⊖ ⓪ ① ② ③ ④ ⑤ ⑥ ⑦ ⑧ ⑨
	(6)	セ	⊖ ⓪ ① ② ③ ④ ⑤ ⑥ ⑦ ⑧ ⑨
		ソ	⊖ ⓪ ① ② ③ ④ ⑤ ⑥ ⑦ ⑧ ⑨

問題	解答記号		解答記入欄（マーク）
2	(1)	ア	⊖ ⓪ ① ② ③ ④ ⑤ ⑥ ⑦ ⑧ ⑨
	(2)	イ	⊖ ⓪ ① ② ③ ④ ⑤ ⑥ ⑦ ⑧ ⑨
		ウ	⊖ ⓪ ① ② ③ ④ ⑤ ⑥ ⑦ ⑧ ⑨
	(3)	エ	⊖ ⓪ ① ② ③ ④ ⑤ ⑥ ⑦ ⑧ ⑨
		オ	⊖ ⓪ ① ② ③ ④ ⑤ ⑥ ⑦ ⑧ ⑨

問題	解答記号		解答記入欄（マーク）
3	(1)	ア	⊖ ⓪ ① ② ③ ④ ⑤ ⑥ ⑦ ⑧ ⑨
		イ	⊖ ⓪ ① ② ③ ④ ⑤ ⑥ ⑦ ⑧ ⑨
	(2)	ウ	⊖ ⓪ ① ② ③ ④ ⑤ ⑥ ⑦ ⑧ ⑨
		エ	⊖ ⓪ ① ② ③ ④ ⑤ ⑥ ⑦ ⑧ ⑨
	(3)	オ	⊖ ⓪ ① ② ③ ④ ⑤ ⑥ ⑦ ⑧ ⑨
		カ	⊖ ⓪ ① ② ③ ④ ⑤ ⑥ ⑦ ⑧ ⑨
		キ	⊖ ⓪ ① ② ③ ④ ⑤ ⑥ ⑦ ⑧ ⑨

問題	解答記号		解答記入欄（マーク）
4	(1)	ア	⊖ ⓪ ① ② ③ ④ ⑤ ⑥ ⑦ ⑧ ⑨
		イ	⊖ ⓪ ① ② ③ ④ ⑤ ⑥ ⑦ ⑧ ⑨
	(2)	ウ	⊖ ⓪ ① ② ③ ④ ⑤ ⑥ ⑦ ⑧ ⑨
		エ	⊖ ⓪ ① ② ③ ④ ⑤ ⑥ ⑦ ⑧ ⑨
		オ	⊖ ⓪ ① ② ③ ④ ⑤ ⑥ ⑦ ⑧ ⑨
	(3)	カ	⊖ ⓪ ① ② ③ ④ ⑤ ⑥ ⑦ ⑧ ⑨
		キ	⊖ ⓪ ① ② ③ ④ ⑤ ⑥ ⑦ ⑧ ⑨

フリガナ	
氏　名	

受験番号			
千	百	十	一
⓪	⓪	⓪	⓪
①	①	①	①
②	②	②	②
③	③	③	③
④	④	④	④
⑤	⑤	⑤	⑤
⑥	⑥	⑥	⑥
⑦	⑦	⑦	⑦
⑧	⑧	⑧	⑧
⑨	⑨	⑨	⑨

欠席者コード

0

この欄はなにも記入しないこと

（注）この解答用紙は実物を縮小してあります。Ｂ４用紙に141％拡大コピーすると、ほぼ実物大で使用できます。（タイトルと配点表は含みません）

推定配点

1 (1)〜(5) 各6点×5　(6) 7点

2〜4 各7点×9

100点	計

二〇二〇年度　日本大学習志野高等学校・前期

国語解答用紙

評点
/100

記入上の注意

(1) この解答カードは、折ったり汚したりしないこと。

(2) HBの黒鉛筆を使用し、マークすること。

(3) 記入すべきこと以外は、絶対に書かないこと。

(4) マークを訂正するときは、プラスチック消しゴムを使用し、きれいに消すこと。

(5) 消しくずは、きれいに取り除くこと。

マークのしかた	
よい例	わるい例

フリガナ	
氏　名	

受験番号			
千	百	十	一
⓪	⓪	⓪	⓪
①	①	①	①
②	②	②	②
③	③	③	③
④	④	④	④
⑤	⑤	⑤	⑤
⑥	⑥	⑥	⑥
⑦	⑦	⑦	⑦
⑧	⑧	⑧	⑧
⑨	⑨	⑨	⑨

解答番号	解答記入欄（マーク）
1	① ② ③ ④ ⑤ ⑥ ⑦ ⑧ ⑨ ⓪
2	① ② ③ ④ ⑤ ⑥ ⑦ ⑧ ⑨ ⓪
3	① ② ③ ④ ⑤ ⑥ ⑦ ⑧ ⑨ ⓪
4	① ② ③ ④ ⑤ ⑥ ⑦ ⑧ ⑨ ⓪
5	① ② ③ ④ ⑤ ⑥ ⑦ ⑧ ⑨ ⓪
6	① ② ③ ④ ⑤ ⑥ ⑦ ⑧ ⑨ ⓪
7	① ② ③ ④ ⑤ ⑥ ⑦ ⑧ ⑨ ⓪
8	① ② ③ ④ ⑤ ⑥ ⑦ ⑧ ⑨ ⓪
9	① ② ③ ④ ⑤ ⑥ ⑦ ⑧ ⑨ ⓪
10	① ② ③ ④ ⑤ ⑥ ⑦ ⑧ ⑨ ⓪
11	① ② ③ ④ ⑤ ⑥ ⑦ ⑧ ⑨ ⓪
12	① ② ③ ④ ⑤ ⑥ ⑦ ⑧ ⑨ ⓪
13	① ② ③ ④ ⑤ ⑥ ⑦ ⑧ ⑨ ⓪
14	① ② ③ ④ ⑤ ⑥ ⑦ ⑧ ⑨ ⓪
15	① ② ③ ④ ⑤ ⑥ ⑦ ⑧ ⑨ ⓪
16	① ② ③ ④ ⑤ ⑥ ⑦ ⑧ ⑨ ⓪
17	① ② ③ ④ ⑤ ⑥ ⑦ ⑧ ⑨ ⓪
18	① ② ③ ④ ⑤ ⑥ ⑦ ⑧ ⑨ ⓪
19	① ② ③ ④ ⑤ ⑥ ⑦ ⑧ ⑨ ⓪
20	① ② ③ ④ ⑤ ⑥ ⑦ ⑧ ⑨ ⓪

解答番号	解答記入欄（マーク）
21	① ② ③ ④ ⑤ ⑥ ⑦ ⑧ ⑨ ⓪
22	① ② ③ ④ ⑤ ⑥ ⑦ ⑧ ⑨ ⓪
23	① ② ③ ④ ⑤ ⑥ ⑦ ⑧ ⑨ ⓪
24	① ② ③ ④ ⑤ ⑥ ⑦ ⑧ ⑨ ⓪
25	① ② ③ ④ ⑤ ⑥ ⑦ ⑧ ⑨ ⓪
26	① ② ③ ④ ⑤ ⑥ ⑦ ⑧ ⑨ ⓪
27	① ② ③ ④ ⑤ ⑥ ⑦ ⑧ ⑨ ⓪
28	① ② ③ ④ ⑤ ⑥ ⑦ ⑧ ⑨ ⓪
29	① ② ③ ④ ⑤ ⑥ ⑦ ⑧ ⑨ ⓪
30	① ② ③ ④ ⑤ ⑥ ⑦ ⑧ ⑨ ⓪
31	① ② ③ ④ ⑤ ⑥ ⑦ ⑧ ⑨ ⓪
32	① ② ③ ④ ⑤ ⑥ ⑦ ⑧ ⑨ ⓪
33	① ② ③ ④ ⑤ ⑥ ⑦ ⑧ ⑨ ⓪
34	① ② ③ ④ ⑤ ⑥ ⑦ ⑧ ⑨ ⓪
35	① ② ③ ④ ⑤ ⑥ ⑦ ⑧ ⑨ ⓪
36	① ② ③ ④ ⑤ ⑥ ⑦ ⑧ ⑨ ⓪
37	① ② ③ ④ ⑤ ⑥ ⑦ ⑧ ⑨ ⓪
38	① ② ③ ④ ⑤ ⑥ ⑦ ⑧ ⑨ ⓪
39	① ② ③ ④ ⑤ ⑥ ⑦ ⑧ ⑨ ⓪
40	① ② ③ ④ ⑤ ⑥ ⑦ ⑧ ⑨ ⓪

解答番号	解答記入欄（マーク）
41	① ② ③ ④ ⑤ ⑥ ⑦ ⑧ ⑨ ⓪
42	① ② ③ ④ ⑤ ⑥ ⑦ ⑧ ⑨ ⓪
43	① ② ③ ④ ⑤ ⑥ ⑦ ⑧ ⑨ ⓪
44	① ② ③ ④ ⑤ ⑥ ⑦ ⑧ ⑨ ⓪
45	① ② ③ ④ ⑤ ⑥ ⑦ ⑧ ⑨ ⓪
46	① ② ③ ④ ⑤ ⑥ ⑦ ⑧ ⑨ ⓪
47	① ② ③ ④ ⑤ ⑥ ⑦ ⑧ ⑨ ⓪
48	① ② ③ ④ ⑤ ⑥ ⑦ ⑧ ⑨ ⓪
49	① ② ③ ④ ⑤ ⑥ ⑦ ⑧ ⑨ ⓪
50	① ② ③ ④ ⑤ ⑥ ⑦ ⑧ ⑨ ⓪
51	① ② ③ ④ ⑤ ⑥ ⑦ ⑧ ⑨ ⓪
52	① ② ③ ④ ⑤ ⑥ ⑦ ⑧ ⑨ ⓪
53	① ② ③ ④ ⑤ ⑥ ⑦ ⑧ ⑨ ⓪
54	① ② ③ ④ ⑤ ⑥ ⑦ ⑧ ⑨ ⓪
55	① ② ③ ④ ⑤ ⑥ ⑦ ⑧ ⑨ ⓪
56	① ② ③ ④ ⑤ ⑥ ⑦ ⑧ ⑨ ⓪
57	① ② ③ ④ ⑤ ⑥ ⑦ ⑧ ⑨ ⓪
58	① ② ③ ④ ⑤ ⑥ ⑦ ⑧ ⑨ ⓪
59	① ② ③ ④ ⑤ ⑥ ⑦ ⑧ ⑨ ⓪
60	① ② ③ ④ ⑤ ⑥ ⑦ ⑧ ⑨ ⓪

欠席者コード

〇

この欄はなにも記入しないこと

(注) この解答用紙は実物を縮小してあります。Ｂ４用紙に141%拡大コピーすると、ほぼ実物大で使用できます。(タイトルと配点表は含みません)

推定配点	
一 各２点×11 二 各４点×７ 三 問一 各３点×２　問二～問七 各４点×６ 四 各２点×10	
100点	計

２０２０年度　日本大学習志野高等学校・後期

英語解答用紙

評点
/100

記入上の注意

(1) この解答カードは、折ったり汚したりしないこと。

(2) HBの黒鉛筆を使用し、マークすること。

(3) 記入すべきこと以外は、絶対に書かないこと。

(4) マークを訂正するときは、プラスチック消しゴムを使用し、きれいに消すこと。

(5) 消しくずは、きれいに取り除くこと。

マークのしかた	
よい例	わるい例
	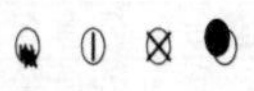

フリガナ	
氏　名	

受験番号			
千	百	十	一
⓪	⓪	⓪	⓪
①	①	①	①
②	②	②	②
③	③	③	③
④	④	④	④
⑤	⑤	⑤	⑤
⑥	⑥	⑥	⑥
⑦	⑦	⑦	⑦
⑧	⑧	⑧	⑧
⑨	⑨	⑨	⑨

欠席者コード

０

この欄はなにも記入しないこと

解答番号	解答記入欄（マーク）
1	① ② ③ ④ ⑤ ⑥ ⑦ ⑧ ⑨ ⓪
2	① ② ③ ④ ⑤ ⑥ ⑦ ⑧ ⑨ ⓪
3	① ② ③ ④ ⑤ ⑥ ⑦ ⑧ ⑨ ⓪
4	① ② ③ ④ ⑤ ⑥ ⑦ ⑧ ⑨ ⓪
5	① ② ③ ④ ⑤ ⑥ ⑦ ⑧ ⑨ ⓪
6	① ② ③ ④ ⑤ ⑥ ⑦ ⑧ ⑨ ⓪
7	① ② ③ ④ ⑤ ⑥ ⑦ ⑧ ⑨ ⓪
8	① ② ③ ④ ⑤ ⑥ ⑦ ⑧ ⑨ ⓪
9	① ② ③ ④ ⑤ ⑥ ⑦ ⑧ ⑨ ⓪
10	① ② ③ ④ ⑤ ⑥ ⑦ ⑧ ⑨ ⓪
11	① ② ③ ④ ⑤ ⑥ ⑦ ⑧ ⑨ ⓪
12	① ② ③ ④ ⑤ ⑥ ⑦ ⑧ ⑨ ⓪
13	① ② ③ ④ ⑤ ⑥ ⑦ ⑧ ⑨ ⓪
14	① ② ③ ④ ⑤ ⑥ ⑦ ⑧ ⑨ ⓪
15	① ② ③ ④ ⑤ ⑥ ⑦ ⑧ ⑨ ⓪
16	① ② ③ ④ ⑤ ⑥ ⑦ ⑧ ⑨ ⓪
17	① ② ③ ④ ⑤ ⑥ ⑦ ⑧ ⑨ ⓪
18	① ② ③ ④ ⑤ ⑥ ⑦ ⑧ ⑨ ⓪
19	① ② ③ ④ ⑤ ⑥ ⑦ ⑧ ⑨ ⓪
20	① ② ③ ④ ⑤ ⑥ ⑦ ⑧ ⑨ ⓪

解答番号	解答記入欄（マーク）
21	① ② ③ ④ ⑤ ⑥ ⑦ ⑧ ⑨ ⓪
22	① ② ③ ④ ⑤ ⑥ ⑦ ⑧ ⑨ ⓪
23	① ② ③ ④ ⑤ ⑥ ⑦ ⑧ ⑨ ⓪
24	① ② ③ ④ ⑤ ⑥ ⑦ ⑧ ⑨ ⓪
25	① ② ③ ④ ⑤ ⑥ ⑦ ⑧ ⑨ ⓪
26	① ② ③ ④ ⑤ ⑥ ⑦ ⑧ ⑨ ⓪
27	① ② ③ ④ ⑤ ⑥ ⑦ ⑧ ⑨ ⓪
28	① ② ③ ④ ⑤ ⑥ ⑦ ⑧ ⑨ ⓪
29	① ② ③ ④ ⑤ ⑥ ⑦ ⑧ ⑨ ⓪
30	① ② ③ ④ ⑤ ⑥ ⑦ ⑧ ⑨ ⓪
31	① ② ③ ④ ⑤ ⑥ ⑦ ⑧ ⑨ ⓪
32	① ② ③ ④ ⑤ ⑥ ⑦ ⑧ ⑨ ⓪
33	① ② ③ ④ ⑤ ⑥ ⑦ ⑧ ⑨ ⓪
34	① ② ③ ④ ⑤ ⑥ ⑦ ⑧ ⑨ ⓪
35	① ② ③ ④ ⑤ ⑥ ⑦ ⑧ ⑨ ⓪
36	① ② ③ ④ ⑤ ⑥ ⑦ ⑧ ⑨ ⓪
37	① ② ③ ④ ⑤ ⑥ ⑦ ⑧ ⑨ ⓪
38	① ② ③ ④ ⑤ ⑥ ⑦ ⑧ ⑨ ⓪
39	① ② ③ ④ ⑤ ⑥ ⑦ ⑧ ⑨ ⓪
40	① ② ③ ④ ⑤ ⑥ ⑦ ⑧ ⑨ ⓪

解答番号	解答記入欄（マーク）
41	① ② ③ ④ ⑤ ⑥ ⑦ ⑧ ⑨ ⓪
42	① ② ③ ④ ⑤ ⑥ ⑦ ⑧ ⑨ ⓪
43	① ② ③ ④ ⑤ ⑥ ⑦ ⑧ ⑨ ⓪
44	① ② ③ ④ ⑤ ⑥ ⑦ ⑧ ⑨ ⓪
45	① ② ③ ④ ⑤ ⑥ ⑦ ⑧ ⑨ ⓪
46	① ② ③ ④ ⑤ ⑥ ⑦ ⑧ ⑨ ⓪
47	① ② ③ ④ ⑤ ⑥ ⑦ ⑧ ⑨ ⓪
48	① ② ③ ④ ⑤ ⑥ ⑦ ⑧ ⑨ ⓪
49	① ② ③ ④ ⑤ ⑥ ⑦ ⑧ ⑨ ⓪
50	① ② ③ ④ ⑤ ⑥ ⑦ ⑧ ⑨ ⓪
51	① ② ③ ④ ⑤ ⑥ ⑦ ⑧ ⑨ ⓪
52	① ② ③ ④ ⑤ ⑥ ⑦ ⑧ ⑨ ⓪
53	① ② ③ ④ ⑤ ⑥ ⑦ ⑧ ⑨ ⓪
54	① ② ③ ④ ⑤ ⑥ ⑦ ⑧ ⑨ ⓪
55	① ② ③ ④ ⑤ ⑥ ⑦ ⑧ ⑨ ⓪
56	① ② ③ ④ ⑤ ⑥ ⑦ ⑧ ⑨ ⓪
57	① ② ③ ④ ⑤ ⑥ ⑦ ⑧ ⑨ ⓪
58	① ② ③ ④ ⑤ ⑥ ⑦ ⑧ ⑨ ⓪
59	① ② ③ ④ ⑤ ⑥ ⑦ ⑧ ⑨ ⓪
60	① ② ③ ④ ⑤ ⑥ ⑦ ⑧ ⑨ ⓪

（注）この解答用紙は実物を縮小してあります。Ｂ４用紙に141%拡大コピーすると、ほぼ実物大で使用できます。（タイトルと配点表は含みません）

推定配点	
Ⅰ～Ⅵ　各２点×44〔Ⅲ〔H〕は完答、Ⅴは各２点×５〕　Ⅶ　各３点×４	
100点	計

2020年度　日本大学習志野高等学校・後期

数学解答用紙

評点
/100

記入上の注意

(1) この解答カードは、折ったり汚したりしないこと。

(2) HBの黒鉛筆を使用し、マークすること。

(3) 記入すべきこと以外は、絶対に書かないこと。

(4) マークを訂正するときは、プラスチック消しゴムを使用し、きれいに消すこと。

(5) 消しくずは、きれいに取り除くこと。

マークのしかた	
よい例	わるい例
●	

フリガナ	
氏　名	

受験番号			
千	百	十	一
⓪	⓪	⓪	⓪
①	①	①	①
②	②	②	②
③	③	③	③
④	④	④	④
⑤	⑤	⑤	⑤
⑥	⑥	⑥	⑥
⑦	⑦	⑦	⑦
⑧	⑧	⑧	⑧
⑨	⑨	⑨	⑨

問題	解答記号		解答記入欄（マーク）
1	(1)	ア	⊖ ⓪ ① ② ③ ④ ⑤ ⑥ ⑦ ⑧ ⑨
		イ	⊖ ⓪ ① ② ③ ④ ⑤ ⑥ ⑦ ⑧ ⑨
		ウ	⊖ ⓪ ① ② ③ ④ ⑤ ⑥ ⑦ ⑧ ⑨
	(2)	エ	⊖ ⓪ ① ② ③ ④ ⑤ ⑥ ⑦ ⑧ ⑨
		オ	⊖ ⓪ ① ② ③ ④ ⑤ ⑥ ⑦ ⑧ ⑨
	(3)	カ	⊖ ⓪ ① ② ③ ④ ⑤ ⑥ ⑦ ⑧ ⑨
	(4)	キ	⊖ ⓪ ① ② ③ ④ ⑤ ⑥ ⑦ ⑧ ⑨
		ク	⊖ ⓪ ① ② ③ ④ ⑤ ⑥ ⑦ ⑧ ⑨
	(5)	ケ	⊖ ⓪ ① ② ③ ④ ⑤ ⑥ ⑦ ⑧ ⑨
		コ	⊖ ⓪ ① ② ③ ④ ⑤ ⑥ ⑦ ⑧ ⑨
	(6)	サ	⊖ ⓪ ① ② ③ ④ ⑤ ⑥ ⑦ ⑧ ⑨
		シ	⊖ ⓪ ① ② ③ ④ ⑤ ⑥ ⑦ ⑧ ⑨
		ス	⊖ ⓪ ① ② ③ ④ ⑤ ⑥ ⑦ ⑧ ⑨

問題	解答記号		解答記入欄（マーク）
2	(1)	ア	⊖ ⓪ ① ② ③ ④ ⑤ ⑥ ⑦ ⑧ ⑨
		イ	⊖ ⓪ ① ② ③ ④ ⑤ ⑥ ⑦ ⑧ ⑨
	(2)	ウ	⊖ ⓪ ① ② ③ ④ ⑤ ⑥ ⑦ ⑧ ⑨
		エ	⊖ ⓪ ① ② ③ ④ ⑤ ⑥ ⑦ ⑧ ⑨
		オ	⊖ ⓪ ① ② ③ ④ ⑤ ⑥ ⑦ ⑧ ⑨
		カ	⊖ ⓪ ① ② ③ ④ ⑤ ⑥ ⑦ ⑧ ⑨
	(3)	キ	⊖ ⓪ ① ② ③ ④ ⑤ ⑥ ⑦ ⑧ ⑨
		ク	⊖ ⓪ ① ② ③ ④ ⑤ ⑥ ⑦ ⑧ ⑨
		ケ	⊖ ⓪ ① ② ③ ④ ⑤ ⑥ ⑦ ⑧ ⑨
		コ	⊖ ⓪ ① ② ③ ④ ⑤ ⑥ ⑦ ⑧ ⑨
		サ	⊖ ⓪ ① ② ③ ④ ⑤ ⑥ ⑦ ⑧ ⑨

問題	解答記号		解答記入欄（マーク）
3	(1)	ア	⊖ ⓪ ① ② ③ ④ ⑤ ⑥ ⑦ ⑧ ⑨
		イ	⊖ ⓪ ① ② ③ ④ ⑤ ⑥ ⑦ ⑧ ⑨
	(2)	ウ	⊖ ⓪ ① ② ③ ④ ⑤ ⑥ ⑦ ⑧ ⑨
		エ	⊖ ⓪ ① ② ③ ④ ⑤ ⑥ ⑦ ⑧ ⑨
	(3)	オ	⊖ ⓪ ① ② ③ ④ ⑤ ⑥ ⑦ ⑧ ⑨
		カ	⊖ ⓪ ① ② ③ ④ ⑤ ⑥ ⑦ ⑧ ⑨

問題	解答記号		解答記入欄（マーク）
4	(1)	ア	⊖ ⓪ ① ② ③ ④ ⑤ ⑥ ⑦ ⑧ ⑨
		イ	⊖ ⓪ ① ② ③ ④ ⑤ ⑥ ⑦ ⑧ ⑨
	(2)	ウ	⊖ ⓪ ① ② ③ ④ ⑤ ⑥ ⑦ ⑧ ⑨
		エ	⊖ ⓪ ① ② ③ ④ ⑤ ⑥ ⑦ ⑧ ⑨
		オ	⊖ ⓪ ① ② ③ ④ ⑤ ⑥ ⑦ ⑧ ⑨
		カ	⊖ ⓪ ① ② ③ ④ ⑤ ⑥ ⑦ ⑧ ⑨
		キ	⊖ ⓪ ① ② ③ ④ ⑤ ⑥ ⑦ ⑧ ⑨
		ク	⊖ ⓪ ① ② ③ ④ ⑤ ⑥ ⑦ ⑧ ⑨

欠席者コード

○

この欄はなにも記入しないこと

（注）この解答用紙は実物を縮小してあります。Ｂ４用紙に141％拡大コピーすると、ほぼ実物大で使用できます。（タイトルと配点表は含みません）

推定配点

1 (1)～(5) 各6点×5　(6) 7点

2～4 各7点×9

計
100点

二〇二〇年度　日本大学習志野高等学校・後期

国語解答用紙

評点
/100

記入上の注意

(1) この解答カードは、折ったり汚したりしないこと。

(2) HBの黒鉛筆を使用し、マークすること。

(3) 記入すべきこと以外は、絶対に書かないこと。

(4) マークを訂正するときは、プラスチック消しゴムを使用し、きれいに消すこと。

(5) 消しくずは、きれいに取り除くこと。

マークのしかた	
よい例	わるい例
●	◔ ⦶ ⊗ ◕

フリガナ	
氏名	

受験番号			
千	百	十	一
⓪	⓪	⓪	⓪
①	①	①	①
②	②	②	②
③	③	③	③
④	④	④	④
⑤	⑤	⑤	⑤
⑥	⑥	⑥	⑥
⑦	⑦	⑦	⑦
⑧	⑧	⑧	⑧
⑨	⑨	⑨	⑨

欠席者コード

○

この欄はなにも記入しないこと

解答番号	解答記入欄（マーク）
1	① ② ③ ④ ⑤ ⑥ ⑦ ⑧ ⑨ ⓪
2	① ② ③ ④ ⑤ ⑥ ⑦ ⑧ ⑨ ⓪
3	① ② ③ ④ ⑤ ⑥ ⑦ ⑧ ⑨ ⓪
4	① ② ③ ④ ⑤ ⑥ ⑦ ⑧ ⑨ ⓪
5	① ② ③ ④ ⑤ ⑥ ⑦ ⑧ ⑨ ⓪
6	① ② ③ ④ ⑤ ⑥ ⑦ ⑧ ⑨ ⓪
7	① ② ③ ④ ⑤ ⑥ ⑦ ⑧ ⑨ ⓪
8	① ② ③ ④ ⑤ ⑥ ⑦ ⑧ ⑨ ⓪
9	① ② ③ ④ ⑤ ⑥ ⑦ ⑧ ⑨ ⓪
10	① ② ③ ④ ⑤ ⑥ ⑦ ⑧ ⑨ ⓪
11	① ② ③ ④ ⑤ ⑥ ⑦ ⑧ ⑨ ⓪
12	① ② ③ ④ ⑤ ⑥ ⑦ ⑧ ⑨ ⓪
13	① ② ③ ④ ⑤ ⑥ ⑦ ⑧ ⑨ ⓪
14	① ② ③ ④ ⑤ ⑥ ⑦ ⑧ ⑨ ⓪
15	① ② ③ ④ ⑤ ⑥ ⑦ ⑧ ⑨ ⓪
16	① ② ③ ④ ⑤ ⑥ ⑦ ⑧ ⑨ ⓪
17	① ② ③ ④ ⑤ ⑥ ⑦ ⑧ ⑨ ⓪
18	① ② ③ ④ ⑤ ⑥ ⑦ ⑧ ⑨ ⓪
19	① ② ③ ④ ⑤ ⑥ ⑦ ⑧ ⑨ ⓪
20	① ② ③ ④ ⑤ ⑥ ⑦ ⑧ ⑨ ⓪

解答番号	解答記入欄（マーク）
21	① ② ③ ④ ⑤ ⑥ ⑦ ⑧ ⑨ ⓪
22	① ② ③ ④ ⑤ ⑥ ⑦ ⑧ ⑨ ⓪
23	① ② ③ ④ ⑤ ⑥ ⑦ ⑧ ⑨ ⓪
24	① ② ③ ④ ⑤ ⑥ ⑦ ⑧ ⑨ ⓪
25	① ② ③ ④ ⑤ ⑥ ⑦ ⑧ ⑨ ⓪
26	① ② ③ ④ ⑤ ⑥ ⑦ ⑧ ⑨ ⓪
27	① ② ③ ④ ⑤ ⑥ ⑦ ⑧ ⑨ ⓪
28	① ② ③ ④ ⑤ ⑥ ⑦ ⑧ ⑨ ⓪
29	① ② ③ ④ ⑤ ⑥ ⑦ ⑧ ⑨ ⓪
30	① ② ③ ④ ⑤ ⑥ ⑦ ⑧ ⑨ ⓪
31	① ② ③ ④ ⑤ ⑥ ⑦ ⑧ ⑨ ⓪
32	① ② ③ ④ ⑤ ⑥ ⑦ ⑧ ⑨ ⓪
33	① ② ③ ④ ⑤ ⑥ ⑦ ⑧ ⑨ ⓪
34	① ② ③ ④ ⑤ ⑥ ⑦ ⑧ ⑨ ⓪
35	① ② ③ ④ ⑤ ⑥ ⑦ ⑧ ⑨ ⓪
36	① ② ③ ④ ⑤ ⑥ ⑦ ⑧ ⑨ ⓪
37	① ② ③ ④ ⑤ ⑥ ⑦ ⑧ ⑨ ⓪
38	① ② ③ ④ ⑤ ⑥ ⑦ ⑧ ⑨ ⓪
39	① ② ③ ④ ⑤ ⑥ ⑦ ⑧ ⑨ ⓪
40	① ② ③ ④ ⑤ ⑥ ⑦ ⑧ ⑨ ⓪

解答番号	解答記入欄（マーク）
41	① ② ③ ④ ⑤ ⑥ ⑦ ⑧ ⑨ ⓪
42	① ② ③ ④ ⑤ ⑥ ⑦ ⑧ ⑨ ⓪
43	① ② ③ ④ ⑤ ⑥ ⑦ ⑧ ⑨ ⓪
44	① ② ③ ④ ⑤ ⑥ ⑦ ⑧ ⑨ ⓪
45	① ② ③ ④ ⑤ ⑥ ⑦ ⑧ ⑨ ⓪
46	① ② ③ ④ ⑤ ⑥ ⑦ ⑧ ⑨ ⓪
47	① ② ③ ④ ⑤ ⑥ ⑦ ⑧ ⑨ ⓪
48	① ② ③ ④ ⑤ ⑥ ⑦ ⑧ ⑨ ⓪
49	① ② ③ ④ ⑤ ⑥ ⑦ ⑧ ⑨ ⓪
50	① ② ③ ④ ⑤ ⑥ ⑦ ⑧ ⑨ ⓪
51	① ② ③ ④ ⑤ ⑥ ⑦ ⑧ ⑨ ⓪
52	① ② ③ ④ ⑤ ⑥ ⑦ ⑧ ⑨ ⓪
53	① ② ③ ④ ⑤ ⑥ ⑦ ⑧ ⑨ ⓪
54	① ② ③ ④ ⑤ ⑥ ⑦ ⑧ ⑨ ⓪
55	① ② ③ ④ ⑤ ⑥ ⑦ ⑧ ⑨ ⓪
56	① ② ③ ④ ⑤ ⑥ ⑦ ⑧ ⑨ ⓪
57	① ② ③ ④ ⑤ ⑥ ⑦ ⑧ ⑨ ⓪
58	① ② ③ ④ ⑤ ⑥ ⑦ ⑧ ⑨ ⓪
59	① ② ③ ④ ⑤ ⑥ ⑦ ⑧ ⑨ ⓪
60	① ② ③ ④ ⑤ ⑥ ⑦ ⑧ ⑨ ⓪

（注）この解答用紙は実物を縮小してあります。Ｂ４用紙に141％拡大コピーすると、ほぼ実物大で使用できます。（タイトルと配点表は含みません）

推定配点	
一 各２点×11 二 問一、問二 各２点×３　問三～問七 各４点×５ 三 各４点×７ 四 各２点×12	
100点	計

Memo

Memo